# 西南地区
# 经济社会科学发展研究

## ——西南马克思主义经济学
## 论坛2012年学术年会论文集

杨继瑞　　叶德明◎主编

西南财经大学出版社

# 编委会成员名单

主　　编：

　　杨继瑞　　叶德明

副 主 编：

　　黄志亮　　黄少琴

编　　委（按姓氏笔画排序）：

　　王代敬　　王桂林　　王朝明　　史月兰　　刘金石

　　任治君　　伍林生　　李欣广　　李传珂　　李晓冰

　　汪世珍　　何光明　　张　衔　　杨代玖　　杨成钢

　　杨慧玲　　罗　文　　赵　磊　　祝志勇　　夏子贵

　　徐承英　　龚　平　　黄锡富　　蒋晓川　　蒋南平

　　蒋盛云　　曾令辉　　曾德高　　薛宇峰

执行编委：

　　雷　菁　　覃雪源　　张　悟　　朱德东

西南马克思主义经济学论坛 2012 年学术研讨会代表合影

2012 年 11 月 24 日学术研讨会会议现场

部分作者、编委合影

部分作者、编委合影

# 序言:《资本论》始终闪耀着真理的光芒①

## 郝时晋②

### （中共中央党校）

在党的十八大刚刚胜利闭幕的喜庆日子里，西南马克思主义经济学论坛2012 年学术研讨会召开了，我受中央党校副校长、中共马克思主义理论研究会理事长陈宝生同志的委托，代表中国马克思主义研究基金会向大会表示热烈的祝贺！

这次论坛的举办，一是时机非常好，时逢全党学习、宣传贯彻党的十八大精神，努力从理论和实践结合上，理解和认识举什么旗、走什么路、以什么样的精神状态、实现什么目标等重大问题的。二是内容安排好，我们把研究马克思主义经典著作与中国特色社会主义理论体系的学习研究紧密结合起来，使我们落实十八大任务和要求，更有了科学内涵和行动指南。

习近平同志在 2010 年春天中央党校的一次讲话中要求党的各级领导干部都要学经典著作，他专门列出了 18 本经典著作的书目，其中就有马克思的《资本论》。在今年 6 月 19 日，习近平同志在视察中国人民大学《资本论》教学与研究中心时又强调指出:"马克思主义中国化形成了毛泽东思想和中国特色社会主义理论体系两大成果，追根溯源，这两大理论成果都是在马克思主义经典理论指导之下取得的。十八大报告明确指出，推进经济结构战略性调整，

---

① 本文是作者 2012 年 11 月 24 日在"西南马克思主义经济学论坛 2012 年学术研讨会"上的致辞。

② 郝时晋:1949 年生，男，汉族，中国马克思主义研究基金会副理事长，中共中央党校原教育长。

这是加快转变经济发展方式的主攻方向。《资本论》作为最重要的马克思主义经典著作之一，经受了时间和实践的检验，始终闪耀着真理的光芒。"

　　我理解，马克思主义的经济理论主要集中在《资本论》中。习近平同志号召全国各级领导干部学习《资本论》，目的首先在于要坚定社会主义和共产主义必胜的远大理想和信念，这是全人类社会经济发展客观规律，是科学的论断；其次在于要掌握马克思主义经济学的基本原理和根本方法，并将其作为指导思想贯穿到我国经济社会发展的全过程，这是我们必须坚持的基本原则；再者在于要结合中国国情，发展马克思主义的经济理论，实现中国特色社会主义经济理论创新。

　　马克思主义经济理论是关于经济社会生态协调发展的理论。马克思认为，生产力是人类社会发展的决定性因素；在生产力发展中不仅要协调好人与人的关系，而且还要协调好人与自然的关系；人们不仅要创造物质文明，还要创造生态文明。党的十八大提出了当今的发展应该是科学发展，是以人为本的经济社会和生态的全面协调可持续发展，依据社会主义初级阶段在五位一体的总体布局中，把生态文明建设作为中国特色社会主义建设总体布局的主要内容之一，这既是对马克思主义经济理论的继承和创新，也是指引中国特色社会主义经济建设的重大战略部署，同时也是指引我国地方经济社会实现科学发展的指导思想。在科学发展观的指导下，我们所进行的生态文明建设实践，一方面为社会主义的物质文明、政治文明和精神文明建设提供了必要的条件和基础；另一方面又为转变经济发展方式、改善国民生产和生活方式提供了新的目标和要求。因此，生态文明建设就包含在中国特色的社会主义经济、政治、文化和社会建设之中，是中国共产党在人类历史上创造出的一种符合社会主义原则的崭新的文明形态。

　　在学习马克思主义的理论中，我们认识到，马克思主义经济理论认为，产业结构调整和升级的出发点是人的社会需求。通过对党的十八大文件的学习，我们进一步认识到，当前我国最大的任务就是加快转变经济发展方式，实现产业结构的调整和升级。十八大报告明确指出，推进经济结构战略性调整，这是加快转变经济发展方式的主攻方向。必须以改善需求结构、优化产业结构、促进区域协调发展、推进城镇化为重点，着力解决制约经济持续健康发展的重大结构性问题。我认为这是对马克思主义经济理论的运用和创新。

　　马克思指出，人类生存首先要解决吃穿住行等基本生活资料的需求，为了满足人们的各种需求，于是就出现了不同的物质产品和服务活动的生产、交换、分配与消费，这些产品和服务活动的不断增长与扩张，便逐渐形成了各种不同的产业，这些不同产业之间也就相继形成了一定的比例关系，于是产业结构就开始形成和发展。随着社会需要的不断变动，产业结构也就不断地调整与升级。社会需求和供给总是在特定的时空范围内存在的，这就表现为区域经济结构和城乡经济结构。因此，经济结构是一个包含着需求结构、产业结构、区域经济结构、城乡经济结构等在内的相互联系、相互影响、相互作用、互动并进的整体，这种整体内部不断地互动升级，成为一个国家或地区经济社会发展的不竭动力。而经济结构的调整和升级，也就是社会经济的不断发展，这种不断发展的真正动力源泉就是人们不断增长和不断变动的社会需求。因此，经济结构调整和升级应始终坚持以人为本，从人的社会需要和利益出发。

在各位专门研究《资本论》和马克思主义经济学的专家学者面前，我实在是个小学生。很多年前，在中央党校学习期间，记得鲁从明老师讲的《资本论》"一个主题、三大系列、五个要点、一个结论"。其中对共产主义必然胜利的科学结论印象深刻，特别是党的十六大以来这十年，我们走过了很不平坦的道路，战胜了一系列重大挑战，这让我反复思考，使我更加认识到马克思主义的科学论断经受了时间和实践的检验，最终必然胜利的真理。

我们中国马克思主义研究基金会今年成立20周年，习近平校长在2009年给论坛的贺信中讲到：我们要贯彻坚持和发展马克思主义的宗旨，要发挥马克思主义研究事业的助推器作用和联系团结党校系统及全国理论工作者的纽带作用，要做好奖励、资助、组织马克思列宁主义、毛泽东思想和中国特色社会主义理论体系的学习、研究、宣传工作，建好把中国马克思主义论坛办成发表马克思主义研究新成果，推进马克思主义中国化、时代化、大众化的有影响力的平台。我想，这就是我们中共马克思主义研究基金会的崇高责任和工作。

我们学习研究马克思主义经典著作时，对中国特色社会主义经济理论创新，必须以马克思主义为指导。如果把马克思主义当作一成不变的教条生搬硬套，就可能重蹈封闭僵化的覆辙，回到改革开放前的传统路子。而如果背离马克思主义，丢掉老祖宗，就一定会走上改旗易帜的邪路，这条路一是完全放弃社会主义、走资本主义的路，再是照搬西方民主党执政的发达国家所主张的民主社会主义。这都不符合中国的国情。我们只能走中国特色社会主义的道路，举起这个旗帜，以社会主义核心价值观教育和凝聚人心，形成改革开放的共识、社会和谐的共识、科学发展的共识、中国特色的共识，把思想认识统一到党的十八大精神上来，以高昂的、向上的和以艰苦奋斗、百折不挠的精神状态，落实好、完成好十八大任务。

　　以上是我结合学习马克思主义经济学思想，对十八大报告中关于经济理论创新谈的一些体会。当然，以马克思主义经济理论为基础的党的十八大经济理论创新还包含着一系列新的思想和新的观点，这些也有待本次学术研讨会进行深入的研讨。我衷心地祝愿大会取得丰硕的理论成果，预祝大会圆满成功！

# 目　录

# 进一步完善社会主义市场经济体制的"四个关键词"

程恩富

（中国社会科学院）

当前，我国经济体制改革的顶层设计或再出发主要有两大思路：

一种认为中国现在是"半统制、半市场"的双重体制，近几年改革还处于停滞或倒退状态，实行"国家资本主义或权贵资本主义"，因而必须重启改革，而改革的方向和目标就是"国有企业私有化、土地私有化和金融自由化"，以便建立"社会公正＋市场经济＝社会主义"的市场经济体制。为此，必须重设"国家体改委"来推行之。此思路以吴敬琏、张维迎为代表。

另一种认为中国在 2000 年已初步建立了社会主义市场经济体制，接着又用十几年大体完善了这一体制，今后按照党的十八大提出的四个层面进一步加以完善，即在坚持社会主义取向与现代市场经济取向相结合的基础上，从产权、分配、调节和开放层面加快完善社会主义市场经济体制。为此，必须加强党中央对改革的统筹领导。此思路以刘国光和笔者为代表。

党的十八大报告明确指出："要加快完善社会主义市场经济体制，完善公有制为主体、多种所有制经济共同发展的基本经济制度，完善按劳分配为主体、多种分配方式并存的分配制度，更大程度更广范围发挥市场在资源配置中的基础性作用，完善宏观调控体系，完善开放型经济体系。"（以下没有注明出处的引文均出自该报告）这就从产权、分配、调节和开放四个层面科学地界定了加快完善社会主义市场经济体制的方向和内涵。我们应结合十八大精神，依据不断变动中的国情和世情，对这四个层面或关键词作理论和现实的深刻阐述和创新。

第一个关键词是产权。广义的产权与广义的所有权或所有制在概念上大同小异。公有制为主体、多种所有制共同发展的制度，属于社会主义初级阶段必须长期坚持和完善的基本经济制度。因为它从经济学原理、经济属性和经济类型上规定了什么是社会主义性质的市场经济体制。美国《帕尔格雷夫经济学大辞典》在界定"市场社会主义"词条时认为，资源配置或经济运行主要是市场机制，而公有制经济又是主要形式。这是诠释言之有理。反之，若是私有制占主体，多种所有制共同发展，便是当今资本主义市场经济体制或基本经济制度，即市场资本主义。这也是现代政治经济学和西方比较经济体制学的主流共识。

问题在于，如何完善这一初级社会主义的基本经济制度？报告强调"要毫不动摇巩固和发展公有制经济，推行公有制多种实现形式，深化国有企业改革，完善各类国有资产管理体制，推动国有资本更多投向关系国家安全和国民经济命脉的重要行业和关键领域，不断增强国有经济活力、控制力、影响力。毫不动摇鼓励、支持、引导非公有制经济发展，保证各种所有制经济依法平等使用生产要素、公平参与市场竞争、同等受到法律保护。"传统社会主义计划经济体制和当代资本主义市场经济体制已表明，单纯的公有制或私有制占主体均难以实现科技发展所提供的潜在效率和实然公平。而西方国家每隔若干年发生一次周期性或重或轻的经济衰退和各种危机，也表明私有制市场经济始终内生不可持续发展的功能性痼疾。因此，完善公有制主体与私有制辅体的全社会所有制结构，要在市场竞争和国家导向下增强两种所有制的共生性和互补性，做到"两个毫不动摇"，而非人为地"公退私进"或"公进私退"。不过，面对西方跨国垄断资本逐渐控制我国经济许多领域的严峻局面，当务之急是私营经济与公有经济加强合作而非内耗，共同参与和应对外国垄断资本在国内外的激烈竞争。

第二个关键词是分配。由于产权关系和制度决定分配关系和制度，收益权属于广义产权的一束权利之一，因而公有制主体便决定或派生出按劳分配主体。社会主义初级阶段要实行按劳分配为主体、多种分配方式并存的分配制度。撇开自然经济和个体经济不谈，现代企业制度下分配的基本形式就是市场型按劳分配或按资分配，所谓多种分配方式或按生产要素产权分配，实质上是可以分解为按劳分配或按资分配的。按经营才能分配属于按劳分配，而按土地要素分配则属于按资分配。企业人员获得发明技术的收益属于按劳分配，再折合成股份而获得的收益则属于按资分配。可见，改革中要完善的其实是按劳分配为主体、按资分配为辅体的分配制度。

问题在于，如何完善这一初级社会主义的分配制度？报告强调必须"维护社会公平正义"，"走共同富裕道路"，"共同富裕是中国特色社会主义的根本原则"。目前，居民财富和收入分配差距较大的根源和首因，在于非公经济及由此决定的按资分配比重较大，因而报告提出"要坚持社会主义基本经济制度和分配制度，调整国民收入分配格局，加大再分配调节力度，着力解决收入分配差距较大问题，使发展成果更多更公平惠及全体人民，朝着共同富裕方向稳步前进。"为此，"实现发展成果由人民共享，必须深化收入分配制度改革，努力实现居民收入增长和经济发展同步、劳动报酬增长和劳动生产率提高同步，提高居民收入在国民收入分配中的比重，提高劳动报酬在初次分配中的比重。这里要求"实现两个同步"、"提高两个比重"以及"实现两个倍增"（实现国内生产总值和城乡居民人均收入比 2010 年翻一番），是必须贯彻"初次分配和再分配都要兼顾效率和公平，再分配更加注重公平"这一分配领域改革发展总方针的。其经济学缘由在于，平等或公平在概念上不等于平均或均等，经济公平与效率的真实关系不是孰先孰后的反向变动的替代关系，而是同向变动的互促关系，即在权利、规则和机会等方面越公平，便越有效率，反之则相反。当前，出于切实有效地解决企业人员的财富和收入分配差距较大问题，应采取笔者多年强调的"四挂钩"立法措施和改革政策，即普通职工的收入须与企业的劳动生产率、利润率、高管收入和当地物价的变动挂钩，以促进分配和谐。

第三个关键词是调节。发挥市场在资源配置中的基础性作用，可以缩称为以市场调节为基础，其对立统一面是国家调节。国家调节主要包括负责立法的人大调节和政府调节，既有宏观调节或调控，又有微观调节或规制。正如萨缪尔森所说的，市场是没有大脑和心脏的，需要国家发挥作用。斯蒂格利茨的《政府经济学》和克鲁格曼关于回归凯恩斯主义等西方不少论著，已充分阐述了功能性双重调节体制机制的应然性和可行性。由于我国是要实行跨越性大发展的后发国家，又要在改革中避免出现政策和机制的缺位或真空，还要"不断增强国有经济活力、控制力、影响力"，以及合理借鉴亚洲"四小龙"等政府主导的有益经验，因而必须发挥国家在又好又快地发展国民经济中的主导作用。社会主义初级阶段应在廉价、廉洁、民主和高效的基础上构建小而强的国家调节体系，形成"以市场调节为基础、国家调节为主导"功能互补性的双重调节体制机制，以此消除西方国家过分实施市场调节或市场化改革所形成的周期性多种经济危机和困境。

问题在于，如何完善这一初级社会主义的调节制度？报告强调"经济体制改革的核心问题是处理好政府和市场的关系，必须更加尊重市场规律，更好发挥政府作用……健全现代市场体系，加强宏观调控目标和政策手段机制化建设。"（习近平总书记在2013年两会讲话再次同时强调"更加"、"更好"这两个双重调节机制）完善商品、技术、资本、土地、住宅、人力等各类市场的客体结构、主体结构、空间结构和时间结构，释放其耦合性良好功能，是全面深化改革的重要内容。同时，要重点深化财税体制改革，建立公共资源出让收益合理共享机制；深化金融体制改革，健全促进宏观经济稳定、支持实体经济发展的现代金融体系；深化投资和经济结构调整体制，推进经济结构战略性调整，加快转变经济发展方式；深化科技教育文化卫生体制改革，提升科技创新、国家软实力和国民健康水平；深化城乡一体化体制改革，促进解决好"三农"问题。

第四个关键词是开放。市场经济和经济全球化内在要求国民经济实行对外开放，以优化资源配置、促进优势互补和推动经济发展。开放与保护是一对矛盾，均有正效应与负效应、适度型与过度型之分。发达国家和开放收益显著的国家，在经济开放的之前和同时都十分注重自主创新、自力发展和经济安全，突出开放的整体长远效益和国民福利，因而报告指出要"全面提高开放型经济水平。适应经济全球化新形势，必须实行更加积极主动的开放战略，完善互利共赢、多元平衡、安全高效的开放型经济体系。"可见，自力主导型的全方位开放制度，要求处理好引资、引技、引智同主要高效利用本国资本和智力、发展自主知识产权的关系，实行内需为主并与外需相结合的国内外经济交往关系，促进追求引进数量的粗放型开放模式向追求引进效益的精益型开放模式转变，从而尽快完成从贸易大国向贸易强国和经济大国向经济强国的转化。

问题在于，如何完善这一初级社会主义的开放制度？报告强调"要加快转变对外经济发展方式，推动开放朝着优化结构、拓展深度、提高效益方向转变。创新开放模式"。确实，随着世界经济格局的深刻变化，冷静面对当前对外经济发展面临的问题，迫切要求我国从战略上谋划对外经济关系的长远发展，在加快转变对外经济发展方式上树立新思维，采取新战略和新举措。为此，一是面对中资大量过剩，应适当控制外资依存度，积极提升中外资本协调使用的效益；二是面对构建创新型国家，应适当降低外技依存度，积极提升自主创新的能力；三是面对全球生态环境保护和资源能源相对不足，应适当降低外源（外国资源能源）依存度，积极提升配置资源能源的效率；四是面对出口导向型经济的弊端，应适当控制外贸依存度，积极提升消费拉动增长的作用；五是面对美国滥印美元的数轮量化宽松政策，应适当控制外汇储备度，积极提升使用外汇的收益。这五个适当控制与积极提升，是要在科学发展观的指导下，在巩固和完善自力主导型全方位开放体系的基础上，建立起"低损耗、高效益、双向互动、自主创新"的精益型对外开放模式，统筹国内经济发展与对外开放的关系，更加注重经济开放中的自主发展、高端竞争、经济安全、国家权益和民生实惠，以促进国民经济又好又快地持续健康发展。

# 认真学习贯彻党的十八大精神，
# 繁荣发展马克思主义经济学

## ——在西南马克思主义经济学论坛2012年年会上的讲话

丁堡骏

（吉林财经大学）

首先十分感谢我们西南马克思主义经济学论坛，各位领导，各位同仁能够给我这样一次学习的机会！这次会议时间安排得非常好，正逢党的十八大刚刚闭幕，全国上下都在认真学习、领会、贯彻党的十八大精神。今天我也想在这里就十八大报告结合我们学科，谈一下个人的认识和体会。我们研究马克思政治经济学的教学工作者，我们的学者，包括我们的党委、各级领导应该深入考虑的一个问题就是中国特色社会主义经济的理论基础，这个理论基础是十分明朗的问题，也是人们都无法回避的问题。那么，党的十八大召开之前，各种说法都不太一致，十八大召开之后，从我个人认识的角度更加清晰了，十八大报告特别明确回答了举什么旗，走什么路的问题。胡锦涛同志讲：既不走封闭僵化的老路，也不走改旗易帜的邪路。我觉得总书记在这里讲得非常准确、非常到位。大家知道，十一届三中全会以后我们走的是中国特色社会主义道路。总书记这里所讲的"老路"，就是指改革开放以前的那条带有探索性的道路，那是一条探求的路，有缺陷，甚至又遭受挫折的教训的道路。因此我们不能再走那条老路，我们要走改革开放的新的道路。现在，我们改革开放过程中也出现了一些不尽如人意事情，这些事件影响党和政府形象，甚至也影响改革开放道路形象。所以有一部分学者、专家怀念过去的走老路，当然这个老路是不能走的。在十七大报告中，胡锦涛总书记就明确指出，回头、倒退没有出路。按照唯物辩证法的辩证发展观，事物总是螺旋式上升的，改革开放建设有中国特色的社会主义并不是对原有体制的完全彻底的否定，而是在新的、更高的基础上进行继承。所以，对"老路"我们肯定不能走。我们再说"邪路"，我觉得这次十八大报告胡锦涛同志讲得最好的，就是对否定四项基本原则，背离社会主义的道路给予了明确的定性，定性为改旗易帜的邪路，也就是全盘西化的道路。那么邪路究竟指的是什么？就是在经济领域搞私有化，他们认准了中国未来发展就一条路——走彻底私有化的道路是邪路。在政治领域里，有人一再鼓吹中国要搞三足鼎立，走西方议会的道路，这是政治领域中的邪路；在意识形态领域方面，有人鼓吹主张取消马克思主义的指导地位，主张指导思想的多元化，这就是思想意识形态领域里的邪路。

十八大报告中，胡锦涛同志把马克思列宁主义、毛泽东思想、邓小平理论、"三个代表"重要思想、科学发展观，为什么是一脉相承、继承的关系，而不是对立的关系讲得很清楚。另外，十八大以后，围绕学习和贯彻十八大精神，习近平总书记一系列的讲话，对财产阐述得更加清楚。

然而在我们一些同志甚至一些中高级干部，却不是这样认识的。我们党内以往讲指导思想时为了简便起见直接说，邓小平理论、"三个代表"重要思想、科学发展观，对此有一些人就误解了，他们说你看马列主义不提了，毛泽东思想不要了。习近平同志《在紧紧围绕坚持和发展中国特色社会主义理论，学习宣传贯彻党的十八大精神——在十八届中共中央政治局第一次集体学习时的讲话》强调："中国特色社会主义理论体系，是马克思主义中国化最新成果，包括邓小平理论、'三个代表'重要思想、科学发展观，同马克思列宁主义、毛泽东思想是坚持、发展和继承、创新的关系。马克思列宁主义、毛泽东思想一定不能丢，丢了就丧失根本。"所以什么是根本？根本就是马克思列宁主义、毛泽东思想。接下来，他又继续讲："同时，我们一定要以我国改革开放和现代化建设的实际问题，以我们正在做的事情为中心，着眼于马克思主义理论的运用，着眼于对实际问题的理论思考，着眼于新的实践和新的发展。在当代中国，坚持中国特色社会主义理论体系，就是真正坚持马克思主义。"所以，我认为习近平同志在这个讲话中把马克思列宁主义、毛泽东思想和中国特色社会主义理论体系一脉相承、继承和发展的关系讲得十分透彻。

在经济学领域里，我们应该深刻反思的，就是在我们的高校及科研院所里，西方经济学一统天下，对西方经济学顶礼膜拜，这是走上邪路了。既然我们强调马克思列宁主义、毛泽东思想、邓小平理论、"三个代表"重要思想、科学发展观是全党的指导思想，如果我们高校的经济学院教学以西方经济学课程为主，只是象征性地开设了马克思的《政治经济学》、《资本论》的课程，这明显是在走邪路！聘请洋专家来当经济学院院长、研究所所长、系主任等现象，就更是荒唐之极了！

中国特色社会主义理论源头在于马克思主义经典理论。习近平同志在2012年6月19号视察中国人民大学《资本论》教学中心的时候，有这么一段话："马克思主义中国化形成了——毛泽东思想、中国特色社会主义理论体系这两大理论成果。追本溯源是在马克思经典理论指导下取得的。"下面还有更重要的一句话，他说："《资本论》作为马克思最主要的经典著作之一，经受了时间和实践的检验，始终闪烁着真理的光芒。"美国2007年出现的次贷危机和2008年的金融危机，演变成全球经济危机，导致现在出现了长期的经济萧条。在这个过程中，西方国家的政要、学者，才感觉到马克思还没有走，马克思又回来了，说明了马克思理论经得起时间的考验。后面习近平同志接着讲："加强《资本论》教学和研究具有重要意义，要学以致用，切实发挥理论的现实指导作用。"进一步深化和发展中国特色社会主义理论体系。中国特色社会主义理论体系和马克思主义一样，它不是封闭的体系，它会随着中国共产党人的指导、实践的发展而向前发展。所以，邓小平理论、"三个代表"重要思想、科学发展观还是会往前发展的，中国共产党人还要理论与时俱进。进一步深化丰富和发展中国特色社会主义理论体系，明确讲发展中国特色社会主义理论体系，不是从西方经济学那发展，没提也不能从凯恩斯、萨缪尔森那发展，那么在哪发展呢？那么，发展马克思主义源头在哪里呢？源头在马克思主义经典著作，在马克思的不朽著作《资本论》。

习近平同志对高校马克思主义理论教师，也有要求，有寄语。这主要是在考察了中国人民大学《资本论》教学与研究中心的讲话中提出的。习近平同志强调："面对当今开放的环境，理论工作者要旗帜鲜明、理直气壮地坚持马克思主义的教学和研究，要坚持以马克思主义的立场、观点、方法为指导，继承、吸收人类文明的优秀成果；广大理论工作者要不断提升自身的水平和素养，切实以理论的力量吸引人、感染人、打动人。"这里习近平同志所讲的包括我们广大的理论工作者，各级高校、各级党委、各级科研部门，要理直气壮地把马克思主义教学和研究引向深入。引向深入的过程中，习近平同志强调了要继承、吸收人类文明的优秀成果，不断提升自身的水平和素养。这个很关键，我们无论是研究哲学的、研究政治经济学的、研究其他理论的，都有与时俱进的问题，时代在向前发展，马克思主义理论要经受实践的检验，在经受实践检验的过程中，与时俱进。如果我们马克思理论工作者自身素养不提高，水平不提高，那么在我们的教学过程中，马克思理论感染力和吸引力，你是讲不出来的。习近平同志对我们提出了很高的要求。我感到目前我们马克思主义经济学教学工作中也确实有亟待克服的缺点和毛病，即《资本论》教学由于种种原因缺乏与时俱进的时代精神。《资本论》是很重要的著作。要认认真真地读原著，因为原著中有很多重要思想值得挖掘。但《资本论》目前面临着西方经济学对它的挑战，我们不容忽视，所以，作为教师我主张把《资本论》要讲成面对 21 世纪的人类经济思想的《资本论》，这也时代的任务。现代人要带着凯恩斯、马歇尔理论所提出的问题去读《资本论》，这样对《资本论》的阐述才更加具有时代性和现实的真理性。这些认识是我从学习习近平同志讲话中得出的。

习近平同志不仅关心马克思主义经济学教学，而且他对高校马克思主义经济学教学所面临的困境也是了解的。习近平同志讲："中国人民大学作为研究、传播、宣传马克思主义理论的重要思想阵地，广大教师一直推动和引领马克思主义经济学的教学和研究，取得了丰硕的成果。"这是肯定成绩。他说："希望大家发扬继承坚守精神。"我觉得这个坚守精神适用于我们全国的马克思主义理论教育工作者。为什么要坚守？你看西方经济学课程一上课就给同学们讲经济人假设，经济人是什么？经济人追求利润最大化的、效用最大化的、利益最大化，它是不讲人格的，它的人格就是自私自利，人不为己、天诛地灭！所以这样的思想如果要传播开的话，马克思主义还讲雷锋精神？还讲社会主义、共产主义？甚至有的教师还按照公共选择理论，要把经济人引入了政府，认为政府官员也是经济人，要按照经济人的规则运行，制定什么政策能带来多少金钱、多少利益？如果是那样的社会，还能有共产主义理想，有马克思主义信念、社会主义信念、共产主义信念吗？还能走共同富裕的道理吗？从这次视察的讲话中我们可以看到：习主席很清楚地感到到高校马克思主义理论教学工作的教师处境并不好，他强调要发扬坚守精神，这话讲于 2012 年 6 月 19 日，现在看来还要发扬坚守精神。要进一步建立、发展和完善马克思主义指导下的中国经济学体系，切实运用到教学中，培养合格的建设者和接班人，我感到中央对我们意识形态领域特别是对我们大学里存在的问题很清楚，相信以后会陆续出台政策解决这些问题。

在这个体会里我估计到在中国经济学教学要面临一次大的变革，也引出了我下一个主题：重新确立马克思主义政治经济学的指导地位。怎么样重新确立？我认为是辩证的否定，就是否定之否定，应该是在一个更高的水平上，应该认识到马克思主义要有新的飞跃，那么我们从认识传统的政治经济学开始，我认为主要有几个方面：传统经济学丢掉了马克思"政治经济学批判"的科学范式。过去我们只讲马克思主义政治经济学不讲西方经济学，这个做法是不对的。马克思《资本论》手稿，都以"政治经济学批判"命名。如果讲政治经济学离开了对资产阶级经济学的批判，离开了对人类经济思想的批判，那就丧失了它的灵魂。马克思在《资本论》第一卷第二版《跋》中，强调："辩证法对现存事物的肯定的理解中同时包含对现存事物的否定的理解，即对现存事物的必然灭亡的理解……辩证法不崇拜任何东西，按其本质来说，它是批判的和革命的。"关于辩证法本质上是批判的和革命的，我觉得我们应该从中受到启发。举个例子：就像胡世祯老师最近出版的《资本论研读》这本书里面，就很好地贯彻了这个方法。他写作一个问题的时候，都要把学术界对这个问题的不同的认识，各种批判，各种解说，都拿出来进行研究。对这些观点，在进行肯定的理解的同时，提出否定的理解。进而提出了自己创造性的新观点。掌握了这个辩证法，应该说是我们研究马克思主义经济理论或者说政治理论、哲学理论最根本的方法。我们好多老师说搞科研，不敢写，不会写，就害怕写错。什么问题呢？我觉得就是没掌握这个根本方法。辩证法本质是批判的和革命的，那就说我们研究人类经济思想的时候，各种思想都要研究，否则就不能做科研工作者，作为大学教授和大学老师，应该首先是一个科学家，也就是说对学术观点的阐述不应该是平淡的、平庸的。我主张恢复《资本论》的政治经济学批判范式，要恢复它就要对西方经济学进行批判，所以，我就觉得真正地讲好马克思政治经济学不容易。习近平讲要提高自身素养，自身理论水平，这不是没有所指的。面对今天开放的国际和国内环境，我们讲好马克思主义政治经济学必须要有两个方面的思想理论基础：一种是马克思《资本论》，马克思主义的思想；一种是现代西方经济学，现在西方流行的经济思想。只有真正能够驾驭这两种理论，我们才能够有说服力地向学生讲授马克思主义政治经济学。现在有的学生问我为什么只讲政治经济学，而不讲西方经济学？我回答说：我是在理论研究和对比过程中被马克思主义理论的真理性所折服，笃信马克思主义政治经济学的真理性，而通过研究和对比发现西方经济学学说体系不科学，所以我不去讲授西方经济学。我的研究工作和论文都是围绕《资本论》展开的。《资本论》有很多种讲法，但亟需一本有关《资本论》的现代讲读，这也是时代的要求。李大钊、周恩来在白色恐怖时期给工人、农民、革命家、知识分子讲解《资本论》，他们没有《资本论》原著。那时他们就只讲什么是商品？什么是货币？什么是剩余价值？工作日怎么划分？劳动力怎么受资本家剥削？什么是资本主义社会的基本矛盾？为什么资本主义社会会灭亡？为什么我们要革命？这样的讲解《资本论》的方法，我们学生在高中社会发展史这个课程里就已经接触到了，后来到大学政治经济学原理又讲一遍，所有这些不能说不是在讲授《资本论》。而我提倡在对西方经济学批判中讲授《资本论》。马克思主义政治经济学是现代政治经济学，我们应该从理论体系上证明：马克思主义政治经济学与和它对立斗争的西方经济学相比，是科学的经济学。如果西方经济学的科学性比马克思主义经济学的科学性更多，那么，我们就没有理由再坚持马克思主义经济学，否则我们就是固执己见，就是偏激，就理所应当被边缘化。所以，我们说马克思主义经济学是人类文明的最高成就，我们广大的马克思主义科研工作者是竞技场上的强者，那么我们就要发出最强音，我们的最强音就是用马克思科学的理论来论证和改造这个社会，用马克思的科学理论来批驳和否定与它斗争的、侵占我们学生思想的现代西方经济学。我的理论观点在这点上是非常鲜明的。

下面一个问题是关于资产阶级经济思想史历史分期和西方经济学性质问题。马克思说："1830年，最终决定一切的危机发生了。资产阶级在法国和英国夺取了政权，阶级斗争在实践方面和理论方面采取了日益鲜明的和带有威胁性的形式。它敲响了科学的资产经济学的丧钟。现在问题不再是这个或那个原理是否正确，而是他对资本有利还是有害，方便还是不方便，违背警章还是不违背警章。无私的研究让位于豢养的文丐的争斗，不偏不倚的科学探讨让位于辩护士的坏心恶意。"在1830年之前，英国的资产阶级联合无产阶级共同对付封建地主阶级，所以那时的资产阶级和无产阶级是联合在一起的，资产阶级是一个进步的阶级，处于上升的时期。从辩证法观点来看，那个时期才能出现亚当·斯密、大卫·李嘉图。等到1830年的英法资产阶级夺取政权后，工人阶级和资产阶级上升为主要矛盾，工人运动频繁爆发，那么这个时候敲响了资产阶级经济学的丧钟，资产阶级经济学从此变成了庸俗经济学。马克思按照这一观点分析资产阶级经济学，在分析德国经济学家的时候曾经一针见血地指出："德国经济学家是德国大商行里的小商贩。"当时，德国经济学家的命运不佳，在德国经济学家能够公正无私地研究经济学规律的时候，德国资本主义经济关系没有产生，所以只能从英国、法国漂洋过海引进过去。后来马克思又分析，等到资本主义经济关系在德国发展起来的时候，德国经济学家命运还是不好，这时候英、法资产阶级斗争与无产阶级斗争对立埋下了影子，所以他们也不能公开地研究经济问题。马克思分析，经济学在德国看来有可能性的时候，这种可能性又化为泡影，所以马克思最后一条逻辑，就是排除了资产经济学在资产阶级范围内发展的可能性但并没有排除对这个学说进行批判的可能性。就这个批判代表一个阶级来讲，它只能代表无产阶级，所以在德国产生了伟大的马克思、恩格斯，产生了工人阶级的经济学，产生了政治经济学批判。我们中国在这个时代也不能做"外国大商行里的小商贩了"，站在资产阶级立场上发展资产阶级经济学，天天要获诺贝尔经济学奖的这个学派那个学派，那是不切实际的幻想，只有对这个学说进行批判可能性。十八大提出来走自己的路，建设中国特色社会主义，习近平同志讲用马克思的《资本论》，用马克思主义来指导中国特色理论体系，独立自主是我们发展的路。

马克思主义经济学需要在西方经济学批判中提出一些观点，还需要创新。我们看西方经济学在生产函数写了那么多，在马克思经济学也写出生产函数，马克思主义经济学不能停留在生产函数，生产函数只是表面上的关系，那么我们的教材上写价值函数，马克思的剩余价值论和西方经济学比较，就在于实物量关系，在演化的逻辑之外，伴随着这个实物生产函数的价值生产函数，这个生产函数里有必要劳动时间，剩余劳动时间，而在剩余劳动时间《资本论》中有剩余价值的分割，剩余价值分割在实现中有矛盾，所以经济危机必然产生。从这里我们看到马克思经济学与西方经济学对比，为什么说马克思经济学著作那么厚，文字叙述却没看出什么太惊人的地方呢？为什么那么灵验呢？资本主义经济危机、东南亚的金融危机每十年就爆发一次。马克思经济学它揭示了事情发展的客观规律，比西方经济学更加科学。按照这个理论来讲，我们马克思主义学者在当今中国，在我们这个时代，应该有所作为。所以在这里希望和大家一起继续推进马克思主义经济学的发展和繁荣。从十八大报告到习近平同志的讲话，习近平同志到中央党校的讲话，到中国人民大学视察时候的讲话，我感到中央真的重视马克思主义经济基础，重视我们的民族，所以，习近平同志特别强调马克思主义的理想和信念。从事马克思主义经济学教学研究的我们应该为十八大的召开而欢庆鼓舞，为新的时期、新的时代的到来感到高兴。

# 马克思主义是建设社会主义和共产主义的唯一理论基础

胡世祯

（暨南大学）

## 一、建设社会主义和共产主义的指导思想不能多元化

在我国进行社会主义建设和实现共产主义远大目标必须要以马克思主义作为自己的指导思想。毛泽东有一句名言："指导我们事业的核心力量是中国共产党，指导我们思想的理论基础是马克思列宁主义。"这一观点至今仍有重大的现实意义，一方面在组织上要否定多党制和所谓的轮流执政的主张；另一方面，在建设社会主义和共产主义的指导思想上，必须坚持马克思主义，反对实行多元化的指导思想。

马克思主义理论是在资本主义生产方式建立与发展之后的经济条件下产生的，它创建了唯物辩证法与历史唯物论，从生产方式和生产关系、经济基础和上层建筑的相互关系中，研究人类历史的发展。马克思从对商品的分析入手，揭露了资本主义矛盾的产生与发展，揭示出资本主义必将被共产主义替代的客观规律。他建立起从抽象到具体、从简单范畴上升到复杂范畴的科学理论体系。马克思的"六册结构"不仅是一个完整的逻辑结构，而且在已经出版的《资本论》中摘引了各种调查报告，用大量事实论证了他的理论是颠扑不破的真理。

我国学术界中有人主张要变马克思主义理论"一统天下"为与西方经济

学"两家并重"或"两个基础并存",反对一味坚持传统马克思主义经济学的指导地位。我国进行社会主义建设和最终消灭资产阶级的任务要以资产阶级的西方经济学作为理论基础,这是不可理解的,也是十分荒谬的。用它来作为我国经济建设的指导思想只能导向资本主义,甚至是殖民地和半殖民地。

现在流行的说法是对西方经济学要批判地进行吸收,不应全盘否定,这种说法有可斟酌之处,因为对西方经济学全盘否定未必就错,对西方经济学要进行批判地吸收也未必是正确。

问题在于正确对待西方经济学的前提是对西方经济学区分是理论经济学还是应用经济学,对理论经济学还要区分是资产阶级的古典经济学还是资产阶级的庸俗经济学。

对资产阶级古典经济学,尽管它有许多不足之处,但不能全盘否定,应当批判地吸收它的科学成分,马克思本人就是这方面的典范,资产阶级古典经济学成为马克思经济学的一个重要来源。我国学术界从来都遵循马克思的教导,正确对待属于西方经济学的资产阶级古典经济学,并未全盘否定它在经济理论上的贡献。

至于谈到资产阶级庸俗经济学,那就是另一回事了,对于它的基本理论,只能是全盘否定,不存在什么要批判地进行吸收,我国学术界长期以来是这么去做的,我们只能说在这方面做得还不够。当今的问题是马克思主义被边缘化,资产阶级庸俗经济学在我国又死灰复燃,它的鼻祖萨伊的三位一体公式谬论,已被某些学者奉为圭臬,点名攻击马克思的基本理论,作为自己文章中所谓"理论创新"的亮点。

对于资产阶级应用经济学或部门经济学,一方面,由于西方资本主义国家至今已积累了有200年左右管理社会化大生产的经验,对此总结出来的应用经济学,是人类极其宝贵的财富,社会主义国家应当结合本国的国情,虚心学习和借鉴他们的成功经验。另一方面,也要认真吸取他们失败的教训。对于资本主义国家的经济管理方面的经验,绝不能顶礼膜拜,欧美的金融危机和日本的核电站重大事故,不仅暴露了资本主义社会制度的缺陷,也暴露出他们在经营管理方面存在严重的弊病。

应当指出,作为一门真正科学的应用经济学也必须以马克思主义政治经济学构成它的理论基础,如果离开马克思的价值与货币理论、工资理论、资本循环与周转理论、资本积累与再生产理论、成本与利润理论、商业资本理论、借贷资本与利息理论、地租理论等,很难设想能够成为科学的应用经济学。

在建设社会主义和实现共产主义远大目标上的指导思想只能是马克思主义，完全排斥作为资产阶级的西方经济学，更不能将它与马克思主义一起构成二元的并列或并重的指导思想。

不仅如此，由于时代的发展和各国所处的历史发展阶段不同，各国的国情千差万别，作为统一的马克思主义指导思想必然会在不同国家进行具体运用和发展，我们能否将这种属于马克思主义理论体系的指导思想刻印上各国的标志与统一的马克思主义指导思想并列在一起呢？答案是否定的。

在 1949 年 3 月 13 日党的七届二中全会上，毛泽东在他的总结发言中向全党进行了告诫："不应当将中国共产党人和马、恩、列、斯并列"，"现在应当在全中国全世界很好地宣传马、恩、列、斯关于唯物主义、关于党和国家的学说，宣传他们的政治经济学等等，而不是要把毛与马、恩、列、斯并列起来……如果并列起来一提，就似乎我们自己有了一切，似乎主人就是我，而请马、恩、列、斯来做陪客，人们请他们来不是做陪客的，而是做先生的，我们做学生。""中国革命的思想、路线、政策等，如再搞一个主义，那么世界上就有了几个主义，这对革命不利，我们还是作为马克思列宁主义的分店好。"这一告诫至今仍有重大现实意义。

毛泽东反对将包括自己在内的中国共产党人与马、恩、列、斯并列在一起，我相信，这绝不能用谦虚来解释，在原则问题上是来不得半点谦虚的。这里不把包括自己在内的中国共产党人与马、恩、列、斯并列在一起，并不否定或贬低毛泽东思想的指导作用，而是将它对马列主义的运用和发展，纳入马列主义的理论体系之中。

将中国共产党人对马克思主义进行具体运用和发展之后刻印上中国共产党人的标记而与马克思主义并列在一起，势必将马克思当成"陪客"，自己才是真正的"主人"，突出了自己，马克思主义理论被忽视，甚至取而代之。中国在 1966 年爆发"文化大革命"时，已经有此先例，毛泽东的言论被林彪说成是"一句顶一万句"，毛泽东思想处在"顶峰"的高度，马克思主义遭到了排斥。

将中国共产党人由于对马克思主义的具体运用和发展而与马克思主义构成并列的指导思想，势必被人理解成马克思主义可割裂为传统的或过时的马克思主义和创新的或现代的马克思主义两部分，指导我们今天实践的应当是或更重要的是现代的马克思主义，传统的马克思主义可有可无。于是我们可以听到这样一种声音："我们要编写出一本没有马克思的马克思主义政治经济学教材"，这是非常错误的说法。马克思主义离不开马克思，没有马克思的马克思主义，就不可能有发展了的马克思主义，没有马克思的马克思主义，就不是马克思主义。

将中国共产党人对马克思主义的运用和发展纳入马克思主义理论体系之中，而不是与之并列，明确了指导思想仍是马克思主义。反之，如果将中国共产党对马克思主义的运用和发展与马克思主义并列起来构成中国多元的指导思想，就会在客观上与马克思主义分离开来，成为互不相同的指导思想。因为从语言逻辑上看，并列句的句与句之间具有互相排斥的不同质的规定性。中国共产党人的理论与马克思主义的相互关系只能是主从关系，而不能是并列关系，马克思主义理论是主，中国共产党人理论是从。

马克思主义的主要内容体现在《资本论》这一伟大著作中，以马克思主义理论做指导，就是主要以《资本论》中阐述的理论做指导。这里还必须补充说明的是，对于政治经济学教科书的编写，就不仅仅是要以马克思主义作指导，而且还要以马克思主义的基本原理作为主要内容。

以马克思主义理论指导我国实践，具有重大意义，牵涉面极广，这里我只涉及当前我国社会性质、物价和住房三个问题谈一下具体看法。

## 二、我国当前的社会性质

指导我们如何认识我国当前的社会性质的理论仍然是马克思主义。在《哥达纲领批判》这一著作中，马克思指出了在无产阶级革命取得胜利后还要经过一个相当长的从资本主义到共产主义的过渡时期，然后才能进入共产主义社会的第一阶段，再经过一个相当长的历史时期，进入共产主义社会的高级阶段。由于旧中国处于一个半殖民地半封建社会，中国共产党提出了新民主主义革命理论，这个革命胜利后不可能直接进入马克思所阐述的以消灭资本主义为主要任务的从资本主义到共产主义的过渡时期，而是建立起一个在中国共产党领导下，以社会主义公有制经济为主体、以社会主义国有经济为领导、多种经济并存的新民主主义社会，这是以毛泽东为首的中国共产党对马克思主义的一个重大发展。我国当今称之为中国特色社会主义从具体特征来看，仍属于这个新民主主义社会。

按照马克思主义理论，在进入社会主义社会之前，是不可能超越以消灭资本主义为主要任务的过渡时期的。我国当今社会从历史发展进程来看，不仅仅远未进入马克思所阐明的共产主义社会第一阶段，也远未进入以消灭资本主义为主要任务的过渡时期。可以明确的一点是，我们早晚一天必将进入这个过渡时期，当今社会还处在这个过渡时期之前的历史阶段，如果将这个历史阶段说成已经是社会主义社会，等到有一天，我国资产阶级完成了历史使命，进入一个开始逐步退出历史舞台的过渡时期，这时我们还能说从社会主义社会进入过渡时期吗？这个过渡时期又从哪里过渡到哪里呢？

我们要说和马克思的过渡时期理论有什么不同的话，马克思说的是从资本主义社会向共产主义社会第一阶段过渡，我们说的是未来从新民主主义社会向社会主义社会过渡。

有人认为，新中国成立已有六七十年了，还停留在新民主主义社会，感情上难以接受。这里不是什么感情问题，一定要说感情，我建议我们应当增加一些对来之不易的新民主主义社会的感情，珍惜这种感情，关注被一些人看不上眼的新民主主义社会出现了倒退迹象。

## 三、如何认识我国的物价上涨现象

1996 年我写了《如何认识我国的物价上涨现象》一文，第二年发表在《当代经济研究》杂志上，现在仍以这个题目谈谈当前我国的物价上涨现象。

### （一）什么是物价？

我国实行改革开放以来，多次出现了物价急剧上涨的现象，我写上述文章前的 1994 年，上涨率达到 21.7%，我的文章中第一个题目却是"我国物价上涨了吗？"这里牵涉到一个货币理论问题：什么是物价？

物价即商品价格的简称，学过马克思著作的人都知道，价格是商品价值的货币表现，因而商品价格是由商品价值和货币价值这两个因素决定的，它和商品价值的变动成正比，和货币价值的变动成反比。随着劳动生产率的不断提高，商品价值量趋向下降，但商品价格却不会随之下降，因为货币价值也会随着开采黄金的劳动生产率不断提高而下降，二者大体上是同步的，因而商品价格基本不变或有升有降。

但是我们见到的现象却是物价节节攀升，例如我国蔬菜价格早前以分甚至以厘作为计价单位，现在则以角甚至元作为计价单位，把这种现象称为物价上涨，是把货币和货币符号混为一谈了，以纸币表现的价格只能是价格符号，不是价格本身。否则，商品价格就不是由商品价值和货币价值决定，而是由纸币数量决定，由印钞机决定。纸币的超量发行引起的后果是纸币贬值，严格说来，这一说法还不太科学，因为纸币本身没有价值，无值可贬，应该说是纸币代表的金量减少，以往曾经350美元可兑换1盎司黄金，现在只能兑换不到1/5盎司的黄金了。

货币的数量是由商品的价格总额决定的，但是当纸币代表黄金执行流通手段时，却颠倒地表现为纸币的数量决定商品的价格，但这是一种假象，遗憾的是，我国有些经济学家至今仍处在这种颠倒的状态中，自觉或不自觉地接受了资产阶级的货币数量论。

## （二）物价上涨现象的原因

改革开放以来多次出现物价急剧上涨的现象，究其原因，某些经济学家给予多种多样的解释，什么需求拉动、成本推动以及最近出现的输入性推动等等。其实原因很简单，就是纸币的超量发行，即通货膨胀。据统计，2009年的国内生产总值是1978年的92倍。而同期的广义纸币供应量却增加到705倍，2010年前三季度超发的纸币达到近43万亿元。

通货膨胀的后果并不像有些教科书说的引起物价上涨，而是纸币贬值，也可以说是纸币掺水，原来100元纸币可以买100斤大米，现在只能买80斤或70斤了。

用需求拉动来解释物价上涨现象是错误的看法，因为商品的销售量是受到广大群众的购买力限制的，当人们过多地消费某些商品时，必然要减少其他商品的购买，某些商品价格如被需求的增加拉上去，另一些商品价格就会被需求的减少拉下来，总的物价指数不会因此而改变，而且这种需求拉动也往往是暂时现象，它会通过价格的调节而趋向供求平衡。

由于通货膨胀拉动起来的所谓需求只是一种假象，投放市场中的纸币量增加多少，不等于需求量也增加多少，在出现通货膨胀的情况下，人们的工资收入即使有所增加，购买力却会下降，需求量反而是减少了。

在出现通货膨胀时，成本价格必然表现为上升，有人据此认为商品价格的上涨是由于成本推动造成的，其实成本价格也是由商品价格构成的，与其说成本价格推动商品价格，不如说是商品价格在推动成本价格。而且，在通货膨胀中，成本价格上升也是一种假象，它的实际价格并不因纸币贬值而改变，

近年来又出现输入性通胀说，与其说输入性通胀，不如说输出性通胀，因

为我们一方面超量发行纸币，另一方面又大量出口商品。2010 年净出口值为 1831 亿美元，外汇储备累计已超过 30 000 亿美元，又变成大量热钱流入我国。

限于篇幅这里不再进一步探讨通货膨胀的原因。

### （三）对策

按照马克思的货币理论，纸币只是货币符号或价格符号，当它代表黄金执行流通手段职能时，它的流通量限于它所象征性代表的金量，流通中需要的金量是多少，有公式可以计算，但在实践中不易操作。我国曾经根据实践经验来确定纸币的发行量，所谓的 8∶1，即投入市场 8 元的商品就相应投入 1 元人民币。现在可操作的是人民币的增发量与投入市场商品产值的增加量要相一致。

我国现在采用的货币政策，包括适度宽松的货币政策、稳健的货币政策和从紧的货币政策都是一些模糊的货币政策，具有任意性，规定的是适度宽松，执行的可能是极度宽松。现在又改适度宽松的货币政策为稳健的货币政策，那么究竟什么是稳健的货币政策呢？现在要执行稳健的货币政策了，这不等于承认过去执行的货币政策既不平稳又不健康的吗？

在超量发行纸币引发了通货膨胀后提出要控制物价，从总体上看，这是不可能的，如同将大坝的水闸打开后又要水不能流动。当然，如果再关上水闸，水库内的水就不再流出，但已经流出的水难以收回，只是经过一段时间后，水流会自动平息下来，不再超量发行纸币后则表现在物价上涨率逐渐下降，最后停止上涨。

涨幅回落，说明物价还在涨，并不值得高兴，即使物价停止上涨了，也不会令人愉快，因为物价上涨已成为现实，不再回落到原先水平，如同一所房屋着了火，最后烧得一干二净之后就不再烧了，房主大概不会因此而感到愉快。

加息可以回笼一部分纸币，但加息量毕竟有限，储户仍然得不偿失，还会引起外国投机商的热钱大量流入。

通货膨胀是用一个看不见的手伸向老百姓的钱袋，如果情况恶化，就会引起社会动荡，一旦发生群众向银行挤兑现款现象，局面将不可收拾，因为即使将市场中现钞全部集中到银行，也只能满足一小部分（不到十分之一）现款的提取。

解决物价上涨现象的根本出路首先在于控制纸币发行量，并在此基础上加强国家对物价有效的调控和干预。

## 四、住宅问题

解决住宅问题的根本出路是恩格斯在《论住宅问题》一书中提出的租房而不是卖房。在这部著作中，恩格斯提出了以下几个基本观点：

1. 产生住宅短缺现象的根源在于资本主义制度

恩格斯认为住宅短缺问题"是资产阶级社会形式的必然产物；这样一种社会没有住房短缺就不可能存在"（第 166 页）。"在这样的社会中，住房短缺并不是偶然的事情，它是一种必然的现象；这种现象连同它对健康等等的各种反作用，只有在产生这种现象的整个社会制度都已经发生根本变革的时候，才能消除。"（第 167 页）"要消除这种住房短缺，只有一个方法：消灭统治阶级对劳动阶级的一切剥削和压迫。"（第 142 页）"当资本主义生产方式还存在的时候，企图单独解决住宅问题或其他任何同工人命运有关的社会问题都是愚蠢的。解决办法在于消灭资本主义生产方式，由工人阶级自己占有全部生活资料和劳动资料。"（第 197 页）"住宅问题，只有当社会已经得到充分改造，从而可能着手消灭在现代资本主义社会里已达到极其尖锐程度的城乡对立时，才能获得解决。"（第 174 页）"想解决住宅问题又想把现代的大城市保留下来，那是荒谬的。"（第 174 页）

2. 对有财产者阶级的豪华住宅进行剥夺，收归劳动者公有，然后以租赁形式分配给居民个人使用

恩格斯认为，"把属于有财产者阶级的豪华住宅的一部分加以剥夺，并把其余一部分征用来住人，就会立即弥补住房短缺。"（第 175 页）劳动者成为房屋的"总所有者"（第 217 页）即属于劳动者公有，个人通过租赁形式进行使用。

恩格斯并不否定房屋作为商品进行出售，但是房屋是一种"使用期限很长的商品"（第 204 页），因而"就有可能每次按一定的期限零星出卖其使用价值，即将使用价值出租。"（第 204 页）

在《论住宅问题》这部著作中，还多处探讨了房屋租金的构成。

3. 反对将住房一次性出售，将它变为个人私有

恩格斯在批判蒲鲁东主义者米尔伯格等人提出工人对住房拥有个人所有权的主张时，提出了以下几点：

第一，"工人应当购买自己的住房这种思想本身，又是建立在我们已指出

的蒲鲁东的那个反动的基本观点之上的”（第155页），“反动性就在于米尔伯格想恢复工人对房屋的个人所有权，即恢复早已被历史消灭了的东西：就在于他所能设想的工人解放无非是使每个工人重新成为自己住房的所有者。”（第213页）

第二，工人拥有自己的住宅会产生种种弊病，现代工人由于自己占有房屋和田地，从而“把他们束缚于一个地点，阻碍他们另找职业。”（第138页）“住房费用就不再算入工人的劳动力价值以内”（第171页）等。

从我国实践来看，实行居民个人所有权并对外开放的住房商品化已经显露出种种弊端，由于土地的垄断性，住房消费的刚性以及城市的迅速发展，房价急剧上升，只要是实行这种住房商品化，房价的上涨是难以遏止的。其结果是广大群众无力购房，形成一方面有人没房住，另一方面有房没人住的巨大反差，通过房贷购房者，背上沉重的债务包袱，使自己一家沦为房奴。住房商品化又引起国内外的炒楼热，成为国外热钱流入的巨大引诱力。上涨的房价必然推动房租的上涨，严重阻碍了人才的流动。商铺则将高昂的租金加进商品价格中，降低了广大群众的购买力，也阻碍了商业的发展。房价的上涨推动土地价格的上涨，卖地已成为地方政府财政的重要来源，地方政府以城市化的美名竭力扩大城市规模，将大量农田改造为石屎森林，在大量被开发的土地上，产生出一个又一个的大富豪。土地价格的上涨反过来又推动房价和房租的上涨，房地产价格的迅猛上涨滋生了房地产的投机，打击了从事工农业生产的积极性，并逐步形成一个早晚必将爆破的大泡沫，限购、限贷等措施只能延缓而不能消除泡沫的爆破。限购的结果，还使大量资金流向海外。地方政府因利益驱动，不愿见到由于房价下跌而引起卖地收入的减少，在房地产不景气的情况下，有的地方政府又采取房价限降的措施，这不会使人感到意外。

第三，恩格斯指出：“大资产阶级和小资产阶级解决住宅问题的办法的核心就是工人拥有自己住房的所有权。”（第135页）这揭露了提出工人要拥有自己住房的所有权的阶级性。

4. 对于蒲鲁东主义者提出的所谓“永恒公平”、“公平分配”等词语的批评

恩格斯指出：“关于永恒公平的观念不仅因时因地而变，甚至也因人而异，……在经济关系方面的科学研究中，如我们所看到的，这些说法却会造成一种不可救药的混乱。”（第212页）不幸的是，这种不可救药的混乱在我国当今的报刊中颇为流行，公平、平等、正义、博爱等具有欺骗性的资产阶级提

出来的迷人口号，被有些人奉为普世的价值观，可以做任意解释的"公平分配"、"合理房价"出现在一些权威人士的口中。

**附注：**

本文是作者于 2011 年 5 月 7 日在南充市举办的西南马克思主义经济学论坛上的一个发言稿，研讨会结束后作了一些修改。

# 《资本论》与人类的生计

## 史月兰

### （广西师范大学）

当人口、资源和环境的压力正在加剧，并将日益决定着地球上人类生活的质量时，20 世纪 90 年代曾一时冷淡的《资本论》却热了，成为畅销读物。人们意识到马克思在《资本论》中对人类发展的论述并非乌托邦，资本运动规律的理论并未"过时"。马克思的《资本论》蕴含了人类可持续生计的思想，为人类发展指明了方向。

## 一、人类生计困境及根源

戴维·施韦卡特在《全球贫困：一种替代的分析和方案》一义中写道："尽管经济的技术取得了巨大的进步，但是世界一半的人口仍然处于严重的贫困中。"博格指出，世界 46% 的人——接近全球一半的人口——生活在世界银行设定的每天 2 美元的贫困线以下，12 亿人生活在这个标准的一半以下，即低于每天 1 美元。联合国环境规划署 2012 年 11 月 2 日发布的《2011 年人类发展报告》指出，"环境恶化会给人类带来的不利后果，尤其会给穷人和弱势群体造成更为严重的伤害，以及需要在解决方案中融人更多的公平元素。本报告大胆地探讨采取行动的模式和方法，找出如何打破环境恶化和经济增长之间的有害联系，此种联系已经在至少过去半个世纪中给经济发展带来危害，并威胁到人类未来的进步。"如果国际社会不采取措施应对环境挑战的话，贫困落后地区在过去几十年间取得的成就可能会功亏一篑，甚至会出现倒退。因为那些地区往往是生态环境最容易受到污染的地区，往往是最贫困的地区，那些地处热带、缺水，土地贫瘠地区非常容易受到干旱、极端天气、台风以及土地退化、水资源污染、森林和渔业资源减少的影响，这些因素将相互影响，发挥着负面的作用。除生态环境恶化外，另一个严重威胁人类生计问题的因素是不平等问题。国与国之间的不平等主要表现在发展中国家在全球治理中的话语权经常被削弱，在国家内部，贫困、弱势和边缘群体所处的不平等地位往往使他们更多地受到洁净水匮乏、土地退化、基础设施落后、卫生设施简陋等问题的影响。气候异常、不平等威胁、土地沙漠化将使得贫困地区的生计无法改善，从而延缓人类整体发展的进程。发达地区的生计经济与贫困地区不同，发达地区的国内生产总值（GDP）达到了较高的水平，但GDP的增长是以资源耗损、环境恶化、人口剧增为代价的，发达地区面临经济发展带来的全球问题的生计危机。工业革命使人类的社会生产力得到了前所未有的大发展，机器化大生产取代了传统的手工生产，在人们的生活中发挥着越来越大的作用。生产力的提高，科学技术的发展，在给人类带来巨大福祉的同时，也给人类带来了生存困境。随着工业规模的不断扩大，急需要向大自然索取更多的自然资源并向大自然排放更多的废物垃圾，资源、环境、人口等全球问题日益凸现；不同国家特别是发达国家和发展中国家在经济、政治、文化、社会和生态等方面都存在着差异甚至是冲突和对立，各个国家内部存在着穷人和富人之间的差别和对立。生计经济与人类生存紧密相连。在很大程度上，人们所理解的生计经济是不断扩展财富的过程。但是，这种经济模式片面强调物质GDP的增长，由于GDP忽视了对自然资源和环境资源的损耗，经济发展很容易陷入高耗能、高污染、高浪费的粗放型发展误区，极端表现就是西方传统的自由市场经济。传统经济学把经济活动看作是人类通过劳动创造财富的过程，它忽略人类通过各种类型的经济活动对生态系统产生的破坏。当代西方经济学从政治学、哲学、伦理学、生态学、发展经济学等角度来拓宽经济学研究的视野，试图摆脱人类生存困境，但仍未走出传统经济学的局限。传统的人类生计如下图：

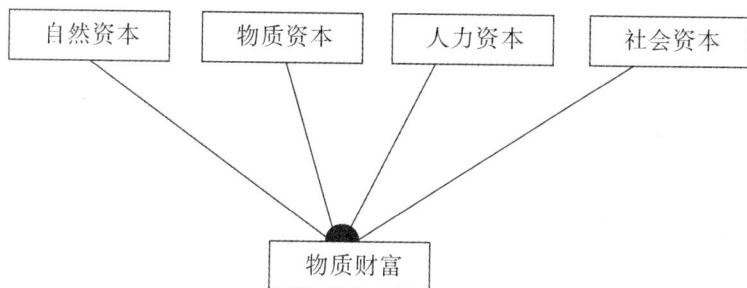

传统经济学及其实践是人类生存困境的重要根源。传统经济学认为，自然资源无限，自然自我净化能力无限，经济发展等同于社会进步，重视物质财富的创造，忽视人类的生计。大多数经济学家将经济定义为物质财富的增加、人均收入的增长，这也是为什么主流经济学把经济发展等同于经济增长的理论依据。亚当·斯密将经济学的任务确定为"富国裕民"，他认为，一国财富增进的原因包括市场制度、分工、劳动和资本等到因素。阿瑟·庇古认为，经济就是狭义的福利，是可以计量的，可以用货币衡量的效用。

## 二、人类生计概念及特征

在古代汉语中，"生计"出自于《鬼谷子》：事生谋，谋生计。"生计"（Livelihood）在英语词典里的含义是维持生活的手段和方式。"生计"最初是从经济层面来定义的，属于较低层次的需求，是满足基本生存之欲。"生计"一词应当包括目前的生活状况与对生活的筹划两重含义。有关"生计"的提法经济学奠基人的著作中早就提到了。梁启超称国民经济为国民生计，包括国民生产、生活状况、职业分工，"生计"是梁启超对英语 Economics 的中文译法。孙中山称英文"Livelihood"为民生主义。在《民生主义》讲演中，孙中山指出："民生就是人民的生活——社会的生存、国民的生计、群众的生命。"作为孙中山历史观理论基石之一的"民生"概念，指的便是维持人民群众生命存在所需要的衣食住行一类的经济生活。有了这种经济生活，人民才能生存。"生存"是指人民大众享有必需的生活资料以维持生命的存在。孙中山在讲民生时，突出强调了维持人民生命存在的意义。这里的"生计"当指直接满足人们生存需要的经济生活的有关事情。

经济学家沃顿认为，经济人类学所使用的"生计"一词有两重含义：即生存所必须的最低限量的食物和蔽所，以及获得这一最低限量的手段。一般说来，"生计"理解为获得生活资料的方式，在商品经济时代则是获得收入的方式，因此往往把生计与职业、就业紧密联系在一起，生计是经济学的概念。在现代社会中，民生和民主、民权相互倚重，而民生之本，也由原来的生产、生活资料，上升为生活形态、文化模式、市民精神等既有物质需求也有精神特征的整体样态。狭义上的民生主要是从社会学的角度来分析民众的生存状况，主要是指民众的基本生存和生活状态，以及民众的基本发展机会、基本发展能力和基本权益保护的状况。生存的原意是保持生命，活下去。其定义是自然界一切存在的事物保持其存在及发展变化的总称。狭义的生活是指满足人们生存需要层次的经济活动，即衣食住行一类的经济生活；广义的生活是指为生存发展而进行各种活动，生活的概念比生计广。生计的概念由罗伯特在 20 世纪 80 年代中期最早提出。20 世纪 90 年代初期，钱伯斯，何康威等发展了生计概念，90 年代初期，英国国际发展署等一些国际机构开始推进并实施。当前生计的含义得以丰富和发展，生计是建立在能力、资产和活动的基础之上谋生的方式和手段。能力是人生存和做事功能，在一定的生存环境中，人类从自然界获得物质、能量和信息的能力，是化解风险、发现和利用机会的能力。生计概念由于能力的引入不再局限于食物和收入等物质要素，它更加重视人本身的能力的发展。生计概念的明晰化为生计方法的研究和生计方法解决现实问题奠定了基础，有利于生计与其他交叉领域的合作研究。目前，生计领域的研究包括生计自身理论的研究和生计实践的研究。生计自身理论的研究包括生计定义、生计方法、生计框架和生计体系的研究；生计实践的研究包括生计方法解决贫困问题和失地农民的生计问题等方面的研究。人类的生计具有如下特征：

一是广泛性。事关各民族国家和地区未来发展的生计，所有国家和地区都普遍地存在着。粮食短缺、资源枯竭、环境污染、生态失衡严重、贫富差距，这些问题在全球范围内是普遍存在的，并具有全球性的影响。它不仅影响发达国家，也影响发展中国家；不仅影响社会经济、政治和文化的发展；也影响人类的身体健康和发展。如空气污染、饮用水污染等危害着人类的健康。

二是紧迫性。全球问题已经严重地危害人类的生计，而且危害程度在不断加深，迫切需要尽早解决。特别是核武器、能源危机、环境问题等正在极大地损害着人类，工业化社会导致水土流失、土壤荒漠化、沙漠化；使得能源的供应和消费不可持续，储存了几亿年的能源在几个世纪就消耗了大部分，石化燃料燃烧产生的二氧化碳与气候变化密切相关；大气、森林资源状况的恶化，生物多样性锐减。这些问题越来越严重，若不及时治理，就会直接威胁全人类的生存和发展，关系到全人类的根本利益。

三是整体性。经济与人口、资源、环境联系日益密切、相互缠绕，形成一个不可分割的生计系统，呈现出整体相关性特征，一个问题往往是另一个或另一些问题的原因或结果。经济发展离不开人口、资源、环境，资源是人类生存的基础，是经济发展的生产要素，环境是人类周围物质、信息、能量的总和，是经济发展的前提，经济发展是满足人类生存的需要，人口是经济发展中的能动因素。

四是协作性。人类生计具有共同性和不可分割性的特征，全球问题几乎渗透到人们生活的各个领域，时刻威胁着人类的基本生存。人类生计的解决只有靠全人类的共同努力。人口、资源和环境问题、贫富差距等是全球问题关注的中心，而些问题的解决要求进行国际合作。

## 三、《资本论》蕴含人类可持续生计思想

马克思批评古典经济理论的错误就在于不把资本主义制度看作是历史上过渡的发展阶段，而是看作社会生产的绝对的最后的形式。马克思指出："资本主义社会的经济结构是从封建社会的经济结构中产生的，后者的解体使前者的要素得到解放。"马克思没有绝对否定资本主义制度，他辩证地看待资本主义社会经济发展的历史作用。经济发展对冲破陈旧生产和落后观念有巨大作用。马克思指出："资本的文明面之一是，它榨取这种剩余劳动的方式和条件，同以前的奴隶制、农奴制等形式相比，都更有利于生产力的发展，有利于社会关系的发展，有利于更高级的新形态的各种要素的创造。"经济发展推动科学技术和生产力的发展。"资产阶级在它不到一百年的阶级统治中所创造的生产力，比过去一切世代创造的全部生产力还要多，还要大。"

马克思指出资本主义私有制和资本积累规律必然引发人的不平等、非均衡、片面发展，带来人的异化和人与自然关系的灾难。马克思在《1844 年经济学哲学手稿》中曾引用李嘉图的话说："各国只是生产的工场；人是消费和生产的机器；人的生命就是资本；经济规律盲目地支配着世界。在李嘉图看来，人是微不足道的，而产品则是一切。"后来，在《资本论》中马克思说，资本家的生产目的是"狂热地追求价值的增值，肆无忌惮地迫使人类去为生产而生产，从而去发展社会生产力，去创造生产的物质条件"。马克思对资本主义经济必须协调性、按比例、可持续发展进行了论证。单个资本的循环经过

购买、生产、销售三个阶段，分别采取货币资本、生产资本和商品资本三种职能形式。在这一过程中，资本家必须按一定的比例将全部预付资本分别投入到货币资本、生产资本和商品资本上去，使这三种职能形式能在空间上并存和时间上继起。从社会总资本再生产理论论证经济必须协调、按比例、可持续发展。马克思指出，"社会的运动，由社会资本的各个独立部分的运动的总和，即各个单个资本的周转的总和构成。"马克思强调人口生产要与物质资料的生产相适应。在《德意志意识形态》中，马克思考察了人口生产和物质生产的关系。社会生产包括物质资料的生产和人类自身的生产。人类生存的第一个前提，就是生产物质生活本身。物质生活本身的生产是人类生存、繁衍和发展的前提，没有物质生活本身的生产，人类就无法生存。马克思揭示了相对过剩人口是资本主义生产方式存在的一个条件。"产业后备军在停滞和中等繁荣时期加压力于现役劳动军，在生产过剩和亢进时期又抑制现役劳动军的要求。所以，相对过剩人口是劳动供求规律借以运动的背景。它把这个规律的作用范围限制在绝对符合资本的剥削欲和统治欲的界限之内。""同总产品相比，一个国家的生产人口越少，国家就越富；对于单个资本家来说也完全是这样，为了生产同量的剩余价值，他必须使用的工人越少越好。在产品量相同的情况下，同非生产人口相比，一个国家的生产人口越少，国家就越富。因为生产人口相对的少，不过是劳动生产率相对的高的另一种表现。"马克思认为，人们都是在一定的社会关系中从事着物质生产的。"以一定的方式进行生产活动的一定的个人，发生一定的社会关系和政治关系。""说到生产，总是在一定社会发展阶段上的生产——社会个人的生产。"

马克思认为，在阶级社会，社会的制度代表统治阶级利益，为维护统治阶级的统治，实现统治阶级利益的最大化服务。一定的社会经济制度是由社会生产力的发展水平决定的，反过来，制度又是影响经济科技发展的最重要的因素。在社会发展过程中，那些符合社会生产力发展趋势，有利于生产力发展的制度，不断扬弃和代替那些不适应生产力发展、阻碍生产力发展的制度。资本主义社会出现的不可持续发展问题，与其说是人与自然的不和谐问题，倒不如说是人与人之间资源占有和分配不公平的问题，是社会制度问题，并揭示出资本主义生产不可持续性是因为于资本主义生产方式和资本家追求利润的资本主义基本经济规律。因此，提出解决不可持续发展的途径是社会制度的根本变革。在传统发展方式下，人们以牺牲生态环境和消耗大量自然资源的方式来满足自己的需要，是一定制度安排的结果。制度安排决定了人们以什么样的方式来满足自己的需要。在《资本论》中，马克思指出，共产主义社会，"社会化的人，联合起来的生产者，将合理地调节他们和自然之间的物质变换，把它置于他们的共同控制之下，而不让它作为盲目的力量来统治自己；靠消耗最小的力量，在最无愧于和最适合于他们的人类本性的条件下来进行这种物质变换"。要消除经济危机、生态危机就要实行制度变革，推翻资本主义制度，建立共产主义制度。

在马克思的自然观中，人与自然是不可分割的。人的生产与生活，时刻依赖着自然界。自然界为人类的生产提供了劳动资料和劳动对象，食物、燃料等自然产品以及石刀、弓箭、农具等劳动工具直接来源于自然物。马克思把自然资源分为两类，"生活资料的自然富源，例如土壤的肥力，渔产丰富的水等等；劳动资料的自然富源，如奔腾的瀑布、可以航行的河流、森林、金属、煤炭等等。在文化初期，第一类自然富源具有决定性的意义；在较高的发展阶段，第二类自然富源具有决定性的意义。""土地自然肥力越大，气候越好，维持和再生产生产者所必要的劳动时间就越少。"马克思批判了资本主义对人类生存环境的破坏。他指出："资本主义农业的任何进步，都不仅是掠夺劳动者的技巧的进步，而且是掠夺土地的技巧的进步，在一定时期内提高土地肥力的任何进步，同时也是破坏土地肥力持久源泉的进步。一个国家，例如北美合众国，越是以大工业作为自己发展的起点，这个破坏过程就越迅速。因此，资本主义生产发展了社会生产过程的技术和结合，只是它同时破坏了一切财富的源泉——土地和工人。"资本主义生产"破坏着人和土地之间的物质变换，也就是使人以衣食形式消费掉的土地的组成部分不能回归土地，从而破坏土地持久肥力的永恒的自然条件"。马克思主张依靠科学技术的进步解决环境问题。他说："特别从本世纪自然科学大踏步前进以来，我们就愈来愈能够认识到，因而也学会支配至少是我们最普通的生产行为所引起的比较远的自然影响。"马克思提出了"生产排泄物的利用"的用尽废料的生产理念；利用科技，减少废料等循环经济思想，废弃物的循环利用是应该建立在规模经济基础之上、资本循环过程中的生产条件节约的一种资本逐利行为。这种再利用的条件有三个：一是生产规模庞大。大规模社会劳动所生产的废料数量很大，这些废料才重新成为商业的对象，从而成为新的生产要素。二是机器的改良。三是科学的进步。"靠消耗最小的力量，在最无愧于和最适合于他们的人类本性的条件下来进行这种物质变换。"

马克思指出在人的物质生活需要问题解决后，当人类以其本身能力的发展为最终目的时，人类才进入了"自由王国"。他们设想，"代替那存在着阶级和阶级对立的资产阶级旧社会的，将是这样一个联合体，在那里，每个人的自由发展是一切人的自由发展的条件"，马克思与恩格斯指出："而在共产主义社会里，任何人都没有特殊的活动范围，而是都可以在任何部门内发展，社会调节着整个生产，因而使我有可能随自己的兴趣今天干这事，明天干那事，上午打猎，下午捕鱼，傍晚从事畜牧，晚饭后从事批判。"

## 四、《资本论》可持续生计思想的当代启示

科学发展观是解决当代人类生存困境的理论创新。科学发展观是以人为本的发展观，强调以经济建设为中心，坚持经济发展与人口、资源和环境相协调，人与人、人与社会、当代人和后代人的相互联系，为人类解决生存困境提供了理论依据。正如马克思所指出的那样："生产力的这种发展之所以是绝对必需的实际前提，还因为如果没有这种发展，那就只会有贫穷、极端贫困的普遍化；而在极端贫困的情况下，必须重新开始争取必需品的斗争，全部陈腐污浊的东西又要死灰复燃。"发展观强调了生产力提高和社会进步。经济发展了，才能使落后地区摆脱贫困，才能积累资金，提高科学技术水平，提高环境治理和环境保护的能力。经济发展要以人为本。人的生存是经济发展的起点。经济活动就是人类开发和利用自然资源满足人类生存需要的活动。人类生存繁衍推动经济发展，人是经济活动的主体，每一个具体的经济活动都由人来完成，经济活动是利用自然满足的人类世代生存繁衍的基本需要的过程，因而，经济活动与人类生存繁衍的过程相一致。经济发展的目的是满足人类生存的基本需要，每一个人的全面的发展是经济发展终极目标。现代经济发展和远古人类直接生产劳动的目的都是为了满足人类生存需要，不同的是现代人比古代人有内涵更丰富、标准更高的生存需要的要求。现代人以较复杂、难度大的生产方式从事经济活动，以间接劳动为主，主要依靠货币这一交换媒介来解决自身生存的基本需要，这样货币、资本就被看作是经济发展的目的，GDP成了衡量经济发展的重要指标。科学发展观要求经济、政治、文化、社会各个方面相协调，发展是经济发展基础上的经济全面发展。发展要充分考虑环境、资源和生态的承受能力，使经济建设和环境资源保护相协调，以人均财富的世代非减、投资边际效益的世代非减、生态服务价值的世代非减，实现经济社会永续发展。

　　民生建设是人类生计的现实诉求。经济发展是实现人类发展的手段，而不是目的。人类发展的目的是要提高人民的生活质量，扩大人民发展的机会和能力，包括接受教育和训练的机会，获得公共卫生服务的机会，从事就业劳动的机会，享受社会保障的机会等。经济发展是为人类服务，是解决民生问题的必要条件。"如果增长在国内外只是极少数富人受益，那就不是经济发展。""民生是指实现人的生存权利有关的全部需求和与实现人的发展权利有关的普遍需求。前者强调的是生存条件，后者追求的是生活质量，即保证生存条件的全部需求和改善生活质量的普遍需求。"民众的生活和生计离不开物质生活资料的基本需要。民生问题自古有之，人民生活的好坏，直接关系着社会安定团结和稳定，也是关乎一个国家长治久安的大局问题，"勤为政者，贵在养民；善治国者，必先富民"。人类利用劳动资料，通过自己有目的有计划的生产劳动，使劳动对象发生变化来满足自身生产和消费需要。物质生产活动是人和自然之间的交换过程中获得物质、信息、能量来满足人的生存需要的过程，人的生存需要也就是民生的需要。改善民生使人民能够共享社会发展的成果，积极参与社会竞争。经济发展，贫困人群不一定得到好处，通过增加穷人的收入不能直接使他们获得基本需要，民生建设能使他们的生产力和收入水平显著提高，直接满足人们的基本需要。改善民生不仅要消除贫困，让每个贫困者都拥有生存权和发展权，还要消除贫困者所面临的社会排斥，而且要使贫困人口和其他所有群体一道都能参与经济活动、为经济发展和社会进步作贡献，让每个人都能分享人类社会进步的成果。我们要尊重和信任贫困人口脱贫的意愿和能力，他们是推动经济发展和社会进步不可缺少的力量。改善民生要把解决人民群众最关心、最直接、最现实的生计问题作为出发点，各项工作要有利于人的全面发展。加快经济发展的目标由财富逐步向民生转变。

　　社会公平是人类生存的基本目标。"我们关心环境可持续发展，因为一代人靠剥夺其后代人的生活是本质上的不平等。那些今日出生的人不应比一百年或一千年之后出生的人享有更大的权利占有地球资源。我们可以做很多事情确保我们对世界资源的使用不会毁坏未来的机会——我们理应如此。"可持续发展的目标是永续地满足人类的需求，然而在人类需求方面存在着很多不公平因素。

　　"可持续生计的本质是如何维系地球生存支持系统去满足人类基本需求的能力。"世界银行 1995 年提出的国民财政指数，将国家实际财富定义为自然资本、人造资本、人力资源和社会资产 4 组要素之和，以储蓄率的概念动态地检

测和表达可持续生存能力。可持续生存能力包括生态支撑能力、物质支持能
力、人的生存能力和社会保障能力。生态支撑能力则是指在一定的社会经济条
件下，一个地区的生存资源对该地区人口基本生存需求的满足程度、保证程度
和承载潜力的总和。生态支撑能力实施可持续发展的临界基础和约束限制，它
包括气候变化、空气质量、森林、水资源、物种等；人的生存能力是可持续生
存的智力支撑，它包括预期寿命、教育和生活标准；物质支持能力是指实施可
持续生存的动力牵引，包括经济运行、贸易、财政状况、材料消耗、能源利
用、废弃物产生与管理、交通运输等；社会保障能力是实施人类可持续生存的
社会保证，它包括社会保障、基本医疗卫生、住房保障、养老服务、就业创业
服务、公共交通、公共文化、人口和家庭公共服务。可持续生存能力建设的重
点：增强物质支持能力；重视生态支撑能力；提高人的生存能力；发展社会保
障能力。

# 资本逻辑下的消费与人的发展关系研究

黄锡富

（广西师范学院）

社会发展进步的体现就是人全面而自由发展不断取得进展。消费是人全面而自由发展的前提和基础。但资本逻辑致使消费异化，使得消费失去其在促进人的发展中本来的积极意义，妨碍人的全面而自由发展。科学合理的消费才有利于社会经济的可持续发展，进而不断促进人的全面自由发展的实现。

## 一、消费是人类全面发展的前提和基础

人的全面自由发展是人类社会发展的最高目标。马克思认为人的发展经历三个阶段，即"人的依赖关系，是最初的社会形式。在这种社会形式下，人的生产能力只是在狭窄的范围内和孤立的地点上发展着。以物的依赖性为基础的人的独立性，是第二大形式，在这种形式下，才形成普遍的社会物质交换、全面的关系、多方面的需求以及全面的能力的体系。建立在个人全面发展和他们共同的、社会生产能力成为他们的社会财富这一基础上的自由个性，是第三个阶段。第二个阶段为第三个阶段创造条件。因此，家长制的，古代的（以及封建的）状态随着商业、奢侈、货币、交换价值的发展而没落下去，现代社会则随着这些东西同步发展起来。"① 这是马克思所描绘的人的发展的三个

① 马克思，恩格斯. 马克思恩格斯全集：第 30 卷 [M]. 北京：人民出版社，1995：107 – 108.

阶段。人的全面发展是人类社会发展的目标，人类所进行的各种生产活动和奋斗目标都是为了人更好地发展。人的全面发展是随商品经济以及人们交往关系的发展而不断发展起来的。

马克思认为人的发展就是"任何人的职责和使命、任务就是全面地发展自己的一切能力"①。人的全面发展就是"社会的每一个成员都能完全自由地发展和发挥他的全部才能和力量"②。就是人的需求、能力、社会关系和个性的全面发展，尤其是人的能力的全面发展。人的发展的过程就是："人通过自己的活动，不断生产和创造属于自己的新的世界，从而也不断塑造自己的新的形象，不断创造自己的新的存在状况和新的规定性。这是一个没有止境的人的进化发展过程。"③ 人的全面发展是人最根本东西的发展，"人以一种全面的方式，也就是说作为一个完整的人，把自己的全面的本质据为己有"④。

而实现人的全面发展离不开消费。消费就是人们为满足自身物质和精神文化需求对消费资料和服务的消耗。从消费起源看，包括自然性消费和社会性消费，自然性消费是指人们为维持机体生存和发展所必需的消费，主要是衣食住行等基本生活消费；社会性消费是指人们为丰富社会生活、进行社会交往、提高消费层次和质量的消费。从消费途径看，消费分为个人消费和公共消费，个人消费主要是以个人家庭消费形式实现的，而社会公共消费是指通过分配社会消费基金或机体消费基金而实现的。从消费层次看，包括生存消费、享受消费、发展消费。从消费对象看，包括物质消费和非物质消费。在经济社会发展的不同阶段，人的消费内容是有差别的。经济社会发展越是落后，人们的自然性消费、物质性消费、生存性消费及个人性消费在消费中所占比重也就越大，人的全面而自由发展就越是受到限制，而经济社会越是发展，非物质消费、社会性消费、公共消费、全面发展消费等作为消费的高层次所在比重也越来越大，人的各种潜能也就越得到发挥，因而它们在促进人的全面而自由发展方面所起的作用也就越重要。

消费是人类生存和发展的前提和基础。首先，消费维系着人的生存与发展。人类的生存发展离不开消费。人的自然性消费、物质性消费及生存性消费是基础性消费，是人类生存发展所必需的。没有消费就没有人的发展。"人从

① 马克思，恩格斯. 马克思恩格斯全集：第 3 卷 [M]. 北京：人民出版社，1960：295.
② 马克思，恩格斯. 马克思恩格斯全集：第 42 卷 [M]. 北京：人民出版社，1979：373.
③ 夏甄陶. 人是什么 [M]. 北京：商务印书馆，2002：9.
④ 马克思. 1844 年经济学——哲学手稿 [M]. 北京：人民出版社，1979：77.

出现在地球舞台上的第一天起，每天都要消费，不管在他开始生产以前和在生产期间都是一样。"① 这是人的生理的最低层次和最基本的需求。人们通过对物质资料和相关服务的消费维系和满足生存发展的需要。"任何人如果不同时为了自己的某种需要和为了这种需要的器官而做事，他就什么也不能做。"②"他们的需要即他们的本性。"③"人们为了能够创造历史，就必须能够生活。但是为了生活，首先就需要吃喝住穿以及其他一些东西。"④"人们首先必须吃、喝、住、穿，然后才能从事政治、科学、艺术、宗教等等。"⑤ 其次，消费为人向更高级发展提供动力支持和保证。良好的消费不仅仅是物质上的消费，更重要的是精神消费，这更能体现人的本质的需求，是实现自我需求的消费。全面发展的人是高度文明的人，也是素质很高的人。高素质的人需要消费，尤其是精神上的消费。马克思指出："要多方面享受，他必须有享受的能力。因此他必须是具有高度文明的人。"⑥ 人们在消费各种物质和精神产品的过程中，不仅满足自身发展的需要，还改变人的素质，也就是通过消费生产出其素质，促进人的发展，人们的消费既推动了社会的发展，也推动了人类向更高层次发展。最后，消费为人的全面而自由发展提供持续发展的动力。消费是人的一种内在规定性，它是"人的本质力量的新的证明和人的本质的新的充实"⑦。反映人的本质力量的能力需要通过需求推动并通过消费活动形成和巩固，人的才能和力量的增长又引起新的需要，并需要新的消费活动去满足，这就是新的才能和力量发展的推动力，也是人不断发展的保证。人们也就是通过不断改善的物质产品和不断提高的服务的消费，提高消费水平和消费结构，不断提高自身素质，促进自身的发展。

## 二、资本逻辑下人的消费异化及对人的发展的影响

人们消费的目的就是为了更好地满足人的生理和精神需要，促进人更好地发展。发展商品经济是为了更好地调动人们的积极性，促进人们潜能的发挥，

① 马克思. 资本论 [M]. 北京：人民出版社，2004：196.
② 马克思，恩格斯. 马克思恩格斯全集：第3卷 [M]. 北京：人民出版社，1979：286.
③ 马克思，恩格斯. 马克思恩格斯全集：第3卷 [M]. 北京：人民出版社，1979：514.
④ 马克思，恩格斯. 马克思恩格斯选集：第1卷 [M]. 北京：人民出版社，1995：32.
⑤ 马克思，恩格斯. 马克思恩格斯选集：第3卷 [M]. 北京：人民出版社，1995：776.
⑥ 马克思，恩格斯. 马克思恩格斯全集：第46卷 [M]. 北京：人民出版社，1979：392.
⑦ 马克思，恩格斯. 马克思恩格斯全集：第46卷 [M]. 北京：人民出版社，1979：31.

促进社会经济发展，从而促进人能更好地发展。社会经济发展的一切目的都应是为了更好地为人的发展服务，促进人的全面自由发展。但是在商品经济发展的驱动下，资本在社会经济中的影响逐步扩大甚至取得了支配地位，而资本就是要最大限度地获取利润，实现价值的不断增值。"作为资本家，他只是人格化的资本。他的灵魂就是资本的灵魂。而资本只有一种生活本能，这就是增殖自身，获得剩余价值，用自己的不变部分即生产资料吮吸尽可能多的剩余劳动。"① 资本逻辑下，社会一切生产经营活动都要为资本增值服务。资本又必须通过资本的人格化才能在现实生活中产生影响，或说资本的增值必须通过人们的社会活动才能得以实现。资本"使社会的一切要素从属于自己，或者把自己还缺乏的器官从社会中创造出来"②。资本作用的范围不断拓展，其必然是要改造和扬弃不利于资本增值的一切要素，赋予它们资本逻辑所要求的形式和结构，使之为资本增值服务。资本驱使下的生产力发展是为资本服务的。为获取更多的利润，资本总是不断地扩张，社会产品迅速增加，各种消费品快速增长，而这也必然带动消费快速增长。正如马尔库塞所言，现代资本主义社会就是建立在大量消费所产生的商品的基础之上的。资本支配下的各种经济活动都被资本所绑架，全方位地为资本服务，消费也同样如此。而资本主导下的消费导致消费异化。消费异化是指人们的消费不再是为了满足人的基本发展需要，而是为了满足占有欲和作为炫耀的资本，也就是消费"不在于满足实用和生存的需要，也不仅仅在于享乐，而主要在于向人们炫耀自己的财产、地位和身份。因此，这种消费则是向人们传达某种社会优越感，以挑起人们的羡慕、尊敬和嫉妒"③。消费异化本质上是一种欲求消费。丹尼尔·贝尔也指出："资产阶级社会与众不同的特征是，它所满足的不是需要，而是欲求。欲求超过了生活本能，进入心理层次，它因而是无限的要求。"④ 人们的消费过程中，"人与产品的关系完全被颠倒，不是产品为了满足人的需要而生产，而是人为了使产品得到消费而存在。表面上消费者是上帝，拥有无限的消费自由，实际上，消费者成了消费的机器，沦为商家赚钱的工具。"⑤ 消费异化的主要表现就是西方的消费主义，它是在资本支配的资本主义社会盛行起来的。现代我国

① 马克思. 资本论：第1卷 [M]. 北京：人民出版社，2004：269.
② 马克思，恩格斯. 马克思恩格斯全集：第30卷 [M]. 北京：人民出版社，1997：237.
③ 王宁. 消费社会学 [M]. 北京：社会科学文献出版社，2001：200.
④ 丹尼尔·贝尔. 资本主义的文化矛盾 [M]. 严蓓雯，译. 北京：三联书店，1989：68.
⑤ 陈学明. 痛苦中的安乐：马尔库赛，佛洛姆论消费主义 [M]. 昆明：云南人民出版社，1998.

受到消费主义影响日益严重，先富起来的一部分人的消费欲求日益膨胀，似乎活着就是为消费，消费是存在的唯一目的，他们大肆攀比炫耀，无休止地浪费挥霍。消费成为一种符号性工具，消费的种类与数量日益成为一种地位性标识，用于给人群划分等级。在此观念影响下，社会上许多青年和一些低收入群体严重超出个人财力追求虚幻的名誉。消费不仅仅限于消费资料的消耗，而是通过消费体现个人的身份、地位、财富和价值观的过程。由此也产生了新的"人身依附关系"，即人对物质的过度依赖、崇拜和占有的欲望，成为物的奴隶。只要在"劳动中缺乏自我表达的自由和意图，就会使人逐渐变得越来越柔弱并依附于消费行为"①。但是在消费异化中人们所追求和享受的无止境的物欲消费并没有给他们带来更多的幸福，单纯的消费量的增长与人们的幸福感之间的关系是微乎其微的。人性在滚滚的消费洪流中迷失了。消费与人的发展发生了严重的背离。

首先，消费异化导致人的异化，背离人的发展。人的全面自由发展不仅要有物质消费作保障，也必须有精神生活作保障及精神和谐。"人精神生态的和谐，就是当人的世界观、人生观、价值观具备全面和谐的特质时，才能整合成推动一个人全面和谐发展的深邃的精神助力"②。但资本逻辑致使消费异化，使人们无法正视自身真正的需要，成为自己物欲的奴隶。人们在消费内容和消费目的上迷失。人们追求的只是感官的物质享受，因此，人们在无止境地追求物质享受的同时，幸福感并没有随物质消费的增加而增加，反而是消费过后感到莫大的空虚和寂寞。人们的物质享受比从前多，但幸福感并没有随物质的增加而增加，人丢失了自己的精神家园。在消费异化的怪圈中丧失了作为真正的人的本质。"现代人的情感疏离、思想疲软、道德堕落、信仰危机等精神问题，归根结底都是由于人过度的物质欲求造成与人的精神生活严重失调而致。"③ 所以，异化的消费不仅没有使人与人之间的关系以及个体人的综合素质有所提高，反而与人的全面发展目标相冲突，背离人的全面自由发展。

其次，消费异化加速了生态危机的发展。资本逻辑下的消费异化，使得人们毫无节制地向大自然索取各种资源以满足其消费，消费后又毫无节制地向大自然排放各种废弃物，加速了生态环境恶化，如土地沙化、资源枯竭、生物物种的灭绝、环境污染、生态失衡、温室效应，大自然面临严峻生态危机，危机

---

① 本·阿格尔. 西方马克思主义概论 [M]. 北京：中国人民大学出版社，1991：493.
② 马克思. 1844 年经济学哲学手稿 [M]. 北京：人民出版社，1983：77.
③ 马志尼，吕志士. 论人的责任 [M]. 北京：商务印书馆，1995：42.

反过来严重影响了经济社会的可持续发展，影响了人的发展。大自然是人生存发展的前提和基础。对大自然的破坏使得人类自身生存发展的空间场所受到了严重挑战。正如舒马赫所言："西方的现代化和短视的增长欲，隐藏着自我毁灭的危险，就像电脑病毒一样，也许正在游戏快要结束时才会出现，结果却将毁灭全部的内存。"①

最后，消费异化致使需求异化，偏离了人的发展。资本为了追求自身利益最大化，商家采取各种各样的手段刺激消费者，消费者的行为已经被绑架，人们的消费被严重误导。社会上的各种宣传手段都已经被资本所包装，人的消费出现了严重的迷失，人们把消费与满足、幸福等同起来，消费的数量成为人们衡量自己幸福的尺度，这就使得人们在消费中迷失了自我，把虚假需要的满足当成是自我价值的实现，从而偏离了人的发展的目标。近年来商家推出的天价幼儿园、天价年夜饭、天价酒、天价烟、天价月饼等，使得消费完全脱离了人们的基本消费需求而成为畸形消费，扭曲人们的消费观，许多先富起来的人大把大把地花钱消费，造成消费结构的迷失。许多人也企图通过这些畸形消费来达到其某种正常情况下不能达到的心理需求，实现其某种目的。其实越是畸形消费，就越是偏离人的发展，因为畸形消费除了激起人们物质消费上的攀比和炫耀外，并不能促进人们的精神上的富足和人格上的健全完善，更不可能促进社会的和谐。社会不和谐，人的全面发展又怎么会成为可能？

## 三、倡导科学可持续消费，促进人的全面发展

消费是实现人全面自由发展不可缺少的，但并不是所有消费都会有利于人的发展。只有科学合理的消费才有利于人的全面自由发展，不合理的畸形消费则会妨碍人的发展。资本的目的就是获取利润最大化，资本逻辑支配下的消费也是为资本服务的，这往往是物质享受消费过度，而精神消费逐步弱化，人的全面自由发展的价值追求变为片面的占有物质的欲望，消费与人的本质需求背离，人的"精神家园"生态严重失衡，人的全面自由发展受到极大制约。为使消费更好地促进人的发展，需要更加秉持科学合理的消费观，以实现人的全面而自由发展。

第一，倡导科学合理节约型消费观。节约型消费就是要科学合理且节制地

① 舒马赫. 小的是美好的 [M]. 北京：商务印书馆，1989：8.

使用和消费物质产品和劳务，使之既满足人们基本的物质生活需要，而又不至于纵欲和奢侈。倡导节约消费观并不是限制人们合理的基本消费需求，而是在满足基本合理消费需求的前提下，更有效地使用资源，使有限的资源更好地为人的发展服务。消费是实现人发展的手段而不是目的。消费不足或消费过度都不利于人的发展。禁欲主义的消费观抑制人的基本消费需求，因而会阻碍人的发展。而以消费为中心的消费主义则是以消费大量资源为手段的非理性、不环保的过度消费，在消费过程中耗费大量资源，从而使得它既不利于经济社会的可持续发展，也不利于人的全面发展。科学合理节约型消费是可持续发展的要求，是科学发展的理念。倡导科学合理节约型消费观，要调节社会收入分配，以有利于改变过度消费和消费不足的现象。当今社会中出现的高收入群体的过度消费和低收入群体的消费不足，都不利于人的全面发展。因此，合理调节社会收入分配，对高收入群体要通过税收进行调节，并加强消费观教育，引导合理消费。对低收入群体要采取积极有效的扶贫措施，以保障其基本生存和发展所必需的消费。倡导节约型消费就是努力提高资源利用率，以满足可持续消费发展的需要。因为资源是有限的，尤其是不可再生资源。当今资源的枯竭性问题严重威胁人类社会的可持续发展。倡导节约型消费，就是要在市场经济条件下，在全社会加强节约型消费观的宣传教育和舆论导向，以在全社会推广使用节约型产品，形成节俭的良好社会风尚。反对超越国情国力的消费。任何超越国情国力的消费都是难以为继的，欧美债务危机就表明了这一点。要倡导兼顾生产与生活相统一的消费，消费要量入为出，是否有利于国民经济的健康持续发展。倡导节约型消费观，需要加强科技创新和产品创新，以降低材料及能源消耗，提高经济效益，实现经济效益、生态效益和社会效益的统一，以实现资源的合理利用和满足经济社会可持续发展的需要，促进人的全面发展。

第二，倡导可持续消费观。可持续消费观就是人们通过消费服务及相关产品以满足其基本需要，提高生活质量，促进其发展的同时，又不危及后代满足其需要的消费。可持续消费观强调当代人在通过消费满足其需要的同时，不能损害后代人通过消费满足其基本需要的权利。可持续消费观是实现可持续发展的前提，也是实现人全面发展的前提。当今社会出现的环境恶化、贫富差距扩大、过度消费、代内消费不公等在很大程度上是资本逻辑推动下消费异化的结果。通过倡导可持续消费观，改变人们不合理的消费模式，使人们消费既能满足发展的基本需要，又能消除代内和代际消费不公，使自然资源和有毒材料的使用量不断减少，使服务和产品的生命周期中产生的废物和污染物最少，达到环境质量和可持续发展的目的，避免损害人的健康和发展，促进人的可持续发展。大力发展循环经济。鼓励和引导消费者尽可能重复利用消费品，限制和减少一次性用品，遏制过度包装，注重对资源的循环利用，变废为宝，减少资源的无谓消耗，实现资源利用高效化、生态化。鼓励和引导社会化消费。凡是能够通过社会化消费方式满足消费需求的，消费者应尽量采用，政府也应加以鼓励和引导，逐步提高消费的社会化程度。社会化消费方式，可以有效节约资源、减少环境污染。如适度控制家用轿车发展、大力发展公共交通等。建立健全绿色标准、推行环境标示制度，引导企业创新生产工艺、技术、材料等，促进生产和消费向健康化、清洁化、生态化、低碳化发展。

第三，倡导绿色消费观。绿色消费观就是以保护消费者健康为主旨，崇尚自然、重视环境保护与可持续发展的消费理念和消费方式。绿色消费观强调正确协调人与自然的关系，人与自然的和谐协调发展。只有人类赖以生存和发展的自然生态环境和谐有序，人的发展才能走上可持续化道路。当今人们为了自身眼前的消费需求，或其异化消费，对自然资源的过度掠夺，而产生和消费过程中的废弃物的随意放弃已对生态环境造成了灾难性影响和后果。因为资源几乎都是有限的，自然的承载力也是有限度的，而对自然资源的使用和自然承载力一旦超过其临界点，生态平衡就会被打破，各种自然灾难就会来临，这就必然阻碍人的发展。因此，在消费异化情况下，要倡导生态消费，要符合生态系统要求，保护环境。把握消费尺度，既要满足主体生存和发展的需要又要确保资源和环境的永续开发和利用。要求消费者树立绿色消费意识，选择有益于身体健康的消费产品。转变消费观念，崇尚自然，追求健康的消费方式，在满足生活需要、健康需要消费的同时节约资源和保护生态环境。

第四，倡导知识消费观。知识消费就是在知识经济的社会满足人们精神性需要的消费。知识消费包括信息消费、教育消费、文化消费和科技消费。社会越是发展，人的精神需求也就越重要，而这主要由知识消费来满足。在对各种文化产品的消费中，陶冶情操，发展自己。通过知识消费，丰富精神生活，提高素养，促进人的全面发展。通过知识消费，充实人们的知识存量，完善知识构架，使人们的精神需求获得极大满足，从而促进人类的发展进步。提高消费质量，改善消费结构。消费质量提高了，消费中的科技含量和文化含量提高了，才能从根本上提高人的素质，促进人的身心发展和全面发展。消费质量提高了，消费中的文化含量提高了，就能优化社会机体，提高社会的文明程度，为人的发展创造一个良好的社会氛围。而要提高消费质量，必须要优化消费结构。目前，我们的精神文化消费在消费中的含量和比重较低，特别是发展性、智力性消费比重低。为此，我们要注重改善消费结构，提高精神文化消费在消费中的含量和比重。精神文化消费，特别是高层次的精神文化消费比重提高了，消费中的文化含量也就提高了，消费文化的层次和质量自然也就提高了，人的全面发展才能落到实处。我们"既要着眼于人民现实的物质文化生活需要，同时又要着眼于促进人民素质的提高，也就是要努力促进人的全面发展。这是马克思主义关于建设社会主义新社会的本质要求。我们要在发展社会主义社会物质文明和精神文明的基础上，不断推进人的全面发展。"[①]

---

①  江泽民. 在庆祝中国共产党成立八十周年大会上的讲话 [N]. 人民日报，2001 - 07 - 02.

# 社会生产和分配的结合是保障人生存和
# 发展条件的关键

巫文强

（《改革与战略》杂志社）

## 一、社会保障人的生存和发展以生产和分配的结合为基础

### （一）生产和分配的结合与社会的构成

谈社会保障人的生存和发展，首先要涉及社会构成与人生存和发展的关系。对于"社会"一词的解释，有很多种。

《百度百科》的解释是："社会，汉字本意是指特定土地上人的集合。社会在现代意义上是指为了共同利益、价值观和目标的人的联盟。社会是共同生活的人们通过各种各样社会关系联合起来的集合，其中形成社会最主要的社会关系包括家庭关系、共同文化以及传统习俗。微观上，社会强调同伴的意味，并且延伸到为了共同利益而形成的自愿联盟。宏观上，社会就是由长期合作的社会成员通过发展组织关系形成的团体，并形成了机构、国家等组织形式。"

很显然，这样的解释是难以令人满意的。它把社会的构成看成与人的生存和发展的经济基础不相关，社会生产和社会分配没有成为社会运行的核心内容。它对社会的释义跟社会的客观现实不一致，与社会的真正运行相违背。笔者之所以要先引述《百度百科》，是因为当今中国网络知识对于现在的学术界，尤其学术界中的中青年学者有重要影响，而网络中的知识充满收录者的偏

见。《百度百科》在介绍五种社会基本形态时，列出了原始社会、奴隶社会、封建社会、资本主义社会和共产主义社会，就没有把"社会主义社会"看作是一种现有的社会形态。由此可见，《百度百科》对社会主义社会是存有偏见的，这也是《百度百科》在对"社会"一词释义时极力回避历史唯物主义观点的根本原因。在外来劣质文化以"劣币驱逐良币"的方式不断冲击、解构和置换中国学术界30多年以来的今天，没有正本清源的本领，很难得到正确的知识。笔者在一些社会学教授（有些被以"著名"称之）的多媒体教案中也发现，自然环境、人口和文化，已经被堂而皇之地看作是构成社会的三要素。在这样的教案中，我们看不到社会构成的真实动因，也不明白社会为什么只是为文化而存在。一些高校教师把文化看作是构成社会中人与人的社会关系的纽带，把社会的存在看成是因为有了文化才成为可能。就是说，文化才是促使人联结起来构成社会的核心要素，人赖以生存的物质基础（包括物质生产和分配）不在那些有学问的教授们的眼界中。这样看来，学术界存在的不仅仅是做学问的浮躁问题，还存在着明显的学术能力普遍退化问题。庆幸的是，从《百度百科》列出的四个详细释义中我们还能找到与社会实际运行相适应的答案。这四个释义分别是：①旧时于春秋社日迎赛土神的集会。②旧时亦用以称村塾逢春秋祀社之日或其他节日举行的集会。③由志趣相投者结合而成的组织或团体。④指由一定的经济基础和上层建筑构成的整体。在以上释义中，第四个释义来源于（抄自）中国权威语词工具书《现代汉语词典》对"社会"一词的第一个释义。从该释义中我们可以看出，"社会"与"保障人的生存和发展"能够相匹配，即由一定的经济基础和上层建筑构成的社会，可以保障人的生存和发展。而在构成社会的两大要素中，经济基础和上层建筑都与生产和分配的结合相关。社会生产和社会分配是社会经济基础的核心内容，社会的生产关系和社会的分配关系构成的人与人的社会经济关系及其相关关系是上层建筑的核心内容。因此，生产和分配的结合是社会构成的核心内容。而生产和分配结合的真正原因是为了确保人的生存和发展，这一点，与人类社会发展的历史事实相一致。

### （二）社会保障人生存和发展通过生产和分配的结合来完成

从社会构成的原理和人与社会的关系我们不难看出，人要生存和发展，必须进行生产活动，必须进行分配活动，必须做好生产和分配活动的结合工作。事实上，社会保障人的生存和发展要通过生产和分配的结合来完成。首先，人的生存和发展需要由生产活动创造物质财富来保障，即人的生存和发展有东西来保障；其次，人们在生产活动中创造出来的物质财富，要经过分配环节才能用于人的生存和发展，即通过分配活动使生产活动中创造出来的东西用于保障人的生存和发展；最后，这是最重要的，生产活动、分配活动以及保障人生存和发展的活动要做到、也必须做到长期可持续地进行，没有生产和分配活动的结合（其中特别重要的是通过分配来确保生产的可持续），那是万万不行的。

经济学不研究社会的生产方式和社会的生产关系，不研究社会的分配方式和社会的分配关系，不研究社会的生产方式、社会的生产关系与社会的分配方式、社会的分配关系的结合，不研究社会怎样通过分配来确保生产的可持续，是永远也回答不了社会保障人的生存和发展问题的。一些社会学家、经济学家、政治学家以及有一定经济学、社会学和政治学头脑的社会活动家、政治家认为，人的生存和发展的保障是由法律、由政策、由财政税收来保障，完全忘却或有意回避那些法律、政策和财政税收是怎样得来的。就以财政税收保障人的生存和发展而论，也只说对了一点点。众所周知，财政税收对人的生存和发展起保障作用，是通过政府提供公共服务来实现的。事实上，公共服务对人生存和发展的保障，也只不过是人生存和发展保障中很小的一部分而已。西方市场经济国家因自由主义经济学的误导，迷信民生和公共服务问题主要由政府来筹资解决，陷入了前所未有的主权债务危机。中国也因受到自由主义经济学思想的影响，没有很好地解决社会生产和社会分配的结合问题，出现了严重的贫富两极分化。这些都是极其深刻的经验教训。

当今社会，生产和分配的结合已经成为社会保障人生存和发展的主要问题。在实行社会主义计划经济的社会，生产不能满足因人的生存和发展而进行的分配的需要，是其最主要的社会矛盾；在实行社会主义市场经济的社会，生产和分配问题不能很好地结合，经济发展与人的发展不协调一致，社会主义初级阶段怎样利用好资本主义生产关系发展生产力成为重要的问题，生产不能满足全体社会成员（只满足少数社会成员）生存和发展的需要，是其最主要的社会矛盾；在资本主义社会，生产和分配的结合问题突出地表现为资本与劳动之间的矛盾，生产资料被人为地与劳动者对立起来，资本家与劳动者在分配关系上永远无法调和，生产不能满足全体社会成员（只满足少数社会成员）生存和发展的需要，是它最主要的社会矛盾。以上各种社会形态中存在的社会矛盾进一步说明，不管在什么样的社会形态下，生产和分配的结合都是社会保障人生存和发展的关键因素。

## 二、生产和分配的结合对人生存和发展条件的保障具有决定性作用

### （一）生产和分配的结合是社会保障人生存和发展的重要机制

社会对人生存和发展的保障，需要真金白银，得有实实在在的物质基础，而这些物质基础除了上天赋予（如土地、空气、水），就只有依靠人类自己的生产劳动了。原始社会，人类的生产活动很简单（狩猎和渔猎为主）的时候，人生存和发展的保障也是由很简单的生产和分配的结合机制来解决的。进入以物易物的物物交换阶段，生产和分配结合的机制变得复杂起来，但相对于商品生产和商品交换的商品经济阶段，那还是简单得多。到了商品生产和商品交换的商品经济阶段，生产方式和分配方式以及与之相关的社会生产关系和社会分配关系已经变得非常复杂，生产和分配结合的机制除了多样化以外，其运行机制也极其精微和动态化。至今为止，在世界范围内，以国家（或地区）为一个社会单位，我们还找不到生产和分配结合机制完全相同的两个国家（地区），我们所能够做到的只不过是对生产和分配结合机制进行一些类型化分类，即做了些社会形态划分工作，把社会形态分为：奴隶社会、封建社会、资本主义社会、社会主义社会。把生产和分配结合机制的差异考虑进去，同样是资本主义国家，美国、法国、瑞士、挪威各不相同；同样属于社会主义国家，越南、中国、古巴、朝鲜各不一样。

然而，尽管不同的社会形态下的不同国家（地区）会有很不同的生产和分配结合机制，但有一点是相同的，那就是都要通过生产和分配的结合来解决对人生存和发展的保障问题。在这个意义上说，社会生产和分配的有机结合，是人生存和发展得到保障的重要机制。

### （二）生产和分配的结合是确保人生存和发展的必要前提

实际上，社会生产和分配的结合，不但是社会保障人生存和发展的机制，而且是人生存和发展获得保障的必要前提。人生存和发展的保障体现在物质和非物质（如制度性保障、精神性保障、生理心理以及生命繁衍的保障等）两方面，其中物质保障居于基础性地位，非物质性保障也需要一定的物质保障为基础。一些人认为存在超越物质的保障，如人格，它可以不受物质的诱惑，人能够宁死不屈，肉体消失了人格精神在。这样的例子只能说明，非物质方面的

保障在人的生存和发展保障中也占着很重要的位置。它向我们表明，人的生存和发展，光是物质方面的保障是远远不够的。然而，它无法否定物质保障在人生存和发展中的基础性地位。肉体消失了人格精神在，它要表明的就是一个生命体的终结，其人格精神的延续需要另外的生命体来承载，而这个（或者很多个）承载并延续那个生命体已经消失的人的人格精神的生命体，仍然需要物质来保障其生存和发展。

那么，我们靠什么来确保物质在人生存和发展保障中的基础性地位呢？除了生产、分配以及生产和分配的结合，我们是找不出还有什么可以替代的。在现实社会中，除了空气可以不用生产和分配就直接用于保障人的生存和发展之外（当然，在特殊情况下也得依赖生产和分配，如登山、呼吸机能受限、空气污染严重时），保障人生存和发展所需的物质几乎都要经过生产和分配才能发挥其保障功能。因此，可以说，社会生产和分配的结合是确保人生存和发展的必要前提，且具有不可替代性。正因为这一点，我们说社会构成的核心是生产、分配以及生产和分配的结合。人要生存和发展，必须首先解决生产、分配以及生产和分配的结合问题，在解决好这个问题之后，才谈得上解决其他问题。在人的生存和发展的保障上，尽管我们遇到的问题多得数不胜数，更因社会管理思想的复杂多元而令人无所适从，但最终都要归结到对生产、分配以及生产和分配结合的问题上来。

## （三）社会对人生存和发展条件保障的好坏取决于社会生产和分配结合的好坏

从社会构成、人的生存和发展、生产和分配三者之间的关系中我们不难看出，社会是人要组织生产和分配从而保障自身的生存和发展的产物。那么，社会的核心功能就是要通过组织生产和分配来保障人的生存和发展。这就是说，社会要组织好生产和分配才能使人的生存和发展得到保障。这也就表明，社会生产和分配的结合在社会保障人的生存和发展过程中起着至关重要的作用。只有社会生产和分配的结合工作做好了，社会才能做好对人的生存和发展的保障工作。

## 三、对人生存和发展条件的保障是衡量生产和分配结合的基本尺度

### （一）人类社会中生产和分配结合的形式有多种

在人类社会发展的历史长河中，有过多种多样的生产组织方式。学术界普遍认同的是以社会形态划分的生产方式，即原始社会的生产方式、奴隶社会的生产方式、封建社会的生产方式、资本主义社会的生产方式和社会主义社会的生产方式。而对于生产方式的研究，西方经济学和马克思主义政治经济学所采取的态度是决然不同的。马克思主义政治经济学通过对生产的组织方式来认识社会中人与人的经济关系，并进一步认识社会的生产关系，从而认识社会的发展规律。西方经济学通过对生产的组织管理的研究来确定怎样才能使资本获得最大利润。对于分配的组织方式，其划分方法和经济学研究的情况与生产的组织方式大体相当。

笔者认为，对于人的生存和发展而言，经济学应该着重研究生产的组织方式与保障人的生存和发展的关系，着重研究分配的组织方式与保障人的生存和发展的关系，特别要研究生产的组织方式和分配的组织方式的结合对保障人的生存和发展的影响。这样，社会（国家、政府）——生产和分配的组织——人生存和发展的保障之间的逻辑关系才够清晰，如下图所示：

**社会组织生产和分配保障人的生存和发展关系图**

依照这样的逻辑思路，我们可以把生产的组织方式划分为：①社会组织（国家）主导型的生产方式；②私人主导型的生产方式；③社会组织（国家）和私人共同主导型的生产方式。由于分配组织方式很大程度上取决于生产的组织方式，其类型也可以相应划分为三种：①社会组织（国家）主导型生产方式下的分配方式；②私人主导型生产方式下的分配方式；③社会组织（国家）和私人共同主导型生产方式下的分配方式。同样道理，我们就可以把人类社会中生产和分配结合的形式划分为：①社会组织（国家）主导型的生产和分配

结合方式；②私人主导型的生产和分配结合方式；③社会组织（国家）和私
人共同主导型的生产和分配结合方式。

## （二）生产和分配结合的不同形式对人生存和发展条件的保障会有不同的效果

根据社会通过组织生产和分配来保障人的生存和发展的逻辑，我们能够对
不同的生产和分配结合形式在保障人的生存和发展中的效果有一个基本的
判断。

在社会组织（国家）主导型的生产和分配结合方式中，社会组织（国家）
本身直接主导了社会的生产活动和社会的分配活动，社会组织（国家）本身
可以直接调整生产和分配对人的生存和发展的保障。理论上，由社会组织
（国家）直接主导社会生产活动和社会分配活动的社会形态，对人生存和发展
的保障应该是最有效率的。实际上，社会主义计划经济社会（国家）的建立
和运行，就是基于这样的理论。但是，从经济运行的角度看，这样的理论在解
决经济发展与人的发展的关系上存在以下难以克服的问题：①社会组织（国
家）这个主体是一个集体，甚至是整个社会组织中所有成员的集合体，原则
上是有着崇高社会理想信念的成员的集合。这个集合体如何组织好社会的生产
和分配活动，是一个非常难的问题。通常的做法是采取委托代理的方式选择代
理人来对社会生产和社会分配活动进行组织管理。②怎样才能通过社会生产活
动的组织创造足够保障人生存和发展需要的物质财富，也是一个非常难的问
题。③社会集体的组织管理与个人生存和发展的保障之间的巨大效率损失问
题，解决起来非常不易。苏联、东欧国家、中国、朝鲜、古巴等国家的社会主
义计划经济实践，为我们了解社会组织（国家）主导型的生产和分配结合方
式在保障人的生存和发展工作方面，提供了丰富的材料。

在私人主导型的生产和分配结合方式中，社会组织（国家）不能直接主
导社会的生产活动和社会的分配活动，因此，社会组织（国家）只能间接调
整生产和分配对人的生存和发展的保障。理论上，由社会组织（国家）间接
主导社会生产活动和社会分配活动的社会形态，对人生存和发展的保障受到私
人利益的阻制，其效率是有限的。人类历史中有三种社会形态，即奴隶社会、
封建社会和资本主义社会，都是实行私人主导型的生产和分配结合方式，它们
在保障人的生存和发展方面的确存在很多问题。其中，奴隶社会、封建社会在
很多国家先后被资本主义社会或社会主义社会取代，与其在保障人生存和发展

方面的缺陷有很大关系。

社会组织（国家）和私人共同主导型的生产和分配结合方式，是前两种主导方式的折中、融合。中国曾经在 1949 年中华人民共和国成立后的几年时间和 1979 年至今两个时期分别试验过这种方式。中国的第一次试验，表明这种方式对保障人的生存和发展存在较大缺陷，不可继续进行下去，并于 1956 年淘汰掉，改为由社会组织（国家）来主导生产和分配活动。中国的第二次试验，其巨大成绩是有目共睹的，但问题也很多，其对人的生存和发展的保障，与其巨大的经济成就存在较大的差距。诚然，中国的第二次试验，其前提和背景与第一次试验完全不一样。第一次试验是在整个社会经济总量很小，处于一穷二白状态，社会组织（国家）经济能力非常弱小，私人经济能力相对很大的情况下进行，私人经济主导有客观基础也愿望强烈，所以第一次试验注定以失败告终。第二次试验是在社会组织（国家）经济基础相对较强，社会组织（国家）经济实力占绝对优势的情况下进行的，其结果当然与第一次不相同。而在保障人的生存和发展方面存在较大缺陷，两次试验都一样，只是表现形式不同、程度也不相同。

### （三）衡量生产和分配结合的基本尺度是对人生存和发展条件保障的好坏

通过前面的论述，我们已经知道了社会生产和分配的结合在社会保障人的生存和发展过程中起着至关重要的作用，即社会生产和分配结合得好，社会对人生存和发展的保障才好。

那么，怎样衡量社会生产和分配结合的好坏呢？对于这个问题，信仰马克思主义的学者和信仰资本主义的学者之间存在巨大分歧。在中国，坚持马克思主义政治经济学观点的学者与崇尚新自由主义经济学的学者，他们之间的看法也存在巨大差异。按理说，因理论渊源不同而有不同的学术观点并得出不同的结论本属正常，不正常的是，彼此相互攻击，却没有双方认同的标准，如同中国寓言故事中的金银盾之争。众所周知，马克思主义政治经济学强调生产关系要跟生产力相适应，新自由主义经济学的核心是利润最大化，彼此之间也适用"风马牛不相及"这个成语，结果当然是谁也说服不了谁。

事实上，我们可以找到一个双方都无法否认的标准，那就是对人生存和发展条件的保障。

新自由主义经济学是由亚当·斯密的《国富论》来的。《国富论》研究的是怎样才能使国民财富增长得更快，到新自由主义经济学学者那里演变为重点是追求利润最大化有其逻辑的必然性，而由此延伸到对其目的性的推演，即通过利润最大化的方法使国民财富更快地增长从而保障人的生存和发展，也是与新自由主义经济学学理相吻合的。即是说，以追求利润最大化为目标来组织社会的生产和分配，从而保障人的生存和发展，在经济学学理的逻辑这个层面来看是没有什么不妥的。当然，新自由主义经济学学者不一定会赞成在自己的经济学理论中引进"保障人的生存和发展"作为经济发展的目的。他们认为把利润最大化当作经济发展的目的就够了。如果引进了"保障人的生存和发展"作经济发展的目的，最大化就要退居为"保障人的生存和发展"的手段。这样的话，资本家以及靠着资本家的既得利益者是不会高兴的。

如果我们用生产关系与生产力相适应来衡量经济实践，即具体用生产关系与生产力相适应衡量生产和分配结合的好坏，我们会无所适从。生产关系与生产力相适应，是一个社会总体平衡问题，涉及的还不仅仅是生产和分配，所以，很难把握。从经济学学理层面看，它解决经济学问题的能力相对较低。这也许是马克思主义政治经济学在学术界不被普遍看作是科学的原因所在。其实，社会发展的总规律，在与具体学科对接时，还有许多工作要做。不可否认，生产和分配的结合问题，最终在更高的社会发展的规律性层面会表现为生产关系与生产力相适应问题。而对于衡量生产和分配结合的好坏来说，需要一个更加具体、更加实际的标准，毫无疑问，"保障人的生存和发展"比"生产关系与生产力相适应"好。

## 四、生产和分配的结合对人生存和发展条件保障的实践

笔者在 2011 年广西人的发展经济学研究会的系列活动中曾经多次表示，今后人的发展经济学研究将按照"理论建构——制度建构——实践建构"这样的路径推进，目前属于理论建构阶段，但一些研究已经开始触及制度建构和实践建构阶段的内容。实际上，三阶段可以同时进行，关键看研究者的功力及爱好。之所以这样说，是因为笔者认为，一个理论，不管它被设计得有多好，如果它不能用作制度建构的基础，那这个理论的建构应该说是不完善的。它不能作为制度建构的基础，就意味着它永远也无法用于指导实践。在这个意义上说，"生产关系与生产力相适应"这个政治经济学观点，在理论建构方面还有需要完善的地方，因为它在对制度建构方面起的作用太过于原则，很难细分或转换为具体制度（法规、条例、政策等）的内容，到用制度（法规、条例、

政策等）来指导实践时，它的作用就没有办法发挥了。鉴于此，笔者认为，人的发展经济学的研究一定要能够用于指导和服务于保障人生存和发展的实践活动。

## （一）确立生产和分配的结合要以保障人生存和发展为原则的思想

确立生产和分配的结合要以保障人生存和发展为原则的思想，就是在人的发展经济学理论体系中，把保障人生存和发展的条件作为社会（国家、政府）组织生产活动和分配活动的原则，并使它能够始终作为一种理论、一种思想，用于国家或政府对实际工作的指导。在以往的经济学理论中，没有考虑到经济制度的思想基础是影响经济运行最基本的因素，这是经济学理论的明显缺陷。要想生产和分配的结合能够保障人的生存和发展，必须使社会（国家、政府）直接或间接组织社会生产和社会分配以确保人生存和发展的思想制度化为一系列经济活动的行为准则，即把组织生产和分配以确保人的生存和发展的思想观念转化为一系列经济制度，如法律法规、条例、政策，由这些经济制度来规范经济活动者的行为。①要做到把保障人的生存和发展作为发展经济的目标，使保障人的生存和发展成为一切经济工作的行动指南；②切实按照保障人的生存和发展这个目标来组织社会的生产和分配活动，并在此基础上建立社会的生产关系和分配关系。

## （二）生产和分配保障人生存和发展思想的制度化

生产和分配保障人生存和发展思想的制度化，就是使通过社会（国家、政府）组织社会生产和分配的活动以保障人生存和发展的思想变成社会（国家、政府）的意志，成为国家机器运行的指令。具体体现为国家法律（宪法、基本法、专门法）法规（国务院的规章、政府部门规章、全国性行业规章）、国家的各种条例条令、国家政策，地方性规章、地方政策等。思想的制度化是一个非常复杂的过程，掌握不好就达不到预期的效果。中国社会主义市场经济试验的历程表明，那种"打左灯向右转"的做法，会先造成理论上和思想上的混乱，进而影响到社会主义市场经济思想的制度化效果，最终会影响到经济运行的实际效果。如我们把"经济效益最大化"看成是社会主义市场经济的思想，作为经济发展的目的，就会使我们的经济制度围绕着"经济效益最大化"这个核心来建构，导致经济效率凌驾于社会的民生公平之上，人的生存和发展问题得不到应有的重视。

　　按照思想制度化的特点，一个观点、一个理论，当它一旦越过制度思想基础的层面成为一个制度，无论其与实际情况有多大的矛盾，想要改变它，比让它成为有形的制度还要难。中国的情形是这样，外国的情形也好不到哪里去。2012 年 5 月 8 日晚，美国一对夫妇和他们年仅一岁半的女儿在佛罗里达州劳德代尔堡国际机场登上捷蓝航空 F510 次航班，准备飞往新泽西州纽瓦克市。起飞前，一名捷蓝航空员工走入客舱，告诉夫妇俩，他们的女儿里扬娜在联邦政府禁飞黑名单之列，必须下飞机。宣称全球最民主、最讲人权的美国，因为一个只有一岁半的小女孩与美国政府控管恐怖分子制度中要控管的恐怖分子名字相同，制度执行者不敢相信这个只有 18 个月大的小孩不是恐怖分子，并放任这个小孩延迟获得重新登机而造成航空公司的经济损失。这表明，如果放任或者因准备不充分而让不正确的思想（观点、理论）变为制度的思想基础，并最终成为制度，其所造成的后果会出乎意料，甚至会对社会造成不堪设想的损害。

## （三）生产和分配保障人生存和发展制度对实践的指导

　　按照制度经济学原理，制度一旦建立，它是要发挥其管制力的。制度管制力发挥的好坏，决定于执行者和被管理者对该制度的了解和理解，也还受到执行环境、执行条件等的影响。而整个过程我们可以归结为制度对实践的指导，或者称之为实践的建构。社会的生产和分配要保障人的生存和发展一旦成为制度，它就会被落实到现实社会实践，并真正用于对人生存和发展的保障。

　　从社会一般生产—分配模型来看，生产和分配保障人生存和发展制度就是一系列用以确保生产资料和劳动能够很好地结合并生产出人生存和发展必需的产品，通过分配使这些社会生产的产品能够保障人的生存和发展的社会规定。这些社会规定对生产资料怎样与劳动结合、社会产品怎样生产（如不能在牛奶中添加三聚氢铵、不能用工业酒精勾兑白酒、不能用工业明胶生产医用胶囊）、产品怎样分配等都有详细的内容。事实上，以国家为单位的每一个社会，有关生产和分配以及生产和分配结合的制度都非常的多。仅就中国劳动法规来讲，其条文的文本就不少，堆叠起来可用"著作等身"来形容，至于各种有关生产的条文（包括产品生产标准），那得用"浩如烟海"来比喻了。而这些制度的制定，其目的就是用以规范、指导社会的生产、分配行为，从而使社会的生产和分配能够确实地对人的生存和发展予以保障。

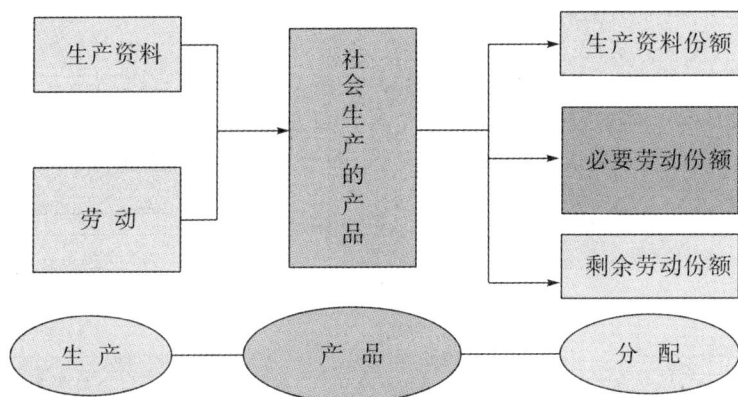

社会一般生产—分配模型

而对社会生产的产品的分配，更需要社会组织（国家、政府）做出明确而细致的制度安排，从而规范参与社会生产和分配的相关行为人依照社会组织（国家、政府）的规定，履行好保障人的生存和发展的社会责任。这就是说，所有制度——通过做好社会生产和分配工作从而使人的生存和发展得到保障的制度，除了要从社会生产和分配的实际出发，围绕怎样保障好人的生存和发展来自制度之外，还要考虑与保障人的生存和发展的实际工作对接，能够切实地指导好保障人生存和发展的实践。

### （四）生产和分配保障人生存和发展制度在经济活动中的落实

生产和分配保障人生存和发展制度在经济活动中的落实是一个经济制度的执行问题。很多学者认为，经济理论的研究要以概念体系为主，从理论到理论，经济理论与经济运行的结合，属于管理学范畴。笔者认为这种看法是失于偏颇的。人的发展经济学要把人的发展、人的自由全面发展、人的生存和发展、人的发展和经济发展的关系等作为研究的重要内容，就表明它们是要与实践紧密对接的。人的发展、经济发展、人生存和发展的保障等都是实践性很强的概念，通俗地说，它们得接地气，要和现实生活中的人在一起，这就是说理论研究要与现实中人的生存和发展紧密结合起来。

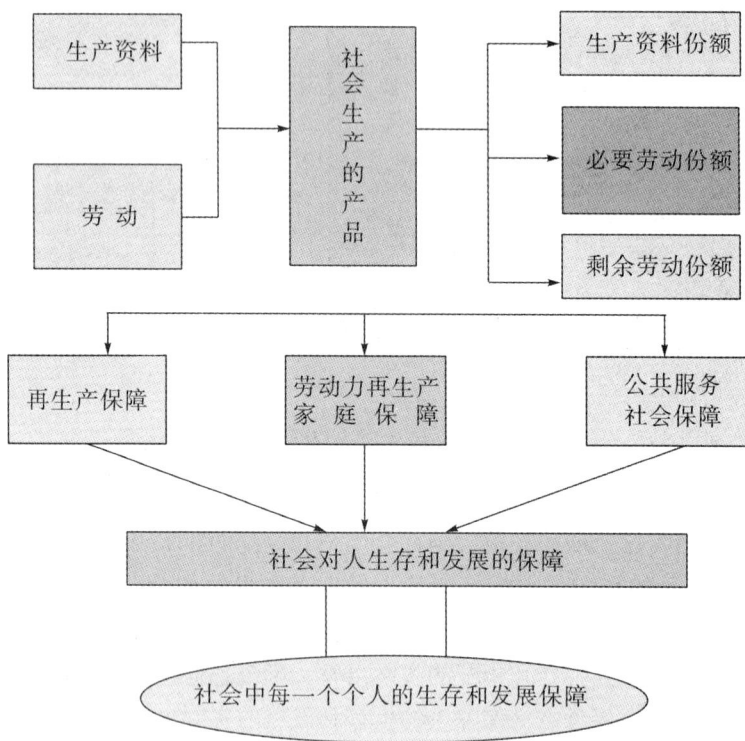

**社会组织生产和分配保障人的生存和发展的实践建构**

从上图我们可以看出，生产和分配保障人生存和发展的制度在经济活动中的落实是一个很复杂的系统工程，特别是生产和分配结合构成的社会生产—分配模型，在不同形态的社会、不同的国家有不同的生产和分配结合形式。而生产和分配方式的不同又直接影响到人生存和发展的家庭保障（包括劳动力再生产）和社会保障（包括公共服务）。正是通过这些差异，我们能够通过社会（国家、政府）保障人生存和发展的差异来评价、判定经济发展与人生存和发展的关系，并真正能够解答人的发展经济学的核心问题：人的发展和经济运动的相互关系问题。

生产和分配保障人的生存和发展的制度需要在经济运行中执行，从而使它真正落实到对人生存和发展的保障。而制度执行对人生存和发展保障的好坏，取决于制度执行者、执行者对制度的认识、制度是怎样被执行的、执行制度的环境以及执行制度的权变等因素。

```
┌──────────────┐
│ 资    本      │────┐
│（生产资料）   │    │      ┌──────┐      ┌─────────────┐
└──────────────┘    │      │社    │      │ 资本转移补偿 │
                    ├─────▶│会生产│─────▶└─────────────┘
┌──────────────┐    │      │的产品│      ┌─────────────┐
│ 劳    动      │────┘      └──────┘      │ 必要劳动份额 │
└──────────────┘                         └─────────────┘
                                         ┌─────────────┐
                                         │公共资源转化补偿│
                                         │资本额外占有部分│
                                         └─────────────┘
```

( 生产 )──( 产品 )──( 分配 )

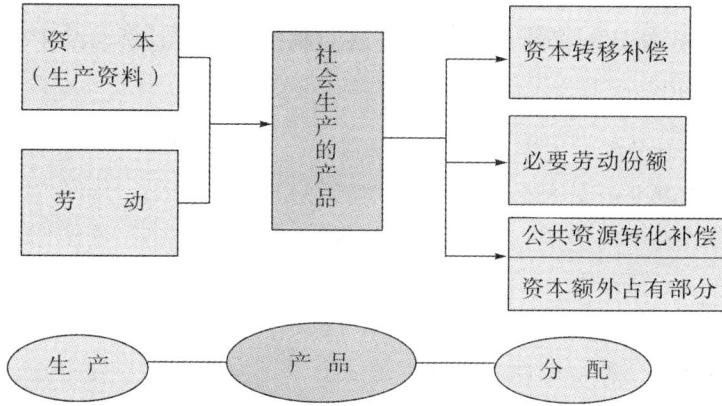

**资本主义市场经济生产—分配模型**

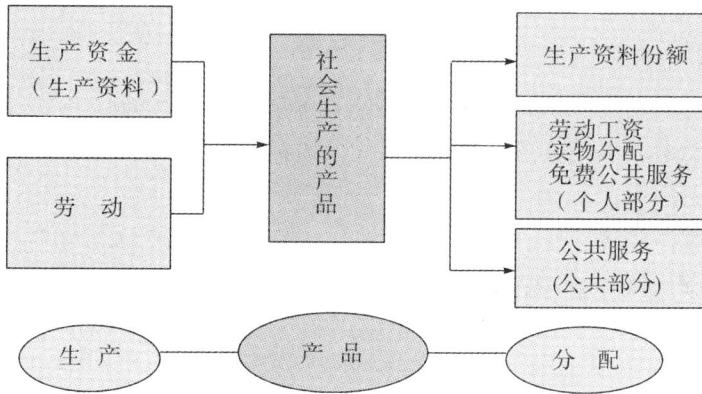

```
┌──────────────┐
│ 生产资金      │────┐
│（生产资料）   │    │      ┌──────┐      ┌─────────────┐
└──────────────┘    │      │社会生│      │ 生产资料份额 │
                    ├─────▶│产的产│─────▶└─────────────┘
┌──────────────┐    │      │品    │      ┌─────────────┐
│ 劳    动      │────┘      └──────┘      │ 劳动工资      │
└──────────────┘                         │ 实物分配      │
                                         │ 免费公共服务  │
                                         │（个人部分）   │
                                         └─────────────┘
                                         ┌─────────────┐
                                         │ 公共服务      │
                                         │(公共部分)     │
                                         └─────────────┘
```

( 生产 )──( 产品 )──( 分配 )

**社会主义计划经济生产—分配模型**

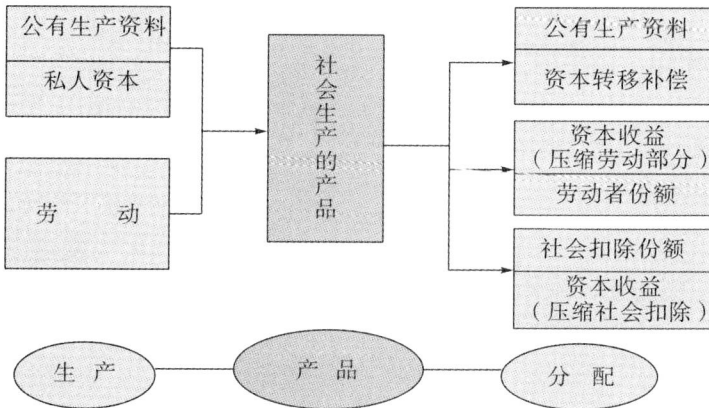

```
┌──────────────┐
│ 公有生产资料  │
├──────────────┤───┐      ┌──────┐      ┌─────────────┐
│ 私人资本      │   │      │社会生│      │ 公有生产资料 │
└──────────────┘   ├─────▶│产的产│─────▶│ 资本转移补偿 │
┌──────────────┐   │      │品    │      ├─────────────┤
│ 劳    动      │───┘      └──────┘      │ 资本收益      │
└──────────────┘                         │（压缩劳动部分）│
                                         │ 劳动者份额    │
                                         ├─────────────┤
                                         │ 社会扣除份额  │
                                         │ 资本收益      │
                                         │（压缩社会扣除）│
                                         └─────────────┘
```

( 生产 )──( 产品 )──( 分配 )

**社会主义市场经济试验的生产—分配模型**

## （五）生产和分配保障人生存和发展的制度运行在经济活动中的监督和纠正

社会生产和分配对人生存和发展的保障，是一种社会机制，也是一系列的经济活动，有制度是其中的一个方面，制度的运行才是关键，而在制度的运行中，人又是关键中的关键。凡是由具体的人去运行的东西，必定因人的认知力、行为力、心智差别，环境差别，更因社会思想的影响而使生产和分配保障人生存和发展的制度在运行中出现与原定目标不一致的情况，因此，监督和纠正也应被看成是一种常态性的工作，是社会（国家、政府）通过生产和分配保障人生存和发展不可缺少的重要环节。

## 参 考 文 献

［1］百度百科网页. http://baike.baidu.com/view/11175.htm.

［2］中国社会科学院语言研究所. 现代汉语词典［M］. 北京：商务印书馆，1990：1012.

［3］巫文强. 经济运行的制度因素［M］. 北京：线装书局，2007：11－14.

［4］巫文强. 经济运行的制度因素［M］. 北京：线装书局，2007：16－19.

# 《资本论》的理论意义和当代启示

孙应帅

（中国社会科学院）

## 一、《资本论》揭示了资本主义生产方式的秘密和内生矛盾

马克思倾注近30年的心血撰写的《资本论》从商品入手，对资本主义社会的生产和经济运行进行了细致入微的研究，"对资产阶级社会说来，劳动产品的商品形式，或者商品的价值形式，就是经济的细胞形式。在浅薄的人看来，分析这种形式好像是斤斤于一些琐事。这的确是琐事，但这是显微解剖学所要做的那种琐事。"通过从商品入手开篇的方法论，马克思逐步剥丝抽茧、去伪存真，揭示了资本主义生产方式的秘密和内生矛盾，洞察了资本主义经济危机的爆发和周期性，预见了资本主义社会的发展规律和趋势。其对人类社会特别是资本主义社会演进规律的研究与把握，正如达尔文的《进化论》发现有机自然界的演进规律一样，具有划时代的世界历史意义。它既从经济上为无产阶级革命找到了理论合法性依据，也为全人类的解放和发展指明了方向。

1848年欧洲大革命失败以后，马克思和恩格斯到了巴黎，不久又遭驱逐，于1849年前往伦敦。在那里，他曾经每天从上午9点一直到下午8点都在伦敦博物馆阅读图书，为撰写《资本论》收集资料。据有人统计，那段时间，马克思阅读过的书籍约有1500多种，所摘的内容和整理的笔记有100余本，其中甚至包括英国议会专门发给议员的报告材料"蓝皮书"。直到1867年，

《资本论》第一卷才得以出版，马克思为《资本论》的写作付出了近 30 年的心血，成为迄今为止他最广为人知和享誉世界的政治经济学著作和马克思主义的百科全书。至今无论社会主义国家还是资本主义国家的学者，无论赞成还是反驳，都不得不面对它、研究它。

《资本论》体系浩大、论证繁杂。这其中，对资本主义生产秘密也就是剩余价值生产的揭示可算是《资本论》、马克思政治经济学乃至马克思主义最核心的部分，因为劳动价值论等早有李嘉图、斯密提出，马克思的独特之处则是剩余价值论的创立，也正因为剩余价值的存在与发现，劳动价值论才最终得以完善，资本主义生产方式的秘密和内生矛盾才得以揭示，无产阶级针对资产阶级的斗争才具有政治和经济意义上的合法性，资本主义社会的存在也才是不道德和无法永存的。

曾几何时，"干活付钱"、"干多少活付多少钱"，在雇佣型社会被人们视为天经地义的道理，资本家也据此声称，偿付劳动报酬是他们比古代奴隶社会和封建社会的奴隶主和地主利用暴力、强权和地权强迫他人劳动要仁慈和公平的理由。但马克思通过大量事实和数据指出，这种表现为"工资"的劳动给付既不公平，也非"等价交换"，尽管劳动力商品买卖的形式是"公平"的。实际上，工人为资本家劳动所创造的财富远远大于自己所得的报酬，但这种多余的价值到哪里去了呢？实际上是被资本家以拥有资本、资源、厂房、管理能力等生产要素而应得"利润"的名义巧妙而又无偿地剥削走了。而马克思的劳动价值论比斯密等人创新的地方或许就在于，他强调只有人的"活劳动"（包括简单与复杂劳动、体力与脑力劳动等）才能"创造价值"，而厂房、机器等生产要素只是"转移价值"而不能增值，"维持一个工人 24 小时的生活只需要半个工作日，这种情况并不妨碍工人劳动一整天。因此，劳动力的价值和劳动力在劳动过程中的价值增值，是两个不同的量。资本家购买劳动力时，正是看中了这个价值差额。劳动力能制造棉纱或皮靴的有用属性，只是一个必要条件，因为劳动必须以有用的形式耗费，才能形成价值。但是，具有决定意义的是这个商品独特的使用价值，即它是价值的源泉，并且是大于它自身的价值的源泉。这就是资本家希望劳动力提供的独特的服务。"

马克思以棉花纺纱为例，"工人在工场中遇到的，不仅是 6 小时而且是 12 小时劳动过程所必需的生产资料。如果 10 磅棉花吸收 6 个劳动小时，转化为 10 磅棉纱，那末 20 磅棉花就会吸收 12 个劳动小时，转化为 20 磅棉纱。我们来考察一下这个延长了的劳动过程的产品。现在，在这 20 磅棉纱中对象化了

5 个工作日，其中 4 个工作日对象化在已消耗的棉花和纱锭量中，1 个工作日是在纺纱过程中被棉花吸收的。5 个工作日用金钱来表现是 30 先令，或 1 镑 10 先令。因此这就是 20 磅棉纱的价格。1 磅棉纱仍然和以前一样值 1 先令 6 便士。但是，投入劳动过程的商品的价值总和是 27 先令。棉纱的价值是 30 先令。产品的价值比为了生产产品而预付的价值增长了 1/9。27 先令转化为 30 先令，带来了 3 先令的剩余价值。戏法终于变成了。货币转化为资本了。"如果我们现在把价值形成过程和价值增值过程比较一下，就会知道，价值增值过程不外是超过一定点而延长了的价值形成过程。如果价值形成过程只持续到这样一点，即资本所支付的劳动力价值恰好为新的等价物所补偿，那就是单纯的价值形成过程。如果价值形成过程超过这一点，那就成为价值增值过程。

马克思为此提出了"不变资本（C）"和"可变资本（V）"的概念。

"产品的总价值超过产品的形成要素的价值总额而形成的余额，就是价值已经增殖的资本超过原预付资本价值而形成的余额。一方的生产资料，另一方的劳动力，不过是原有资本价值在抛弃货币形式而转化为劳动过程的因素时所采取的不同的存在形式。

可见，变为生产资料即原料、辅助材料、劳动资料的那部分资本，在生产过程中并不改变自己的价值量。因此，我把它称为不变资本部分，或简称为不变资本。

相反，变为劳动力的那部分资本，在生产过程中改变自己的价值。它再生产自身的等价物和一个超过这个等价物而形成的余额——剩余价值。这个剩余价值本身是可以变化的，是可大可小的。这部分资本从不变量不断变为可变量。因此，我把它称为可变资本部分，或简称为可变资本。"

如果将资本 C 分为两部分，一部分是为购买生产资料而支出的货币额 c，另一部分是为购买劳动力而支出的货币额 v；c 代表转化为不变资本的价值部分，v 代表转化为可变资本的价值部分。这样，"最初是 C = c + v，例如，预付资本 500 镑 = 410 镑 + 90 镑。在生产过程结束时得到商品，它的价值 = c + v + m（m 是剩余价值），例如，410 镑 + 90 镑 + 90 镑。原来的资本 C 变为 C′，由 500 镑变为 590 镑。二者的差额 = m，即 90 镑剩余价值。"由此，在资本主义生产方式中就能得到"C = c + v + m = C′"的公式，资本家在将 C 变为 C′ 的过程中，就实现了资本增值，所不同的是，资本家通过将 m 转化成 p 即"利润"，来掩盖掉 m 的存在，而马克思则把这个 m 揭示出来，从而将资本家剥削工人的剩余劳动创造出来的 m 的本质揭示出来。可以说，如果没有这个 m 的存在，则资本主义生产方式将是公平和不容推翻的。

以往的各种空想社会主义，固然也批判了现存的资本主义生产方式及其后果，但是，它不能说明这个生产方式，因而也就制服不了这个生产方式；它只能简单地把它当作坏东西抛弃掉。它越是激烈地反对同这种生产方式密不可分的对工人阶级的剥削，就越是不能明白指出，这种剥削是怎么回事，它是怎样产生的。而马克思就彻底弄清了资本和劳动的关系，换句话说，就是揭示了在现代社会内，在现存资本主义生产方式下，资本家对工人的剥削是怎样进行的。"现代资本主义生产方式是以两个社会阶级的存在为前提的，一方面是资本家，他们占有生产资料和生活资料，另一方面是无产者，他们被排除于这种占有之外而仅仅有一种商品即自己的劳动力可以出卖，因此他不得不出卖这种劳动力以占有生活资料……给这个资本家做事的工人，不仅再生产着他那由资本家付酬的劳动力的价值，而且除此之外还生产剩余价值。"因此，现代资产阶级社会的秘密就像以前的各种社会一样真相大白：它仍然是少数人剥削大多数人的一种社会结构，因而不可避免地内生出两大阶级的矛盾和对立。而这种矛盾的消除，只能在资本主义生产方式的消除，无产阶级从雇佣劳动中获得解脱才能消亡。

## 二、《资本论》洞察了资本主义经济危机的爆发和周期性

《资本论》发表160多年来，马克思主义在发展，资本主义也在发展。资本主义以其对社会生产力的巨大解放，也"在历史上曾经起过非常革命的作用"。此后在社会主义运动的不断冲击之下，资本主义也对自身的矛盾和弱点不断进行着调整，这使得在相当长时间内还看不到它消亡的远景；但是伴随着资本主义的一个顽疾——经济危机，始终没有办法从其内部医治。尤其近年来越来越严重的国际金融危机再次使世界重新审视资本主义的表面繁荣，重新研读《资本论》关于资本主义经济危机和经济周期的判断，人们发现，马克思对资本主义经济运行规律的审视和把握在今天仍然具有穿透力和说服力。

西方经济学家往往把经济危机的原因归结为"金融界的贪婪"，因而认为其是人性的弱点。而马克思则更愿意从资本主义生产方式和经济运行机制上去探究原因。他在《资本论》中提到，资本主义经济危机的实质是生产相对过剩。这种过剩不是社会产品的绝对过剩，而是一种相对过剩，是相对于无产阶级支付或消费能力不足而出现的过剩。"一切现实的危机的最终原因，总是群

众的贫穷和他们的消费受到限制，而与此相对比的是，资本主义生产却竭力发展生产力，好像只有社会的绝对的消费能力才是生产力发展的界限。"由于对生产资料和资本的占有，资本家成为剩余价值 m 的拥有者，而劳动者的工资 v 相对于不断扩张的企业产能是趋于下降的。而且劳动者只能在 v 的范围内消费，无力消费 m 所对应的商品，于是，大量商品就卖不出去，资本就无法完成周转，企业被迫闲置生产力，最终导致危机的发生，这是资本主义特有的经济现象。

至于金融危机，马克思则把它归结为信用过剩。"一旦劳动的社会性质表现为商品的货币存在，从而表现为一个处于现实生产之外的东西，货币危机——与现实危机相独立的货币危机，或作为现实危机尖锐化表现的货币危机，就不可避免的。"因为，"在现实积累不断扩大时，货币资本积累的这种扩大，一部分是这种现实积累扩大的结果，一部分是各种和现实积累的扩大相伴随但和它完全不同的要素造成的结果，最后，一部分甚至是现实积累停滞的结果。仅仅由于这些和现实积累相独立但和它伴随的要素扩大了借贷资本的积累，就总会在周期的一定阶段出现货币资本的过剩；并且这种过剩会随着信用的发达而发展。因此，驱使生产过程突破资本主义界限的必然性，同时也一定会随着这种过剩而发展，也就是产生贸易过剩、生产过剩、信用过剩。同时，这种现象必然总是在引起反作用的各种形式上出现。"这样，在再生产过程的全部联系都是以信用为基础的生产制度中，只要信用突然停止，同时只有现金支付才有效，危机显然就会发生，对支付手段的激烈追求必然会出现。"所以乍看起来，好像整个危机只表现为信用危机和货币危机。而且，事实上问题只是在于汇票能否换为货币。但是这种汇票多数是代表现实买卖的，而这种现实买卖的扩大远远超过社会需要的限度这一事实，归根到底是整个危机的基础。不过，除此之外，这种汇票中也有惊人巨大的数额，代表那种现在已经败露和垮台的纯粹欺诈营业；其次，代表利用别人的资本进行的已告失败的投机；最后，还代表已经跌价或根本卖不出去的商品，或者永远不会实现的资本回流。这种强行扩大再生产过程的全部人为体系，当然不会因为有一家像英格兰银行这样的银行，用它的纸券，给一切投机者以他们所缺少的资本，并把全部已跌价的商品按原来的名义价值购买进来，就可以医治好。"这时，我们就会清楚地看到，在一切国家同时出口过剩（也就是生产过剩）和进口过剩（也就是贸易过剩），物价在一切国家上涨，信用在一切国家过度膨胀，接着就在一切国家发生同样的总崩溃和金融及经济危机。

　　从经济层面探寻资本主义经济危机的表现和本质后，马克思还试图从社会制度层面去寻找经济危机的根源，认为只要资本主义制度存在，经济危机就不可避免。资本主义生产资料的私人占有制，使得资本主义本身为了追求利润最大化而具有盲目提高生产能力和无限扩大生产规模的本性，但现代社会中，生产的社会化却内在要求生产和消费，各企业、各部门、各行业，乃至各国之间必须保持一定的比例和协调发展的关系，而这是资本主义制度所无法解决的。因此，生产社会化和生产资料的资本主义私人占有之间造成的这种基本矛盾，决定了经济危机的周期性爆发。"正如天体一经投入一定的运动就会不断地重复这种运动一样，社会生产已经进入交替发生膨胀和收缩的运动，也会不断地重复这种运动。而结果又会成为原因，于是不断地再生产出自身条件的整个过程的阶段变换就采取周期性的形式。这种周期性一经固定下来，那么，就连政治经济学也会把相对的，即超过资本增值的平均需要的过剩人口的生产，看做是现代工业的生活条件。"按照马克思和恩格斯的分析，经济危机的这种周期性使资本主义再生产也表现出周期性，这种周期性一般地包括四个阶段：危机、萧条、复苏和高涨。

　　同时，他们分析了从 1825 年英国第一次发生普遍性生产过剩危机开始后的历次经济危机，发现大体上，每隔若干年资本主义经济危机就会发生一次。"现代工商业在其发展过程中产生历时五年到七年的周期性的循环，以经常的连续性经过各种不同的阶段——沉寂，然后是若干好转，信心渐增，活跃，繁荣，狂热发展，过度扩张，崩溃，压缩，停滞，衰竭，最后，又是沉寂。""在英国，存在有人数非常众多、非常集中和非常典型的无产阶级，它的队伍每隔五六年就要遭受一次由经济危机的毁灭性的灾难以及饥饿和伤寒所造成的浩劫。"由此，他们预测，"如果 1848 年开始的工业发展的新周期像 1843—1847 年的周期那样发展下去的话，那末 1852 年就会爆发危机。"1852 年以后，马克思和恩格斯又根据形势的发展，总结出普遍经济危机大约每 10 年就爆发一次。"英国的工业垄断是英国现存社会制度的基石。甚至在保持着这种垄断的时期，市场也跟不上英国工业的日益增长的生产率；结果是每隔十年就有一次危机。"从后来至今的历次经济危机的爆发情况来看，普遍的经济危机可能有大有小，有长有短，但其周期性规律大抵维持在 8～10 年左右的时间。尤其是 1998 年亚洲金融危机到 2008 年国际金融危机的 10 年间隔，更是验证了马克思和恩格斯的判断力。

　　可见，《资本论》对资本主义经济危机的本质、根源以及危机的周期性发生等方面的科学论断，既符合资本主义生产方式的内在运行逻辑，也经受住了100多年来历史和现实的屡次验证，充分体现了其科学性和解释力。基于上述分析得出的一些理论判断对于今后世界乃至中国的经济运行、预警和应对周期性危机的挑战都仍然具有重要的现实意义。

## 三、《资本论》预见了资本主义社会的发展规律和趋势

通过马克思《资本论》对资本主义生产的内在逻辑的分析，可以看出，受资本主义生产的内在逻辑支配，资本主义的经济危机无法避免，资本主义的基本矛盾也无法根除。由此，才在科学上论证了《共产党宣言》所预见的"资产阶级的灭亡和无产阶级的胜利是同样不可避免的"的结论。

在《资本论》序言中，马克思开宗明义："我要在本书研究的，是资本主义生产方式以及和它相适应的生产关系和交换关系。到现在为止，这种生产方式的典型地点是英国。因此，我在理论阐述上主要用英国作为例证。但是，如果德国读者看到英国工农业工人所处的境况而伪善地耸耸肩膀，或者以德国的情况远不是那样坏而乐观地自我安慰，那我就要大声地对他说：这正是说的阁下的事情！"马克思强调这一点，一是要表明他所要研究的对象，二是要批驳资本主义生产方式不具有普遍性的观点，因而暗含历史意义上的世界革命的存在是可能的。

马克思进一步将这种普遍性上升到规律性的高度："问题本身并不在于资本主义生产的自然规律所引起的社会对抗的发展程度的高低。问题在于这些规律本身，在于这些以铁的必然性发生作用并且正在实现的趋势。工业较发达的国家向工业较不发达的国家所显示的，只是后者未来的景象。"这就强调了经济规律乃至于铁的经济规律的客观存在，同时指出观察事物既要看到现在又要看到发展趋势的方法论，要求警惕实用主义只管埋头走路不管抬头看方向的后果。

当然，资本主义给我们展示的发展趋势既然是客观的，自然又是不可避免的，因而马克思才强调："一个社会即使探索到了本身运动的自然规律，——本书的最终目的就是揭示现代社会的经济运动规律，——它还是既不能跳过也不能用法令取消自然的发展阶段。但是它能缩短和减轻分娩的痛苦。"这里，马克思将资本主义社会等同于现代社会，表明人类社会从"传统"转型到"现代"可能无法"跨越"的命定，同时也表明了不同国家和社会通过探索独

特的发展道路和适当的过渡方式"跨越卡夫丁峡谷"、"缩短和减轻分娩的痛苦"也是可能的。

还需要指出的是，马克思强调资本是一种社会力量，资本家只是资本的人格化，因此，在未来与资产阶级进行斗争时，无产阶级也需要注意斗争的对象和方式，并不是要从肉体上消灭资本家个体，而是要改变将资本家和劳动者都禁锢其中的雇佣和剥削的社会制度。"我决不用玫瑰色描绘资本家和地主的面貌。不过这里涉及的人，只是经济范畴的人格化，是一定的阶级关系和利益的承担者。我的观点是把经济的社会形态的发展理解为一种自然史的过程。不管个人在主观上怎样超脱各种关系，他在社会意义上总是这些关系的产物。同其他任何观点比起来，我的观点是更不能要个人对这些关系负责的。"正因为资本家只是"人格化的资本"，因此不是要从肉体上消灭资本家或任何一个自私贪婪的人，而是要通过生产力的发展改变那种人奴役剥削人的生产方式和交往形式，也正是从生产力不发展导致生产关系无法改变的角度，马克思才说"不仅苦于资本主义生产的发展，而且苦于资本主义生产的不发展"。

总之，马克思通过《资本论》对资本主义生产方式和经济运行规律进行深入剖析后，指出了破解资本主义矛盾与危机的方法和人类前进的目标，即改变生产资料的私人占有制，实现生产资料全民所有的公有制，赢得劳动者的解放。同时按照社会需要对社会各生产部门实行有计划的调节，保证社会化大生产按比例地协调发展，从而从根本上消除生产过剩和经济危机的根源。而实现这一目标的重任，就历史地落到了无产阶级身上。他的这些思考和观点，经由100多年人类历史的实践，仍然闪耀着科学和理性的光芒，值得人们认真研究和珍视。

# 经济学如何看待人的发展

## ——基于西方经济学和马克思主义经济学的比较分析

王朝明　杜　辉　韩文龙

（西南财经大学）

（北京联合大学）

（西南财经大学）

## 一、从古典经济学的"人本"研究范式到新古典经济学"物本"研究范式的蜕变

与其他社会科学（如哲学、文学、法学等）比较，经济学在其发展过程中，将人的发展纳入其研究范式，且从社会的、人文的角度来解读经济问题和进行系统的研究是比较滞后的。根据文献记载，在欧洲古希腊文化中已孕育着民主、平等的人文意识，颂扬人的理性力量的人本思想，如像古希腊智者学派代表者普罗塔戈尔就提出一个著名的命题，即"人是万物的尺度"，强调以人为中心，从人的观点出发衡量一切事物。因此，西方学者认为："古希腊思想最吸引人的地方之一是，它是以人为中心，而不是以上帝为中心的。"而在中国无论是儒家文化还是墨家思想也提出了"仁者爱人"、"民贵君轻"、"天人合一"、"兼相爱"等人文观念。但是，这些早期的人本主义理论倾向似乎并没有进入早期经济学的主流意识。古希腊色诺芬的经济思想和亚里士多德的经济学说，其核心内容是以奴隶主庄园或国家的财产管理为对象，为奴隶主家庭或奴隶制国家驾驭财产管理提供经济之术。虽然在亚里士多德那里，经济学的胚胎孕育在伦理学和政治学的体系里，或多或少使经济学科与人类行为的目的联系起来，但是在这里经济学关注得更多的是财富，而不是人。而中国古代的

经济思想则是围绕着"货殖"、"食货"、"囤田"、"盐铁"、"义利"等现实经济问题展开论辩,为封建统治阶级治理国家提供一系列经济对策,披上了"经世致用"的外衣。因此,这种根本目的为巩固"皇权"的"食货"经济思想不会具有浓烈、鲜明的人文关怀色彩。

其实,经济学真正着眼于人的研究是滥觞于近代资本主义革命所提倡的"人文精神"。所谓的"人文精神"是肇始于 14～16 世纪的欧洲文艺复兴运动,原意是指同维护封建统治的宗教神学体系相对立的提倡个性解放,呼唤尊重人,关怀人和以人为中心的世界观和价值体系。正是这种近代人文主义思潮,对 17～18 世纪的古典经济学的形成和发展产生了相当大的影响。此时,才由亚当·斯密等古典经济学家在把经济学研究范围扩大到整个国民经济的同时,把对人的研究也纳入到经济学研究对象之中。这在于当时资本主义社会大踏步走向成熟时期的"18 世纪的个人",取代了资本主义尚未成熟的"16 世纪的个人"。毫不掩饰地承认每一个人都是为个人利益而生存的,个人成了利己主义的个人,这是完全合乎理性、合乎自然秩序的。正因如此,斯密才能得出理性化的"经济人"假设,从而奠定了经济学研究的人学化基础,确立了以"经济人假设"为基础的演绎推理体系,并通过对"经济人假设"的分析,奠定了后来影响整个西方经济学发展的个人主义方法论范式。乃至在《国富论》问世114 年之后,新古典经济学的开山鼻祖阿弗里德·马歇尔在他的《经济学原理》一书中,开宗明义便说:"经济学是一门研究财富的学问,同时也是一门研究人的学问。"

尽管亚当·斯密起初从现实的经济活动中进行归纳、分析,将人性中的"自利"一面提炼出来,从个人追求"物质利益"为动机出发,构建了一个庞大的理论体系,开启了经济学"人本"研究范式的先河;毫无疑问"物质动机"是人类"利己"行为的出发点,"经济人假设"的"自利"硬核在一定历史条件下和社会环境中(如古典市场经济时代)是有较强解释力的。但是它的致命硬伤就在于将人性中的"自利"锁定为永恒不变,割断了其与社会关系和历史条件的客观联系,因而就无法回答人性"自利"背后又是由什么力量决定的;现代社会中许多"非物质动机"行为(如慈善捐赠、绿色环保、志愿者行动、企业社会责任等)又如何解释。所以亚当·斯密所建立的经济学是从人的私利动机和行为出发,以资源稀缺为约束条件,为而后西方经济学将研究如何"实现资源优化配置"置于核心地位的物本主义倾向开辟了道路。可以说,这种绝对简化、抽象了对人性的研究,不过是过度张扬了人的自利性，试图将人的自利本性合成为社会发展的原动力，貌似寻求到了人类行为不竭的驱动力（个人利益），实则"与狼共舞"、"刀锋上舔血"；试图将人的自利看成是人类经济行为的普遍法则，而缺乏社会历史性的视角，也终将无法对经济现象提供合理科学的解释。

经济学在斯密之后，开始偏离古典学派确立的重视人的价值研究的方向，其研究"目的是逐步彻底摆脱有目的的人类活动这一经济宇宙，采用与物理学家创造物质世界的抽象模型相同的方法把经济宇宙变成一个现实的抽象模型，……"在这个模型之内，理性经济人作为一个公理前提被确定下来，经济学研究的出发点可以归纳为：从人的利己动机出发，人的行为都是为了满足人的需要，将稀缺的资源配置到最优状态。20 世纪，确切地说 1932 年英国经济学家莱昂内尔·罗宾斯出版了《经济科学的性质和意义》一书之后，西方经济学界基本达成共识，稀缺资源的配置问题成为铁的规律，始终贯穿在经济学研究的对象之中。而人的价值、尊严、平等、权利等人文要素，以及与人类经济行为有密切联系的政治、文化、伦理、宗教、制度等社会因素，作为外生变量被排斥在经济学研究的范围之外。这样，人也就蒸发为仅仅是生产要素、价格竞争、资源配置、收益最大化等固化的经济学范式来使用。从而开始了将古典经济学确立的"人本"研究范式向新古典经济学开启的"物本"研究范式的蜕变，在这个过程中数学工具的大量引进，发挥了推波助澜的作用。

经济学在确定了以稀缺资源配置为研究对象，即把研究局限于人与物的关系的条件下，也就铺平了经济学通往数学王国的道路。尤其是经济学经过边际革命的代表人物杰文斯、瓦尔拉斯、门格尔的努力，数学开始成为把经济学单纯的自然语言的模糊描述转变为数理语言的精确描述的有力分析工具。本来经济学研究中借助数学分析工具来证明和表达经济活动中的数量关系及其量化规律，是经济学研究更客观、更科学的表现。但是，数学分析工具仅仅是经济学研究的工具之一。如果绝对夸大数学分析的功能，甚至把这种分析工具看成经济研究的唯一工具，使经济学的研究越来越脱离与经济现象发生有必然联系的历史传统、文化教育、伦理道德、风俗习惯等社会人文传承，那么经济学研究必然陷入"工具理性"的泥潭。事实恰恰是这样，近几十年来"经济学在现实主义方面根本没有意义重大的进展，正相反，占优势的趋势一直是，而且继续是，日益向数学抽象方面发展"。数学在经济学中的运用已达到十分精致的程度，有的学者认为可与数学在物理学中的运用一比高低。例如，数学中的微积分、导数、分析数学、拓扑学、博弈论等纷纷引入经济学分析框架中，通过均衡与非均衡分析、弹性与刚性分析、边际数量分析、非合作博弈分析等建立了各种及其精致的数量模型。但是，面对 20 世纪内发生的两次世界大战，生灵涂炭、难民饥荒，以及战后随着生产力和科学技术的发展，短缺经济矛盾的平息而来的生产过剩、发展停滞、经济波动、财政赤字、金融危机、南北对立、贫富悬殊、生态破坏、环境污染、国际恐怖主义等诸多反现代文明的逆向潮流，主流经济学能够对应的理论和措施不多，经济学正在丧失作为社会科学应有的人文关怀的特征。其中原因之一，就在于经济学的"工具理性"的膨胀，使经济学越来越把现实社会中活生生的人与人的关系，仅仅抽象为各种冷冰冰的数理模型，并且"随着时间的流逝，纯经济理论不但没有变得更加现实，却反而正在进一步脱离丰富多彩的现实世界"。经济学的分析既然已经脱离了现实社会生活，它就很难对社会经济难题给出正确的解答。这正如汪丁丁先生所说：经济学研究"过分的形式化，以致研究者本身迷失了方向，自己不知道怎样去解释数学推导的结果。其原因之一是为了数学上的便利过强地引入数学假设，以致于他所构造的模型不适于我们的历史过程，历史过程不支持他所给定的假设。"这不能不说是经济学研究过度数学化的尴尬结局。

实际上，人类生产财富的经济行为涉及了两方面的关系，即人与物或人与自然的关系和人与人的关系，但现代西方主流经济学仅仅研究供求、成本、价格、竞争、效用，而忽略或者说故意将法律制度、伦理道德、风俗习惯等作为外生变量。这种认为形式比内容更重要，不重视经济范畴和经济规律的历史性和社会性，只研究经济范畴的数量关系的行为，必然造成"工具理性"的膨胀而"价值理性"的旁落这样不可克服的矛盾；而以逻辑的有效性来替代与经验相关的难题的做法，也使得西方经济学越来越脱离实际，虽然逻辑推理的实证过程很严谨，也只不过是"乐观主义的约定主义"，尤其以资源配置最优化为研究中心，只见物不见人的物本经济学，只重视经济界标忽视社会界标，无力解释纷繁复杂、鲜活生动的社会经济生活现象，必然最终滑向"工具理性主义"的泥潭，并致使"经济人假设"在认识、反映人的终极发展趋势上越来越疏离。如果说这是"经济人假设"在认识、反映人的发展规律上表现出的重大理论失误，那么追根究底，这种失误的根源是由其思想起源、本质要义及其认识论决定的。因为 200 多年前亚当·斯密在《国富论》中提出的"理性经济人"思想，是建立在功利主义、享乐主义的哲学理念之上的，其核心要义就在于：经济活动中人的行为都是在即定约束条件下可计算的追求自我利益最大化的理性选择行为；从认识论上来看，这种将人性假定为"自利"

的原子式的、个人的、主观的、永恒不变范式仍然是形而上学的历史唯心论的世界观。事实却证明，以此假设建立的经济学理论对客观世界和人类社会活动的解释是十分有限的。

自亚当·斯密提出"经济人假设"以来，经济学界的质疑与争议之声从未中断过。因其抛开现实，预先设定好了理论框架和研究结论，导致只能工具性地推导、演绎，而无法历史性地加以表述。这种被称为是"李嘉图式的恶习"的方法论范式饱受批判。认识到这一问题的严重性，西方某些经济学家开始丰富经济人的内涵，开始呼吁经济学转向人文视角，兼顾工具理性和价值理性，加强社会界标的视阈，重视制度、伦理道德等因素的约束，反思人作为社会人的特征及其对经济行为的影响。如新福利经济学与发展经济学研究的新成果更是力图使"经济人假设"通过道德伦理途径向社会界标靠拢，1998 年诺贝尔经济学奖得主阿玛蒂亚·森等学者明确地反对忽视人的道德意识、自由、主观能动等伦理属性的经济学，将伦理道德重新引回了经济学。森在基本认同"经济人假设"核心要义的前提下，却认为人的动机是多元的；他通过对主流经济学的反思，一方面肯定了"经济人"追求利益最大化的合理性，另一方面又指出主流经济学应包含伦理学的内容，并且这应该成为经济学发展的更高的要求，否则，经济学将走向绝路。虽然西方的某些非主流经济学家对"经济人假设"的原意进行了质疑、抨击乃至修补，但其主要诉求仍然囿于道德伦理和制度范围，对其理性经济价值观的核心要义没有发生改变，因而"经济人假设"的根本性质就不可能有所改变，其认识论基础——历史唯心论的世界观也不会发生根本性颠覆。由此，这种以历史唯心论为基础的个人主义方法论模式决定了个人主义的经济价值观仍然贯彻于西方经济学的发展和流变之中。可见，现代西方经济学虽然也加入了"人文"诉求，却是从属于功利追求，只是使原来冰冷的"经济人假设"涂上了一层稍带暖意的伦理油彩。

## 二、批判与建构：马克思主义经济学关于人的发展的理论要点

从古典经济学脱胎而来的马克思主义经济学，虽然仍秉持以人为研究对象的学术风范，且将人的价值研究包容在构建独立、宏大的理论体系的核心位置。但是，马克思主义经济学关于人的研究，已经完全扬弃了古典经济学基于抽象人性的"人本"研究范式，而是在历史唯物史观的指导下将人的发展放在客观的社会生产发展和社会关系中来考察。

西方经济学家面对人们就"见物不见人"的责难，虽然对"经济人假设"进行了完善，强化了人的自主意识，关注了对人的研究，但西方学者泥古执今，整体的理论体系还是"物主人辅"。说到底，西方经济学是物本经济学，是以追求利润最大化为中心的理论，人被归结为资本和利润的人格化载体，人围绕着物而转。与之相反，马克思主义经济学是关切人的全面自由发展的经济学，是以在特定社会历史条件下对人及其相互关系的研究而确立的理论，着重分析人们在经济活动中的地位与作用以及在创造物质财富的同时也改造着人类自己。

对西方经济学和马克思主义经济学的比较还可以得出：西方经济学的"经济人假设"，是个人主义的经济学分析法，高举个人利益至上的旗帜，张扬人的自利性，缺乏对全人类未来发展的深层的人文关怀；强调个人私利至上，穷极为财是命，见物不见人；于是从资本主义发展中势必凸显的"异化"来看，即体现在人所制造的物压制了人，物化劳动控制了活劳动，马克思归结为商品拜物教、货币拜物教、资本拜物教到人的异化的赤裸裸物欲观，这恰恰在西方经济学惯用的成本——收益分析法来计算得失，尽可能地以最小的投入获得最大的回报，追求自我利益最大化的经济人自利性上，得到了充分体现。即使在现代资本主义社会货币拜物教、资本拜物教的疯狂仍然停止不下来，自 2007 年 8 月全面爆发的次贷危机进而演变的全球金融危机，其始作俑者就是西方发达国家资本利益集团对资本增值暴利的追逐，是资本拜物教淋漓尽致的展现。对资本拜物教，马克思和恩格斯在《共产党宣言》中精辟论述过："资产阶级在它已经取得了统治的地方……使人和人之间除了赤裸裸的利害关系，除了冷酷无情的'现金交易'，就再也没有任何别的联系了。它把宗教虔诚、骑士热忱、小市民伤感这些情感的神圣发作，淹没在利己主义打算的冰水之中。它把人的尊严变成了交换价值，用一种没有良心的贸易自由代替了无数特许的和自立挣得的自由。总而言之，它用公开的、无耻的、直接的、露骨的剥削代替了由宗教幻想和政治幻想掩盖着的剥削。"

而马克思主义经济学对人的发展是整体分析方法，把人看成社会关系的总和，坚持人的全面自由发展的科学发展观；回到特定的社会历史环境中，注重人本价值，把人全面克服异化、彻底解放作为目标；马克思主义经济学也同样高度关注"个人自由"，始终认为，"在资产阶级社会里，资本具有独立和个性，而活动着的个人却没有独立和个性"。只有在取代了资产阶级社会的自由人联合体那里"每个人的自由发展是一切人自由发展的条件"。可见马克思主义经济学不像西方经济学那样只是讨论了空泛、抽象的普适性个人自由；而是将个人自由，个人的需要和发展价值放在特定的社会关系中去看待；通过深入地剖析资本主义的异化，揭示从商品到货币、再到资本到人本质的异化，从物到人的全部异化。可以说，马克思创立的经济学说在于透过资本主义生产方式自诞生以来物质财富飞速增长集聚的迷雾，看到了资本主义制度的人性枷锁——"异化"也不断膨胀，要彻底消除异化，就得结束其存在的制度基础——资本主义雇佣劳动制，实现共产主义社会，不断增长的物质财富才不会为少数资本利益集团占有而满足无限膨胀的自利，才会为每个人全面自由地发展奠定雄厚的物质基础。而西方经济学的"经济人假设"与之相比相形见绌，是其根本无法企及的。

因此，相较于西方经济学家始终陷入对人的研究悖论，一方面为"经济人假设"能够进行富有逻辑的理论分析而骄傲，另一方面也对该假设过于简单、抽象、片面的人性描述而束手无策，马克思经济学批判性地超越了"经济人假设"的个人主义，否定把抽象的人物化的做法，强调对人的研究要克服异化，回到人本身研究人，这充分体现在马克思的《1844 年经济学哲学手稿》中。相应地，马克思摒弃简单、抽象、片面的人性描述，而从客观经济关系深入到人与人的关系的分析，从而上升到人的解放和全面自由发展层面，创立了整体主义分析方法、逻辑与历史相统一的分析方法。所以，与现代西方经济学相比，马克思主义经济学以人的发展为导向，充满了辩证性、社会性和历史性，充满了人文关怀。其基本的理论要点可归纳为：

其一，马克思主义经济学对人的辩证分析，主要体现在：统一了人的共性和个性、确定性和不确定性、绝对性和相对性、个人价值与社会价值，而确立这种统一性的基础是劳动。马克思继承了黑格尔的劳动范畴，但又反对黑格尔仅仅把人等同于自我，把劳动看成抽象活动，马克思认为这种劳动可以创造世界，改造世界，并证明人的存在性，使人成为主体。

其二，马克思认为人的社会性集中地体现了人的本质，所以着重研究了人的社会性。他说，"个人是社会存在物"，并从社会性和历史性，对人的本质做出了规定，统一了人的共性和个性。另外，马克思从现实中的人出发规定了人的本质，与西方经济学的个体论相对应，马克思主义经济学的假设之一为人是生产的主体，但不是孤立的个人的生产，而是社会的生产。这种社会性主要表现在：生产总是在一定的社会形式下进行的生产，绝不是什么抽象的生产；生产过程总是要形成一定的社会关系，包括人们在生产过程中所处的地位及其相互关系以及分配关系。

其三，马克思认为的人的历史性，体现在"整个历史也无非是人类本性的不断改变而已"，这种历史性克服了把全部人性当成是亘古不变的错误观点。相较于西方经济学把人的"利己心"视为与生俱来、不分历史时点、一成不变的观点是大相径庭的。马克思主义经济学研究的人是丰富的、历史的，考虑了特定的经济关系和制度对人的经济行为和心理的影响，体现了马克思主义经济学的历史唯物主义方法论特色。正是马克思对人的本质的规定，让我们认识到人既是历史环境的产物，也是能动改造历史环境的主体，而不是永恒不变的，因此随着时代的发展，社会的进步，人的本质内容也应该被不断丰富和发展。

所以，马克思主义经济学以人为研究对象，坚持人的发展本位，价值目标是实现人的解放和全面自由的发展，主张社会发展的目标是建立自由人联合体，社会物质财富的不断累积和丰富只是服务于实现人的发展目标的必要前提和手段。这一点与西方主流经济学以物为本、物人倒置的经济学方法论是途殊道异。众所周知马克思主义经济学方法论是以辩证唯物主义和历史唯物主义为基石，透过现象看本质，历来把人放在具体的历史条件和社会关系中来看待，正如恩格斯所说："经济学所研究的不是物，而是人和人之间的关系……可是这些关系总是同物结合着，并且作为物出现；诚然，这个或那个经济学家在个别场合也曾察觉到这种联系，而马克思第一次揭示出它对于整个经济学的意义，从而使最难的问题变得如此简单明了，甚至资产阶级经济学家现在也能理解了。"列宁在《马克思主义三个来源和三个组成部分》中也提到马克思在这方面作出了伟大的贡献。他说："凡是资产阶级经济学家看到物与物之间的关系的地方（商品交换商品），马克思都揭示了人与人之间的关系。"

此外，值得探讨的是在当前我国市场经济体制建立及完善的背景下，在创新发展马克思主义经济学关于人的发展观时，"经济人假设"还有无借鉴的价值？综观学界对源自古典经济学的"经济人假设"在马克思主义经济学的研究中持有两种不同的观点：一种观点是，坚决地彻底否定其在马克思主义经济学中的研究地位，认为社会主义经济分析中没有"经济人"的位置；另一种观点则是，呼吁马克思主义经济学要批判地继承古典经济学的"经济人假设"概念。本文的观点是赞成继承前人理论中的合理成分，不断演变发展，最终实现超越。马克思主义经济学对人的发展研究就是对古典经济学"经济人假设"的一种超越。马克思主义经济学本身具有的科学性特点之一就在于它强调批

判。经济学需要明达的批判，尤其要避免批判方法论上的狭隘与偏颇。而
"经济人假设"上放大的物本主义不具有可持续性，必将引起人们的质疑和放
弃；但也不是一无是处，从古典经济学到西方非主流经济学在探讨"经济人
假设"上设置的以个人"物质利益"为动机，同时在市场物欲倾扎中有必要
注入人文关怀的倾向是值得借鉴发展的；马克思主义经济学的人的发展观所怀
有的人文色彩和人的终极关怀必将使它有可继承性、创新性和发展性，它的生
命力必将融汇到人的解放和全面自由发展的人类文明潮流之中去。

## 三、马克思主义经济学关于人的发展的现实导向

### 1. 超越"经济人假设"的人的自由而全面发展

西方主流经济学沿着亚当·斯密的研究路径似乎也未离开对人的研究视
角，实际上是从人的自利动机和行为出发研究经济现象，但这只是他们为了方
便地分析问题寻找到的一种工具，把人只是作为生产财富的要素而存在。所以
在研究的方向上仍然是"重物"而"轻人"。约翰·穆勒更抽象了人的概念，
认为经济学研究的人就是抽象掉自利性以外一切属性的"经济人"。这种对人
性自利的过度标榜和张扬也充分体现在亚当·斯密对"经济人"的定义中，
"每个人都在力图应用他的资本，来使其生产的产品能得到最大的价值。一般
地说：他并不企图增进公共之福利，也不知道他所增进的公共福利为多少。他
所追求的仅仅是他个人的安乐，仅仅是他个人的利益"。所以，西方经济学将
人的行为和动机看成是完全出于理性和自利的驱动，而经济现象则是这种理性
和自利的行为、动机下的结果，就进而认为人的理性和自利的追求可以使得经
济进步，社会发展，财富增加，但这是在一定的经济环境和条件的约束下提出
来的，是把资本主义制度当作自然合理的制度为前提提出来的，因而其解释力
相当有限。

而马克思主义经济学对现实的解释力就在于它的人文价值——人的自由而
全面发展，马克思主义经济学的生命力也正体现在它对人类的终极关怀上超越
了西方经济学。这种超越集中表现在三个方面：第一，对于人的发展基础的超
越。西方经济学也提到了个人的自由发展，目的却是为了维护旧式分工，维护
资本主义制度的天然合理，所以个人的发展被当作是一个既定的前提，只不过
是为了论证旧的分工、私有财产制度和资本主义制度的合理存在；而马克思主
义经济学恰恰相反，它强调资本主义制度只是历史性的暂时存在，终究会被更

先进的制度所替代，因此人的全面自由的发展必须首要打破旧分工的束缚，建立新式分工。第二，对人的发展目的的超越。西方经济学认为人获得发展的目的是追求收益最大化，因而是满足个人私欲的手段，始终无法逃脱功利主义的范畴；而马克思主义经济学则认为，追求利益、市场经济都仅仅是手段，随着经济的发展，生产产品的社会必要劳动时间的减少，人类有更多的时间投入精神活动、追求自我价值的实现，为实现人的全面发展提供条件，所以人的自由而全面发展才是根本目的。第三，对个人主体地位认识上的超越。西方经济学偏重研究如何配置资源，目的是使资本增值，充满了资本拜物教气息，其主要强调资本创造价值，劳动者的智慧仅仅是为了进行其价值创造，在经济活动中并不占有主体的地位；而马克思极力批判资本主义社会的拜金主义、资本拜物教精神，认为资本主义社会是反人类的，造成人依赖于物存在，并受到物（资本）的奴役和统治，而且还要受到资本化的科学技术等摆布以及历史的束缚，因此人的本质被物化、异化了，人的能力、创造性也不可能充分发挥，也就无法实现全面自由的发展。由此，马克思主义经济学旗帜鲜明地执著于终极的价值判断，追求人的解放，并将每个人的自由发展视为未来理想社会的基本原则，肯定人的智慧、才能在价值论中的重要地位，强调要尊重人，尤其是要尊重人的需要、人的创造能力、人的个性、人的社会关系和人的发展。

2. 人的自由而全面发展的现实导向

西方经济学方法论的核心和灵魂是经济个人主义，在现实生活中，"经济人"还原成现实人，似乎就是斤斤计较、孜孜求利的市侩商人，而马克思主义经济学是以追求人的全面自由发展为归宿的，这不仅是马克思经济学方法论超越西方经济学的地方，也体现了马克思主义经济学以人的发展为本的现实导向。这种现实导向，表现为人的自由、人的现实生存、人的未来发展，中国特色的社会主义就是基于此，提出建立以人为本的科学发展观，促进人的全面发展，做到发展为了人民、发展依靠人民、发展成果由人民共享。

因此，当前在科学发展观的引领下，坚持以人为本构建改革发展的理论、制定经济发展的方略，才能保证社会经济发展的成果为全体人民所用、由人民共享，促使全体人民的共同富裕。同样的，衡量改革的成功、社会进步的最终标准也不应该仅仅是物质财富的增长，而是包括了建立在物质财富增长基础上人的自由、现实生存和未来发展。而现阶段我国经济活动中频频出现的"拖欠工资"、"开胸验肺"、"血煤窑"各种"强资本弱劳动"现象；"三聚氢氨毒奶粉"、"苏丹红添加剂"、"地沟油食品"各种唯利是图行经，如此等等，无不颠覆着西方经济学倡导的"经济人假设"公理，也再次说明市场经济中"私恶"对"公利"的主动侵害是不争的事实。因而要纠正这些偏误，必须坚持马克思主义经济学以人的全面自由发展的现实导向，使我国经济发展战略方向必须尽快转向以人为本，转变经济发展方式，调整经济结构，重视民生建设，促进社会和谐稳定发展上来；只有始终把人民的根本利益放在第一位，作为一切工作的出发点和落脚点，才能不断满足人们日益增长的多方面发展需求，早日建成全面小康社会，不断迈向实现人的全面自由发展的伟大目标。

总之，古典经济学提出的"经济人假设"奠定了个人主义的方法论基础，新古典经济学继承并进一步强化了个人主义的原则和"经济人假设"，这使其一度在矛盾中停滞不前，而现代西方主流经济学的方法论也不过是在个体主义方法论基础上的流变。所以，"经济人假设"使得西方经济学变成了约定主义的物本经济学，陷入了研究方法论的贫困，西方一些经济学者开始逐步对该假设进行反思完善，包括运用数学工具和经验数据，加入制度、伦理的考量，重视对人的研究。但是西方经济学所奉行的历史唯心论的世界观和经济个人主义方法论，使其研究的人与现实生活中的人相距甚远，使得研究本身失去了应有的理论价值和实践意义。同时，经济理论要让人信服，保持发展和创新，就更不能避开现实问题。马克思主义经济学从现实出发，分析处在社会运动和社会关系中的人，对现实富有充分的解释力和指导作用。正如马克思所说，"理论的对立本身的解决，只有通过实践方式，只有借助于人的实践力量，才是可能的。"这是因为马克思不是将人简单看成是自然客体的被动对象，他明确了人在实践活动中的创造性、能动性。目前，我们要以现实问题为导向，创新和发展马克思主义经济学，坚持人的全面自由发展观，重视对人的研究，就要摒弃以往那种固守经典理论，脱离社会现实的教条做法，在马克思主义经济学的指导下，对经济社会领域中出现的新问题、新特征作出合理的解释，提出新观点、新见解，摒弃西方经济学历来对人性自利假设的个人主义方法论，将个人利益与社会利益、个人价值与社会价值有机统一起来，在我国社会主义的建设和改革实践中准确、全面地实现、弘扬马克思主义经济学关于人的发展观，探索、创新人的价值实现机制，推动社会主义和谐社会不断完善和全面小康社会的早日建成。

## 参 考 文 献

［1］阿伦·布洛克. 西方人文主义传统［M］. 董乐山，译. 北京：生活·读书·新知三联书店，1997.

［2］丹尼尔·贝尔，欧文·克里斯托尔. 经济理论的危机［M］. 陈彪如，等，译. 上海：上海人民出版社，1985.

［3］阿尔弗雷德·S. 艾克纳. 经济学为什么还不是一门科学［M］. 苏通，等，译. 北京：北京大学出版社，1990.

［4］赵凌云. 经济学数学化的是与非［J］. 经济学家，1999（1）.

［5］汪丁丁. 数学与经济学的人文精神［N］. 经济学消息报，1997－03－21.

［6］阿玛蒂亚·森. 伦理学与经济学［M］. 王宇，王文玉，译. 北京：商务印书馆，2000.

［7］中共中央马克思恩格斯列宁斯大林著作编译局. 马克思恩格斯选集：第1卷（上）［M］. 北京：人民出版社，1972.

［8］中共中央马克思恩格斯列宁斯大林著作编译局. 列宁选集：第2卷［M］. 北京：人民出版社，1972.

［9］马克思. 1844年经济学哲学手稿［M］. 北京：人民出版社，1985.

［10］阿尔弗雷德·马歇尔. 经济学原理（上册）［M］. 北京：商务印书馆，1991.

［11］亚当·斯密. 国富论（下册）［M］. 上海：上海三联书店，2009.

［12］胡锦涛. 高举中国特色社会主义伟大旗帜为夺取全面建设小康社会新胜利而奋斗——在中国共产党第十七次全国代表大会上的报告［R］. 2007.

# "置盐定理"批判①

薛宇峰

（云南财经大学）

## 一、问题的所在

2007 年 8 月始于美国的金融动荡已演变成为全球金融危机，冲击各发达国家的实体经济，并迅速发展成严重的世界经济危机。从而重新引发了人们对利润率与资本主义经济危机关系的关注与研究。在资本主义经济中，利润率是决定资本家利润预期的主要因素。利润率通过利润预期和投资率影响总产量和就业量。利润率的下降使产量和就业水平及其增长率降低，积累得越多就越难积累，只有通过一场危机才能恢复积累的秩序。利润率的周期性下降揭示了经济周期波动的基本机制；周期中蕴含的利润率长期下降趋势反映了资本积累的内在矛盾。正是在这个意义上马克思认为利润率趋向下降规律是现代政治经济学中最重要的规律，是理解最困难的关系的最本质规律。②

资本主义当前的新自由主义经济结构导致了其较先前的战后经济结构更缓

---

① 本文为国家社会科学基金资助项目"当代国外马克思主义经济学前沿问题研究"（课题批准号：07BJL005）和云南省哲学社会科学规划课题"劳动价值论'新解释'的最新进展研究"（课题批准号：YB201113）的阶段性研究成果。

② 谢富胜，等. 马克思主义危机理论和 1975—2008 年美国经济的利润率 [J]. 中国社会科学，2010（5）.

慢的经济增长，这已几乎为所有不同倾向的经济学家们普遍认同。在马克思的分析框架中，增长与投资之间存在着互为因果的辩证关系。而投资又与利润率存在着类似的辩证关系。马克思主义者和许多其他经济学家都认为，利润率既是资本主义经济体健康发展的一个决定性因素，也是衡量其是否运行良好的一个指标。① 克里曼最近就强调，虽然数据显示出，最近五年的利润率明显上升了，但危机仍然和利润率下降有关；利润率下降虽然不是危机的近因，但从长期发展来看，却是当前危机的关键的间接原因。危机创造条件的利润率下降，不需要持续到危机爆发的时刻，而只需要造成一个极低的利润率就可以了，因为在平均利润率相对较高的时期，那些利润率低于平均水平的企业也能生存，但一旦平均利润相对下降，就会造成很大一部分企业的生存危机。② 而大卫·科茨通过分析美国私营部门所有员工每小时产出与实际补偿金增长率的差异，发现资本主义企业一方面和政府共同打击工会，另一方面越来越多地雇用临时和兼职员工，以使利润相对工资能更迅速增长。③

通常认为，马克思的利润率下降规律和经济危机相联系的内容包括三个方面：第一，利润率下降规律的作用，这个规律的内部矛盾的展开，是导致经济危机发生的原因；第二，危机是阻碍利润率下降、对规律的趋势起反作用的因素；第三，以危机为起点的资本主义经济周期中实际利润率的变化，是规律的运动形式。但是，有机构成提高引起利润率下降在马克思主义者中也引起过激烈的争论，同时形成了三类批评：①利润率下降本身不会发生。因为个别资本仅在预期到利润率会提高时才采用新的生产方法，所以以技术创新为基础的积累不会使利润率下降——即"置盐定理"；米克等学者用战后等时期利润率的上升反驳这一理论。②利润率下降的内在机制并不确定。斯威齐认为马克思在这里假定剩余价值率不变，然而有机构成提高会提高劳动生产率，加之产业后备军扩大造成的工资下降，剩余价值率最终会提高，且不一定比有机构成提高得慢。新李嘉图主义者认为生产率提高将使不变资本贬值并进一步减弱有机构成的提高；有机构成提高本身有利于资本更有效地压制劳动，从而提高剩余价值率。③利润率下降论缺乏整体性和历史性。一些学者认为利润率下降论忽视

① 埃尔多干·巴基尔，艾尔·坎贝尔. 新自由主义、利润率和积累率 [J]. 国外理论动态，2011（2）.

② A. Kliman. The Persistent Fall in Profitability Underlying the Current Crisis（ES/OL）. New Temporalist Evidence. http://akliman.squarespace.com, October 17. 2009.

③ 大卫·科茨. 当前金融和经济危机：新自由主义资本主义的体制危机 [J]. 海派经济学，2009（25）.

了生产和流通、剩余价值生产和实现之间的矛盾，且假定价值增值的使用价值基础和资本积累的主导部门在长期中没有变化。相反，产业部门的多样化可以刺激资本积累，并使利润率恢复。此外，利润率下降论是一个不受具体历史时间约束的抽象趋势，与资本积累的现实动态无关。①

毫无疑问，对利润率下降的更多的质疑则是基于技术进步的经济效应，但并没有引起学者们的足够关注。直至所谓的资本主义竞争条件下技术进步导致平均利润率上升的"置盐定理"问世之后，与之相关的讨论才又重新成为热点。的确，"置盐定理"发表之后在国际上产生了很大的反响，但对之论证的方法和结论的质疑与批判也不断而来，归纳起来大致包括以下几点：

（1）降低成本后，利润必然增加。"置盐定理"什么也没证明。②

（2）"置盐定理"和马克思的"利润率趋于下降规律"是否有必然的相互关系。③

（3）在采用新技术以前和以后，"置盐定理"是假定实际工资不变的，因此，在证明过程中，"置盐定理"没有考虑到技术进步对实际工资的影响。④

（4）"置盐定理"没有考虑到产品创新的问题。⑤

（5）"置盐定理"没有考虑到固定资本的问题。⑥

————————————

① 孟捷. 马克思主义经济学的创造性转化［M］. 北京：经济科学出版社，2001：104－105.

② 法因，哈里斯. 重读资本论［M］. 济南：山东人民出版社，1993.

③ 斯威齐. 资本主义发展论［M］. 北京：商务印书馆，1997：119－126.

高峰. 资本积累理论与现代资本主义［M］. 天津：南开大学出版社，1991.

Rosdolsky, R., The Making of Marx's Capital, London：Pluto Press, 1977. pp398－412.

B. Fine. "Theories of Capitalist Economy", Edward Arnold (Publishers) Ltd., London, 1982.

Shaikh, A. (1978), "Political economy and capitalism：notes on Dobb's theory of crisis", Cambridge Journal of Economics, no. 2, pp. 233－251.

④ Roemer, J. Analytical foundation of Marxian economic theory, Cambridge University Press. chap. 2, 1981.

⑤ Shaikh, A. Political economy and capitalism：notes on Dobb's theory of crisis. Cambridge Journal of Economics, 1978, Vol. 2, PP. 233－251.

⑥ Shaikh, A. Political economy and capitalism：notes on Dobb's theory of crisis. Cambridge Journal of Economics, 1978, Vol. 2, PP. 233－251.

中谷武. 利潤率？実質賃金率？技術変化—固定設備を考慮して［J］. 経済研究，第29卷1号，1978年1月. pp. 72－77.

Woods, J. E. (1985), "Okishio's theorem and fixed capital", Metroeconomica, vol. 37 no. 3, pp. 187－197.

（6）"置盐定理"没有考虑到联合生产的问题。①

上述（1）和（2）讨论的是"置盐定理"的论证本身是否正确及其表达内容与马克思的论述是否具有相关性。而（3）～（6）则是讨论"置盐定理"的成立前提条件和适用范围。限于文章的篇幅，本文只对上述的（1）和（2）的问题展开讨论和分析。通过对"置盐定理"的假设前提和数理论证方法的分析和讨论，本文试图对"置盐定理"的成立前提和论证过程中存在的问题和缺陷提出质疑和批判，以应对其否定马克思的利润率趋向下降规律理论的观点。对其他的问题我们将在另外的文章中专题进行研究。

概括起来，本文将主要探讨三个问题：

（1）"置盐定理"的假设前提条件是否合理？

（2）"置盐定理"的论证方法到底正确与否和由此得到的结论能否成立？

（3）"置盐定理"的研究结论能够否定马克思的利润率趋于下降规律吗？

文章的安排依次是：第二部分是关于"置盐定理"的文献回顾；第三部分是"置盐定理"的假定前提和数学证明；第四部分是对"置盐定理"数理证明的质疑和批判；第五部分则是研究结论。

## 二、关于"置盐定理"的文献回顾

利润率下降与危机的联系首先由德国的大学教师埃里克·普雷泽尔所强调，对于他来说，利润率下降是马克思危机理论的基础，它用于解释商品的生产过剩和激烈的竞争战。普雷泽尔摒弃了以前把马克思看成是消费不足论和比例失调论理论家的做法。② 杜冈—巴拉诺夫斯基是马克思主义利润率趋于下降理论的第一位批判者，第二次世界大战后，马克思的理论也在"置盐定理"的基础上受到批评。这些批评的基础在于，它们认为马克思是在假设每一生产

① Roemer, J. E. Continuing controversy on the falling rate of profit: fixed capital and other issues. Cambridge Journal of Economics, 1979, Vol. 3, pp. 379 – 398.

M. Morishima and G. Catephores : Value , Exploitation and Growth McGraw Hill , 1978. chap. 4.

中谷武，萩原泰治. 結合生産と置塩の定理 [J]. 國民經濟雜誌，第 191 巻 4 号，2005 年 4 月。pp. 21 – 33.

Salvadori, N. Falling rate of profit with a constant Real Wage: an example. Cambridge Journal of Economics, 1981, Vol. 5, pp. 59 – 66.

② 霍华德，J. E. 金. 马克思主义经济学史（1929—1990）[M].. 北京：中央编译出版社，2003：133.

过程中的所有不变资本都被消耗的基础上提出自己理论的。因此，马克思研究的是"单位成本"而不是利润率。置盐信雄和杜冈—巴拉诺夫斯基一样，将实际工资视为固定不变的，研究了可以节约劳动和降低价格的技术引进影响的"单位成本"的变化趋势。两人得出结论认为，当资本/劳动比率相对增长的时候，"单位成本"必然上升。然而，即使假设实际工资保持不变，利润率在不同情形下仍有可能上升、保持不变或者下降。①

　　自从 20 世纪 70 年代资本主义经济停滞和通货膨胀的严重危机后，"盈利能力下降"导致西方经济学者对利润率趋于下降规律的争论重点转移到了如何设定使"置盐定理"的论证能够成立的前提条件以及如何对资本有机构成发展趋势与利润率的关系进行经验分析上了。罗默曾提出：经济学家们在技术变革对利润率的影响这一问题上分歧较大。森岛通夫（1973）指出对某种类型的技术变革，价格利润率必然下降；萨缪尔森则认为对于任何追求利润最大化的资本家愿意引入的技术变革，利润率是上升的；而置盐（1961）在一篇不太为人们注意的论文中指出对于某种合理的技术变革，价格利润率必然下降。②

　　但是，在争论中，有三个观点被反复提出以否定马克思的理论。克里斯·哈曼总结说：第一个观点认为，对于新投资，没有任何理由证明它将采取"资本密集"而不是"劳动密集"的形式。如果在体系中存在剩余劳动力，认为资本家应投资于机器而不是劳动似乎是没有根据的……第二个否定马克思理论的观点认为，生产率的提高会降低维持工人现有生活水准的成本（即劳动力价值）。因此，资本家可以通过获得更大份额的新创造价值来保持他们的利润率……最后一个否定马克思理论的观点是"置盐定理"。置盐信雄是日本左翼经济学家，他认为，技术的单一改变，不会产生一个下降的利润率，因为只有增加利润，资本家才会引入新技术。但是，一个资本家利润率的提高必然会提高整个资本家阶级的平均利润。正如扬·斯蒂德曼所说："竞争的力量将导致各个行业选择生产方法，最终使整个经济形成最高的、统一的利润率。"由此得出的结论是：只有增加实际工资或加剧国际竞争才能降低利润率。撇开许多具体表述，这一观点承认，如果第一个资本家由于采用新技术而得到超过其他资本家的竞争优势，这将使他得到超额利润，但一旦这一技术普遍化，这个超

---

① 乔治·艾克诺马卡斯. 马克思主义危机理论视野中的美国经济利润率（1929—2008）［J］. 国外理论动态，2010（11）.

② 罗默. 马克思主义经济理论的分析基础［M］. 上海：上海人民出版社，2007：103.

额利润就会消失。资本家是根据商品中包含的社会必要的平均劳动量销售商品的。如果资本家引进一个新的、更具生产力的技术，而其他资本家不这样做，他生产的产品的价值将由以前的社会必要劳动量确定，而劳动力的实际支出却在减少，他的利润是上升的。一旦所有资本家都引进新技术，其产品的价值就会下降，直到与运用技术生产这些产品所需要的平均劳动量相一致。在此基础上，置盐信雄和他的追随者提出了与马克思相反的观点：作为使用更多生产资料的结果，生产率的任何提高都将引起产出价格的下降，从而导致整个经济的价格下降和生产资料的支付成本减少。他们认为，这种投资的削价将使利润率上升。①

　　与此同时，有三种观点被反复提出作为对"置盐定理"的直接回应。罗默教授强调说：第一类就是对利润率下降论持一种被费恩（Fine）和哈里斯（Harris）称之为原教旨主义的态度。它们实质上包含了这样一个观点，就是将利润率下降论视为资本本来含义的一部分。利润率下降论以某种方式成为资本的固有特性，从而它已不再是一个命题，是不可能为假的。虽然这一态度可被用来作为回击有关对利润率下降理论的批评的不可战胜的武器，但它也使这一理论变得十分的无趣和无力。第二类是对于资本有机构成是否确实在提高进行实证性讨论。虽然这种研究也许是有用的，但它并不能解决利润率下降是否源于技术进步这一理论问题。也就是说，这一研究结果要么与置盐的结论一致，要么与其不一致；其中后一情形表明关于资本家引进技术创新，需要另一种微观论证；然而这并不表明置盐的论证是错误的。因此，实证研究当然是必要的，但并不能提供从理论上进行反驳的证据。从某种程度上说，这些研究好像是在对已有的各种微观经济讨论并未充分关注的情况下就做出了。例如，如果有人相信置盐的模型分析，那么就并不存在资本有机构成提高这种可能，以至于使利润率下降。而如果人们不首先有意识地质疑置盐模型的假定，那么对有机结构成的追踪还能形成什么观点？第三类是反对置盐模型的，但在同一分析水平上为利润率下降论进行论证，即通过假定一个资本家引进技术创新的微观经济行为，从而（会）产生利润率的下降。持这种观点的文献有庞生（Persky）和阿尔贝罗（Alberro）（1978），施艾克（Shaikh）（1978a，1978b）以及费恩和哈里斯（1976）。这些讨论的一个共同观点就是，如果考虑到固定资本——而置盐就未考虑到这一因素，那么利润率将表现为下降（如其他因素

---

① 克里斯·哈曼. 利润率和当前世界经济危机 [J]. 国外理论动态，2008（10）.

不变，这一下降趋势将始终独立于工资的变动）。①

在对当前金融和经济危机的根源、发生—传导机制和趋势进行深入分析的同时，近年来在西方马克思主义经济学阵营中，就利润率自20世纪80年代初以来是否维持下降趋势、当前经济危机是否源于利润率长期下降这一问题，产生了激烈争论。一方认为：20世纪50年代末至80年代初，利润率显著下降，而1982—2001年间利润率并无持续反弹趋势，因而，利润率下降是当前危机的根本原因。持这一观点的学者包括克里斯·哈曼、安德鲁·克里曼、弗朗索瓦·沙奈、阿兰·弗里曼、路易斯·吉尔和S. C. 伊斯基耶多等。另一方则认为：利润率自20世纪80年代初以来持续上升，并几乎完全恢复了其前一阶段的下降水平，因而利润率与当前危机的解读关系不大。持这一观点的学者主要包括阿兰·比尔、米歇尔·于松、热拉尔·杜梅尼尔、多米尼克·列维等。双方以西方一些左翼刊物及网站为媒介，撰写专题文章和研究笔记进行争论。② 而克里斯·哈曼认为，目前已经有一些计算利润率长期趋势的尝试。但彼此的结果并非总是完全一致的，这主要是因为计算固定资本投资的方法各有不同，公司和政府提供的利润信息存在着严重失真（由于税收原因或为了证明低工资的合理性，公司总是尽其所能地向政府或工人低估利润；为了提升股票交易值和借入能力，公司又经常向股东高估利润）。尽管如此，仍有一批经济学家，如弗雷德·莫斯利、托马斯·米歇尔、安瓦尔·沙克和厄尔图格鲁·阿梅特·坦奈克、热拉尔·杜梅尼尔和多米尼克·莱维、于夫克·图坦和艾尔·坎贝尔、罗伯特·布伦纳、伊迪文·伍尔夫、皮鲁兹·阿尔米和邓肯·弗利等，都跟随约瑟夫·吉尔曼和萨恩·马格在20世纪60年代工作的足迹，对利润率的趋势进行了经验研究。③

正如朱奎所指出的：迄今为止的研究存在几个方面的局限：一是为利润率趋于下降规律辩护的观点缺乏缜密的逻辑论证，要么是在简单地重复着马克思的论断，要么是背离了马克思主义经济学的理论基础和研究方法；二是反对利润率趋于下降规律的研究，有的回避了马克思所做的前提假设；有的虽然考虑到了多重因素对利润率变化的综合影响，但采用的是非马克思主义的分析方法。④ 而谢富胜等学者也强调：①在动态过程中，个别资本采用新的生产方法

①　罗默. 马克思主义经济理论的分析基础 [M]. 上海：上海人民出版社，2007：122.
②　周思成. 利润率与美国金融危机 [J]. 政治经济学评论，2011，2 (3).
③　克里斯·哈曼. 利润率和当前世界经济危机 [J]. 国外理论动态，2008 (10).
④　朱奎. 利润率的决定机制及其变动趋势研究 [J]. 财经研究，2008 (7).

会通过获得超额利润和扩大利润总量提高个别利润率，但是竞争会使新的生产方法普遍化，进而降低资本整体的平均利润率；20 世纪六七十年代的滞胀危机等历史上的大危机发生前都伴有利润率的下降。②马克思在分析剩余价值率、有机构成和利润率之间的联系时并未简单地假定剩余价值率不变，他明确指出剩余价值率提高和利润率下降相结合是生产率提高在资本主义经济中表现出来的特殊性。新李嘉图主义者的批评以比较静态学为基础，但是技术进步的长期动态趋势仍是资本替代劳动，这会进一步压低工资并提高有机构成。③因为利润率下降反映了资本主义再生产过程的整体问题，所以弄清危机是集中在生产还是流通领域既基本上毫无意义，又可能混淆利润率下降的原因和表现形式。消费只是作为结果，而不是起决定作用的目的出现的。有机构成提高正是技术创新和主导产业在长期中变化的体现，但是新部门在长期中不能避免有机构成的提高和利润率下降。利润率趋向下降总是寓于资本积累的现实动态之中，并且在长波的下降期和周期的衰落期表现出来。①

　　20 世纪 90 年代之后，以克里曼（Kliman，A.）和弗里曼（Freeman，A.）为代表的"跨期单一系统（TSS）"学派兴起后，克里曼针对"置盐定理"所采用的斯拉法的价格体系在"价值转形"上的问题提出了挑战。② 尽管克里曼强调"TSS 学派"在"马克思剥削基本定理"、"价值转形"、"联合生产"等问题上和马克思的结论一致。但是，有学者们针对 TSS 学派的生产价格体系在逻辑和概念上的问题提出了严厉批评。③ 更有学者将 TSS 学派与马克思的原著作以及斯拉法的价格体系做了对比，认为其在相当大程度上与马克思的逻辑不符，提出了不能将其当作马克思的理论的结论。④ 关于"TSS 学派"在"价值转形"问题上与"置盐定理"相关的争论，限于文章的篇幅，我们将在别的文章中专题展开讨论。

---

① 谢富胜，等. 马克思主义危机理论和 1975—2008 年美国经济的利润率 [M]. 北京：中国社会科学，2010（5）.

② Kliman, A. J., 1997, "The Okishio Theorem: an obituary", Review of Radical Political Economics, 29（3）, pp. 42 - 50.

Freeman, A. and Carchedi, G. edit, 1996, Marx and Non - Equilibrium Economics, Edward Elger.

Freeman, A., Kliman, A., and Wells, J. eds. [2004] The New Value Controversy and the Foundation of Economics, Edward Elger.

③ Mongiovi, G., 2002, "Vulgar economy in Marxian grab: a critique of temporal single system marxism", Review of Radical Political Economics, 34: 4, pp. 393 - 416.

④ Nakatani, T., 2005, "On the definition of values and the rates of profit: simultaneous or temporal", Kobe University Economic Review, Vol. 51, pp. 1 - 9.

综上所述，毫无疑问，与本文主题有关的问题在于资本主义社会一般利润率的长期变动趋势中是否存在着马克思所论证的利润率下降趋势规律？长期争论的焦点问题在于：一是技术进步和劳动生产率的增长是否必然引起资本有机构成的提高？二是资本有机构成的提高是否必然引起一般利润率的下降？正如 M．C．霍华德和 J．E．金所总结的，战后的论战大体上可归纳为在三个层次上的展开：首先，在 20 世纪 50 年代末和 60 年代初，英国、美国和日本的经济学院经济学家们继续研究利润率下降理论的逻辑统一问题；他们都发现在这方面或多或少是有缺陷的。紧接着，在 70 年代初长期繁荣的后期，亨里克·格罗斯曼的重新发现，激起人们对这一理论在马克思主义政治经济学中作为替代凯恩斯主义和消费不足论的影响理论的有力辩护。同时，有人正努力为马克思《资本论》第三卷的分析提供经验上的证明，并把它和当代资本主义经济的现实发展联系起来。①

## 三、"置盐定理"的假定前提和数学证明

### （一）"置盐定理"的基本命题

置盐信雄在论文《技术变革与利润率》中对马克思的利润率趋向下降规律提出了如下质疑：②

（1）资本家引入的新的生产技术真的必然提高劳动生产率吗？

（2）提高劳动生产率的生产技术通常会提高资本的有机构成吗？

（3）新生产技术对利润率有着对立的双重影响：增加剩余价值以及提高资本有机构成。然而为什么利润率有下降的趋势呢？

### （二）"置盐定理"设定的假定前提

根据置盐信雄在《技术变革与利润率》中的论述，我们可以将"置盐定理"的假定条件在没歪曲原意前提下解读如下：

（1）以原有的价格和工资计算，资本家引进的每一项技术都是降低成本的。即使存在能大幅提高劳动生产率的技术，也不会被资本家引进，除非其能

---

① 霍华德，J．E．金. 马克思主义经济学史（1929—1990）［M］. 顾海良，译. 北京：中央编译出版社，2003：139.

② 置盐信雄. 技术变革与利润率［J］. 教学与研究，2010（7）.

降低生产成本，所以，资本家是否选择使用新技术的条件是必须符合"成本准则"。资本家只能使用降低生产成本的新技术。

（2）使用新技术后形成的一般利润率是以引进新技术的企业原有的价格和工资计算的，引进了能提高劳动生产率 X 倍的新技术后，在相对静态条件下，对企业的利润率变动的影响是不变资本的价值即刻下降为 1/X。

（3）只要新技术的引进和使用满足"成本准则"，并且"实际工资"保持不变的话，无论"生产的有机构成"怎样提高，一般利润率无一例外地会上升。

### （三）"置盐定理"的数理证明

为了准确无误地对"置盐定理"展开讨论，我们首先将"置盐定理"的论证过程按置盐教授的原意引述如下：[①]

第 $i$ 种商品的劳动生产率记为 $1/t_i$，其中 $t_i$ 表示生产一单位第 $i$ 种商品所必要的直接或间接的劳动量。$t_i$ 由下列方程决定：

$$t_i = \sum a_{ij}t_j + \tau_i \qquad (i = 1, 2, \cdots, n) \qquad (3.1)$$

其中 $a_{ij}$ 表示生产一单位第 $i$ 种商品所必要的第 $j$ 种商品的直接数量，而 $\tau_i$ 表示生产一单位第 $i$ 种商品所必要的直接劳动量。

在第 $k$ 种行业中，一项新的生产技术能提高第 $k$ 种商品的劳动生产率的条件是：

$$\sum a_{kj}t_j + \tau_k > \sum a'_{kj}t_j + \tau'_k \qquad (3.2)$$

其中 $(a'_{k1}, a'_{k2}, \cdots, a'_{kn}, \tau'_k)$ 表示第 $k$ 种行业中的一项新技术。条件（3.2）是"生产率准则"。

另一方面，"成本准则"是：

$$\sum a_{kj}q_j + \tau_k > \sum a'_{kj}q_j + \tau'_k \qquad (3.3)$$

其中 $q_j = p_j / w$，$p_j$ 和 $w$ 分别表示第 $j$ 种商品的价格和货币工资率。

仅当 $q_j = t_j$ 对所有的 $i$ 成立时，"生产率准则"（3.2）和"成本准则"（3.3）才是一致的。然而，在资本主义经济中对所有的 $i$ 都有 $q_j > t_j$，因为每个行业都必须存在正的利润，因此，下列不等式必然成立：

$$q_i > \sum a_{ij}q_j + \tau_i \qquad (i = 1, 2, \cdots, n) \qquad (3.4)$$

---

① 置盐信雄. 技术变革与利润率 [J]. 教学与研究, 2010 (7).

比较（3.4）和（3.1），我们得到 $q_j > t_j$ 对所有的 $i$ 都成立。

"生产率准则"不同于"成本准则"。由于资本家的准则是"成本准则"而非"生产率准则"，因此，资本家引入新的生产技术后并不一定能提高劳动生产率，尽管必然降低生产成本。

按照马克思的见解，为了提高劳动生产率，生产商品所必要的直接劳动量相对于生产商品所必要的生产资料的生产所需要的劳动量要减少，记：

$$c_i = \sum a_{ij} t_j \qquad (3.5)$$

$$v_i = \tau_i \sum b_j t_j \qquad (3.6)$$

其中 $(b_1, b_2, \cdots, b_n)$ 表示劳动者付出一单位劳动所换得的一揽子消费品，称为实际工资率。于是一个行业的资本有机构成依赖于两个因素：决定 $a_{ij}$，$\tau_i$ 和 $t_i$ 的生产技术，以及决定 $b_i$ 的实际工资率。即使生产技术不变，真实工资率的变动也会引起资本有机构成的变化。

为清晰地展示马克思的视角，我们将把 $c_i / (v_i + m_i)$ 称为第 $i$ 个行业的"生产的有机构成"。

剩余价值率 m/v，用我们的符号表达如下：

$$\frac{m}{v} = \frac{1 - \sum b_j t_j}{\sum b_j t_j} \qquad (3.7)$$

如果 $b_j > 0$，则第 $j$ 种行业是工资品行业，我们将所有工资品行业和与工资品行业密不可分的行业称为"基础行业"，于是，给定实际工资率，剩余价值率仅依赖于基础行业的生产技术。

如果新的生产技术被引入某一基础行业，并且某些工资品的劳动生产率提高，换句话说，对于 $b_i > 0$ 的 $i$，$t_i$ 减少了，于是，给定实际工资率，剩余价值率必然增加。但是非基础行业的生产技术的变化不影响剩余价值率。

在基础行业新引进的马克思式的生产技术，有两种相反的效应：提高剩余价值率和提高资本的有机构成。然而，马克思坚持利润率有下降的趋势。为什么前者的效应不能完全抵消后者的呢？

最肯定而有力的回答如下：利润率 m/（c＋v），不能超过生产的有机构成的倒数，即

$$m/(c+v) \leqslant (v+m)/c \qquad (3.8)$$

这个上限，按照马克思的观点，必须是时间的减函数即 $(v+m)/c \to 0$。因此，即使出现高的剩余价值率，利润率的趋势也不可能是上升或者保持不

变的。

不幸的是这一表象只是误导。马克思以价值的形式用总剩余价值除以价值形式的总资本来计算一般利润率，即 $m/(c+v)$。但是这个方法并不正确。一般利润率 $r$，是由下列方程决定的：

$$q_i = (1+r)(\sum a_{ij}q_j + \tau_i) \qquad (i=1,2,\ldots,n)$$
$$1 = \sum b_i q_i \qquad\qquad (3.9)$$

易见，这样得到的 $r$ 一般来说并不等于 $m/(c+v)$。由方程（3.1）和（3.9）可得以下不等式：

$$r < \tau_i / \sum a_{ij}t_j \qquad\qquad (3.10)$$

假设在第 $k$ 种行业中的生产技术 $(a_{k1}, a_{k2}, \cdots, a_{kn}, \tau_k)$ 被新技术 $(a'_{k1}, a'_{k2}, \cdots, a'_{kn}, \tau'_k)$ 取代，且满足不等式（3.3）。方程组（3.9）中的一般利润率 $r$ 会如何变动呢？

一般可得到以下结论：

（1）如果引入新技术的行业是非基础行业，则一般利润率完全不会受影响。

（2）如果引入新技术的行业是基础行业之一，则一般利润率必然上升。

根据定义，非基础行业的产品不是工资品，因此在方程组（3.9）中 $b_l = 0$，其中 $l$ 是非基础行业的编号。同样根据定义，非基础行业的产品不是工资品行业和直接或间接为生产工资品所需要的那些行业的投入品。因此，如果从 1 到 $m$ 表示工资品行业以及工资品生产所必需的行业，则有：

$$a_{il} = 0 \qquad (i=1,2,\cdots,m) \qquad (3.11)①$$

其中 $l$ 是非基础行业的编号。这样我们挑选出 $m+1$ 个方程：

$$q_i = (1+r)(\sum a_{ij}q_j + \tau_i) \qquad (i=1,2,\ldots,m)$$
$$1 = \sum b_i q_i \qquad\qquad (3.12)$$

而这些方程足以决定一般利润率。因此，非基础行业中的技术变革不可能影响由此确定的 $r$。

设第 $k$ 种行业是基础的，假如其引入的新生产技术满足：

---

① （3.11）式为置盐信雄原文附录中的（25）式。这里为了叙述方便将置盐信雄放在文后附录中的所谓证明提前了，因而将原文中的（25）式~（34）式改为（3.11）式~（3.20）式。

$$\sum a_{kj}q_j + \tau_k > \sum a'_{kj}q_j + \tau'_k \tag{3.13}$$

令 $\beta = 1/(1+r)$，(3.12) 重写为：

$$\beta q_i = \sum a_{ij}q_j + \tau_i \qquad (i = 1, 2, \cdots, m) \tag{3.14}$$

$$1 = \sum b_i q_i \tag{3.15}$$

在新技术下，一般利润率由（3.15）以及下面两式确定：

$$\beta q_i = \sum a_{ij}q_j + \tau_i \qquad (i = 1, \cdots, k-1, k+1, \cdots, m) \tag{3.16}$$

$$\beta q_k = \sum a'_{kj}q_j + \tau'_k \tag{3.17}$$

设（3.14）和（3.15）的解为（$\beta, q_1, \cdots, q_n$），而（3.16）、（3.17）和（3.15）的解为（$\beta', q'_1, \cdots, q'_n$）。则由（3.14）~（3.17），可得：

$$\beta'\Delta q_i = \sum a_{ij}\Delta q_j - q_i\Delta\beta \qquad (i = 1, \cdots, k-1, k+1, \cdots, m) \tag{3.18}$$

$$\beta'\Delta q_k = \sum a'_{kj}\Delta q_j - q_k\Delta\beta + \{\sum \Delta a_{kj}q_j + \Delta\tau_k\} \tag{3.19}$$

$$0 = \sum b_i\Delta q_i \tag{3.20}$$

其中 $\Delta q_i = q'_i - q_i$，$\Delta\beta = \beta' - \beta$，$\Delta a_{kj} = a'_{kj} - a_{kj}$ 且 $\Delta\tau_k = \tau'_k - \tau_k$。

由于对所有 $i$，$q'_i > 0$，因此（3.18）和（3.19）中 $\Delta q$ 的系数满足 Hawkins－Simon 条件。而且，由（3.13）可知，（3.19）右边的第三项为负。因此，如果 $\Delta\beta \geq 0$，则在（3.18）和（3.19）中有 $\Delta q_k < 0$ 和 $\Delta q_i \leq 0$，对所有 $i \neq k$。由于第 $k$ 种行业是基础行业，因而至少有一个工资品行业满足 $\Delta q_i < 0$。但是这与（3.20）矛盾，因此，我们有 $\Delta\beta < 0$，或者说 $r' > r$。

我们用一个简单的数值例子说明上述两个命题。

假设存在生产资料行业（I），工资品行业（II），奢侈品行业（III），这些行业的生产技术见表：

| | I | II | III |
|---|---|---|---|
| I | 1/2 | 1/4 | 1/5 |
| 劳动 | 10 | 15 | 16 |

这个表格显示，例如，在第二种行业中，1/4 单位的生产资料和 15 单位的直接劳动是生产一单位工资品所必要的。

接下来，设实际工资率为 1/45 单位工资品。

于是，一般利润率 $r$ 由下列方程组确定：

$$q_1 = (1 + r)(\frac{1}{2}q_1 + 10) \tag{3.21}$$

$$q_2 = (1 + r)(\frac{1}{4}q_1 + 15) \tag{3.22}$$

$$q_3 = (1 + r)(\frac{1}{5}q_1 + 16) \tag{3.23}$$

$$1 = q_2/45 \tag{3.24}$$

易解得 $r = 50\%$，$q_1 = 60$，$q_2 = 45$，$q_3 = 42$，其中 $q_i = p_i / w$。

将（3.23）换为：

$$q_3 = (1 + r)(\frac{1}{20}q_1 + \frac{3}{4}q_3 + 6) \tag{3.25}$$

且同前面一样有 $r = 50\%$，$q_1 = 60$。我们得到为负值的 $q_3$。这意味着各行业间的一般利润率不存在。所以，虽然非基础行业的生产技术不影响一般利润率，但是它们与一般利润率水平本身是否存在有关。

我们假设第二个行业中的资本家采用了马克思式的新技术，即提高了劳动生产率及生产的有机构成，并且按原有价格和工资，降低了成本。第二个行业技术被替换为：

|   | I | 劳动 |
|---|---|------|
| II | 1/3 | 35/24 |

旧技术下的劳动生产率记为 $t_i$，由下式决定：

$$t_1 = \frac{1}{2}t_1 + 10 \tag{3.26}$$

$$t_2 = \frac{1}{4}t_1 + 15 \tag{3.27}$$

且 $t_1 = 20$，$t_2 = 20$。而在新技术下，（3.27）被替换为

$$t_2 = \frac{1}{3}t_1 + \frac{35}{24} \tag{3.28}$$

生产一单位工资品所必要的劳动 $t_2$ 大大减少：从 20 降到了 8.125。第二个行业的有机构成有很大的提高。

这种变化对一般利润率的影响可以通过把（3.22）替换为下式得到：

$$q_2 = (1 + r)(\frac{1}{3}q_1 + 35/24) \tag{3.29}$$

方程组（3.21）、（3.29）和（3.24）的解分别为：$q_1 = 80$，$q_2 = 45$，$r =$

60%。一般利润率上升了。从而"置盐定理"得以证明。

## 四、对"置盐定理"数理证明的质疑与批判

### (一)对"置盐定理"假定前提的质疑与批判

高峰教授曾提出：从个别资本家的技术选择来看，他们采用一种新技术的直接目的当然不在于节省社会劳动，而在于追逐更大利润。因此，这种新技术和生产方法仅能提高劳动生产率是不够的，还必须能够降低成本和提高利润率。[①] 曼德尔也强调：当新技术刚被采用时，它给率先使用者带来超额利润（超过平均利润的利润）。这当然是为什么使用它的原因这一点上，置盐是正确的。但是，由于过度积累的影响，商品的价值降低了，超额利润消失了。那些使用新生产技术的人只能获得平均利润。而且，这个平均利润率比过程刚开始时低。由于不了解过程的这一面，置盐就不能理解，一个客观规律（价值规律）是如何不顾个别资本家的主观意向而起作用的。[②]

马克思强调：因为劳动生产力的发展在不同的产业部门极不相等，不仅程度上不相等，而且方向也往往相反，所以得出的结论是，平均利润（等于剩余价值）的量必然会大大低于按最进步的产业部门中的生产力的发展程度来推算的水平。不同产业部门生产力的发展不仅比例及不相同，而且方向也往往相反，这不仅仅是由竞争的无政府状态和资产阶级生产方式的特性产生的。劳动生产率也是和自然条件联系在一起的，这些自然条件的丰饶度往往随着社会条件所决定的生产率的提高而相应地减低。因此，在这些不同的部门中就发生了相反的运动，有的进步了，有的倒退了。例如，我们只要想一想绝大部分原料产量的季节的影响，森林、煤矿、铁矿的枯竭等，就明白了。[③]

同时，马克思又强调：资本的增长，从而资本的积累，只是在资本的各个有机组成部分的比例随着这种增长发生变化的时候，才包含着利润率的下降。但是尽管生产方式每天不断地发生变革，总资本中或大或小的部分，在一定时期内，会在那些组成部分保持某个既定的平均比例的基础上继续积累，结果在资本增长的同时，并没有发生任何有机的变化，因而也没有出现利润率下降的

---

① 高峰. 资本积累理论与现代资本主义 [M]. 天津：南开大学出版社，1991：282.
② 朱钟棣. 西方学者对马克思主义经济理论的研究 [M]. 上海：上海人民出版社，1991：235.
③ 马克思. 资本论：第3卷 [M]. 北京：人民出版社，2004：289.

原因。旧的生产方法在新方法已经被采用的同时，仍然会安然存在，资本在旧生产方法基础上的这种不断的增大，从而生产在这个基础上的扩大，又是使利润率下降的程度和社会总资本增长程度不一致的一个原因。①

可是，在"置盐定理"的假设前提中，所有的生产部门被当成单一的生产单位似的总体集计。然而，技术变化的分析则是对个别资本的状况所作的具体分析。就像高峰教授所指出的，"置盐定理"假定工人的实际工资不变，表明他的方法是相对静态的；但他的论证包含着从个别企业选择新技术到新技术在部门中的普及，从企业和部门的过渡利润到社会新的一般利润率的再形成，却又是一个动态过程。这是他的分析方法中的矛盾。② 由于当一个企业引进新技术后，生产率的变化被假设成自动而且即刻转换为价值的变化。于是，马上会引发不变资本和可变资本的价值的降低，这种变化造成了利润率上升的趋势。③ 因此，诚如本·法因所批判的："置盐定理"所采用的新古典学派似的相对静态的分析方法并不适合用来讨论马克思的利润率下降规律。"置盐定理"的数学论证之所以没能解释清楚任何东西是由于"均衡分析的局限性"所致。④

而且，在"置盐定理"设定的前提中，引进了能提高劳动生产率 X 倍的新技术后，在相对静态条件下，对企业过渡利润率变动的影响是不变资本的价值即刻下降为 1/X。也就是说，引进新技术的部门所达到的劳动生产率在"置盐定理"中被视作社会上不同企业和不同产业的平均劳动生产率了。因此，技术进步在时间与空间上对不同企业和不同产业的利润率变动影响的区别和差异的讨论在"置盐定理"中被完全抛弃了。从个别企业选择新技术在部门中的普及过程和从企业和部门的过渡利润率到不同企业和部门间的社会一般利润率的形成过程来看，"置盐定理"完全忽视了劳动生产率在不同企业和部门间的差异，主观假定某一部门引进新技术后，所有部门和企业随即会形成不变资本价值同时即刻下降的局面。可以说，正是在这样错误的不切实际的假设前提的基础上，"置盐定理"的数理论证才得以展开。

哈曼曾批评说，置盐定理的假设条件在现实中不可能发生，生产率的提高

① 马克思. 资本论：第 3 卷 [M]. 北京：人民出版社，2004：292.
② 高峰. 资本积累理论与现代资本主义 [M]. 天津：南开大学出版社，1991：284.
③ B. Fine. "Theories of Capitalist Economy", Edward Arnold (Publishers) Ltd., London, 1982, pp. 119.
④ B. Fine. "Theories of Capitalist Economy", Edward Arnold (Publishers) Ltd., London, 1982, pp. 123.

所带来的未来投资成本的削减不会帮助个别资本家从当前的投资中获利，一两年后购买新机器的成本降低不会导致资本家对现有机器的支付减少。事实上，技术创新越快，生产率增长越快，机器就越容易遭受"自然贬值"而过时，这必然也对利润率产生越来越大的压力，而不是减缓其压力。哈曼还补充说，只有一种方式能够使得新投资成本的下降缓解利润率下降的压力，那就是那些因为新投资成本降低而贬值了的原有投资从账面上被抹去了，也就是说，那些遭受了损失的资本家被排挤出了行业，而另外一些资本家因以廉价购得他们的厂房、设备和原料而得益，危机正是通过创造这样一个掠夺的条件而缓解了利润率长期下降的压力。路易斯·吉尔对马克思这一理论的理解大体与哈曼相同。[1]

除了上面所指出和讨论的没有区别引进新技术的企业间和部门间的竞争与引进不同的新技术的产业之间存在着新技术的差异，以及没有区别不同企业和不同产业之间劳动生产率的差别之外，必须认识到"置盐定理"关键的错误在于，在相对静态条件下，"置盐定理"将各部门引进新技术后在内部发生的竞争过程与不同部门引进不同的新技术后所发生的社会的竞争过程相混同了。对技术进步的影响与作用的议论被局限在相对静态的前提条件下，忽视了企业的过渡利润率与社会的一般利润率的实质性差异。

因此，威克斯（J. Weeks）曾经指出：无视各个别资本之间存在的技术和利润率的差距，所设定的相对静态的分析方法的理论前提与现实明显不匹配。现实中，经常是相互间具有不同的生产效率的资本，在耗费不同的成本价格基础上销售产品而获得不同的利润率。这种状况与"置盐定理"所设定的均衡的前提条件并不一致。因为许多企业与其他企业相比，相对来说具备扩大（生产规模）的条件。[2] 本·法因也批评道：置盐信徒（Okishians）们只不过是在投入和产出间的内在的技术间关系的基础上，依赖平均工资、价格和利润等相互间的关系所推导出来的数学结果而已。从经济学方法论的角度看，这样的结果毫无疑问应该和必须进一步探讨。抛开单纯的数学推理，即使指责置盐信徒们的分析方法具有没有明确区别不同概念的使用状况而沦落为庸俗的东西的特征也毫不为过，……存在着工资、价格和利润等多种多样的范畴，这些范畴通过技术关系被运算，并且被暗含于前提之中。在外生的技术关系条件下，

---

① 周思成. 利润率与美国金融危机 [J]. 政治经济学评论，2011，2（3）.

② J. Weeks, "Equilibrium Uneven Development and the Tendency of the Rate of Profit to Fall," Capital & Class, no. 16, Spring, 1982, pp. 67.

工资、价格和利润由数学运算而被确定。从而技术体系的变化引起工资、价格和利润的变化。①

而克里斯·哈曼则强调：置盐信雄和他的追随者提出了与马克思相反的观点：作为使用更多生产资料的结果，生产率的任何提高都将引起产出价格的下降，从而导致整个经济的价格下降和生产资料的支付成本减少。他们认为，这种投资的削价将使利润率上升。乍一看，这一观点是有说服力的：定理的数学表述使用了联立方程，这也说服了很多马克思主义经济学家。但它是错误的。它依靠的是我们在现实世界中不能找到的一系列逻辑步骤。生产过程的投资发生在时间上的某一点；作为改进生产技术的结果，再投资的削价则发生在以后的另一点，两件事并不同步。因此，把联立方程应用于发生过程的整个时间是一个愚蠢的错误。②

毫无疑问，如上所述，正是在错误的不切实际的假定前提下，马克思的劳动生产率的提高必然带来相对剩余价值增加的科学论断，被"置盐定理"错误地理解和假设为引进能提高劳动生产率的新技术后，可以提高不变资本的使用价值量，但不会改变不变资本的价值的假定前提条件，从而实现和完成了所谓的"置盐定理"的数学证明。

### (二) 对"置盐定理"的数理证明方法的质疑与批判

第一，需要指出和确认的是，马克思并没有认为，资本家在考虑引入一项新技术时是以提高劳动生产率为准则的。否则，他就不会在《资本论》第一卷中指出，"现在英国发明的机器只能在北美使用，正像 16 世纪和 17 世纪德国发明的机器只能在荷兰使用，18 世纪法国的某些发明只能在英国使用一样。"③ 现代资本主义发展的一般情况就是资本家在考虑引入一项新技术时是为了增加利润或降低成本增加竞争优势。英国发明的机器只能在北美使用，是因为英国的劳动力便宜，使用机器反而使生产成本提高。这种情况在英、美、德、荷、法，包括今天的中国都出现过。因此，资本家在考虑引入一项新技术时是以提高劳动生产率为准则的这种情况并不是现代资本主义发展的一般情况。而马克思要揭示的规律正是一般情况下的规律。其他情况或许会阻碍这种

---

① B. Fine. "Theories of Capitalist Economy," Edward Arnold (Publishers) Ltd., London, 1982, pp. 112.

② 克里斯·哈曼. 利润率和当前世界经济危机 [J]. 国外理论动态, 2008 (10).

③ 马克思. 资本论：第 1 卷 [M]. 北京：人民出版社，2004：451 - 452.

一般规律发生作用，但只是使它发生得不那么快而已，并不能制止这种规律发生作用。

第二，（3.3）式意味着其他商品所含的劳动量等于该商品的价格与货币工资率的比值，置盐教授在这里完全忽略了商品中所包含的剩余价值。假如该商品的价格等于价值，相当于2（工作日），而货币工资率相当于0.5（工作日）即剩余价值率为100%，该商品的劳动量为2（工作日），而不是2/0.5＝4（工作日）。马克思曾经指出，"不要以为，如果我们说'在农业上花费资本100镑'，并且如果一个工作日等于1镑，那就是在农业上也花费了100工作日。一般说来，如果资本100镑等于100工作日，那末不管这笔资本花费在什么生产部门，都不能说'这笔资本的产品等于100工作日'。假定1镑金等于一个12小时的工作日，并且假定这就是正常的工作日。这里产生的第一个问题就是：对劳动的剥削率怎样？也就是说，在12小时中，工人有几小时为自己，为再生产自己的工资（等价物）劳动？他又有几小时白白地为资本家劳动？"①

因此，（3.3）式的表达方式是有问题的，它的正确表达应当是：

$$\sum a_{kj}p_j + \tau_k w > \sum a'_{kj}p_j + \tau'_k w \qquad (4.1)$$

（3.3）式和（4.1）式在 $w$ 不为零时，在数学上是相同的，但是两者在经济学的含义上完全不同。（4.1）式表明，新技术的生产成本（前一项为不变资本成本，后一项为可变资本成本）低于原有的生产成本。而（3.3）式中的 $q_i$ 只是表明工人要买一单位第 $i$ 种商品需要付出多长时间的工资，该式两边相加的两项风马牛不相及，表明置盐信雄存在着概念不清的问题。

第三，仔细推敲一下，为什么（3.4）式为不等号而（3.1）式为等号，就可以发现，（3.4）式右边的 $\tau_i$ 仅为有酬劳动，而（3.1）式右边的 $\tau_i$ 则既含有酬劳动也含无酬劳动。这个问题同样存在（3.10）式中，因为该式由（3.9）式和（3.1）式推出，而 $\tau_i$ 在（3.9）式中的含义与在（3.4）式中的相同。这个问题同样存在置盐信雄在后面举的数值例子中。（3.21）和（3.22）的10和15，明显是作为有酬劳动计算的；而在（3.26）和（3.27）中，它们则是作为包含无酬劳动在内的全部活劳动来计算的。

因此，所谓的马克思的"生产率准则"不同于资本家的"成本准则"，在

---

① 马克思，恩格斯. 马克思恩格斯全集：第26卷第2册［M］. 北京：人民出版社，1973：332.

这里完全是由于置盐信雄将不同的东西错误地用同一个符号来表示而形成的。置盐信雄在这一点上对马克思的质疑根本无法成立。更何况，资本家追逐的是利润，而不是成本，因而资本家的准则也不可能是成本准则而只能是利润准则了。否则，西方经济学也就不会庸俗地要把利润最大化作为企业决策的唯一准则了。

而且，置盐信雄在谈到新的生产技术被引入某一基础行业时，也只谈到某些工资品的劳动生产率提高，而没有提这些工资品的成本下降了，这表明，他本人倒是将"生产率准则"混同于"成本准则"。

第四，置盐信雄把 $(v + m) / c \to 0$ 称为是马克思的观点，是错误的，是对马克思的正确观点的庸俗化。首先，在马克思看来，"资本过剩和日益增加的人口过剩结合在一起是完全不矛盾的"[1]。这就是说，一部分 $c$ 会闲置，从而不参与 $(v + m) / c$ 的计算。其次，"利润率下降，同时，资本量增加，与此并进的是现有资本的贬值，这种贬值阻碍利润率的下降，刺激资本价值的加速积累。"[2] 也就是说，一部分 $c$ 会毁灭，尤其是在经济危机中，然后再重新积累起来，从而 $(v + m) / c$ 不是简单地趋于零的。马克思的一般利润率下降规律，绝不能被庸俗化为一般利润率下降到零的规律。

同样的，生产的有机构成也是对马克思的观点的庸俗化，由于它用 $v + m$ 取代了马克思的 $v$，消除了有酬劳动和无酬劳动的区别，从而使得置盐信雄在其证明过程中能够将同一个数量既看作 $v$ 又看作 $v + m$，从而得以"否定"马克思的正确结论。

第五，(3.9) 式中的 $r$ 是否等于 $m / (c + v)$，取决于 (3.9) 式中哪些变量是已知量，哪些变量是未知量，且已知量是如何得来的？一般来说，$r = m / (c + v)$ 在 (3.9) 式中是作为已知量出现的，以便能够求解出生产价格 $p$，进而是抽象的 $q$ 等。

而 (3.9) 式中存在两个根本的问题：

一是以为"产出品的价格与投入品的价格是同时决定的"[3]，因而用同一个符号 $p_i$ 或变形的 $q_i$ 来表达总产出品和总投入品中的同为第 $i$ 种行业的商品的价格。这意味着，在走出生产过程之前，投入品没有价格，然后在走出这个过

① 马克思. 资本论：第 3 卷 [M]. 北京：人民出版社，2004：273.
② 马克思. 资本论：第 3 卷 [M]. 北京：人民出版社，2004：277.
③ 余斌. 论价值理论与价值转形的若干问题 [J]. 马克思主义研究，2009 (1).

程之后，资本家根据产出的情况和一般利润率再来决定以什么价格支付他所购买的投入品。换句话说，资本家是以强买强卖的形式从向他出售生产资料的资本家那里购买作为生产资料的投入品的。但是，他又没有利用强买强卖的地位而随便支付两个钱了事，而是事后看看自己赚多少，再补偿给卖东西给他的人，让卖东西给他的人也赚点。这就是置盐信雄从斯拉法那里学来的资本主义生产方式。

二是完全没有考虑资本量，也没有考虑资本积累的情况。（3.9）式中的方程是针对每个行业一单位商品量而设的。因而它只适用于这样一种资本主义经济，那就是每种商品都只生产一个单位，而且该市场中的资本量也恰好够且仅够这样做的。

然而，事实上，马克思所考虑的是一个资本积累中的资本主义经济。"资本主义生产过程实质上同时就是积累过程。"① 马克思在谈到"李嘉图把追加资本的投入（原来的土地）同追加资本用在新的土地上等同起来"时曾指出，"在前一种情况下，就是在资本主义生产中，产品也不一定要提供普通利润。它只是必须提供高于普通利率的利润，使租地农场主感到把自己的闲置资本用于生产虽然要操心和担风险，但还是比用作货币资本合算。"②

此外，高的利润率虽会在一定情况下带来高的利润量，但并不必然如此。马克思曾在《资本论》第三卷中明确指出过，"尽管利润率不断下降，资本所使用的工人人数，即它所推动的劳动的绝对量，从而它所吸收的剩余劳动的绝对量，从而它所生产的剩余价值量，从而它所生产的利润的绝对量，仍然能够增加，并且不断增加。事情还不只是能够如此。在资本主义生产的基础上，撇开那些暂时的波动，事情也必然如此。"③ 当然，这"只是在总资本的增加比利润率的下降更快的时候才能表现出来。"④

因此，置盐信雄以完全不符合资本主义实际生产方式的（3.9）式作为出发点企图否定马克思的一般利润率下降规律，只能是荒唐可笑的。

第六，置盐信雄并没能证明，非基础行业中的技术变革不可能影响一般利润率，而只是假定它们不影响。因为他把它们从（3.12）中剔除了。但这样

---

① 马克思.资本论：第3卷[M].北京：人民出版社，2004：242.

② 马克思，恩格斯.马克思恩格斯全集：第26卷II[M].北京：人民出版社，1973：380.

③ 马克思.资本论：第3卷[M].北京：人民出版社，2004：242.

④ 马克思.资本论：第3卷[M].北京：人民出版社，2004：248.

一来，(3.9) 式中除去 (3.12) 的另一部分，即

$$q_i = (1 + r)(\sum a_{ij}q_j + \tau_i) \qquad (i = m + 1, \cdots, n) \qquad (4.2)$$

是否成立就值得怀疑了。

　　这是因为，既然非基础行业的生产情况不影响一般利润率，那么一般利润率又怎么能够进入非基础行业的投入产出公式之中呢？换句话说，非基础行业的平均利润率为什么不能比基础行业中的并由基础行业确定的一般利润率高出一倍呢？如果非基础行业的平均利润率能够不同于由基础行业确定的一般利润率，那么，(3.9) 式也就不成立了。

　　置盐信雄声称：非基础行业的生产技术不影响一般利润率的命题为李嘉图所揭示，却被马克思拒绝。马克思不能得出正确结论的原因在于，马克思计算一般利润率时在总资本中包括了非基础行业。而一般利润率要由方程组 (3.9) 来计算，在那里非基础行业只起被动的作用。

　　然而，在上面我们看到，正是所谓起被动作用的非基础行业可以使得方程组 (3.9) 再一次地不能成立，从而使得犯错误的是置盐信雄而不是马克思。这只是再次表明，置盐信雄关于资本家的"成本准则"劣于马克思关于资本家的利润准则。如果非基础行业存在较高的利润率，在置盐信雄这里，基础行业的资本家，要么只能束手无策，徒增艳羡，从而并不存在一般利润率；要么就只能强行命令非基础行业的资本家主动降低自己的利润率，向基础行业的利润率看齐，从而不再是资本主义经济的正常情形。而在马克思那里，基础行业的资本家将把资本投入转向非基础行业，从而一方面通过加强竞争而降低非基础行业的利润率，另一方面则由于大量资本退出基础行业而提高了基础行业的利润率，最终形成统一的一般利润率。这也表明，置盐信雄完全不明白一般利润率是如何形成的，正因为如此，他才会用 (3.25) 式否定了一般利润率的存在，从而否定了资本主义生产方式的存在。

　　相反地，我们可以按照马克思的观点来说明在 (3.25) 式所对应的生产技术下一般利润率的存在。为此，我们先要设定剩余价值率，这是马克思的观点的核心，也是置盐信雄在他的这篇文章中始终没有涉及的。为了更接近置盐信雄的例子，我们先撇开非基础行业，采用 (3.21)、(3.22)、(3.24) 的结果来估算剩余价值率。在那里，行业 (I) 和 (II) 的有酬劳动为 10 + 15 = 25，利润即剩余劳动为 20 + 15 = 35。因此，剩余价值率估算为 35/25 = 140%。

　　接下来，我们就可以计算 (3.25) 式情形下的三个行业的一般利润率了。

假定 1 单位价值量等于 1 单位劳动力的工资。投入品的价格选取置盐信雄此前关于三个行业 $q_i$ 的计算结果。这三个行业所使用的有酬劳动一共为 10 + 15 + 6 = 31，因而总剩余价值也就是总利润为 31 × 140% = 43.4。这三个行业的生产成本分别是 40、30 和 40.5，共计 110.5，因此，一般利润率为 43.4/110.5 = 39.3%。将这一结果代入（3.21）、（3.22）和（3.25），可得转形后三个行业的产出品价格分别为：55.7、41.8 和 56.4，与各自价值量的差距分别为 1.7、- 9.2 和 7.5。

置盐信雄认为，马克思没能得出正确的结论的原因之一，是由于马克思在所谓转形问题的分析中缺乏彻底性。但是，恰恰是置盐信雄设定了商品的价格在转形前（投入）和转形后（产出）保持不变，从而根本就没有转形。

第七，根据（3.9）中作为产出品与投入品的第 $i$ 种商品的 $q_i$ 相同，采用新技术后作为投入品的 $q_i$ 也应当与使用新技术后产出品的 $q_i$ 相同。因而，（3.13）应当为：

$$\sum a_{kj} q_j + \tau_k > \sum a'_{kj} q'_j + \tau'_k \qquad (4.3)$$

这样一来，（3.19）中就不再有 $\Delta q$ 项，因而也谈不上 $\Delta q$ 的系数满足 Hawkins - Simon 条件了。即便不根据（3.9）式而将产出与投入中的同一商品区别开来，置盐信雄这第二个命题的证明也是不成立的。因为他没有证明：由于第 $k$ 种行业是基础行业，因而至少有一个工资品行业满足 $\Delta q_i < 0$。相反地，在他举的数值例子中，我们看到，无论基础行业（I）如何引入新技术，（3.24）式都使得工资品行业（II）的 $q$ 保持不变，因而所有的也是唯一的工资品行业不满足 $\Delta q < 0$，而是 $\Delta q = 0$。置盐信雄的所谓证明被他自己举的例子否定了。

第八，方程组（3.21）、（3.29）和（3.24）的举例不能说明一般利润率上升了，那只是一个错误计算下得到的错误结果。首先，在这里，第二个行业的资本家出现了资本闲置。按照置盐信雄的计算，第二个行业的资本家原来的投入的资本量为 30，而在采用新技术后，只投入了 28.125，也就是说，还有 1.875 的资本为零利润率。而如果第二个行业的资本家不愿闲置资本，就应当随着劳动生产率的提高而扩大生产规模。但是，置盐信雄的全部计算就是以每个行业只生产一个单位的商品为基础的。

同时，在置盐信雄的（3.9）式中 $\sum a_{ij} q_j$ 与 $\tau_i$ 的地位是对称的，换句话说，就是所有的生产资料都与活劳动一样创造剩余价值。不仅如此，这些生产资料还是根据各自的价值量或价格量按照与活劳动同样的剩余价值率创造剩余价值的。这已经完全不是马克思主义的观点了，也不符合斯密和李嘉图的观点，而置盐信雄从声称商品生产商品的斯拉法那里挪过来的。

也正因为如此，各行业的生产规模不管如何变化，都不会改变（3.9）式，也不会改变一般利润率。例如，假设在方程组（3.21）、（3.22）和（3.24）的情况下，行业（Ⅰ）生产 3 单位商品，而行业（Ⅱ）仍然只生产 1 单位商品。按照置盐信雄的计算方式，（3.21）被替换为

$$3q_1 = (1 + r)\left[3 \times \left(\frac{1}{2}q_1 + 10\right)\right] \tag{4.4}$$

同时约去（4.4）两边的 3 就与（3.21）式没有差别。

相反地，从被马克思完善了的劳动价值理论来看，撇开行业（Ⅲ）不谈，在行业（Ⅰ）生产 3 单位商品而行业（Ⅱ）只生产 1 单位商品的情况下，行业（Ⅰ）的生产成本为不变资本 $3 \times 30 = 90$，可变资本 $3 \times 10 = 30$，剩余价值 $= 30 \times 140\% = 42$；行业（Ⅱ）的生产成本为不变资本 15，可变资本 15，剩余价值 $= 15 \times 140\% = 21$。因此，总剩余价值即总利润 $= 63$，总成本 $= 150$，一般利润率 $= 63/150 = 42\%$。而在行业（Ⅰ）和（Ⅱ）都只生产一单位商品时，这个一般利润率为 50%。可见，即使所有的企业都不提高自己的资本有机构成，而仅仅是资本有机构成较高的企业扩大自己在经济中的比重，也会导致一般利润率的下降。反过来说，如果低资本有机构成的企业扩大自己在经济中的比重将会阻碍一般利润率的下降。

回到（3.21）、（3.29）和（3.24）的情形，同样不考虑第二个行业的生产规模的扩大，我们来计算一下新的一般利润率到底会是多少。在这里，我们沿用前面估算出来的 140% 的剩余价值率。由此可得，行业（Ⅰ）的生产成本为不变资本 30，可变资本 10，剩余价值 $= 10 \times 140\% = 14$；行业（Ⅱ）的新生产成本为不变资本 20，可变资本 1.5，剩余价值 $= 1.5 \times 140\% = 2.1$。因此，总剩余价值即总利润 $= 16.1$，总成本 $= 61.5$，一般利润率 $= 26.2\%$，低于原来为 50% 的一般利润率。

## （三）对"置盐定理"的证明结论的质疑与批判

在上述质疑与批判的基础上，我们可以将"置盐定理"复杂繁琐的证明

过程简单明了地解析如下[①]:

假设经济由生产资料和消费资料生产的两部门组成。生产资料和消费资料部门生产 1 单位产品时所需的生产资料和活劳动的投入量分别为 $(\alpha_1, \beta_1)$、$(\alpha_2, \beta_2)$,各部门的生产价格分别为 $P_1$、$P_2$,货币工资率为 $W$,实际工资率为 $R$ 时,各部门的平均利润率 $r$ 则由下面的 (4.5) 式和 (4.6) 式决定(此时 $W = RP_2$):

$$P_1 = (1 + r)(\alpha_1 P_1 + \beta_1 W) = (1 + r)(\alpha_1 P_1 + \beta_1 RP_2) \qquad (4.5)$$

$$P_2 = (1 + r)(\alpha_2 P_1 + \beta_2 W) = (1 + r)(\alpha_2 P_1 + \beta_2 RP_2) \qquad (4.6)$$

在两个生产企业采用了新技术后,依据所谓的"成本准则"假定,必须满足 (4.7) 式的条件:

$$\alpha_1 P_1 + \beta_1 RP_2 > \alpha_1 P_1 + \beta_1' RP_2 \qquad (4.7)$$

同理:

$$\alpha_2 P_1 + \beta_2 RP_2 > \alpha_2 P_1 + \beta_2' RP_2 \qquad (4.8)$$

此时的 $\beta_1'$ 和 $\beta_2'$ 分别为引进和使用新技术后生产 1 单位产品时所需的活劳动投入。

当新技术普及后,以原有价格和工资计算的过渡利润率形成后,则 (4.9) 式和 (4.10) 式必定成立:

$$P_1' = (1 + r')(\alpha_1' P_1' + \beta_1' RP_2') \qquad (4.9)$$

$$P_2' = (1 + r')(\alpha_2 P_1' + \beta_2 RP_2') \qquad (4.10)$$

如果 (4.5) ～ (4.7) 式的两边同时除以 $P_1$,(4.9) 和 (4.10) 式两边同时除以 $P_1'$。且假定 $\dfrac{P_2}{P_1} = a$,$\dfrac{P_2'}{P_1'} = a'$,则 (4.5) ～ (4.10) 式可改写为:

---

① Shaikh, A. Political economy and capitalism: notes on Dobb's theory of crisis. Cambridge Journal of Economics, 1978, no. 2, pp. 233 – 251.

Alberro, José and Joseph Persky (1979), "The simple analytics of falling profit rates, Okishio's theorem and fixed capital", The Review of Radical Political Economics, vol. 11, no. 3, pp. 37 – 41.

Nakatani, T. 1979, "Price Competition and Technical Choice", Kobe University Economic Review 25.

松橋透. 資本蓄積と『利潤率の傾向的低落』[J]. 神奈川大学経済貿易研究所年報:経済貿易研究, 1993 (3): 53 – 75.

神田敏英. 利潤率の傾向の低下法則と置塩定理を巡る論議 [J]. 岐阜大学地域科学部研究報告, 2000 (6): 81 – 100.

板木雅彦. 利潤率の長期低落傾向と置塩定理の展開 [J]. 立命館国際研究, 第 17 巻 1 号, 2004 (6): 1 – 17.

$$1 = (1 + r)(\alpha_1 + \beta_1 Ra) \tag{4.11}$$

$$a = (1 + r)(\alpha_2 + \beta_2 Ra) \tag{4.12}$$

$$\alpha_1 + \beta_1 Ra > \alpha_1' + \beta_1' Ra \tag{4.13}$$

$$1 = (1 + r')(\alpha_1' + \beta_1' Ra') \tag{4.14}$$

$$a' = (1 + r')(\alpha_2 + \beta_2 Ra') \tag{4.15}$$

从 (4.12) 式中可得：$\alpha_2 = \dfrac{a}{1 + r} - \beta_2 Ra$，

从 (4.15) 式中可得：$\alpha_2 = \dfrac{1 + r'}{} - \beta_2 Ra'$。

因此，从 (4.12) 式和 (4.15) 式中可得：

$$a\left(\frac{1}{1 + r} - \beta_2 R\right) = a'\left(\frac{1}{1 + r'} - \beta_2 R\right) \tag{4.16}$$

又因为，从 (4.11) 式和 (4.14) 式中可得到：

$$(1 + r)(\alpha_1 + \beta_1 Ra) = (1 + r')(\alpha_1' + \beta_1' Ra') \tag{4.17}$$

基于 (4.13) 式的前提条件，我们可以得到：

$$(1 + r)(\alpha_1' + \beta_1' Ra) < (1 + r')(\alpha_1' + \beta_1' Ra') \tag{4.18}$$

由 (4.16) 式可知，$a$ 不可能小于 $a'$。

因此，在 (4.16) 式和 (4.17) 式同时成立的条件下，必定可得到：$r < r', a < a'$ 的结论。

因此，"置盐定理"强调：在实际工资不变和在"成本准则"的假定前提条件下引进和使用新技术，必定会引起平均利润率的上升，而绝对不会出现马克思所论述的利润率趋于下降趋势。

但是，在投入系数和实际工资率一定的前提条件下，"置盐定理"中决定相对价格和利润率的 (3.1) 和 (3.2) 式的生产价格体系，在《资本论》中并不存在。在 20 世纪初和 30 年代，西方经济学家为了批判马克思的危机理论和剥削理论时才开始采用这种体系。在萨缪尔森 (1957)、斯拉法 (1960)、置盐信雄 (1961) 和森岛通夫 (1973) 的论文与著作相继发表后，这种生产价格体系被西方经济学家冠名为"马克思的生产价格体系"而广泛应用，并成为西方经济学家批判和攻击马克思理论的工具和通用的理论体系。[①]

因此，"置盐定理"之所以被大多数试图否定马克思经济理论的西方经济学家所推崇和广泛使用，在于其精美华丽的数学论证。尽管许多西方经济学家

---

① 魏埙. 当代一种独具特色的价格理论体系 [J]. 南开学报，2001 (6).

对"置盐定理"的结论持有怀疑或持保留态度，纷纷提出质疑和批判，试图放宽假设前提，改进和优化其论证方法，力争完善其结论。但是，这些改进和优化都是本末倒置的，并没有明确回答"置盐定理"和马克思的"利润率趋于下降规律"到底有无相关性，也没有回答"置盐定理"的结论到底是否具有经济学意义，更没有回答谁的理论更能正确解释现实中不断地周期性地发生着的经济危机和大萧条。

虽然在上节中，我们对"置盐定理"的数理论证方法提出了质疑和批判，但不得不承认，在其假设前提下，"置盐定理"的复杂的数学证明看似完美无缺。可事实上，其证明结论并不具有任何明确的经济学意义，如同下面所述，繁琐的证明过程只是在错误的假定条件下，得到的毫无经济学意义的结论。

若将上述（4.5）式和（4.6）式的两边分别除以 $P_1$、$P_2$，假定 $\dfrac{P_2}{P_1} = \alpha$，$\dfrac{P_1}{P_2} = \dfrac{1}{\alpha}$，就可得到（4.5）式和（4.6）式的变形：

$$1 = (1 + r)(a_1 + \beta_1 R\alpha) \qquad\qquad (4.19)$$

$$1 = (1 + r)(a_2 \frac{1}{\alpha} + \beta_2 R) \qquad\qquad (4.20)$$

因此，从（4.19）和（4.20）式可以得知，在"置盐定理"中，为了达到实现生产资料生产部门和消费资料生产部门具有相同利润率的目的，就必须使得每单位的生产资料和消费资料所耗费成本的比率相等。各自的成本如以与生产资料相同种类的使用价值来测算的话，$(a_1 + \beta_1 R\alpha)$ 表示生产 1 单位生产资料时所需耗费多少单位的生产资料。换言之说，这时的利润率只是等于每单位的剩余价值相当于多少单位的生产资料。同理，$(a_2 \frac{1}{\alpha} + \beta_2 R)$ 只表示生产 1 单位消费资料时所耗费的消费资料的数量单位。因此，相对价格 $\alpha$ 或 $\dfrac{1}{\alpha}$ 就成为生产 1 单位生产资料或者消费资料时所耗费的成本所值生产资料的换算比率，并通过 $\alpha$ 或 $\dfrac{1}{\alpha}$ 来实现两个部门的相同利润率。换言之说，通过相对价格 $\alpha$ 的变化可以调整生产资料部门和消费资料部门之间不同利润率的差异。

如果假设 $r_1$ = 以原有价格计算的引进新技术后的生产资料部门的利润率。此时，消费资料生产部门的利润率为 $r$，$r'$ = 引进新技术后形成的过渡利润率。

则必定有：

$$1 = (1 + r_1)(a_1' + \beta_1'R\alpha) \tag{4.21}$$

$$1 = (1 + r)\left(a_2 \frac{1}{\alpha} + \beta_2 R\right) \tag{4.22}$$

通过相对价格 $\alpha$ 的变动成为 $\alpha'$ 时，形成新的一般利润率 $r'$。

$$1 = (1 + r')(a_1' + \beta_1'R\alpha') \tag{4.23}$$

$$1 = (1 + r')\left(a_2 \frac{1}{\alpha} + \beta_2 R\right) \tag{4.24}$$

此时必定有 $r' > r$。因为根据（4.7）式设定的前提条件即

$$\alpha_1 P_1 + \beta_1 RP_2 > \alpha_1 P_1 + \beta_1'RP_2$$

若将：

$$P_1 = (1 + r_1)(a_1'P_1 + \beta_1'RP_2) \quad 与 \quad P_1 = (1 + r)(a_1 P_1 + \beta_1 RP_2)$$

相比较，则必定有 $r_1 > r$。也就说，大于原有的一般利润率 r 的 $r_1$ 和引进新技术后形成的过渡利润率 $r'$，无需证明即自然而然地大于 r。

换言之说，在"置盐定理"假定只能引进获得较高利润率的新技术的前提下，获得较高利润率的部门与获得原有的利润率的其他部门的利润率被设定会趋于一致，引进新技术的企业的新的利润率必定大于原有一般利润率的需要论证的结论已被"置盐定理"设定在其假设前提中。勿庸置疑，这只是明显的简单的同义反复的数学游戏而已，繁琐复杂的数学证明背后，并不具有任何实质的经济学意义。

事实上，马克思早就指出：对资本来说，不是在活劳动一般地得到节约的时候，而是只有在活劳动中节约下来的有酬部分大于追加的过去劳动部分的时候，这种生产力才提高了。[①] 而马克思又指出；一种新的生产方式，不管它的生产效率有多高，或者它使剩余价值提高多少，只要它会降低利润率，就没有一个资本家愿意采用。但每一种这样的新生产方式都会使商品便宜。因此，资本家最初会高于商品的生产价格出售商品。他会得到他的商品的生产费用和按照较高的生产费用生产出来的其他商品的市场价格之间的差额。能够这样做，是因为生产这种商品所需要的平均社会劳动时间大于采用新的生产方式时所需要的劳动时间。他的生产方法比平均水平的生产方法优越。但是竞争会使他的生产方法普遍化并使他服从一般规律。于是利润率就下降，——也许首先就是在这个生产部门下降，然后与别的生产部门相平衡——这丝毫不以资本家的意

---

① 马克思. 资本论：第3卷 [M]. 北京：人民出版社，2004：291.

志为转移。①

换言之说，马克思认为利润率下降之所以不以资本家的意志为转移是由于：引进新的生产方法可以获得个别商品的价值下降所引起的超额利润，但竞争会促使新技术的普遍应用，从而引发一般利润率的下降趋势。高峰教授曾引用马克思在1861—1863年经济学手稿中明确而透彻的论述来表明马克思的相对剩余价值生产是劳动生产率提高的必然结果的观点："生产力的发展表现在两个方面：表现在剩余劳动的增加，即必须劳动时间的减少上；还表现在与活劳动相交换的资本组成部分同资本总量相比的减少上。或者换一种说法，表现在对使用的活劳动进行较大的剥削上……也表现在普遍使用的活的劳动时间相对量的减少上，也就是表现在活的劳动时间量与推动它的资本相比的减少上。这两种变动不仅齐头并进，它们互相制约并且不过是同一规律所表现的不同形式和现象。然而，就利润率来看，它们按相反的方向发挥作用。"②

可是，置盐信雄错误地理解了马克思的正确论断，即资本主义生产，随着可变资本同不变资本相比的日益相对减少，使总资本的有机构成不断提高，由此产生的直接结果是：在劳动剥削程度不变甚至提高的情况下，剩余价值率会表现为一个不断下降的一般利润率。因此，一般利润率日益下降的趋势，只是劳动的社会生产力的日益发展在资本主义生产方式下所特有的表现。③ 没有根据的武断地推定：由于资本家采用的是"成本准则"，从而资本家所引入的新技术虽必须降低生产成本，却并不必然提高劳动生产率。可是，至今为止，置盐教授都没有提出和公开回答我们，他所谓的在"生产的有机构成"不提高条件下，能提高劳动生产率的技术进步到底是怎么样的新技术或新的生产方式？④

如果我们能够注意到，马克思早就指出：各单个商品（其总和构成资本总产品）的价格下降，只是意味着一定量劳动实现在一个较大的商品量中，因而每一个商品所包含的劳动比以前少。甚至在不变资本的一部分如原料等的价格提高时，情况也是这样的。除了个别情况（例如在劳动生产力同样地使

① 马克思. 资本论：第3卷［M］. 北京：人民出版社，2004：294.

② 高峰. 资本积累理论与现代资本主义［M］. 天津：南开大学出版社，1991：272-273.

③ 马克思. 资本论：第3卷［M］. 北京：人民出版社，2004：1-32.

④ 置盐信雄. 新生産方法導入と一般的利潤率—富塚良三氏の所説の検討［J］. 大阪経大論集，第45巻2号，1994（7）：1-23.

置塩信雄.『置塩定理』への批判の検討［J］. 大阪経大論集第45巻3号，1994（9）：1-32.

不变资本和可变资本的一切要素变便宜的时候），利润率会不管剩余价值率提高而下降。[①]　就能够发现，正是在上面我们所解读的非现实的假定之（1）和之（3）的基础上，"置盐定理"在假定之（2）的前提条件下，针对马克思的劳动生产力同样地使不变资本和可变资本的一切要素变便宜的时候，利润率会上升的科学结论，推导出了无经济学意义的结论。诚如我们阐述过的，"置盐定理"认为引进了提高劳动生产率的新技术后，提高了不变资本的使用价值量，但不变资本的价值并没有增加。同时，劳动生产率的提高会引起相对剩余价值的增加。所以，在不变资本的价值量没有变化时，理所当然地引发了利润率的上升。因此，这种在"置盐定理"所设定的假设前提下推导出的结论，只不过是马克思早就在论证利润率下降规律时提到过的个别特殊情况而已，没有任何新意和普遍意义。

因此，"置盐定理"的结论之所以不成立，究其原因，关健在于"置盐定理"在数学论证过程中存在着致命的同义反复的缺陷。不可否认，劳动生产率的提高会引起相对剩余价值的增加，在相对静态前提下，当资本的价值量没有变化时，不可避免地会发生利润率上升现象，这就是"置盐定理"蕴含的内在逻辑。但其复杂的数学证明只是数学游戏，没有经济学意义的结论只不过是马克思早已分析论证过的一个特例而已。

## 五、研究结论

综上所述，置盐信雄是以错误的假定前提和错误的数理推导与计算试图"否定"马克思的一般利润率下降规律。但是，所谓的"置盐定理"事实上根本无法成立。

当置盐信雄声称马克思没有能够反思自己的分析时，他其实根本就没有理解马克思所分析的是什么。诚如置盐信雄所言，马克思的一个基本教义是利润是剩余价值的一个表现形式。但是，他认为，剩余价值率只与基础行业有关，而与非基础行业无关，则是不充分的。而他以此推断，基础行业和非基础行业对于一般利润率起着不同的作用，即非基础行业只起被动作用就更是不充分的了。这是因为，首先，剩余价值并非只在基础行业中转化为利润；其次，基础行业主要是决定相对剩余价值，绝对剩余价值的决定即主要是规定工作日界限

---

①　马克思. 资本论：第 3 卷［M］. 北京：人民出版社，2004：251-252.

的斗争，则是"全体资本家即资本家阶级和全体工人即工人阶级之间的斗争"①。最重要的是他完全忽略了资本家对于利润的追逐。

本文的研究结论可以归纳如下：

第一，在投入系数和实际工资率一定的前提条件下，"置盐定理"中决定相对价格和利润率的生产价格体系，在《资本论》中并不存在。在萨缪尔森（1957）、斯拉法（1960）、置盐信雄（1961）和森岛通夫（1973）的论文与著作相继发表后，这种生产价格体系被西方经济学家冠名为"马克思的生产价格体系"而广泛应用，并成为西方经济学家批判和攻击马克思理论的工具和通用的理论体系。

第二，所谓的马克思的"生产率准则"不同于资本家的"成本准则"，是由于置盐信雄将不同的东西错误地用同一个数学符号来表示而形成的。置盐信雄在这一点上对马克思的质疑无法成立。更何况，资本家追逐的是利润，而不是成本，因而资本家的准则也不可能是"成本准则"而只可能是利润准则。否则，西方经济学也就不会庸俗地要把利润最大化作为企业决策的唯一准则了。而置盐信雄在谈到新的生产技术被引入某一基础行业时，也只谈到某些工资品的劳动生产率提高，而没有提这些工资品的成本下降了，这表明，他本人倒是将"生产率准则"混同于"成本准则"。

第三，置盐信雄以完全不符合资本主义实际生产方式的（3.9）式作为出发点企图否定马克思的一般利润率下降规律，只能是荒唐可笑的。根据（3.9）中作为产出品与投入品的第 $i$ 种商品的 $q_i$ 相同，采用新技术后作为投入品的 $q_i$ 也应当与使用新技术后产出品的 $q_i$ 相同。因而，（3.13）应当为：

$$\sum a_{kj}q_j + \tau_k > \sum a'_{kj}q'_j + \tau'_k$$

这样一来，（3.19）中就不再有 $\Delta q$ 项，因而也谈不上 $\Delta q$ 的系数满足 Hawkins－Simon 条件了。即便不根据（3.9）式而将产出与投入中的同一商品区别开来，置盐信雄这第二个命题的证明也是不成立的。因为他没有证明：由于第 $k$ 种行业是基础行业，因而至少有一个工资品行业满足 $\Delta q_i < 0$。相反地，在他举的数值例子中，我们看到，无论基础行业（I）如何引入新技术，（3.24）式都使得工资品行业（II）的 $q$ 保持不变，因而所有的也是唯一的工资品行业不满足 $\Delta q < 0$，而是 $\Delta q = 0$。置盐信雄的所谓证明被他自己举的例子否定了。

第四，从个别企业选择新技术在部门中的普及过程，和从企业和部门的过

---

① 马克思. 资本论：第 1 卷［M］. 北京：人民出版社，2004：272.

渡利润率到不同企业和部门间的社会一般利润率的形成过程来看，置盐信雄完全忽视了劳动生产率在不同企业和部门间的差异，主观假定某一部门引进新技术后，所有部门和企业随即会形成不变资本价值同时即刻下降的局面。可以说，正是在这样错误的不切实际的假设前提的基础上，"置盐定理"的数理论证才得以展开。

第五，置盐信雄无视部门内的竞争和不同部门间竞争的差异，混同了部门内竞争引进的新技术后所形成的过渡利润率与不同部门间竞争引进不同的新技术后所形成的社会一般利润率。置盐教授至今都没有提出和公开回答我们，他所谓的在"生产的有机构成"不提高的前提条件下，能提高劳动生产率的技术进步到底是怎样的新技术或新的生产方式。

第六，引进新技术的部门所达到的劳动生产率在"置盐定理"中被视作社会上不同企业和不同产业的平均劳动生产率。因此，技术进步在时间与空间上对不同企业和不同产业的利润率变动影响的区别和差异的讨论在"置盐定理"中被完全抛弃了。马克思的劳动生产率的提高必然带来相对剩余价值增加的科学论断，被置盐信雄错误地理解和假设为引进能提高劳动生产率的新技术后可以提高不变资本的使用价值量，但不会改变不变资本的价值的假定前提条件，从而实现和完成了所谓的"置盐定理"的数学证明。

第七，"置盐定理"的结论之所以不成立，究其原因，关健在于"置盐定理"在数学论证过程中存在着致命的同义反复的缺陷。不可否认，劳动生产率的提高引起相对剩余价值的增加，在相对静态前提下，当资本的价值量没有变化时，不可避免地会发生利润率上升现象，这就是"置盐定理"蕴含的内在逻辑。但其复杂的数学证明只是数学游戏，没有经济学意义的结论只不过是马克思早已分析论证过的一个特例而已，没有任何新意和普遍意义。

# 斯拉法的计算错误与价值的历史转形过程

余 斌

（中国社会科学院）

斯拉法（Sraffa）在其著作 "*Production of commodities by means of commodities: prelude to a critique of economic theory*"（《用商品生产商品——经济理论批判绪论》）中，试图直接从商品生产的某种数量关系来得到一般利润率和（生产）价格，从而撇开被马克思完善了的劳动价值论。此后，斯蒂德曼（Steedman）写了 "*Marx after Sraffa*" 一书（《按照斯拉法思想研究马克思》）进一步发扬斯拉法的方法，以便从一般的数量关系上得出马克思的价值计算是自相矛盾的悖论，从而彻底否定劳动价值论。

如何评价斯拉法的方法和斯蒂德曼的做法，在学者中引起了很大的争议。一些学者实际上接受了斯拉法的方法或思想，如肯定斯拉法把资本按照价值转移方式的不同区分为流动资本和固定资本，以及对固定资本的价值补偿和物质补偿的阐述；采用斯拉法的"标准体系"来充当"不变价值尺度"，企图为解决"转形问题"提供一个新的思路；承认斯拉法的"标准体系"和"标准商品"与马克思的生产价格体系是兼容的；认为应用斯拉法的生产方程、标准商品这个不受分配变动影响的价值尺度或通过还原为有劳动量的方程，以完善价值转化为生产价格的解法以及《资本论》第一卷和第三卷之间的联系，是完全必要的；认为斯拉法价格决定模型是现代社会化商品生产发展的产物，斯拉法试图把劳动价值论推向一个新的高度；认为斯拉法的价值理论体系与马克思的价值理论体系几乎没有质的发展，只是斯拉法价值理论体系使用了更强的数学工具，更加公式化地表达了劳动决定价值的思想；肯定用生产过程中的技术关系以及劳动与资本的利益关系来解释商品世界的价格体系是斯拉法模型的卓越贡献；强调斯拉法的价格论对社会主义经济理论和实践仍有一定的意义。这些看法有的是出于对经济学说史和马克思的劳动价值论的不了解，有的是出于对马克思的劳动价值论的不理解。

而对斯拉法存在两可之论的人，如认为斯拉法的价格决定理论有严重错误但也有某些正确之处的人。认为斯拉法价格体系来自于马克思的生产价格理论的人，认为马克思和斯拉法是沿着不同的路线对同一问题进行研究的，因而形成了各具特点的价值或价格理论的人，以及认为斯拉法的理论与马克思的理论是两种不同的理论的人，对劳动价值论的理解也是有欠缺的，没有看出斯拉法的理论完全是错误的。

在反对斯拉法的人中，也不是人人都对马克思的劳动价值论有着深入的理解的。例如，有人批评，那些认定马克思没有完全解决转化问题而只有斯拉法才对这个问题的解决得出"最后结局"的经济学家们，实际上是抱着一种"计量而不较质"的纯粹数学形式主义观点。他们抹杀了资本主义商品生产是一个历史过程，并体现一定阶级关系，因而他们只是企图在价值概念上寻找"硬结的定义"。但是，这种批评漠视了马克思也正是通过数学计算演示了价值转形的过程，才说明了生产价格的形成。要批判纯粹数学形式主义观点，必须像马克思那样运用数学方法来辩证地说明应当如何进行价值转形，而不能一口否定了之。

正如列宁曾经指出的，从书本上承认一个真理到能够在复杂的现实环境中根据这个真理得出应有的结论，这中间还有一段很长的距离。只有在斯拉法和斯蒂德曼设置的理论环境中根据马克思的劳动价值论这个真理得出应有的结论，才能表明我们真的掌握或理解了马克思的劳动价值论。

其实，指责斯拉法并不困难，比如，批评他所考察的对象自始至终都只是商品的交换比例；或者批评斯拉法的生产方程一开始就缺乏必要的理论基础；等等。但是，这些批评并不能真正或最终驳倒斯拉法体系，这是因为，在斯蒂德曼看来，必须对斯拉法举例中的数值解进行直接的逻辑批判，而不能简单地以乱扣帽子的手法排斥这些解，他认为，这些解"迄今为止，在逻辑上确实是无懈可击的——将来可能也是如此"。

本文将对斯拉法的两个数值举例进行全面地分析，不仅指出其计算错误，而且还要给出基于劳动价值论的解答，并在这个过程展现价值转形的动态过程即其历史的和逻辑的过程。至于斯拉法虽有阐述但没有数值举例的部分，由于斯蒂德曼在其本人的著作中另有举例，我们将另文通过批判斯蒂德曼的举例来驳斥斯拉法的错误。

## 一、斯拉法第一个例子的简要评析

斯拉法首先假设一个极其简单的社会，它所生产的恰恰足以维持自己。假定起初只生产两种商品，小麦和铁。两者一部分用作从事生产者的食粮，其余部分用作生产资料——小麦作为种子，铁作为工具。假定在全部产品中，包括生产者的必需品在内，280 单位小麦和 12 单位铁用于生产 400 单位小麦，而 120 单位小麦和 8 单位铁用于生产 20 单位铁。一年的经营结果可以表示如下：

$$280 \text{ 单位小麦} + 12 \text{ 单位铁} \rightarrow 400 \text{ 单位小麦}$$
$$120 \text{ 单位小麦} + 8 \text{ 单位铁} \rightarrow 20 \text{ 单位铁}$$

斯拉法认为，如果市场按照 10 单位小麦对 1 单位铁的交换价值，会使产品的原来分配复原，使生产过程能够反复进行；而这些价值直接产生于生产方法。在两个生产部门的体系中，种植小麦所用铁的数量和铸铁所用小麦的数量，在价值上必然相等。

在这里，小麦是不可以用来铸铁的，用于铸铁的是人力，因此，斯拉法这是将生产过程与劳动者的生活消费过程不相干地混在一起了，进而有意地模糊了必要劳动与全部活劳动之间的差别。我们知道，历史上，商品交换起源于生产的富余，如果劳动者和生产过程必须消费掉所有的产出品，而没有剩余，那么，不仅不存在商品交换，连奴隶制经济和地主经济也不能存在，只能是原始社会部落中的由集体来直接进行生产和消费的分配。因此，在这种场合谈交换价值或交换比例是荒唐的，更谈不上价值了。

有人认为，斯拉法的这个无剩余生产方程与马克思的两部类简单再生产方程是完全相同的，其运行和实现条件也完全一样，只能是出于其对马克思的简单再生产方程中存在剩余（剩余价值和剩余商品）的无知。

仅仅由于斯拉法的第二个例子是在第一个例子的基础上变化而来的，因而在下文中我们姑且认可，这第一个例子反映了商品交换。

## 二、斯拉法第二个例子的简要评析

斯拉法的第二个例子是，将上一个例子中的小麦的生产从 400 单位增加到

575 单位，而使所有其他数量不变。这就有了 175 单位小麦的社会剩余，其结果为：

$$280 \text{ 单位小麦} + 12 \text{ 单位铁} \rightarrow 575 \text{ 单位小麦}$$

$$120 \text{ 单位小麦} + 8 \text{ 单位铁} \rightarrow 20 \text{ 单位铁}$$

于是，使上述左边的预付能够更新，并且使利润能够比例于两个生产部门的预付而分配于两个生产部门，两种商品的交换率为 15 单位小麦对 1 单位铁。这样，这种对应的利润率在每一生产部门是 25%。以铁业为例，在所生产的 20 单位铁中，8 单位用于铁的消耗的更新，12 单位铁按照每单位铁 15 单位小麦的价格出售，因此得到 180 单位小麦。在这 180 单位小麦中，120 单位小麦用于小麦的消耗的更新，60 单位是利润，小麦和铁在铁业中用作生产资料和生活用品的总价值是 240 单位小麦，所以利润率是 25%。

在这里，我们首先看到，小麦的劳动生产率提高了，从而 1 单位小麦的价值量将下降，而铁的劳动生产率不变，因而 1 单位铁的价值量不变。但是，在斯拉法的计算结果中，我们只看到小麦的相对价值量下降，而无法把握小麦与铁的绝对价值量的变化。这种劳动生产率的变化引起价值量的变化，恰恰说明斯拉法企图用商品组合来构建不变的价值尺度的做法是荒唐的。只有劳动生产率变化较小的商品才适合做价值尺度，而这种商品就是金。这也是"金银天然不是货币，但货币天然是金银"的原因之一。

在这里，一个重要的问题是，为什么要用小麦作为利润的载体，而不是用铁？假如，铁业只按 15 单位小麦对 1 单位铁的比例拿 8 单位铁交换 120 单位小麦，而保留 4 单位铁作为其利润的载体。那么，上述预付将不再能够更新，这也就是说，斯拉法漠视了生产资料的资本主义私人占有与生产的社会化之间的矛盾。

如果铁业必须拿 12 单位铁去换 180 单位小麦，那么就引出了一个最重要的问题就是，此前铁业中作为投入的 120 单位小麦是怎么换来的？显然这只能是在小麦的劳动生产率提高前用 1 单位铁换 10 单位小麦换来的，假如前一例作为商品交换是成立的。于是，我们就看到一个动态的历史过程，如果后来是 1 单位铁换 15 单位小麦，并用小麦来计价的话，那么，铁业是投入了 200 单位小麦（其中投入的 8 单位铁只能按 80 单位小麦来计价）的价格量而获得了相当于 300 单位小麦的价格量的产出，其利润率是 50%，而不是 25%。而如果用铁来计价，那么，铁业是投入了 20 单位铁（其中 120 单位小麦当时值 8 单位铁），而获得了 20 单位铁，其利润率为 0。这种差别的产生就在于小麦的劳动生产率和单位小麦的价值量发生了变化。

相反地，从农业来看，用小麦计价时，是用 400（280 + 12 × 10）单位小麦的价格量的投入，获得了 575 单位小麦的产出，其利润率是 43.75%；而用铁计价，则是用 40（280/10 + 12）单位铁的价格量的投入，获得了 38.33（575/15）单位的产出量，其利润率为 - 4.2%，是负值。

这表明，斯拉法的算法完全是错误的，而用 1 单位铁换 15 单位小麦的比例也是错误的。

斯蒂德曼认为，"有人已经指出，均衡解仅仅是第一步，还需要发展非均衡条件下的利润和价格理论。这种说法无疑是对的，但需要说明的是，这并不是说可以由此来贬低均衡解的意义。不管怎样，马克思的解是错误的，这些解是正确的。进而，没有任何理由期望马克思的解可以发展成为一种动态理论，一种经不起简单检验的分析是不可能经得住更为严格的检验的。"而我们看到，他所认可的斯拉法的那些解恰恰是错误的。与他所说的恰恰相反的是，不是动态的理论就不是反映历史的理论，从而恰恰是错误的理论。

在上述斯拉法的两个例子中，还有一个谜，就是生产资料从何而来？例如，从下面这个式子：

$$120 \text{ 单位小麦} + 8 \text{ 单位铁} \rightarrow 20 \text{ 单位铁}$$

中，我们看到生产 20 单位铁需要投入 8 单位铁，但在生产这 20 单位铁以前，投入的 8 单位铁从何而来？如果说来自于上一期生产的 20 单位铁，那么用于上一期生产投入的 8 单位铁又从何而来？显然，存在一个时期，当时生产 1 单位铁是不用投入铁的。正如，马克思曾经提到过的，在机器工业生产机器之前，存在一个用手工业来生产机器的时期。而拿手工业生产的机器来制造新的机器时，是按前一期手工业生产机器的价格来购买机器呢，还是按本期用机器生产出的新机器的价格来购买用于生产新机器的机器呢？现实的世界只能是前者，而不是后者。历史无从穿越。

有鉴于此，我们重新用劳动价值论来计算一下上述数值举例中的价值量和生产价格量。为了与斯拉法的起点尽量吻合，我们假设生产过程的数量关系首先如下：

$$80 \text{ 单位小麦（种子）} + 12 \text{ 单位铁} + 20 \text{ 单位劳动} \rightarrow 400 \text{ 单位小麦}$$

$$12 \text{ 单位劳动} + 8 \text{ 单位铁} \rightarrow 20 \text{ 单位铁}$$

1 单位劳动对应 1 单位价值量，1 单位铁的初始价值量是 1，1 单位小麦的初始价值量是 0.1。而这个生产过程并不是历史上最早生产出铁和小麦的那个过程,只是历史长河中某一段的生产过程。它已经是在利用以往的生产成果了。从而其投入产品即铁和小麦(种子)已经预含一定的劳动量,这个劳动量本身不会在新的生产过程中发生改变,而只是把自身的死劳动量转移到新的产出上去。

这样在上述生产过程结束后,400 单位小麦的价值量 = 80 × 0.1 + 12 + 20 = 40,于是每单位小麦的价值量还是 0.1;而 20 单位铁的价值量 = 12 + 8 = 20,即每单位铁的价值量还是 1,此时 1 单位铁交换 10 单位小麦。

现在劳动生产率提高了,生产过程变为

80 单位小麦(种子) + 12 单位铁 + 20 单位劳动→575 单位小麦

12 单位劳动 + 8 单位铁→20 单位铁

于是,在上述生产过程第一次出现时,575 单位小麦的价值量 = 80 × 0.1 + 12 + 20 = 40,于是每单位小麦的价值量变成 40/575 = 0.070;而 1 单位铁的价值量还是 1,因此,1 单位铁按价值量交换 14.3 单位小麦,而不是 15 单位小麦。斯拉法算错了。

现在算利润和利润率。如果购买 1 单位劳动,资本家必须付出 10 单位小麦的话,那么,在第一例的场合,无论资本家是否预付工资,其利润都等于 0。而在第二例的场合,如果预付工资,就像斯拉法的上述计算所隐性规定的一样,那么此时,资本家的利润率和利润都是 0,因为投入与产出的价值量相等,但如果农业资本家是在劳动过程结束后才付 10 单位小麦为一个劳动力的工资的话,则会有利润,因为小麦的价值量下降了。但是,工资是先付还是后付,在理论上是一个完全无关紧要的问题,因为我们研究的是不断再生产的资本主义生产,而不是只生产一次就到了世界末日的某种生产方式。即便是资本家预付工资,那么只要第二例场合中的生产过程再重复一遍时,结果就不一样了,资本家的利润和利润率也就都大于零了,而这也是唯物史观和辩证法的体现。

仍然是,

80 单位小麦(种子) + 12 单位铁 + 20 单位劳动→575 单位小麦

12 单位劳动 + 8 单位铁→20 单位铁

但此时,575 单位小麦的价值量 = 80 × 0.070 + 12 + 20 = 37.6,每单位小麦的价值量是 37.6/575 = 0.065。我们看到每单位小麦的价值量正在发生动态的变化。这是很正常的。劳动生产率的变化对价值量的影响也不可能是一蹴而就的。

在这个农业过程中，生产资料耗费的价值量 $c = 80 \times 0.070 + 12 = 17.6$，工资 $v = 20 \times 10 \times 0.070 = 14$，剩余价值 $m =$ 转形前的利润 $= 20 - 14 = 6$，于是，转形前的利润率 $= 6/(17.6 + 14) = 19\%$。

20 单位铁的价值量 $= 12 + 8 = 20$，每单位铁的价值量仍然是 1，这是因为铁业的劳动生产率没有发生变化，其不变资本的价值量也没有发生变化。此时，1 单位铁可以交换 $1/0.065 = 15.3$ 单位小麦，也不是 15 单位小麦。

在这个铁业过程中，生产资料耗费的价值量 $c = 8$，工资 $v = 12 \times 10 \times 0.070 = 8.4$，剩余价值 $m =$ 转形前的利润 $= 12 - 8.4 = 3.6$，于是，铁业在转形前的利润率 $= 3.6/(8 + 8.4) = 22\%$。在这里，我们看到，由于劳动者的生活资料的价值的下降，资本获得了相对剩余价值。

由于两个产业在转形前的利润率不同，因而存在价值转形问题。这是因为，资本总是追逐最大化利润的，因而在自由竞争，从而在资本得以自由流动的情况下，等量资本要求而且也得到了（从一个较长的时期平均来看）等量的利润。在一些讨论价值转形的文章中出现了偏离率这个术语，即生产价格与价值的比率，但这个表达方式是错误的。因为发生偏离的只是 m 这一个部分，不包括 c 和 v 的部分，价值转形只是剩余价值的再分配，不包括生产成本的再分配。

在本例中，两个产业的总剩余价值是 $6 + 3.6 = 9.6$，也是所有资本获得的总利润。农业投入的资本 $k = c + v = 31.6$，铁业投入的资本 $k = c + v = 16.4$，总资本 $= 31.6 + 16.4 = 48$。因此，平均利润率 $= 9.6/48 = 20\%$，而不是斯拉法算的 25%。农业的利润 $p = 31.6 \times 20\% = 6.32$，铁业的利润 $p = 16.4 \times 20\% = 3.28$。

于是，575 单位小麦的生产价格量 $= k + p = 31.6 + 6.32 = 37.92$，每单位小麦的生产价格 $= 37.92/575 = 0.066$。20 单位铁的生产价格量 $= k + p = 16.4 + 3.28 = 19.68$，每单位铁的生产价格 $= 19.68/20 = 0.98$，于是每单位铁交换 14.8（0.98/0.066）单位小麦。按照生产价格来交换的比例，与按照价值来交换的比例是不同的。

这时，两个产业的投入是按商品的价值量来计算的，而产出无论是按商品的价值量来算，还是按生产价格量来算，都是 57.6。

如果日复一日，年复一年，上述过程再重复一次，那么，我们可以得到如下的动态结果：

80 单位小麦（种子）+12 单位铁 +20 单位劳动→575 单位小麦

12 单位劳动 +8 单位铁→20 单位铁

此时，575 单位小麦的价值量 = $80 \times 0.066 + 12 \times 0.98 + 20 = 37.04$，每单位小麦的价值量是 $37.04/575 = 0.064$。

这里为何用作为种子的小麦和生产资料的铁的生产价格量来计算转移到新生产出来的小麦中的不变资本的价值量呢？这首先是因为，生产价格量无非是价值量中某一部分的再分配的结果，它仍然与价值量是同一性质的量。恩格斯指出，"不言而喻，在事物及其互相关系不是被看作固定的东西，而是被看作可变的东西的时候，它们在思想上的反映，概念，会同样发生变化和变形；我们不能把它们限定在僵硬的定义中，而是要在它们的历史的或逻辑的形成过程中来加以阐明。"而马克思也明确指出，"我们原先假定，一个商品的成本价格，等于该商品生产时所消费的各种商品的价值。但一个商品的生产价格，对它的买者来说，就是成本价格，并且可以作为成本价格加入另一个商品的价格形成……必须记住成本价格这个修改了的意义……无论商品的成本价格能够怎样偏离商品中所消费的生产资料的价值，这个过去的误差对资本家来说是无关紧要的。商品的成本价格是既定的，它是一个不以他即资本家的生产为转移的前提，而资本家生产的结果则是一个包含剩余价值的商品，也就是一个包含超过商品成本价格的价值余额的商品。"既然成本价格的意义已经作了修改，那么，从历史和逻辑的形成过程来看，将"一个包含超过商品成本价格的价值余额的商品"的价值量规定为成本价格加上超过的那部分价值余额是完全正当的，而且是必须的。

20 单位铁的价值量 = $12 + 8 \times 0.98 = 19.84$，每单位铁的价值量降为 0.99，此时，1 单位铁可以交换 $0.99/0.064 = 15.5$ 单位小麦。

此时，在农业部门，不变资本 $c = 80 \times 0.066 + 12 \times 0.98 = 17.04$，可变资本 $v = 20 \times 10 \times 0.064 = 12.8$，剩余价值 $m = 20 - 12.8 = 7.2$，利润率 = $7.2/(17.04 + 12.8) = 24\%$。

而在铁业部门，$c = 8 \times 0.98 = 7.84$，$v = 12 \times 10 \times 0.064 = 7.68$，$m = 12 - 7.68 = 4.32$，利润率 = $4.32/(7.84 + 7.68) = 28\%$。

这两个部门的利润率仍然不同，于是存在动态的第二次转形。

此时，两个产业部门的总剩余价值是 $7.2 + 4.32 = 11.52$，也是所有资本获得的总利润。农业部门投入的成本 $k = 17.04 + 12.8 = 29.84$，铁业部门投入的成本 $k = 7.84 + 7.68 = 15.52$，总资本 = $29.84 + 15.52 = 45.36$。因此，平均

利润率 = 11. 52/45. 36 = 25.4% 。农业的利润 p = 29. 84 × 25.4% = 7. 58，铁业的利润 p = 15. 52 × 25.4% = 3. 94。

于是，575 单位小麦的新生产价格量 = k + p = 29. 84 + 7. 58 = 37. 42，每单位小麦的新生产价格 = 37. 42/575 = 0. 065。20 单位铁的新生产价格量 = k + p = 15. 52 + 3. 94 = 19. 46，每单位铁的新生产价格 = 19. 46/20 = 0. 97，于是每单位铁交换 14. 9（0. 97/0. 065）单位小麦。

在这里，我们看到，两个产业的投入已经是按商品的生产价格同时也是转形后的新价值量来计算了，根本不存在庞巴维克所攻击的，一旦把马克思计算过程中的成本价格由价值转变为生产价格，所谓转形问题在逻辑上是绝无可能解决的问题。随着再生产的不断进行，价值转形过程也会不断进行，而价值量始终是生产价格量的先导。

## 三、斯拉法第二个例子的拓展评析

将斯拉法的第二个例子拓展一下，改为：

280 单位小麦 + 12 单位铁→575 单位小麦

132 单位小麦 + 8. 8 单位铁→22 单位铁

也就是将铁业的投入和产出同时提高 10% 。这时，斯拉法的社会剩余不再是 175 单位小麦，而是 163 单位小麦和 1. 2 单位铁。

这时，对于斯拉法来说，无论是交换比例，还是利润率都不会发生变化。两种商品的交换率仍然为 15 单位小麦对 1 单位铁。对应的利润率在每一生产部门仍然是 25% 。

这意味着，斯拉法的方法充其量也只适合各部门利润率相同的情形，从而跟转形问题无关，也跟李嘉图学派无关。李嘉图学派要解决的问题是，按照劳动价值论，不同资本有机构成的部门应当具有不同的利润率，但在现实中它们却有大致相同的利润率，这个矛盾如何解决。因此，李嘉图学派的前提是在不考虑生产价格只考虑价值时，不同的部门要有不同的利润率。而斯拉法根本不可能从不同的利润率出发，因为按照他在数值举例中的算法，根本就不可能存在各部门具有不同的利润率的情况。从而斯拉法方法的荒唐也就暴露无遗。

而按照前面演示的马克思的算法，随着铁业的投入和产出同时提高 10% ，整个社会生产的资本有机构成发生了变化，利润率也会发生变化。计算过程如下：

仍然从 1 单位劳动对应 1 单位价值量，1 单位铁的初始价值量是 1，1 单位小麦的初始价值量是 0.1 的前提出发。由

80 单位小麦（种子）+12 单位铁+20 单位劳动→575 单位小麦

13.2 单位劳动+8.8 单位铁→22 单位铁

得，575 单位小麦的价值量 = 80 × 0.1 + 12 + 20 = 40，于是每单位小麦的价值量变成 40/575 = 0.070；而 1 单位铁的价值量还是 1，因此，1 单位铁按价值量仍然交换 14.3 单位小麦。

现在算利润和利润率。为了撇开工资是预付还是后付的问题，我们将本例中的生产过程再重复一遍，仍然是，

80 单位小麦（种子）+12 单位铁+20 单位劳动→575 单位小麦

13.2 单位劳动+8.8 单位铁→22 单位铁

此时，575 单位小麦的价值量 = 80 × 0.070 + 12 + 20 = 37.6，每单位小麦的价值量是 37.6/575 = 0.065。

在这个农业过程中，生产资料耗费的价值量 c = 80 × 0.070 + 12 = 17.6，工资 v = 20 × 10 × 0.070 = 14，剩余价值 m = 转形前的利润 = 20 - 14 = 6，于是，转形前的利润率 = 6/（17.6 + 14）= 19%，并不受其他部门的生产规模的变动的影响。

而在铁业部门，22 单位铁的价值量 = 13.2 + 8.8 = 22，每单位铁的价值量仍然是 1，这是因为铁业的劳动生产率没有发生变化，其不变资本的价值量也没有发生变化。此时，1 单位铁仍然交换 1/0.065 = 15.3 单位小麦，其相对交换比例，按照价值量来算是没有变化的。

在这个铁业过程中，生产资料耗费的价值量 c = 8.8，工资 v = 13.2 × 10 × 0.070 = 9.24，剩余价值 m = 转形前的利润 = 13.2 - 9.24 = 3.96，于是，铁业在转形前的利润率 = 3.96/（8.8 + 9.24）= 22%，与拓展前的例子相同。

然而，此时，两个产业的总剩余价值即总利润是 6 + 3.96 = 9.96。农业投入的资本 k 还是 31.6，铁业投入的资本 k = 8.8 + 9.24 = 18.04，总资本 = 31.6 + 18.04 = 49.64。因此，平均利润率 = 9.96/49.64 = 20.1%，既不是斯拉法算的 25%，也不同于先前计算的 20%。进而单位小麦和单位铁的生产价格量以及它们之间的交换比例也会与先前的有所不同，体现了资本有机构成的变化对平均利润率和生产价格的影响，而这种变化及其影响，在斯拉法那里是看不到的。

## 四、小结

斯拉法的价格理论完全是错误的，虽然它不同于西方主流经济学的边际效用价格理论，但它并没有对西方主流经济学形成冲击，反而被用来歪曲和否定马克思的劳动价值理论。这就像第一次世界大战时一些鼓吹保卫祖国的社会民主党人进入资产阶级内阁，并没有对资产阶级统治形成冲击，反而妨碍了无产阶级的革命一样。相比庸俗经济学及其现代版本的西方主流经济学，对于这样的貌似古典经济学甚至马克思主义经济学的错误理论，我们更要保持足够的清醒和警惕。如果盲目地吸收或借鉴，即便是有所批判的，也会使我们像德国社会民主党容忍屠杀李卜克内西和卢森堡的叛徒一样偏离马克思主义真理。

面对一些对马克思主义理论的质疑，如果我们无法回应，首先要想到的不是马克思主义理论还不完善，而是我们对于马克思主义理论的理解还不到位。而如何判断我们对于马克思主义理论的理解是否到位呢？这就要广泛阅读马克思主义的经典著作，不断检验我们能否在马克思主义经典作家当年所处的环境中得出与他们相同的结论。只有能够在过去多变的历史环境和理论环境中与马克思主义经典作家保持一致，我们才能说在今天同样多变的环境下，我们的理解可以算是马克思主义的理解，我们的研究可以算是马克思主义理论的继承和发展。

### 参 考 文 献

[ 1 ] Piero Sraffa. Production of commodities by means of commodities：prelude to a critique of economic theory. Cambridge，1960.

[ 2 ] Ian Steedman. MARX AFTER SRAFFA. London：Verso. 1981.

[ 3 ] 魏埙. 当代一种独具特色的价格理论体系——斯拉法《用商品生产商品》介评 [J]. 南开学报，2001 (6).

[ 4 ] 史晋川. 马克思的价值转形问题与斯拉法的“标准体系”[J]. 财经论丛，2003 (5).

[ 5 ] 张忠任. 马克思和斯拉法的“不变的价值尺度”理论——纪念我国著名经济学家魏埙先生 [J]. 政治经济学评论，2005 (1).

[ 6 ] 丁堡骏. 评斯拉法的价格理论 [J]. 政治经济学评论，2003 (2).

［7］ 刘迎秋. 斯拉法的价格决定模型及其借鉴意义［J］. 南开经济研究，1989（5）.

［8］ 孟奎，刘永军. 斯拉法价值理论与马克思价值理论比较［J］. 商业时代，2012（18）.

［9］ 鲁品越. 斯拉法模型的分析与重建——兼论三类价格理论的层次关系［J］. 财经研究，2005（4）.

［10］ 毛健. 斯拉法的价格论评介［J］. 价格理论与实践，1991（10）.

［11］ 郭熙保. 斯拉法价格决定体系述评［J］. 世界经济研究，1985（3）.

［12］ 白暴力，白瑞雪. 斯拉法价格体系分析［J］. 当代经济研究，2011（1）.

［13］ 张峻山. 斯拉法的价格理论与马克思价值理论的比较［J］. 南开学报，1997（1）.

［14］ 赵锦辉. 斯拉法经济学评述［J］. 渤海大学学报：哲学社会科学版，2007（2）.

［15］ 胡代光. 评斯拉法的"标准商品"和"标准体系"的建立［J］. 北京大学学报：哲学社会科学版，1981（5）.

［16］ 列宁. 列宁全集：第35卷［M］. 2版. 北京：人民出版社，1985.

［17］ 沈志求. 对庇·斯拉法的价格决定论的探讨［J］. 中国人民大学学报，1992（1）.

［18］ 丁堡骏. 评斯拉法的价格理论［J］. 政治经济学评论，2003（2）.

［19］ 马克思. 资本论：第1卷［M］. 2版. 北京：人民出版社，2004.

［20］ 马克思. 资本论：第3卷［M］. 2版. 北京：人民出版社，2004.

# 社会主义市场经济中的资本属性与定位

李欣广

（广西大学）

## 一、资本的两种属性及其在两种社会经济制度中的作用

### （一）资本具有两重属性：一般属性与特殊属性

作为一般属性，资本代表生产资料与劳动力结合条件下体现生产资料的价值，它的经典定义就是：资本是能够带来价值增值的价值。古典经济学家说："作为进行新生产的手段的积累起来的劳动就是资本"，但停留在这个定义上是肤浅的。因为这个定义只谈到资本的一般属性，没有涉及资本概念得以成立的社会关系。一般属性的资本，存在于不同社会制度的市场经济中。

作为特殊属性，不能将资本看成超脱与社会经济制度的价值物。"资本不是物，而是一定的、社会的、属于一定历史社会形态的生产关系，它体现在一个物上，并赋予这个物以特有的社会性质。"① 马克思对资本在资本主义社会中的特殊属性做了深刻的分析，将劳动力买卖作为资本所体现的生产关系的关键环节。根据马克思主义经济学的论证，资本代表着资本家对雇佣工人的剥削手段、剥削关系。

---

① 马克思. 资本论：第 3 卷 ［M］. 北京：人民出版社，1975：920.

在马克思主义学者的传统认识中，对资本没有两种属性的理解，只有特殊属性的理解。因此，资本就是只发生于资本主义经济的概念。在资本主义社会中，资本与雇佣劳动、剩余价值成为三个不可分割的经济范畴，成为对劳动者进行剥削的经济关系的理论概括。人们对资本没有一般属性的认识。

## （二）资本范畴在社会主义经济中继续存在的原因

社会主义制度诞生后一开始都是建立计划经济体制，对商品、货币、价值这些经济范畴允许保留，而对资本（包括雇佣劳动与剩余价值）就予以排除。计划经济中，用于投资而垫付的货币仍然是能够带来价值增值的价值。然而人们却不将其称为资本，没有雇佣劳动与剥削，何来资本？于是，需要换一个概念来称呼投资品的价值。经济学家曾经做过更改概念的努力。苏联社会主义政治经济学教科书中，用"基金"来代替"资本"。但这是不合适的，因为"基金"是一个社会上已有的概念，它已经被用于某个场合，资本主义经济已经用了这个概念，如"洛克菲勒基金"。当时我国采用的是"投资资金"概念，这个概念，只能在投资场合才能反映其对象，到进入"循环"、"周转"过程中，就只能简称"资金"了。而资金概念不能说明其应用场合，资金既有生产资金又有消费资金，这种权且采用的办法妨碍了社会主义经济理论分析的深度与准确度。

看来，解决问题的关键在于要创造一个社会上原来没有的概念。老一辈经济学家卓炯在大力提倡社会主义商品经济时，提议用"社本"来代替"资本"。这就分清了那个"能够带来价值增值的价值"在不同社会制度下的不同属性。但是，这一提议，如果在纯粹的公有制经济当中，尽管会带来口语转换上的麻烦，还不会有行为上的障碍，但在一个多种所有制经济的社会就不好办了。仅以股份制企业来说，来自国有企业的股份叫"社本"，来自私人企业的股份叫"资本"，这就乱套了。中国不同所有制企业"走出去"，也不能说同时有"社本"和"资本"都到国外投资。因此，在当代经济中，沿用"资本"概念是不可避免的。

其实，"资本"概念与商品、货币、价值等概念一样，首先是市场经济概念。只要认识资本具有一般属性与特殊属性这两重属性就不会勉强避开它了。区别社会主义经济中的"资本"与资本主义经济中的"资本"，要从该概念的特殊属性来分析。为此，我们要分清公有资本与私有资本两个概念，所有关系的不同是它们的基本区别。在20世纪90年代我国确立了经济体制改革的目标模式是社会主义市场经济体制之后，理论界要努力做的就是将社会主义市场经济中"资本"与资本主义经济中的"资本"的不同属性区分开来。

### （三）资本一般属性在两种社会主义经济体制中的表现

经济学理论发展的实际是，认识资本概念在社会主义市场经济与资本主义市场经济中的共同点，比认识资本在这两种社会经济制度与两种市场经济体制中的区别还困难。也就是说，经济理论面临的更大问题还不是资本的特殊属性，而是一般属性。

问题的出发点是认识资本的本性，也就是资本逻辑。根据笔者对政治经济学的学习体会，资本逻辑可从两方面来认识。

一是资本具有"使劳动吮吸或劳动"以求增值的本能冲动。马克思对此早有说明："而资本只有一种生活本能，这就是增殖自身，获得剩余价值，用自己的不变部分即生产资料吮吸尽可能多的剩余劳动。"① 资本追逐自身增值，在日常生活中表现为追求更多的利润，反过来就是追求更少的成本。这个逻辑，对于私人投资者，作为资本家，他只是人格化的资本，这不奇怪。但对于公有资本，这个逻辑仍然存在。公有资本的投资者，即使利润不归他所有，这个增值的幅度，也是其经济实绩的主要衡量尺度，也是他手中所能支配的财权的主要凭据。

在计划经济时期，为使国家尽快摆脱经济落后局面，必须注重资本增值。当时注重的是宏观上的资金增值率，总体上的投资效率。为此国家对农村采取了统购统销政策，压低农产品价格，保证生活资料低物价，接着采取低工资政策；在职工生活条件上实施"先生产、后生活"，以求降低工业生产成本。这样造成的生活欠账，本应在生产发展起来以后偿还，可是一旦遇到不关心群众生活的"长官"，就会拖下来长期得不到解决。同时，对微观的资本增值，为严防对计划的干扰，却极力反对"利大大干、利小小干"，反对追求利润。因此，计划经济的特点是资本逻辑遭到分裂。

进入市场经济时期，在企业获得市场主体地位的基础上，资本逻辑重归统一。公有企业自负盈亏、自谋发展，追求利润自然是企业必然的目标。公有制企业与私有制企业不同之处在于：利润不归企业经营者自己所有，因此，企业经营者不是资本的人格化。由于企业利润与经营者个人利益密切相关，这就又

---

① 马克思. 资本论：第1卷 [M]. 北京：人民出版社，1975：260.

使共同的资本逻辑仍起作用。全面分析，对公有制企业追求利润，所受到的社会约束与道德约束要比私有制企业大得多。

二是资本具有支配劳动者来推动社会化生产的客观作用。如果撇开经济关系的中介，那么，劳动者运用生产资料来开展劳动，就是一个发挥主体力量驾驭客体力量的过程。但是，社会经济中这个过程不是直接形成的，经济关系作为中介实现劳动者与生产资料相结合有三类方式：①个体经济无须任何中介，劳动者与生产资料可以自然相结合。②集体经济中的联合劳动，是劳动者经过集体投资，与生产资料相结合。这种方式是劳动者支配资本。③无论是私人经济，国有经济，还是公私合营的股份经济，都是先有投资，再有劳动者的招雇录用，这种方式是资本支配劳动者。显然，当集体经济难以在社会化大生产领域顺利发展起来的背景下，资本支配劳动就成为生产资料与劳动者相结合的主要特征。

由于社会主义市场经济中中央利益与地方利益的分化，在各地竞相追求经济发展成绩当中，资本逻辑得到发挥条件。追求最大投资量与发展成本最小成为各地政府的目标，由此诱发了"以资本为本"的非科学发展。非科学发展的根源就是资本逻辑，这个根源无法消除，但可以限制。只要树立正确的政绩观，就能推动科学发展，将资本逻辑限制在应有的小范围内。

## 二、社会主义再生产中的资本定位

社会主义再生产分为生产关系再生产、物质资料再生产、人—劳动力再生产、生态资源—环境再生产、精神产品再生产五种。① 资本及其逻辑在这五种再生产中都起到重要作用。

### （一）资本产生于生产关系再生产，反过来又影响生产关系再生产

由于社会主义经济不能逾越商品生产阶段，选择市场经济体制有其必然性。社会主义生产同样具有二重性：既是劳动过程又是价值创造与价值增值过程，因此资本在社会生产过程中就成为一个重要的关节点。

作为社会主义劳动过程，要体现劳动者的主体地位，贯彻马克思提出的"劳动的逻辑"：联合起来，合理地调节人类和自然之间的物质变换，把社会

---

① 刘思华. 理论生态经济学若干问题研究 [M]. 桂林：广西人民出版社，1989：288－289. 作者提出了人口、精神、物质、生态四种再生产。生产关系再生产是马克思的观点。

生产置于劳动集体的共同控制之下，靠消耗最小的力量，在最无愧于和最适合于劳动者的人类本性的条件下来进行这种物质变换①。生产劳动的目的是为了人，依靠人。可以说，"劳动的逻辑"就是人本逻辑，是集中体现社会主义生产关系的人际关系的一面。

社会主义价值创造与价值增值过程必须要有足额的"能带来价值增值的价值"，使一定价值量得到最大的增值率，不断积累→投入→再积累→再投入。显然，这里起作用的是"资本的逻辑"。在"资本的逻辑"中，包括劳动者这个人力资源、自然资源等，都是有待资本来配备的生产要素，要服从资本的目标与效率。而资本的目标就是创造更多的增值价值。

在社会主义初级阶段的社会、经济、文化条件下，两种逻辑相互依存、相互矛盾。只要劳动逻辑，忽略资本逻辑，就容易陷入"共同贫穷"；反过来，只要资本逻辑，忽略劳动逻辑，可以在一定程度上使社会富裕，但却不是共同富裕，而是贫富分化，社会主义生产关系就会遭到破坏。因此，在社会主义生产关系再生产中，不能排除资本逻辑，但如果不加控制，显然它会使生产关系发生变异。这一点，在论证科学发展观的核心"以人为本"当中都有涉及。

由此我们得出一个科学社会主义的结论：社会主义生产关系，不仅要在科学理论指导下建立，也要在科学理论指导下维护。在与资本主义发达国家的竞赛中，为追求高度的劳动生产率、追求经济发展速度，离不开利用资本的逻辑，但是为防止社会主义生产关系的变异，必须要控制资本的逻辑，正确处理好与劳动的逻辑之间的关系。

### （二）资本是物质资料再生产的第一推动力，但却不是根本动力

马克思曾说："现代商品—市场经济，用于投资的货币是生产的第一推动力。"这已是经济常识。同时，根据马克思主义经济学的原理，人是生产力最根本的动力，劳动者的生产积极性、创造性的发挥，是推动生产力发展的根本性动力。从物质资料再生产的组织过程看，资本只有与其他生产要素构成合理的比例，才能使生产不仅有规模，也有质量，使增长不仅有速度，也有效益。没有技术、管理、分工协调、有保证的能源原料供给，资本的投放是低效或无效的。在宏观与中观的层面，片面强调自资本的作用只能扭曲经济发展。

---

① 马克思. 资本论：第3卷 [M]. 北京：人民出版社，1975：926－927.

### （三）资本与人力在对立统一关系中影响人力资源再生产

社会经济中，客体力量由资本代表，主体力量分别由经营者与劳动者来代表。其中，经营者发挥的恰好是整体资本的效率，而劳动者发挥的是生产过程中的劳动力，劳动力仅仅是资本的诸要素之一。为此，资本关注的主要是经营者的人力资源，资本愿意为经营者阶层设置高薪，使其成长、培养代价较高，形成这一人力资源的高投入、高产出。而对劳动者的人力资源，则在低成本的区段上运行。

在市场经济中，企业的所有制影响对劳动者的人力资源的再生产。公有制经济劳动者主体地位高，资本不能强行贯彻成本原则来压低劳动力使用代价。私有经济劳动者处于受支配地位，资本将按照其本性尽量降低劳动力使用成本。当然，社会经济的发展，提升了劳动的复杂度、精细度，劳动者的健康、技能、精神状态将越来越显著地影响资本的效率，随着生产的技术密集度增大、知识含量提高，资本将乐于使用该质量的劳动力，这就有必要将物质资料再生产的"高投入－高产出"经营原则，扩展到劳动力使用上，达到"增大一分劳动力成本，增大两分资本收益"的效果。许多产业中，物质资本的重要性逐步让位于人力资源。

### （四）资本通过物质资料再生产来影响生态资源—环境再生产，资本的效率越来越受到生态资源—环境再生产的影响

在这个双向影响中，有个长期效益与短期效益的关系。资本追求利润的本性决定着它力求物质资料生产规模盲目扩大，结构升级总是滞后；总是在掠夺生态资源与环境，以达到降低成本的目标。但是，资本人格代表者本着人的理性也会认识到，资源耗竭与环境损坏将给资本在物质生产领域的运作带来毁灭性打击。因此，资本经营者总希望别人理性对待自然，约束别人追逐物质利益的行为，而最好自己能够按照资本本性来行动。于是在资本逻辑支配下不断发生局部与整体、企业与社会的博弈。如果多考虑一下长远利益，就会降低损公（这里指社会生态利益）利己的强度，多考虑短期利益，就会提高损公利己的强度。于是由物质资料再生产来破坏生态资源—环境再生产的行为就要由代表社会的政府来约束。但是资本的力量也会渗入政府当中。资本主义社会由资本主导，政府维护生态环境的努力十分虚伪和软弱。资本人格代表者的理性在资本的本能冲动下也处于下风。社会主义社会的政府只有贯彻人本原则，让人民

的监督高于资本的影响，才能使资本更多地考虑长期效益、全局效益。

科技进步对物质资料再生产具有两重推动作用，既可能更大地损害生态资源—环境再生产，也可能有利于促进生态资源—环境再生产，所以科技研发与在生产中的运用是要选择的，选择的标准不能按照资本逻辑：利润多、销路好，而要按照生态经济原则。只有经过选用的科技应用，才能利用资本推动生产，有利于资源节约与环境友好。生态经济原则是科技进步领域对资本的限定。

### （五）资本影响社会意识，精神生产反映社会调节力

从经济领域中产生的商品拜物教、货币拜物教到资本拜物教，深刻地影响着社会意识。社会依靠伦理道德、宗教、政治思想（例如爱国主义）、文化生活等来调节资本对社会成员精神的影响，避免唯利是图原则支配全部社会生活。但是，决定社会意识的基本因素毕竟是社会存在，经济关系中的资本逻辑越是强烈，对社会意识影响越大，靠精神生产来调节社会意识就将是苍白无力的；经济关系中的资本逻辑受到限制，精神生产的调节就是强有力的。社会主义对资本逻辑的限制，马克思主义思想体系对精神生产的指导，是使这一调节作用有效的保障。

## 三、社会主义市场经济发展进程中的资本地位

利用资本发展社会生产力是社会主义初级阶段的重要社会现实，鉴于资本的复杂性影响，在社会主义市场经济发展进程中，我们应当从动态上认识它所需要的地位变化。

### （一）在三个经济发展主体中改进发展目标

三个经济发展主体是指国家、地方与企业。在单纯追求经济实绩的时期，国家、地方都以国内生产总值（GDP）为发展目标，企业以资产额、利润率为发展目标，这些目标都以投资为第一推动力，资本逻辑起到最强作用。贯彻科学发展观，要用"以人为本"来取代这三个"为本"：即发展目标上"以GDP为本"、发展结果上"以物为本"（"以物质财富为本"）、发展动力上"以资本为本"。由此，在发展指标上都要实现经济效益、社会效益、生态效益的兼顾与有机结合。

对于三个主体而言，①国家经济发展的主要导向指标与衡量指标要充分体现为人民的幸福、人的自由全面发展，兼顾经济、生态、社会三方面的效益，不能只追求经济发展而忽视社会发展与生态维护。②地方经济发展是国家经济发展的一部分，基本要求与国家经济发展相同，但还要根据地方的区情，按照国家制定的主体功能区规划，履行国家赋予的区域发展使命。③企业是市场主体，天然需要追求体现资本增值幅度的经济效益，但同时不能忽略现代企业应有的人文精神与社会责任，不能违背"绿色发展"的潮流，因此对资本逻辑要合理地抑制。我们所说的现代化发展与社会经济进步，就要有这三个发展主体的如上改进。

### （二）调节要素供给的方式与渠道

市场经济似乎有了货币资本就有了一切，有资本可以购买一切物质，可以购买科学技术，可以雇佣劳动者，可以聘请专家和经理——相当于购买管理，从而用别人的专业技能来实现资本的生产、流通职能，等等。当然，这里隐含着一个条件，就是要有资本运作的能力。也就是说，只要有投资资金与用这笔资金的本领，就可以进入各种各样的领域谋求这笔资金价值的增值。资本的强势就是这样来的，至少在起步阶段是这样。在贯彻科学发展观中，必须创造外部环境，控制要素供给的方式与渠道，降低资本的强势。

（1）劳动力的供给要联系相应的政治条件，做到迫使资本在运作中"尊重劳动"。发达资本主义国家对此要好于发展中的资本主义国家，原因在于工会力量的强大。我们至少先要达到这一步，让工会成为迫使资本"尊重劳动"的制约因素。进而增加一线生产的劳动者代表在人民代表大会中的比重，扭转多年来人大、政协经常出现有利于资本的提案，却鲜见有利于劳动的提案。

（2）技术的供给要经过筛选，要按照生态经济原则，排斥那些看起来利润多、销路好，却损害生态资源—环境再生产的技术。反过来，一些有利于生态资源—环境再生产的技术，由于价值增值不高而受到企业界冷遇，就要有相应的政策扶持鼓励。这里，科学发展的逻辑要在关键环节上取代资本的逻辑。前者要有审核制度，后者要增加产业政策的新内容。同时，国家创新体系在技术供给上起到重要作用，具体的供给对象要与国家的产业政策、技术政策挂钩，资本逻辑对此要服从国家的产业发展规划。

（3）自然资源的供给也要按照生态经济原则筛选。宪法有关自然资源的所有权条款应当得到落实，不能让私人资本集团随意占有以及获得全部资源收益。一段时间以来山西煤矿资源事实上的私有化促成了资本强势，除了煤老板的经济效益剧增外，社会效益、生态效益均急剧下降。对煤矿资源开发，公进私退、"大"进"小"退，不仅是合理的，也是必要的。

（4）资金的供给是资本形成的基础，社会资金的供给要有利于削弱资本强势。金融一定要掌握在社会主义国家手中，这是贯彻"节制资本"的新民主主义原则（甚至也是孙中山的新三民主义原则）的最后一道防线，是社会主义初级阶段公有制主体地位的保证。随着知识经济的到来，许多有知识、有经营才干，就是缺少资本的人才，应当通过银行贷款获得社会资金来投资，建立起受限的私有或集体的职能资本。这样的资本是生产经营条件，但强势不再。

## （三）收入分配的倾斜

建立社会主义市场经济，我们在分配原则上提出"按要素分配"与"按劳分配"并行，代替原来单一的"按劳分配"原则，以适应多种所有制经济共同发展的格局。其实，这是一个不严密的说法，科学的表述就是"按资分配"与"按劳分配"并行。因为作为分配依据的各个要素中，只有资本与劳动才是对立概念，其他要素都应分别归结为这两大要素。如"技术"这个要素本身是商品，它要么作为技术资本参与分配，要么作为从事技术工作的能力，作为按劳分配的一种类型。管理要素也是这样，管理效率是资本效率的一种，而管理工作是一种高级的劳动形式，因此作为分配依据，管理不能独立于资本或者劳动。至于自然资源，包括土地，只能作为带有垄断性质的资本参与分配。

这两种分配原则下，分别产生财产收入与劳动收入。需要指出，许多财产收入不是资本要素直接分配的结果，而是资本收益再分配的结果，如储蓄利息。社会主义的价值判断已经表明，对社会进步的作用，劳动收入没有消极作用，而财产收入则有两重作用：消极作用是产生不劳而获，积极作用是在经济发展初期有利于调动居民将消费资金转化为积累资金。但随着经济发展受到的市场需求约束、生态资源约束越来越大，需要的知识积累重要性越来越超过资金积累的重要性，财产收入的积极作用就会愈加缩小。从社会发展总的方向看，财产收入对社会进步的消极作用将趋向于增大。我们必须在理论上认识这一点，在政策上向"按劳分配"原则倾斜，对"按资分配"抑制，鼓励居民增加劳动收入而不是财产收入。这将推动资本地位下降，劳动地位上升。

## 参 考 文 献

［1］吴宣恭. 科学认识资本与劳动关系的重要理论［J］. 高校理论战线，2008（5）.

［2］黄锡富. 谈资本逻辑与人的全面发展的关系［J］. 改革与战略，2012（5）.

# 完善生产要素按贡献参与分配机制研究

邵　邦　　黄少琴

（北京航空航天大学）

（广西师范学院）

十八大报告提出完善以按劳分配为主体、多种分配方式并存的分配制度，是中国分配制度改革的进一步深化，是由中国现阶段所有制形式多样化、完善社会主义市场经济体制、解决收入差距问题、产权制度多样化共同决定的，但是在完善生产要素按贡献分配制度中仍存在着人们思想阻碍、生产要素市场化程度不够、生产要素参与分配权利匮乏、弱势群体生存缺乏保障等障碍。究其原因，这些障碍是由于对生产要素按贡献参与分配认识不清和实践不足，生产要素市场制度不完善，相关法制建设滞后，社会保障制度不完善等因素造成的，需要从转变人们思想观念，完善生产要素市场经济体制，加强生产要素参与分配法制建设，加强政府宏观调控职能等方面加以解决。

## 一、完善生产要素按贡献参与分配机制的理论和实践依据

### （一）理论依据

1. 生产要素是财富生产条件

在《哥达纲领批判》中，马克思批判"劳动是一切财富的源泉"时指出："劳动不是一切财富的源泉。自然界和劳动一样也是使用价值（而物质财富本来就是由使用价值构成的）的源泉"，马克思在分析财富来源问题中指出，价值的唯一来源是人类抽象劳动，而使用价值即财富的来源是具体劳动和物质资

源，物质资源也是财富生产的条件。

2. 生产要素投入量决定财富量

在对劳动生产力的论述中，马克思认为："劳动生产力是由多种情况决定的，其中包括工人熟练程度，科学的发展水平和它在工艺上应用的程度，生产过程的社会结合，生产资料的规模和效能以及自然条件"，马克思论述的五个因素可概括为劳动、科学技术、经营管理、资本以及土地，在其他条件不变的情况下，五因素任何一个发生变化，都会影响到劳动生产力，进而影响到价值量以及财富的变化。

## （二）实践依据

1. 现阶段所有制形式决定生产要素按贡献参与分配

中国现阶段存在着不同所有制关系，而分属于不同所有者的各种生产要素在财富的创造过程中发挥了各自不同的作用，因此，作为各种生产要素所有权在经济上借以实现的各种分配形式，必然要以各生产要素在物质财富的创造过程中作出的贡献为依据。

2. 完善社会主义市场经济体制决定完善生产要素分配机制

现阶段中国正处于完善社会主义市场经济体制过程中，市场经济体制本质就是市场机制作为资源配置的基本手段的一种经济体制，完善生产要素参与分配的机制，各生产要素市场才能健康发展，价格决定机制才能够完善，整个社会主义市场经济体系才能够可持续发展，最终促使社会主义市场经济体制不断完善。

3. 收入差距的解决决定完善生产要素按贡献参与分配机制

完善生产要素按贡献参与分配制度的实施，有利于解决现阶段收入差距过大问题，有利于扩大中等收入者比重，有利于建设和谐社会，是分配领域改革方面贯彻落实科学发展观的重要表现。

4. 多样化产权制度决定完善生产要素按贡献参与分配机制

首先是分配对象即分配客体不断多样化，除了货币与商品外，还有成员资格、服务、荣誉、自由时间等；其次是居民收入来源愈来愈多样化，既有初次分配所得，也有再分配所得；既有工资、奖金、津贴等按劳分配所得，又有股息、利润、利息、租金、股票期权等按要素分配所得。并且随着非公有制经济、资本市场的发展，通过利息、股息、租金等形式体现的按要素分配的收入成为居民收入的重要来源。而这些由于产权形式多样化问题产生的分配对象和收入形式有很多问题需要解决，仅有原则作为参考是不够的，还需要根据新的形势在机制上不断完善。

## 二、完善生产要素按贡献参与分配机制的现状分析

### （一）生产要素参与分配对国民经济发展的贡献

自改革开放以来，收入分配制度不断与时俱进地进行改革，极大地促进了中国经济的发展，人民生活水平显著提高，从 1978 年至今，中国经济年均增长 9.8%，比日本经济起飞阶段的 9.2%，韩国经济起飞阶段的 8.5% 还要高，城镇居民可支配收入增长了 45 倍，职工平均工资增长了 46.5 倍，农村居民人均收入增长了 35 倍，而这一切成就的取得与生产要素参与分配是密不可分的。生产要素参与分配方面一系列改革对中国经济的发展发挥了重要作用，并且随着分配制度改革的不断深入，生产要素更加充分地参与财富生产过程，生产要素贡献率极大提高。以全要素贡献率为例，1978 年中国全要素生产率提高对经济增长率的贡献为 23%，而到 2006 年，全要素生产率对经济增长率的贡献达到了 56.7%。

### （二）完善生产要素按贡献参与分配机制中存在的问题

1. 对完善生产要素按贡献参与分配机制的认识不清

人们对于完善生产要素按贡献参与分配机制认识不清的原因在于，经过 60 余年社会主义建设，30 余年光辉的改革开放历程，广大人民群众的生活水平明显提高，生活状况显著改善，人民群众对于通过自身刻苦学习、努力工作获得财富的现象普遍赞赏，但在现阶段教育、医疗、养老制度不太完善，房价过高，贫富差距过大，垄断行业从业人员收入过高、分配秩序混乱的环境下，人民群众在努力工作而仅仅获得远远低于其实际贡献的回报后心里必然产生不平衡。

2. 生产要素市场制度不完善

劳动要素参与分配方面。部分企业分配过程中存在着劳动要素参与分配被弱化的现象，劳动力所得收入比例过低且得不到保障。一些企业在以实现利润最大化为目的的前提下，随意压低工人工资，在企业利润增长的同时，工人工资维持在较低的水平，导致增效不增资、加班不加钱的现象的出现，工人实际工资不能准确反映市场行情。

资本要素参与分配方面。中国现阶段实施的是浮动利率，金融业的主体是国有经济和集体经济，非公有经济进入金融业存在着较高的门槛，资本的参与财富生产的积极性难以充分发挥。在资本市场制度建设方面，作为资本市场主要组成部分的证券市场缺少成熟的管理、监督规定，最终致使证券市场成为投机市场，作为其实质角色的投资市场定位被扭曲。

技术要素参与分配方面。技术要素市场存在的主要问题在于：①技术要素产权界定难，尤其是技术所有权界定没有法律依据；②技术参与分配环境缺乏，表现为技术市场不完善，国有企业体制僵化，部分科学技术工人贡献与收入不匹配。在非公有企业中，"谁投资，谁所有，谁受益"的思想和现象普遍存在，虽然存在一定的合理性，但是资本在剩余价值分配过程中处于强势地位，将技术参与分配额压低，自身获得超出其实际贡献的回报。

管理要素参与分配方面。现阶段国有企业管理效率普遍低下，缺乏市场竞争力，一个很重要的原因在于国有企业的竞争者选人退出机制不完善，缺少将企业竞争者利益与企业利益联系在一起的制度纽带。企业经营者往往因为缺少激励机制而做出"短期行为"，缺乏对企业长远发展的战略性规划，缺乏主动性、创造性，致使很多国企管理人员不把主要精力放在企业的发展上，而是整日专注于与上层领导搞好关系，而真正拥有管理才能的人才却无用武之地。

3. 相关法制建设滞后

首先，缺少关于生产要素参与分配的系统的法律。现阶段仍然没有专门法律界定生产要素定义及其范围，也没有明确规定参与分配的生产要素的类型和生产要素参与分配的途径，最终导致垄断、权力等非生产要素参与分配现象的出现。另外，生产要素参与分配标准也有待在法律层面进一步规定。

其次，法律对生产要素参与分配管理力度不够。①表现在对政治权力等非生产要素违规、违法参与分配的监管力度不够，致使腐败现象严重；②对生产要素所有者依据其所持生产要素参与分配所得收入的保护力度不够。外企工作人员、公司管理阶层、科技人员等收入应得到保护，但是现阶段对合法生产要素所得的保护力度是远远不够的，尤其是对弱势群体生产要素所得的保护有时甚至出现缺位现象。

4. 社会保障制度不完善

首先，存在着体制内和体制外问题。中国现阶段社会保障制度主要包括社会基本养老保险制度、下岗职工基本生活保障制度和失业保险制度、城市居民最低生活保障制度，但是这三项制度的保障对象是社会保障体系内的人，体制外的人是无法享受到这一系列保障制度的保障的。

其次，社会保障支出有待提高。中国近些年社会保障总支出占中央财政总支出的比重一直维持在 10% 左右，而欧美国家占到了 30% 左右，相比西方发达国家，中国社会保障支出占财政制度的比重是比较低的。

最后，政府对低收入者阶层缺乏到位的保障，在调节收入差距的问题上还缺乏力度。

## 三、完善生产要素按贡献参与分配机制的对策

### （一）多管齐下，转变思想观念

1. 加大宣传力度

政府部门应培养人们正确的财富观，使人们认识到完善生产要素按贡献参与分配制度不仅能够优化生产要素配置，提高生产要素使用率及经济发展效率，还能有效约束和禁止权利、垄断等非生产要素参与到分配过程中，能保证初次分配公平公正。

2. 给予群众切实利益

马克思说过："人们奋斗所争取的一切，都同他们的利益有关"。按照马克思主义哲学的辩证唯物主义分析方法，物质决定意识，意识对于物质具有反作用，只有给予群众切实利益，让群众在完善生产要素按贡献参与分配机制中受益，群众才能在内心接受并且支持这项政策。广大人民群众拥有的是劳动力要素，提高劳动报酬在初次分配中的比重、缩小收入差距尤为重要，还要培养和完善统一、开放、竞争、有序的市场体系，让群众拥有的生产要素能够而且公平地参与分配。

### （二）完善生产要素市场制度

中国现阶段虽然有劳动力市场、经理人市场、技术市场、土地市场等一系列生产要素市场，但是生产要素市场制度建设滞后的现象仍普遍存在。制度是成员共同遵守的、按一定程序办事的规程，生产要素参与分配没有规程可供遵循，没有明文制度支撑，分配只能按照相关主体自身理解的原则遵守，缺少相应的标准和规定的约束，这是不符合科学发展观的，是不可持续的。完善生产要素市场制度应从以下几点着手：

1. 完善劳动力市场

完善劳动力市场首先要加快推进户籍制度改革。现阶段户籍制度大大限制劳动力的自由流动，很多单位尤其是大型城市的单位在招聘过程中仍有户籍要求，不但对于应聘人员不公平，还影响了劳动力资源的合理配置。其次，应对劳动力市场重新定位。现阶段中国有劳动力市场和人才市场二元市场，劳动力市场的主力是体力劳动者，而人才市场的主力是脑力劳动者，致使真正的劳动力市场在两个市场的分离中呈二元化结构，不利于劳动力优化配置，应建立统一的劳动力市场，并且设立不同专区，使各种劳动力资源合理流动，最终达到优化配置。最后，应强化劳动者在薪酬谈判中的谈判权利，提高其谈判地位，保障并且保护劳动者的收益权。

2. 建立成熟的资本市场

各种生产要素市场中资本市场尤为重要，完善成熟的资本市场，不但可以更大地发挥资本市场优化资源配置的作用，将闲置资金转化为投资，还可以促进国有经济的结构调整和战略升级，有利于提高融资比例，提供金融市场效率。

3. 鼓励技术参与分配

对技术创新要有相应的产权激励、市场激励、企业激励、政府激励等相互协调，要注重知识产权保护、完善专利制度、培育技术市场，运用工薪分配（如岗位技能工资、技术人员特殊津贴、科技项目承包等形式）、分享分配（如技术入股、税后净利润提成、收益分享等形式）、市场分配（如技术成果转让等形式）等多元化分配制度促进技术要素发挥最大效能，同时要根据科技贡献率进行分配。

4. 建立完善的管理要素市场

管理要素参与分配要完善年薪制、期权长期激励制度、外部竞争制度、自我约束制度等制度体系，还需用业绩评价制度、利益兑现制度、财务税收制度来保障管理要素参与财富分配。针对企业经营者"短期行为"，可以将经营企业的经理人推向市场，由企业按照市场规则确定经理人，由市场确立经理人价值，这样就形成了公平竞争、优胜劣汰的机制，不但可以确定经营者拥有的经营管理才能的市场价格，还可以发现一批企业界的精英，保证了经理人市场的良性供给。

5. 规范土地市场运作

要完善土地市场运作基本制度，消除市场上各种寻租行为，进一步完善土地市场配置机制，限制政府在土地市场上的权利、责任范围，建立透明、公开的土地市场，重视保护人民土地收益权的制度建设。

## （三）加强相关法制建设

### 1. 完善劳动参与分配相关法律

针对非公有制企业克扣工人工资，工人工资增长缓慢等问题，应着手于完善法规建设，完善《中华人民共和国劳动法》、《中华人民共和国劳动合同法》、《中华人民共和国劳动与社会保障法》、《中华人民共和国劳动争议调解仲裁法》等相关法律，在法律层面对最低工资制度作出规定，完善工人工资的增长机制、激励机制以及保障机制，对违反者进行制裁。

### 2. 保障工会权利

尽快出台相应法律，在《中华人民共和国物权法》、《中华人民共和国合同法》等法律基础上保证生产要素所有者参与分配的利益，完善《中华人民共和国工会法》，保障工会的合法地位，强化工会代表并且保护工人利益的职能，增强工会在与管理者谈判中的地位，保障工会参与企业经营管理的权利。因为现阶段法律对工资集体协商的提法是"可以"，而不是"应当"，所以要对工资协商机制进行立法，对工资协商制度中的要点、程序及信息提供等方面作出细致、明确的规定，形成强制性条款，从法律层面完善工资协商机制，从而改变劳动力价格由资方决定的状况。

### 3. 加快物权保护和产权界定进程

产权是生产要素所有者参与分配的依据，要想维护产权和保护物权，应尽快制定成熟的物权产权法律制度，完善《中华人民共和国公司法》、《中华人民共和国证券法》、《中华人民共和国合同法》等最基本的法律制度，从法律层面进行物权保护和产权界定，在制定法律、完善法律体系时要着重解决法律、制度不对称和不互补问题，使各要素参与分配的法律形成体系。

## （四）加强政府宏观调控职能

### 1. 引导分配机制完善工作

完善生产要素按贡献分配制度的同时，政府充分利用税收与转移支付工具调节市场机制导致的收入差距过大问题，对劳动密集型中小企业减税或者免税，对于扩大就业，提高劳动者收入都有极大的推动作用。

### 2. 完善公共教育体系

完善生产要素按贡献分配同时，要建立较为完善的公共教育体系。完善公共教育体系不但以公共教育的形式提高对低收入者的补偿，而且还促进了机会公平。

3. 对垄断行业分配实行严格监管

在处理垄断行业从业人员高工资、高福利问题时，国家要在总量控制和人均控制上采取措施。首先，要建立严格的工资总额预算管理制度，明确规定垄断企业工资总额范围，工资总额比重范围；其次，要严格控制垄断企业高级管理人员年薪，在刺激其积极性，激发其创新性的同时，使其薪酬保持在合理范围内，借鉴期权激励等发达国家大型企业的成功经验；最后，要尽快建立"公平公正、公开透明、监管有力"的垄断行业制度。

4. 对"福利腐败"进行严格监管

人民对垄断行业高工资极为不满，国家对垄断行业高工资现象进行管制，但是现阶段垄断行业在人民和国家的压力下对工资进行限制的同时，却大力提高其从业人员的福利，在奖金、补贴、医疗、住房等方面给予其员工与以前总收入相当甚至更多的报酬，造成"福利腐败"现象。政府部门应对这种现象进行及时管制，对垄断行业的分配作出更加细化更加严格的规定。同时本文认为垄断企业行为实质上是政府行为，政府规范自身行为尤为重要。

## (五) 完善社会保障制度

1. 对社会保障制度建设达成共识

首先要解决领导干部的认识和决心问题，对社会保障制度建设达成共识，要让领导干部认识到保障制度是国际抵御公民社会风险的制度体系，建立、完善社会保障制度是政府的责任；其次，要对工程审核、建设进行严格监管，使国家财力用到真正服务百姓的地方。

2. 探寻社会保障金筹措机制

改革社会保障金的筹措和管理机制，在立足中国国情的前提下，学习借鉴西方社会保障制度的优点，征收社会保障税，建立以税收为基础的社会保障金筹措机制等。

3. 充分运用财政手段

运用财政税收手段提高居民收入在国民收入分配中的比重，着力提高低收入者收入水平，加强对贫困群体的直接救助和直接扶持力度。

4. 借鉴成功经验

借鉴发达国家成功的社会保障模式，加快建立涉及全社会成员的社会保障信息系统，将居民个人社会保障信息收录进系统，并入全国联网。

## 参 考 文 献

［1］中共中央马克思恩格斯列宁斯大林著作编译局. 马克思恩格斯选集：第2卷［M］. 北京：人民出版社，1995.

［2］马克思. 资本论：第3卷［M］. 北京：人民出版社，2004.

［3］胡锦涛. 高举中国特色社会主义伟大旗帜，为夺取全面建设小康社会新胜利而奋斗［M］. 北京：人民出版社，2007.

［4］胡锦涛. 坚定不移沿着中国特色社会主义道路前进，为全面建成小康社会而奋斗［M］. 北京：人民出版社，2012.

［5］黄少琴. 中国化马克思主义理论与实践教育研究［M］. 广东：广东经济出版社，2007.

［6］谷书堂. 社会主义市场经济通论［M］. 北京：高等教育出版社，2000.

［7］蔡继明. 论非劳动生产因素参与分配的价值基础［J］. 经济研究. 2001（12）.

［8］黄少琴. 试论按劳分配理论的发展与突破［J］. 广西社会科学，1998（2）.

［9］吴宣恭. 关于"生产要素按贡献分配"的理论［J］. 当代经济研究，2003（12）.

［10］蔡继明. 按生产要素贡献分配理论：争论与发展［J］. 山东大学学报：哲学社会科学版，2009（6）.

# 运用马克思平均利润理论
# 指导产业结构调整的理论意义和实践意义

李传珂

（广西师范学院）

目前我国宏观经济结构中的一个突出矛盾就是产业结构不合理。不合理的产业结构所造成的失衡，严重制约着我国经济持续、稳定、协调发展。解决我国产业结构不合理问题，必须以科学的理论为指导。而这一科学理论之一，就是马克思的平均利润理论。马克思平均利润理论是马克思主义经济理论体系中最重要的问题之一，是《资本论》第三卷前三篇的核心内容。利润平均化是通过资本在不同产业或部门之间的竞争实现的，各产业（部门）利润率平均化的过程，实质上就是在不同产业部门不同利润率信号的引导下，逐步实现产业结构不断调整的过程。我国社会经济中存在的产业结构不合理，原因是多方面的，但是没有遵循平均利润规律，建立公正、公平、公开的市场竞争环境，使所有生产要素自由流动，无疑是一个重要原因。运用马克思平均利润理论指导产业结构调整，既有理论意义，又有重大的实践意义。

## 一、马克思平均利润理论的基本内容

马克思的平均利润理论，容量宽广，内涵精深，涉及成本价格、利润率和利润、平均利润、生产价格、商业利润、平均利润率下降趋势等经济范畴和经济规律。概而言之，马克思关于平均利润理论的逻辑内涵大致涵盖以下内容：

## （一）成本价格与利润形成论

资本主义生产方式下的商品，从其价值构成上可分成不变资本价值、可变资本价值与剩余价值三个组成部分，用公式表示是 $W = c + v + m$。如果从中减去 $m$，那么余下的 $c + v$，就是补偿资本主义生产过程中所耗费的生产要素的价值部分，"商品价值的这个部分，即补偿所消耗的生产资料价格与所使用的劳动力价格的部分，只是补偿商品资本家自身耗费的东西，所以对资本家来说，这就是商品的成本价格"①。成本价格的形成，不仅仅是一种理论上的抽象，实际上它对于资本主义生产具有十分重要的意义。一方面对资本家来讲"商品的成本价格必然表现为商品的本身的实际费用"②。尽管成本价格本身与资本价值增值无关，但它却是资本主义生产经济活动的重要界限。另一方面，成本价格范畴的形成，也在很大程度上掩盖了价值转移与价值创造的区别，掩盖了不变资本与可变资本之间的划分，因为在成本价格形式上，旧价值的转移与新价值的创造之间的区别已经模糊起来，"我们看到的只是完成的现有的价值，即加入产品价值形成的预付资本的各个价值部分，而不是创造新价值的要素。不变资本与可变资本的区别也就消失了"③。从而掩盖了剩余价值的真正来源与资本的本质。

伴随着商品价值中 $c + v$ 转化成为成本价格，它的另一部分 $m$ 也就表现成为资本价格的超过额，也就转化成为利润。"剩余价值，作为全部预付资本的这样一种观念上的产物，取得了利润这个转化形式。"④ 与此相适应，商品价值 $W = c + v + m$ 也就转变成为 $W = K + P$，即商品价值 = 成本价格 + 利润，这样，当剩余价值被看成是全部预付资本的产物，$m$ 转化成为 $P$ 时，就带来了一种神秘化的形式，因为它表现为全部预付资本的产物，从而进一步掩盖了资本剥削的实质。另外，利润与剩余价值虽然本质上是同一的，但在量上却常常发生不一致的情况，因为商品的成本价格始终小于价值，因此在商品的价值与成本价格之间会有一系列中间出售价格，而"商品价值中由剩余价值构成的要素越大，这些中间价格的实际活动余地也就越大"⑤。恰恰是利润与剩余价值

---

① 马克思. 资本论：第 3 卷 [M]. 北京：人民出版社，2004：30.
② 马克思. 资本论：第 3 卷 [M]. 北京：人民出版社，2004：30.
③ 马克思. 资本论：第 3 卷 [M]. 北京：人民出版社，2004：39.
④ 马克思. 资本论：第 3 卷 [M]. 北京：人民出版社，2004：43 - 44.
⑤ 马克思. 资本论：第 3 卷 [M]. 北京：人民出版社，2004：45.

量上的不一致为资本之争与平均利润的最终形成提供了客观基础。

伴随着剩余价值向利润的转化，剩余价值率也就顺理成章地转化成为利润率。因为资本家获取利润的程度并不取决于利润与可变资本的比例，而是决定于利润与总资本的比例，"这样，我们就得到了一个与剩余价值率 m/v 不同的利润率 m/c＝m/（c＋v）"①。利润率与剩余价值率是两个不同的范畴。从量的视角来看，利润率总是小于剩余价值率，从质的视角来看，利润率与剩余价值率所反映的关系根本不同，剩余价值率表示资本家对工人的剥削程度，而利润率则表示预付总资本的增值程度。

### （二）平均利润与生产价格论

在资本主义现实运动过程中，即使剩余价值率完全相等，但资本有机构成的多样化与资本周转时间的差异性，使等量资本在同等条件下形成极不相同的利润率。具体而言，在其他要素保持不变的前提下，利润率与资本有机构成成反比，与资本周转时间成正比。于是这里就出现了矛盾，一方面是等量资本由于资本有机构成与资本周转时间的不同导致不同的利润率，另一方面资本的现实运动与资本的发展趋势又要求等量资本获取等量利润，而恰恰是这一矛盾的存在构成了马克思平均利润与生产价格理论的前提。为了解决上述矛盾，马克思系统分析了平均利润率及平均利润率的形成过程，并且明确指出："通过竞争而平均化为一般利润率，而一般利润率就是所有这些不同利润率的平均数。按照这个一般利润率归于一定量资本（不管它的有机构成如何）的利润，就是平均利润。"② 这样，伴随着平均利润的出现，成本价格加上平均利润就构成了生产价格，生产价格以平均利润率的存在为前提，平均利润率又以不同利润率通过竞争均衡化为一般利润率为前提。而商品按照生产价格出售，个别部门的商品价值会和生产价格不一致，除非资本有机构成偶然与社会平均有机构成相等。但从总体上讲，全社会商品的生产价格总和等于商品的价值总和。总之，平均利润率的本质，就是把社会总资本作为一个整体来看所得到的利润率，它是剩余价值总额与社会总资本的比率，在此前提下，从个别部分来看，生产价格会偏离价值，但从全社会来看，矛盾会得到解决，因为"加入某种商品的剩余价值多多少，加入另一种商品的剩余价值就少多少，因此，商品生

---

① 马克思. 资本论：第 3 卷 [M]. 北京：人民出版社，2004：51.
② 马克思. 资本论：第 3 卷 [M]. 北京. 人民出版社，2004：177.

产价格中包含的偏离价值的情况会互相抵销"①。

### (三) 双重部门竞争论

平均利润率与生产价格的形成是以竞争为基础的。马克思剖析了两种不同类型的竞争，即部门内部竞争与部门之间竞争。认为两种不同的竞争在资本主义经济中起着不同的作用，产生不同的结果，"竞争首先在一个部门内实现的，是使商品的各种不同的个别价值形成一个相同的市场价值和市场价格。但只有不同部门的资本的竞争，才能形成那种使不同部门之间的利润率平均化的生产价格"②。

首先，马克思分析了部门内部的竞争使商品的个别价值转化成为市场价值。要想使同类商品按照它们的价值出售，至少应具备两个基本前提，一是生产同类商品的生产者在共同市场上展开竞争，使同一生产部门商品的个别价值平均化为统一的市场价值即社会价值；二是社会需要量与供给量完全一致，市场供求关系恰好完全一致。而在资本的现实运动中，这两个前提一般很难同时具备，为此，马克思又从供求与市场价格二者相互制约相互作用的视角，系统分析了市场供求关系的变化及其对商品市场价值的影响，并明确指出："要理解供求之间的不平衡，以及由此引起的市场价格同市场价值的偏离，是再容易不过的了。真正的困难在于确定，供求一致究竟是指什么。"③ 通过分析与论证，马克思归纳出了在部门内部竞争的基础上，资本主义社会的供求、竞争与市场价格、市场价值的关系，即"耗费在这种商品总量上的社会劳动的总量，就必须同这种商品的社会需要的量相适应，即同有支付能力的社会需要的量相适应。竞争，同供求比例的变动相适应的市场价格的波动，总是力图把耗费在每一种商品上的劳动的总量归结到这个标准上来"④。

其次，马克思着重分析与考察了资本主义部门之间的竞争与平均利润率的形成。资本利润率的平均化与商品按照生产价格出售，是通过各不同生产部门之间的竞争来实现的。在追逐利润最大化的市场竞争中，资本会从利润较低的部门抽走，投入利润较高的部门，"通过这种不断的流出与流入，总之，通过资本在不同部门之间根据利润率的升降进行的分配，供求之间就会形成这样一

① 马克思. 资本论：第3卷 [M]. 北京：人民出版社，2004：181.
② 马克思. 资本论：第3卷 [M]. 北京：人民出版社，2004：201.
③ 马克思. 资本论：第3卷 [M]. 北京. 人民出版社，2004：210.
④ 马克思. 资本论：第3卷 [M]. 北京. 人民出版社，2004：214.

种比例，使不同的生产部门都有相同的平均利润，因而价值也就转化为生产价格"①。而资本在不同生产部门的转移及其利润的平均化，又会在资本与劳动力流动的两个要素的共同推动下发展更为迅猛；而平均利润率的形成，又会进一步反映与体现出资本家之间为瓜分剩余价值而产生的矛盾与竞争。

### （四）平均利润率下降规律论

利润率下降规律是资本主义社会生产力发展的特有表现。伴随着资本积累的发展，劳动生产力的提高就表现为资本有机构成的提高，进而表现为可变资本与不变资本相比的日趋减少。这样在剥削程度相同的条件下，由于资本有机构成的不断提高，同一剩余价值表现为一个下降的利润率，"因此，一般利润率日益下降的趋势，只是劳动的社会生产力的日益发展在资本主义生产方式下所特有的表现"②。但是，平均利润率不断下降的规律，决不排斥社会总资本所占有的剩余劳动的绝对量的增大，同时也决不排斥单个资本家所占有的剩余劳动量的日益增加。因为利润率的下降，不是由于总资本中可变部分绝对量的减少，而是由于它的相对量即与不变资本部分相比减少，所以，尽管一般利润率有下降的趋势，但是利润总量是会增加的。正如马克思所指出的那样："利润率因生产力的发展而下降，同时利润量却会增加，这个规律也表现为：资本所生产的商品的价格下降，同时商品所包含的并通过商品出售所实现的利润量却会相对增加。"③

从理论上讲，平均利润率呈现出一个不断下降的发展态势，而从现实生活出发，"必然有某些起反作用的影响在发生作用，来阻挠和抵消这个一般规律的作用，使它只有趋势的性质"④。这些阻碍利润率下降的现实因素主要有：劳动剥削程度的提高，工资被压低到劳动力的价值以下，不变资本要素变得便宜，相对过剩人口的存在，对外贸易的发展以及股份资本的增加。而利润率下降规律及其阻碍利润率下降因素的交互作用，使资本主义生产方式内在矛盾日益发展。具体表现为：一是剩余价值生产与剩余价值实现之间的矛盾日趋尖锐；二是生产扩大与价值增值之间的矛盾不断发展；三是资本主义生产目的与实现手段之间的冲突日趋加剧；四是人口过剩与资本过剩的并存发展。而上述

---

① 马克思. 资本论：第 3 卷 [M]. 北京：人民出版社，2004：218.
② 马克思. 资本论：第 3 卷 [M]. 北京：人民出版社，2004：237.
③ 马克思. 资本论：第 3 卷 [M]. 北京：人民出版社，2004：251.
④ 马克思. 资本论：第 3 卷 [M]. 北京：人民出版社，2004：258.

四个方面的不断加剧，必然从根本上使资本主义基本矛盾即生产社会化与私人资本主义占有制之间的矛盾日益发展，最终必然导致经济危机的爆发。

## 二、运用马克思平均利润理论指导产业结构调整的理论意义

平均利润理论是劳动价值理论的重大发展，它科学地解决了政治经济学中的一个重要问题：价值规律和等量资本获得等量利润的矛盾。马克思阐明平均利润是剩余价值的转化形式，生产价格是价值的转化形式，价格以生产价格为中心是价值规律作用形式的变化。可见，马克思平均利润理论实际上揭示两个重要规律的转化：剩余价值规律（资本主义基本经济规律）转化为平均利润规律，价值规律（商品经济的基本规律）转化为生产价格规律。这就解决了从价值、剩余价值这些本质范畴上升到具体的资本主义经济外部表现的范畴，即利润、平均利润、生产价格等范畴时所遇到的难题，从而使劳动价值论和剩余价值论得到进一步的论证。

在马克思的经济学说中，平均利润是资本、利润、资本有机构成、竞争等诸范畴综合推演出来的范畴，是剩余价值转化为它的各种具体范畴的枢纽，也是在政治经济学的整个逻辑体系中，由理论抽象上升到理论具体的中心范畴。它使政治经济学成为一门理论与实际紧密结合的科学。因此，正确认识平均利润理论，对于理解和运用马克思的经济学说，具有举足轻重的作用。

此外，平均利润理论有重要的革命意义。平均利润是资本主义经济发展到一定程度时必然产生的经济现象。这时，每个资本家所获得的利润，不仅取决于对本企业工人的剥削，而且取决于对整个工人阶级的剥削。平均利润理论从阶级整体上揭露了资产阶级和无产阶级的阶级对立，无产阶级要取得解放，不能只限于少数人反对个别资本家，而且要形成阶级力量去反对整个资产阶级，推翻资本主义制度。

恩格斯曾把《资本论》第三卷誉为《资本论》的皇冠理论，把其中主要论述平均利润和生产价格理论的第一至三篇，推崇为皇冠上的明珠。列宁也指出："在《资本论》第三卷里，解决了在价值规律的基础上形成平均利润率的问题。马克思把经济学推进了一大步，这表现在他是根据普遍的经济现象，根据全部社会经济来分析问题，而不是像庸俗政治经济学或现代的'边际效用

论'那样，往往只限于分析个别偶然现象或竞争的表面现象。"①

## 三、运用马克思平均利润理论指导产业结构调整的实践意义

我国过去没有充分重视平均利润、生产价格，平均利润规律的作用受到了极大的限制，造成产业结构不合理，基础产业长期落后，瓶颈产业得不到应有的发展，钢铁、运输、能源、通信等部门成为国民经济的薄弱环节，严重地卡了国民经济发展的"脖子"。笔者认为，运用马克思的平均利润理论来指导产业结构的调整，有利于国民经济各部门全面协调发展，从而促进我国经济快速、协调发展。

一是有利于促进基础工业、基础设施的发展，缓解国民经济发展的"瓶颈"现象。在计划经济体制下，不管是利润率高的部门还是利润率低的部门，都没有得到很好的发展，国民经济虽然有几次大起，但随之而来的又是大落，致使经济发展速度不快，经济效益不高。原因固然很复杂，但其中一个重要原因则是忽视了平均利润规律和生产价格，商品价格不以生产价格为基础。长期以来，我国基础工业、基础设施发展严重滞后，如煤炭、石油、电力、交通运输等行业，关键就是其产品与劳务的价格大大低于生产价格，等量投资得不到等量回报，留给企业的利润减少，企业长期处于亏损与吃国家补贴的状态，投入严重不足，当然难以得到应有的发展，造成基础工业、基础设施的薄弱，最终成为国民经济发展的"瓶颈产业"，极大地制约着国民经济的发展。目前我国出现的能源危机并由此产生的"多米诺骨牌"效应，就是由于交通运输、能源等行业的产品与劳务价格长期偏低，没有走向市场和遵循生产价格理论而出现的必然结果。在社会主义市场经济条件下，只有按生产价格定价，走向市场，资本金投向能源、交通运输等基础行业和基础设施部门都可以获得与其他部门同样的回报，才可以大大缓解这些行业的"瓶颈"现象，有利于国民经济各部门协调地、全面地发展，否则就会因为基础设施、基础行业的利润率而扭曲整个经济结构和产业结构，从而影响整个国民经济的健康发展。

二是有利于促进为国民经济提供技术改造的重工业各部门的发展，用最新科学技术对整个国民经济进行技术改造，提高社会劳动生产率。按经济学规律，在经济社会中，提供最新技术装备的都是那些资金占用多、建设周期长、

---

① 中共中央马克思恩格斯列宁斯大林著作编译局. 列宁全集：第 2 卷 ［M］. 北京：人民出版社，1984：594.

资本有机构成比较高、利润率比较低的重工业部门，这些行业要得到进一步的发展，资金主要来源应该依靠内部积累。因而，它们必须在平均利润规律的作用下，产品价格以生产价格为基础，等量投资要获得等量回报，才能保证其资金占用多，利润量也越多，从而留给企业技术改造的资金也越多。只有这样，为国民经济提供技术改造的重工业各部门才能顺利发展，整个社会劳动生产率水平不断提高，国民经济现代化进程才能加速实现。

三是有利于新技术的推广和新行业的拓展。在等量投资获得等量回报的条件下，并不排斥各部门中少数先进企业仍然能获得超额利润的可能性。因为平均利润的形成是以每一部门的平均资本有机构成为前提，至于每一个部门内部各企业技术装备水平必然有差别。所以，在一个部门内部不同企业之间仍然存在追求超额利润的竞争，企业要想获得超过平均利润以上的超额利润，就必须采用新技术和开拓新的投资领域，发展新的行业，以此来使自己的个别生产价格低于社会生产价格。在社会主义市场经济条件下，企业经济活动的目的仍然是促使利润最优化，为在日趋激烈的竞争中处于有利的地位，企业内在动力与部门之间的竞争行为将大大促进新技术的采用和新行业、新领域的开拓。

# 共同富裕的主要路径探究

蒋盛云　　汪世珍

（第三军医大学）

（四川外语学院）

　　走共同富裕道路，是中国共产党人的坚定信念。共同富裕是社会主义的本质核心、根本原则、基本特征。邓小平讲："十二亿人口怎样实现富裕，富裕起来以后财富怎样分配，这都是大问题……要利用各种手段、各种方法、各种方案来解决这些问题。"① 胡锦涛提出要 "坚定不移走共同富裕道路"②。改革开放以来，共同富裕的理论不断深入，共同富裕的实践不断丰富。研究中国特色社会主义共同富裕的主要路径，既是理论发展的逻辑要求，也是坚定不移走共同富裕道路的实践需要，有助于拓展丰富中国特色社会主义道路。中国特色社会主义共同富裕道路，是在中国共产党领导下，不断解放发展生产力，协调处理各方面利益，让人民共享改革发展成果，逐步缩小差别、提高共同富裕水平，保证人民的体力和智力逐步获得自由的、充分的发展和运用。中国特色社会主义共同富裕的主要路径有以下七个方面：

## 一、根本之路：解放发展生产力，使全体人民共享改革发展成果

　　解放发展生产力是共同富裕的基础。历史唯物主义的基本理论告诉人们，社会主义只有在发展生产力的基础上，才能使全社会人民过上富裕幸福的生

---

①　冷溶，汪作玲. 邓小平年谱：1975—1997 [M]. 北京：中共文献出版社，2004：1364.

②　胡锦涛. 在庆祝中国共产成立90周年大会上的讲话 [M]. 北京：人民出版社，2011.

活。邓小平提出："社会主义的本质，是解放生产力，发展生产力，消灭剥削，消除两极分化，最终达到共同富裕。"① 显然，邓小平把"解放生产力，发展生产力"作为实现共同富裕的首要内容、基础方面、前提条件。"社会主义原则，第一是发展生产力，第二是共同富裕。"②"发展才是硬道理"③，硬就硬在发展是绝对的，是第一位的，是社会主义不可逆转的趋势。"三个代表"重要思想的第一个代表就是"我们党要始终代表中国先进生产力的发展要求"。科学发展观，第一要义是发展，基本要求是全面协调可持续。这凸显了解放发展生产力的重要性、长期性。只有全面可持续发展才会不断生产出更多的物质财富，为共同富裕奠定坚实的基础。

全体人民共享改革发展成果，是走向共同富裕的前提和体现。社会主义的改革是社会主义制度的自我调整和完善，一方面要促进生产力解放、发展，另一方面要体现出社会主义的公平正义，调整完善经济基础、上层建筑。人民群众是社会主义生产力的创造者，理所当然是发展成果的享有者。改革发展成果由人民创造、由人民共享，必然带来共同富裕。共同创造、成果共享，也体现了社会主义公平正义的价值观。离开了发展成果共享，共同富裕和人的全面发展就是一句空话。十六届五中全会第一次提出要"更加注重社会公平，使全体人民共享改革发展成果"。这体现了广大人民群众的根本利益和共同愿望。胡锦涛在纪念建党90周年讲话中提出了全体人民共享改革发展成果的基本途径、内容："要坚持发展为了人民、发展依靠人民、发展成果由人民共享，完善保障和改善民生的制度安排，把促进就业放在经济社会发展优先位置，加快发展教育、社会保障、医药卫生、保障性住房等各项社会事业，推进基本公共服务均等化，加大收入分配调节力度，坚定不移走共同富裕道路，努力使全体人民学有所教、劳有所得、病有所医、老有所养、住有所居。"④

## 二、制度之路：坚持公有制为主体的基本经济制度

坚持公有制为主体是实现共同富裕的根本制度保障。马克思主义认为，生产资料的所有制形式决定产品的分配方式。坚持生产资料公有制，广大的人民

---

① 邓小平. 邓小平文选：第 3 卷 [M]. 北京：人民出版社，1993：373.
② 邓小平. 邓小平文选：第 3 卷 [M]. 北京：人民出版社，1993：172.
③ 邓小平. 邓小平文选：第 3 卷 [M]. 北京：人民出版社，1993：377.
④ 胡锦涛. 在庆祝中国共产党成立 90 周年大会上的讲话 [M]. 北京：人民出版社出版，2011.

群众成为生产资料的主人，这就要求社会财富的分配，必然是以社会全体成员的共同富裕为目标。以公有制为主体、多种所有制经济共同发展是中国特色社会主义的基本经济制度。坚持公有制的主体地位，社会生产资料的主体部分属于社会所有，其相应的产品也就属于社会全体成员所有，这是共同富裕最重要的、最根本的经济基础，也是实现共同富裕的最重要、最根本的途径。邓小平强调："在改革开放中，我们始终坚持两条根本原则：一是以社会主义公有制经济为主体。一是共同富裕。"①坚持公有制为主体的基本经济制度，从根本上保证了人民收入主要是劳动收入，不会产生贫富过大的差距。如果动摇了公有制的主体地位，共同富裕就会成为泡影，其他所有制经济的存在和发展也不受公有制的制约和规定。

坚持发展公有制经济，就要促进社会生产和共同富裕。以公有制为主体的公有制经济解放发展生产力主要表现在两个方面：一是实现公有制的企业对生产力的直接解放和发展，二是为整个社会生产力的解放发展创造条件。同样，公有制经济促进人民共同富裕主要表现在两个方面：一是在公有制企事业内部，实现按劳分配的社会主义分配制度；二是通过税收和利润上交等，为整个社会实现共同富裕创造物质条件。这体现了公有制的基本要义。公有制经济是社会主义经济制度的基础，是我国社会主义现代化建设的支柱和国家进行宏观调控、推动经济和社会发展的主要物质基础，要大力发展。改革开放以来，对国有经济进行了战略调整和布局，深化了国有企业股份制改革，增强了国有经济的活力、控制力、影响力。集体经济是公有制的重要组成部分，在改革中发展了多种形式的集体经济、合作经济。公有制经济的大力发展，创造了大量社会财富，有更好的基础推进共同富裕。重庆市在这方面进行了有益的探索，政策规定：发挥公有经济在促进共同富裕中的基础性作用，确保国有资本收益的30%用于民生。

## 三、时间之路：实现"三步走"基本实现现代化的发展战略，逐步提高共同富裕水平

"三步走"基本实现现代化的发展战略，也是实现共同富裕的战略。党的十三大提出了分"三步走"基本实现现代化的发展战略："第一步从1981年

① 邓小平. 邓小平文选：第3卷 [M]. 北京：人民出版社，1993：142.

到 1990 年国民生产总值翻一番，解决人民的温饱问题，摆脱贫困；第二步从 1991 年到 20 世纪末，国民生产总值再翻一番，人民生活达到小康水平；第三步到 21 世纪中叶，人均国民生产总值达到中等发达国家水平，人民生活比较富裕，基本实现现代化。"① "三步走"的发展战略，每一步都把经济社会发展目标同人民生活水平提高的目标紧紧地结合在一起。在鼓励一部分人先富起来同时，又注意共同富裕的兜底水平。改革开放之初向贫穷宣战，着力解决温饱问题。在 1990 年，总体实现了第一步战略目标，但仍有 8000 万人口没有解决温饱问题，这时的共同富裕的兜底目标是扶贫，解决 8000 万人口的吃饭问题。在 20 世纪末，实现了第二步发展目标，人民生活达到总体小康水平。这时共同富裕的兜底目标是使少数没有达到小康地区的人民尽快达到小康水平。随着"三步走"战略目标的推进，人民的共同富裕水平呈现出"温饱———→小康生活水平———→比较富裕"这样一个逐步提高的过程。

体现第三步走的"新三步"的发展战略，更加注重共同富裕。在走完前两步目标后，要把第三步目标和步骤进一步具体化。党的十五大提出了新世纪的奋斗目标是："第一个 10 年实现国民生产总值比 2000 年翻一番，使人民的小康生活更加宽裕，形成比较完善的社会主义市场经济体制；到建党一百周年时，使国民经济更加发展，各项制度更加完善；到世纪中叶建国一百年时，基本实现现代化，建成富强、民主、文明的社会主义国家。"② 党的十六大在重申十五大提出的发展目标同时，提出要在本世纪头 20 年，集中力量，全面建设惠及十几亿人口的更高水平的小康社会。新的"三步走"发展战略是对"三步走"发展战略的进一步展开，是原"三步走"发展战略中的第三步发展战略的具体化。更高水平的小康社会是"全面小康社会"、"全民小康社会"。更高水平的小康社会是走向共同富裕的必经阶段，以共同富裕为基点和原则，解决发展中不平衡、不协调、不可持续等问题。党的十七大在十六大确立的全面建设小康社会目标的基础上对我国发展提出了新的更高要求。全面建设小康社会与实现共同富裕是阶段性和长期性目标的统一。

---

① 赵紫阳. 沿着有中国特色的社会主义道路前进——在中国共产党第十三次全国代表大会上的报告 [M]. 北京：人民出版社，1987.

② 江泽民. 高举邓小平理论伟大旗帜，把建设有中国特色社会主义事业全面推向二十一世纪——在中国共产党第十五次全国代表大会上的报告 [M]. 北京：人民出版社，1997.

## 四、空间之路：实现区域协调发展战略，逐步缩小地区差别

　　贯彻"两个大局"思想，实现东中西部协调发展。邓小平指出："沿海地区要加快对外开放，使这个拥有两亿人口的广大地带较快地先发展起来，从而带动内地更好地发展，这是一个事关大局的问题。内地要顾全这个大局。反过来，发展到一定的时候，又要求沿海拿出更多力量来帮助内地发展，这也是个大局。那时沿海也要服从这个大局。"① "两个大局"思想是非均衡与均衡发展的统一，本质是在区域协调发展的基础上实现共同富裕。第一个大局达到一定程度和阶段时，客观上要求向第二个大局转化。邓小平指出："可以设想，在本世纪末达到小康水平的时候，就要突出地提出和解决这个问题。"② 1999 年9 月，党的十五届四中全会明确提出国家要"实施西部大开发战略"。2000 年10 月，中共十五届五中全会强调："实施西部大开发战略、加快中西部地区发展，关系经济发展、民族团结、社会稳定，关系地区协调发展和最终实现共同富裕，是实现第三步战略目标的重大举措。"十六大以来，科学发展观成为指导我国新时期经济社会发展的重要思想，更加注重区域协调发展。2003 年，国务院通过了《关于实施东北地区等老工业基地振兴战略的若干意见》。2009年国务院通过了《促进中部地区崛起规划》。

　　统筹城乡改革和发展，逐步缩小城乡差距。改革开放以来，虽然工农业产品价格"剪刀差"逐步消解，但是二元经济结构依然严重存在，我国城市、乡村发展极度不协调，城乡居民收入差距拉大。统筹城乡改革与发展，是要建立城乡互动发展、双赢发展的新格局，重点要建立以工促农、以城带乡的长效机制，促进城乡协调发展。城市带动乡村发展是世界经济发展、社会进步的普遍经验。我国经过 30 多年的改革与发展，城市的优势越来越突出，人力物力资源越来越大，城市有责任有能力加大对农村带动的力度，城市带农村能够走出"双赢"的效果。统筹城乡改革和发展是科学发展观的重要内容，只有统筹城乡改革和发展，才会有区域协调发展、人与自然和谐发展。为了积极稳妥推进统筹城乡改革和发展，2007 年重庆市、成都市被确定为国家城乡统筹发展综合改革试验区，先行先试，积累宝贵经验。2010 年中共中央国务院发布了《中共中央国务院关于加大统筹城乡发展力度、进一步夯实农业农村发展

　　① 邓小平. 邓小平文选：第 3 卷 [M]. 北京：人民出版社，1993：277 - 278.
　　② 邓小平. 邓小平文选：第 3 卷 [M]. 北京：人民出版社，1993：374.

基础的若干意见》。统筹城乡改革和发展是一项长期的系统复杂工程，目标是要缩小和消除城乡差距，实现共同富裕。

## 五、分配之路：完善国民收入分配制度，重点向个人倾斜

公平的国民收入分配制度是共同富裕的直接方式。国民收入分配制度由三个层面构成。初次分配是新增财富在劳动者、出资人和政府之间的直接分配。再次分配是在初次分配的基础上，各级政府通过税收和财政的形式参与再分配的过程。第三次分配是以慈善公益事业为特征的分配（在下一个问题中阐述）。国民收入初次分配主要是突出效率，但也有公平问题。社会主义的主体应该是劳动致富，不是财富致富。国民收入的初次分配越公平，劳动者的报酬总额占国内生产总值的比重越高。公平的初次分配，可以协调劳动者、出资人和政府三大经济体之间的利益关系，促进国民经济健康发展。国民收入再次分配更多要体现社会公平，通过第二次分配来矫正初次分配中由于机会、能力、规则、生产要素等不同所导致的收入差别；通过发展社会保障、财产转移支付等来促进人们初次分配条件和机会等的公平。因此，国民收入再次分配是立足于社会的整体利益，对初次分配的利益格局进行必要的调整，缩小贫富差距，使社会成员共享社会发展的成果。完善的再次分配体系，能够有效平衡居民收入差距与财富矛盾，防止收入差距拉大。

改革国民收入初次、再次分配制度，缩小收入差距。党的十七大报告中，胡锦涛强调："初次分配和再分配都要处理好效率和公平的关系"。"再分配更加注重公平"。这为改革国民收入分配制度指明了方向。我国初次分配有许多不合理的地方。在国民收入分配中，政府和企业所占比重较高，居民收入所占比重较低；劳动者报酬在增加值中的比重偏低，资本利润率较高；农产品的社会价值较低，农民收入偏低。改革发展方向是在初次国民收入分配中，坚持市场效率原则，逐步增加居民收入的比例，逐步增加劳动报酬在初次分配中的份额。基本路径是提高农民的劳动收入，确保农民收入稳步提高；增加普通职工工资收入，建立企事业职工工资正常增长机制。我国再次分配主要问题是调节力度以及公平性不够。对高收入群体的税收调节制度不健全，对低收入人群有效保障力度不够，在教育、医疗、社会保障和就业服务等民生支出方面，财政

总支出数量少、比例低。改革发展方向是坚持"社会主义公平正义的价值取向"①。基本路径有：较多地运用财政手段，实施财政扶贫，直接提高低收入人群的收入，增加公共支出的比例，突出解决民生这个战略重点问题；增加就业机会，着眼于增强低收入群体的就业能力；加大社会养老、失业、基本医疗等保险的范围和力度，提高社保水平；提高对高收入群体的调节，坚决取缔各种非法收入。

## 六、善行之路：先富带后富、先富帮后富

先富带后富、先富帮后富，既是弘扬优良传统，也是现代公民意识的基本要求。"扶贫济困、乐善好施"是中华民族的优良传统，慷慨解囊、救人之危、急人之难的美德被弘扬、赞美。公民意识是公民依据宪法规定的基本权利和义务，对自己在国家政治、社会生活中的主体地位、主人翁身份的认识，对相应的责、权、利的认知和价值取向。一部分人先富起来，有责任有条件先富带后富、先富帮后富。一部分人诚实劳动、守法经营先富起来，有助于浓厚致富光荣的社会风气，会有更多的人跟着学，创造出更多的社会财富；一部分人先富了，会带来许多配套项目，促进更多的人就业。一部分人先富起来得益于国家的富民政策，饮水思源、利义并重，有义务和责任回报社会，带动后富人群共同发展。以道德责任、爱心为基础的国民收入的第三次分配是社会善行之举，可以多方面地促进贫富差距的缩小。社会上比较富裕的、有爱心的人，在自愿的基础上拿出自己的部分财富帮助困难的人群，改善生活、教育、医疗等条件，是社会慈善救助，担当的是社会责任。第三次分配在物质上可以缓解某些群体的困境，在情感、心理上可以降低不同阶层的隔阂和对立，在价值上可以形成一定的共识。

积极发展我国的慈善公益事业。改革开放以来，我国社会力量和公众参与慈善事业的积极性不断增强，养老、帮残、救孤、济困、助学等参与的组织和个人越来越多，有的捐赠项目和捐赠活动产生了重大的社会影响。各省市积极探索和实践了不同的对口支援形式和机制，如对口灾区重建、对口安置移民等。在1998年抗洪、2008年抵御南方低温雨雪冰冻灾害和抗击汶川特大地震灾害过程中，慈善公益活动无处不在。但总体上看，我国慈善事业还不够发

---

① 蒋盛云. 中国特色社会主义理论体系的公平主义思想探析 [J]. 理论月刊，2009（4）.

达，困难不少。慈善公益事业，不仅是富人的事业、政府与慈善组织的事业，它是全民的事业，每一个公民都有贡献爱心的责任和义务。要积极营造支持慈善事业发展的良好社会氛围，在全社会广泛、深入、持久地宣传慈善思想、传播慈善文化，鼓励广大人民群众和组织积极参与形式多样的慈善公益活动。要加快慈善事业立法和制度建设，充分发挥各种非市场、非政府的社会性公益慈善组织的再分配作用，保障慈善事业有序、健康、快速发展。

## 七、校正之路：反对平均主义，防止两极分化

平均主义，两极分化是对共同富裕的背离。平均主义要求平均分享一切社会财富，反对以劳动作为分配的根本标准，看不到劳动的差异，看不到市场主体在运用市场机制上的差别，看不到劳动成果的不同所产生的收入差别。实行平均主义，必然会出现干好干坏、干多干少、干和不干都一个样的情况。劳动者积极性被扼杀，社会就会呈现保守、僵化，没有竞争、没有创新的局面。在平均主义引导下，最终结果只能是共同贫穷落后。两极分化，原指在私有制商品经济条件下，从小商品生产者中产生少数脱离劳动的资本家和大量出卖劳动力的雇佣劳动者这样两个极端的趋势。现在一般认为两极分化就是贫富差距过大，富的越来越富，穷的越来越穷，劳动者积极性受到挫伤。长期发展下去，必然引起社会矛盾尖锐化，假如民族矛盾、区域矛盾、阶级矛盾等进一步恶化，将危及到社会稳定、社会主义根本制度。邓小平指出："社会主义与资本主义不同的特点就是共同富裕，不搞两极分化。"① "中国有十一亿人口，如果十分之一富裕，就是一亿多人富裕，相应地有九亿多人摆脱不了贫困，就不能不革命啊！九亿多人就要革命。所以，中国只能搞社会主义，不能搞两极分化。"②

社会主义市场经济条件下重点要防止两极分化。经过30多年的改革发展，平均主义的危害已经被绝大多人认识，再搞平均主义比较困难，但也不能忽视。社会主义市场经济体制的建立完善，极大地解放和发展了社会主义生产力。但是市场机制的作用，有走向两极分化的趋势。市场经济要求资源配置和收入分配按照效率原则进行，其结果必然是收入差距拉开。有收入差距的存在并不等于两极分化的出现，但收入差距进一步扩大将成为两极分化。市场机制

---

① 邓小平. 邓小平文选：第3卷 [M]. 北京：人民出版社，1993：123.
② 冷溶，汪作玲. 邓小平年谱：1975—1997 [M]. 北京：中央文献出版社，2004：1317.

的作用不明显、法制的不健全不完善、分配制度的不完善、监督和约束机制的乏力、历史原因形成的区域经济发展不平衡、文化技术水平的高低差异、违法违规经营等都有可能导致两极分化。这些因素在我国改革发展过程中，都不同程度的存在。有的是合理的，有的是不合理的，要区别分析。防止两极分化，有许多选择路径。最根本的是要坚持和完善社会主义公有制为主体、多种经济共同发展的基本经济制度，坚持和完善以按劳分配为主体、多种分配方式并存的分配制度。对于非公有制经济，要积极引导他们守法经营，依法纳税，切实保障职工的合法权益，严厉打击危害国家、损害职工利益的违法活动。政府要通过法律和政策的宏观调控，使公民收入的差距保持在合理合法的范围，消除两极分化。

实现共同富裕的路径是多方面的。以上共同富裕的七个方面路径是一个整体，推动共同富裕稳步发展。其中：根本之路是发展方向和原则；保障之路是发展的制度基础；时间之路是发展的纵向战略规划；空间之路是发展的横向战略规划；分配之路是重要手段；善行之路是补充手段；校正之路是防止偏离正确发展轨道。

## 参 考 文 献

[1] 冷溶，汪作玲. 邓小平年谱：1975—1997 ［M］. 北京：中央文献出版社，2004.

[2] 胡锦涛. 在庆祝中国共产党成立90周年大会上的讲话 ［M］. 北京：人民出版社，2011.

[3] 邓小平. 邓小平文选：第3卷 ［M］. 北京：人民出版社，1993.

[4] 赵紫阳. 沿着有中国特色的社会主义道路前进——在中国共产党第十三次全国代表大会上的报告 ［M］. 北京：人民出版社，1987.

[5] 江泽民. 高举邓小平理论伟大旗帜，把建设有中国特色社会主义事业全面推向二十一世纪——在中国共产党第十五次全国代表大会上的报告 ［M］. 北京：人民出版社，1997.

[6] 蒋盛云. 中国特色社会主义理论体系的公平主义思想探析 ［J］. 理论月刊，2009（4）.

# 资本性密集型产业扩展与收入分配差距[①]

## ——基于库兹涅茨曲线的实证分析

何光明

（重庆电子工程职业学院）

## 一、理论基础

从改革开放以来，工业化进程加剧、金融体系及组织发展、产业结构调整逐步深化都在很大程度上促进了社会生产率发展和合理资本分配制度的形成。但在如此良好、快速的经济增长背后，也存在着一系列的问题。我国这样一个人口众多的大国在工业化前期底子薄、技术相对落后，那么先富带动后富、农业先行支持工业成为必行之路，这样具有中国特色的发展之路确实给我国带来了巨大的发展，但进入 21 世纪之后，随着改革开放进程的稳步前进及加入世界贸易组织（WTO）融入世界经济体之后，先富的目标已经基本达到的同时带动后富的目标却迟迟未能实现，收入分配差距逐渐拉大，这种差距体现在城镇与农村之间、垄断行业与弱质产业之间。

针对这个现象学者们进行了一系列的研究，主要是基于美国著名经济学家库兹涅茨提出的 U 型理论，该理论认为工业化进程中社会财富总量与分配拉

---

① 作者简介：何光明（1967－），男，四川西充人，重庆电子工程职业学院教授，硕士，学院传媒艺术系党总支书记，重庆市高校《资本论》及社会主义市场经济研究会常务理事；西南地区高校马克思主义研究会理事、学术委员会委员。研究方向：《资本论》与社会主义市场经济。

基金项目：重庆市教育委员会项目，项目编号：11SKQ06。

锯程度呈现出倒 U 关系，如尹恒等（2005）使用税率为中介变量，刻画了在平均主义经济状态和经济高度发展的两种情形下分配不公度与经济增长存在倒 U 关系，一定程度上为库兹涅茨（Kuznets）提供了验证；与上文类似，张东辉等（2006）从我国农村视角出发，对农村居民的收入分配差距情况与总消费支出建立关系模型，但得出的结论是两者的关系从统计角度看非常不显著，笔者认为得出该结论的原因是我国农村长期处于落后状态，即使收入分配差距与总收入是严格相关的，但农村地区消费观念滞后、消费习惯固定以及预防性动机非常强造成消费支出与可支配收入的波动关系并不吻合。以上研究均采用了一定的计量回归模型，引入中介变量，对库兹涅茨在我国的实际进行验证。本文的研究思路并非重新对这种理论进行验证，而是考虑在经济增长过程中这种倒 U 关系的形状是否发生变化？多大程度上发生了变化？实际证明，我国目前收入分配差距拉大主要是由于产业主导的一次分配和政府主导的二次分配机制失当引起的，更进一步讲是由于资本性产业扩张导致资本在收入分配中获得的比例过度提升，故有必要对资本密集型行业的发展现状，其与收入分配差距的关系进行研究。

## 二、资本密集型产业现状及其对收入分配的影响机制

资本密集型产业（Capital Intensive Industry，CII）是指在生产过程中需要投入大量的资本才能实现制造技术的提高、规模经济的实现的国民经济产业，具有资本吸附性、高资本规模门槛等性质。具体来说：钢铁、电力、交通运输与机械制造业均属于高资本密集型行业，但目前为止针对到底哪些行业属于 CII 仍然没有明确定义，本文结合数据的可得性、行业分类的科学性，将工业中的重工业替代 CII 进行分析，因为重工业具有资本投入需求量非常大、资本沉没度高、流动性较弱等特征。

图 1 是 1993—2009 年间我国资本密集型产业的生产总值序列图，从 1993 年的 23 795 亿元增加到了 2009 年的 386 813 亿元，翻了 16. 25 倍，年平均增长率为 12% 。可以认为在新型工业化进程中，大力发展重工业及进一步发挥资本的效力是几乎所有国家实现工业化的必行之路。同时可以看出，我国国内生产总值（GDP）也与重工业生产总值保持同步上升态势，并在 2006 年两线相交后工业增加值反超。通过 EVIEWS5. 0 软件作相关分析后，相关系数为 0. 9885，为显著相关，而简单 OLS 截面回归显示 CII 每增加一单位产值，会引

起 0.7547 单位 GDP 增加。图 2 体现了资本密集型产业扩张对收入差距带来的影响，首先由于 CII 需要大量的投资，一般的中小企业进入的门槛很高，造成 CII 企业垄断，从而在规模扩张的同时带来了资金吸附的马太效应；其次地方政府出于政绩工程的需要往往在行政立法和财税政策上对 CII 进行优惠，使其经济效益指标继续提高，造成资金垄断——→行政垄断——→资金膨胀垄断等恶性循环过程；最后当垄断成为现实，形成了一定的社会环境，大众预期会发生变化，人们认为只有将手中资金用于 CII 行业才能够实现保值和增值，图中体现为 PK 越来越大与 PL 的越来越小。

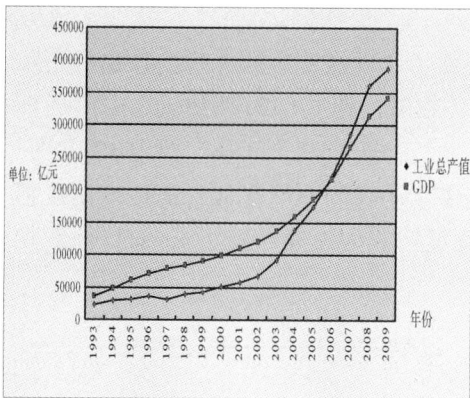

图 1  CII 生产总值

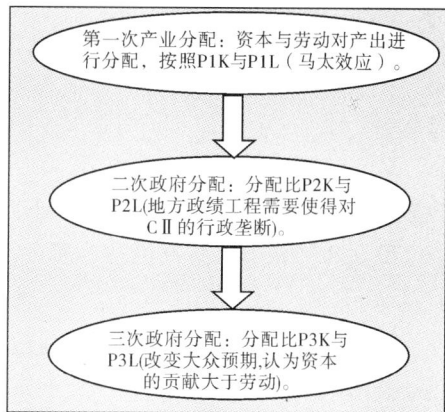

图 2  CII 发展中对收入分配的三次影响

# 三、实证分析

## （一）收入分配差距及 Kuznets 曲线

衡量收入分配差距的重要指标为 GINI 系数，计算公式为：

$$G_k = \frac{2}{n} * \sum_{i=1}^{n} i x_i - \frac{n+1}{n}; x_i = \frac{y_i}{\sum_{i=1}^{n} y_i} \tag{1}$$

$G_k$——GINI 系数，$x_i$——由低往高的收入分配份额，$y_i$——地区的人均收入，n——调查地区个数。

通过对表 1 改革开放初期 1993—2009 年的基尼系数数据段分析，在 1999 年之前，虽然 GINI 系数有一定增长，但一直保持在 0.4 水平以下，而在 1999—2007 年间迅速跨过了 0.4 水平，使得我国收入分配差距达到世界公认的警戒线水平。

表 1　　　　　　　　　　　1993—2009 年基尼系数

| 年份 | 1993 | 1994 | 1995 | 1996 | 1997 | 1998 | 1999 | 2000 | |
|------|------|------|------|------|------|------|------|------|------|
| GINI | 0.3742 | 0.3875 | 0.3794 | 0.3728 | 0.3598 | 0.3918 | 0.4043 | 0.4011 | |
| 年份 | 2001 | 2002 | 2003 | 2004 | 2005 | 2006 | 2007 | 2008 | 2009 |
| GINI | 0.4337 | 0.4512 | 0.458 | 0.47 | 0.483 | 0.496007 | 0.509365 | 0.469 | 0.47 |

资料来源：1993—2007 年的数据来源于尹成远（2008）的计算结果，2008—2009 年来源于中国社科院网站。

　　图 3 是 EVIEWS5.0 中 X－Y line 模块（计量经济学软件包）作出的资本密集型产业生产总值 GDP 与基尼系数的关系图，其中 GINI 为纵轴，GDP 为横轴，同理在图 4 中，作出了传统 Kuznets 曲线，即 GDP 与 GINI 之间的关系图。比较发现，CII 中曲线由上升变为下降的拐点在 290 000 亿元，而传统曲线拐点 270 000 亿元上，有理由认为资本密集型产业的发展导致了 Kuznets 曲线拐点的来迟。

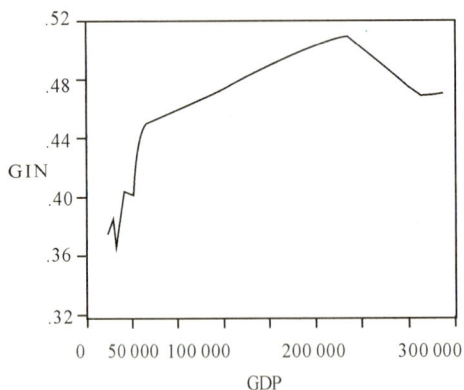

图 3　GDP 与 GINI 系数关系图　　　　　图 4　传统 Kuznets 曲线

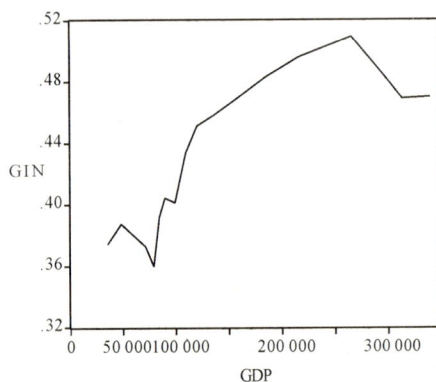

## （二）计量检验

（1）倒 U 曲线检验。

　　将 KC 作为自变量（横轴），GINI 系数作为因变量（纵轴），上述已经得到我国收入分配差距与 CII 之间呈现倒 U 关系，并且在 2007 年 CII 产出已经达到 285 536 亿元，GDP 达到 265 810 亿元，在这之后 GINI 系数呈下降趋势，说明我国的 Kuznets 曲线拐点已经实现。对于倒 U 关系可以建立二次项关系模型：

$$GINI = a * kc^2 + bkc + c \qquad (2)$$

并且在未进行实证分析之前，可以得出以下结论：一是 a < 0（保证曲线向下凹的前提条件），二是 b > 0（曲线先升后降的条件）。并且 $2akc + b > 0(kc < A)$，$2akc + b < 0(kc > A)$，A 是 KC 拐点值。根据 OLS 回归得到：

$$GINI = -2.57 \times 10^{-12} * kc^2 + 1.29 \times 10^{-6}kc + 0.347 \qquad (3)$$

$$(-7.738) \qquad\qquad (9.929) \qquad\qquad (45)$$

$$R^2 = 0.9238, D \bullet W = 1.078$$

结论：①我国 GINI 系数的自发值为 0.347，从某种程度上说属于工业化完成后应存在的收入分配差 P 距程度。②模型拟合情况良好，解释度达到了 92.38%，且各系数检验 t 值通过检验，即自变量都对因变量存在解释能力。③根据 $\dfrac{dGINI}{dKC} = -2 \times 2.57 \times 10^{-12}kc + 1.29 \times 10^{-6} = 0$，确定出曲线拐点为 251 000 亿元。

同理再对传统曲线即 GINI 系数与 GDP 的关系进行检验，利用（2）式，得到：

$$GINI = -2.99 \times 10^{-12} * GDP^2 + 1.53 \times 10^{-6}GDP + 0.297 \qquad (4)$$

$$(-5.03) \qquad\qquad (6.82) \qquad\qquad (17.9)$$

$$R^2 = 0.8804, D \bullet W = 0.895$$

可以看出，使用 GDP 作为经济变量模型解释度仅仅为 88.04%，且 $D \bullet W$ 值也变得越小，从解释能力看，自变量的系数也有一定程度的下降，更进一步说明使用 CII 产业代替 GDP 的科学性和合理性，并且自发性 GINI 系数为 0.297，小于 CII 结果，充分暴露出 CII 产业发展使得收入分配差距的基数提高。并且通过 $\dfrac{dGINI}{dGDP} = -2 \times 2.99 \times 10^{-12}kc + 1.53 \times 10^{-6} = 0$，得到 GDP 的 Kuznets 曲线拐点为 255 852 亿元，相比上面有滞后现象，故可认为 CII 扩张使得倒 U 拐点的来临加快。

（2）对 1993—2007 年 CII 产业扩张引起的 GINI 系数增容测算。

可以确定 2007 年为我国收入分配差距最大的一年，即 Kuznets 曲线上涨阶段，那么 CII 扩张导致了 GINI 系数怎样的上升呢？这里采用 $\dfrac{dGINI}{dKC}$ 和 $\dfrac{dGINI}{dGDP}$ 之间的差异进行测算，用 $\dfrac{dGINI}{dKC} - \dfrac{dGINI}{dGDP}$ 进行测算，其曲线斜率的变化体现了

CII 产业相比 GDP 增长对收入分配差距拉大的富余作用，结果如表 2 所示：在
1993—1995 年斜率增容为负，说明此时工业化进程处于初级阶段，国家大力
发展工业化的基础薄弱、资源调配体制合理性不足，致使其落后于整体经济发
展水平，从而对收入分配差距的影响为负；在 1996—2004 年增容系数为正值，
尽管其绝对值为先涨后降，但总归是对拉大分配差距有正向推动作用，而在
2005 年后增容系数为负值。从理论上说资本性产业扩张对 GINI 系数增大有拉
回作用，但上文数据显示在 2007 年后 GINI 系数才实际下降。笔者认为是由于
工业化进程及国民经济的发展具有棘轮效应，并且实际上也是当时中央采取了
各种产业结构调整，使得金融产业、高新技术产业的资本扩张速度得到了一定
的快速增长，这种相对调整影响了 CII 产业的收入分配正向效应的表现形式。

表 2　　　　　　　CII 产业较 GDP 增长对 GINI 系数带来的富余效应

| 年份 | 斜率增容 | 年份 | 斜率增容 |
|------|----------|------|----------|
| 1993 | $-1.51E-07$ | 2001 | $1.19E-07$ |
| 1994 | $-1.04E-07$ | 2002 | $1.33E-07$ |
| 1995 | $-3.81E-08$ | 2003 | $1.01E-07$ |
| 1996 | $1.93E-09$ | 2004 | $7.25E-09$ |
| 1997 | $7.50E-08$ | 2005 | $-2.50E-08$ |
| 1998 | $6.60E-08$ | 2006 | $-8.62E-08$ |
| 1999 | $7.94E-08$ | 2007 | $-1.18E-07$ |
| 2000 | $8.82E-08$ | | |

为了更进一步对问题进行分析，下面采用脉冲响应函数考察 GINI 系数与
CII 产业发展的动态关系，建立了 VAR 模型，对该模型已经有大量分析，这里
不再阐述其原理。首先 Granger 因果检验显示拒绝了 KC 不是 GINI 系数的
Granger 原因假设，即两者之间存在单向因果关系。其次根据 Eviews5.0 软件得
出两者之间及对自身的冲击关系，见图 5。一是给予 GINI 系数一个单位冲击
后，将会给自身在后面的持续段中带来波动状的冲击，最后趋于稳定；二是当
给 CII 产业的 KC 指标一个单位的正向冲击之后，将会给 GINI 系数带来持续的
负向冲击效应，从第一期的 $-0.01$ 变为从第 7 期开始后的平稳负向冲击
（$-0.005$左右）；三是 GINI 系数的一个单位冲击会带来对 KC 持续的上涨型冲

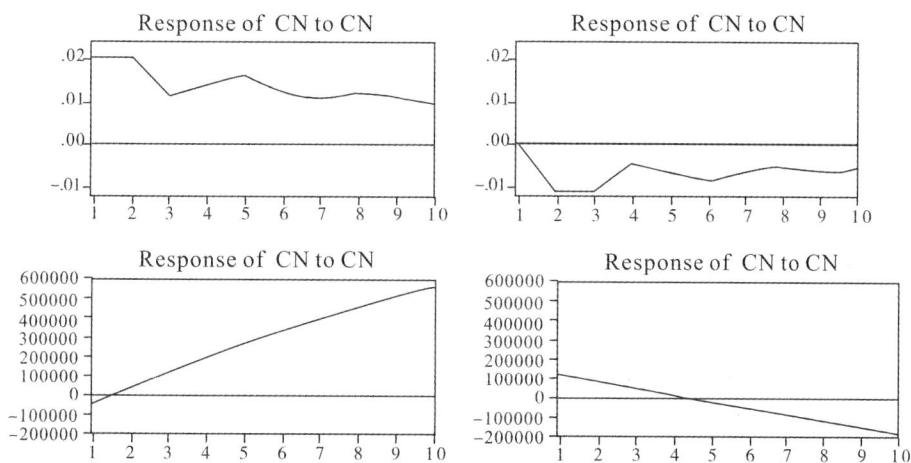

图 5　脉冲响应处理结果

击，说明分配差距拉大会促使工业化进程的加剧；四是资本性产业自身具有扼制效应，随着产业的发展，规模经济优势发挥殆尽，进入规模不经济阶段，造成效率的损失和产业的萎缩。

（3）我国 GINI 系数的预测。

值得强调的是这里的 GINI 系数预测是基于 CII 产业的数据，首先我们通过时间线性模型对 CII 的 KC 指标进行预测，将 1993 年当作 1，则 2009 年为 17，相应的 KC 数据均存在，故有模型：

$$kc = -69556 + 21344t \qquad (5)$$
$$(-2.338)(7.32)$$

故得到 2010—2020 年的 KC 预测值见表 3。其次根据该数据结合（3）式进行预测，得到了 2010—2020 年我国 GINI 系数的预测值，为表 3 第 2 行。可以发现 GINI 系数下降是一个长期和缓慢的趋势，预计到工业化进程后期即 2020 年，我国 GINI 系数将下降到 0.312，但不容忽视的是在未来的很长时间里（直至 2016 年）我国收入分配差距的形式仍然很严峻。如何构建覆盖公众的医疗、教育及养老社会保险体制，防止高收入分配差距给经济增长带来负面影响是近期决策者和学者们面临的重大问题。

表 3　　　　　　　　　　资本密集型产业总产值预测

| 年份 | 2010 | 2011 | 2012 | 2013 | 2014 | 2015 | 2016 | 2017 | 2018 | 2019 | 2020 |
|---|---|---|---|---|---|---|---|---|---|---|---|
| 预测值（亿元） | 0.498 | 0.490 | 0.480 | 0.467 | 0.452 | 0.434 | 0.414 | 0.392 | 0.368 | 0.341 | 0.312 |

## 四、全文总结

本文通过对资本密集型产业（CII）及其对收入分配差距影响的实证分析得出以下结论：

（1）原则上 CII 产业扩张会通过国民财富的三级分配体制使得资本在财富分配中的比例逐渐加大，从而导致收入分配差距的进一步加大；库兹涅兹倒 U 曲线拐点已经在我国顺利实现，具体为 2007 年。CII 产业的扩张使得这种拐点的形成时间得以提前，这一点通过 OLS 二次项模型的拟合可以证实，CII 与 GINI 系数的二次项模型拟合度较 GDP 与 GINI 系数关系模型要高，且相关系数检验绝对值也较大。

（2）工业化进程中，初期由于资本配比不合理及国家支持政策的不完善，CII 产业不仅不会对 GINI 系数的扩大起到推波助澜的作用，相反对分配差距的拉大还有扼制效应，充分体现了收入分配差距拉大是工业化进程稳步推进的必要代价；但这种现象在 2007 年有所改变，这与其他产业的资金需求及政策支持是息息相关的，当其他产业快速发展后同样需要大量的资金进行支持，则一方面资本密集型产业的资金来源相对减少，另一方面 CII 与其他产业的资本比也有所下降。

（3）根据预测，未来我国将进入工业化进程后期，收入分配差距随着产业结构调整、资本效率提高导向机制及房地产业的合理回归等一系列的调整，将会逐渐下降，在 2017 年下降到 0.4 以下，2020 年达到 0.312。但仍应认识到未来一段时间高 GINI 系数是一个客观现象，应当采取各种行之有效的手段进行控制，一定要提高认识，增强深化财税体制改革的紧迫性和坚定性，加快完善税收制度，规范政府参与国民收入分配的秩序。

**参 考 文 献**

[1] 尹恒，龚六堂，邹恒甫. 收入分配不平等与经济增长——回到库兹涅茨假说 [J]. 经济研究，2005（4）.

[2] 张东辉，司志宾. 收入分配、消费需求与经济增长——来自中国农村的证据 [J]. 福建论坛：人文社会科学版，2006（9）.

[3] 尹成远. 中国人身保费收入的实证分析与预测 [J]. 保险研究，2008(1).

[4] 谢旭人：努力缩小收入分配差距研究开征社保税环境 [M/OL]. http:// finance. ifeng. com/news/ 20100401 /1998068. shtml,2011 - 12 - 20.

# 新形势下我国收入分配现状分析

官锡强　　何有良　　陈燕丽

（广西人的发展经济学研究会）

（中央财经大学）

（广西区土壤肥料工作站）

党的第十八次全国代表大会报告中提出，调整国民收入分配格局，着力解决收入分配差距较大问题，使发展成果更多更公平惠及全体人民，朝着共同富裕方向稳步前进。按照民生优先、富民惠民的政策取向，党的十八大将对保障和改善民生做出全面部署。针对我国发展的阶段性特征，顺应人民群众过上更好生活的新的期待，把保障和改善民生作为工作的根本出发点和落脚点，完善保障和改善民生的各项制度安排，加快基本公共服务体系建设，在学有所教、劳有所得、病有所医、老有所养、住有所居等方面持续取得进展，使改革发展的成果更多地、更公平地惠及全体人民。

## 一、引言

马克思在 1867 和 1894 年的《资本论》第一卷和第二卷出版的时候，提出一个论点，他认为资本主义制度使得劳动者的报酬被压低，收入两极分化，导致了绝对贫困化，从而导致了大众消费需求的不足。他认为这是导致周期性经济危机的基本原因。

20 世纪 50 年代，库兹涅茨提出来倒 U 型曲线理论，认为在国家的社会发展过程中，收入差距存在一个扩大的阶段，随后差距会逐渐地缩小的过程。政治体制改革，劳动力转移、城市化、人口增长模式、政府政策，累进的所得税和遗产税，有利于转移支付和缩小差距。20 世纪中期开始，欧美国家都逐步建立了公共福利、社会保障和转移支付体系，改善了收入分配，减少了经济和社会的不稳定因素。发达国家基尼系数总的变动呈下降的趋势，而且到 2000 年的时候，除美国以外的所有这些发达国家基尼系数大致都在 0.2 ~ 0.3 这样的水平上，英国 0.36，德国 0.28，法国 0.32。因为北欧实行了更完整的社会福利和保障政策，北欧国家的基尼系数更低，一般在 0.25 左右。

## 二、我国收入分配的现状

1. 我国的收入分配制度改革不断深化

从 1978 年实行改革开放以来，我国对收入分配制度进行了深入的改革。1978 年十一届三中全会提出的打破平均主义。1984 年提出允许一部分人，一部分地区先富起来，最终达到共同富裕。1993 年提出坚持按劳分配为主体，多种分配方式并存的制度；效率优先，兼顾公平；允许属于个人的资本等生产要素参与收益分配。2002 年提出确立劳动、资本、技术和管理等要素按贡献参与分配的原则；扩大中等收入者比重等指导思想。2007 年提出初次分配和再分配都要处理好效率和公平的关系，再分配更加注重公平；逐步提高居民收入在国民收入分配中的比重，提高劳动报酬在初次分配中的比重；创造条件让更多群众拥有财产性收入。2009 年提出努力实现居民收入增长和经济发展同步、劳动报酬增长和劳动生产率提高同步。这些改革理论为我国推动收入分配制度改革指引了方向。

2. 我国居民收入差距呈扩大趋势

一是城乡居民收入差距扩大。从 1978 年的城乡居民收入比的 2.57∶1 扩大到 2011 年的 3.22∶1。除在 20 世纪 80 年代中期有所降低，于 1985 年比重低于 2∶1 外，其他都处于扩大状态。我国居民的基尼系数呈扩大趋势，基尼系数由 1978 年的 0.317，上升到 2000 年开始越过 0.4 的警戒线，并逐年上升，2004 年超过了 0.465。此后，国家统计局不再公布国内的基尼系数。根据中国社科院报告称，2006 年中国的基尼系数已经达到了 0.496，2010 年，我国的基尼系数实际上已超过了 0.5，已经进入世界银行基尼系数指标中的已跨入收入差距悬殊行列。

二是东西部居民收入差距大。如 2010 年，东部最富的浙江和西部最贫困的贵州比较，城乡居民收入分别为 30 971 元∶16 495 元（1.88∶1）；而农民纯收入的差距更大，为 13 071 元：4145 元（3.15：1）。

三是行业收入和体制内外收入差距大。2010 年，我国行业中收入平均收入最高的三个行业是金融服务业（70 146 元），信息软件业（64 436 元），教科文卫业（56 376 元），是最低的三个行业农业牧渔业（16 717 元），住宿餐饮业（23 382 元），水利公共设施管理业（25 544 元）的 2.2 ~ 4.2 倍。在同一行业内，由于身份的不同，导致收入差距大，正式员工的收入是非正式员工的收入 2 倍以上。如以广西中石化企业为例，同一工种现岗位的员工，一般在编正式员工的收入是其他员工的工资 2.5 倍以上。

四是居民收入占国民收入比重下降。1995—2010 年的 16 年间，我国居民收入占国民收入的比重从 1995 年的 67.3% 下降到 2010 年的 48.1%，年均下降 1.2 个百分点。居民消费额占 GDP 的比重从 1995 年 55% 下降到 2010 年 34.6%。劳动者报酬由从 1995—2010 年的 16 年间，劳动报酬占国内生产总值的比重从 51.4% 下降到 37.74%。

## 三、制约我国收入分配制度改革的因素

### 1. 工业化和城市化发展阶段对收入分配有重要的影响

我国目前所处的发展阶段，正处在快速工业化和城市化过程中，这导致了收入分配差距的扩大。刘易斯城乡二元结构模型指出，在发展中国家，当大量劳动力从农村转移到城市，从农业转移到非农业，这一过程由于劳动力的充分供给，导致劳动力之间存在过度竞争，从而抑制了工资水平上涨。在过去 30 年中，我国的城市化率由 1978 年的 17.92% 提高到 2010 年的 50%，我国城镇人口从 1.7 亿上升到 6.6 亿人，还有 1.4 亿农民工在城镇打工，每年新增的几百万农村劳动力基本上都转移到城市中，导致城市劳动力供给相对充足，在长时期压制了工资水平上升。但同时经济在高速增长，增长的成果主要转化为非劳动收入的增长，工资增长相对较慢。这就导致了收入差距扩大。

### 2. 体制转轨导致收入分配多轨化

由于市场化趋向的改革提高了资本和人力资本的回报，也扩大了收入差距。改革之前大家工资都差不多，收入水平相当均等。改革开放后，分配方式过渡到通过市场调节，按生产要素的贡献分配。由于人力资本供给稀缺，高素质人才、管理人员、工程技术人员的回报迅速上升；普通劳动者的工资水平没有相应大幅度上升，所以拉开了收入差距。在体制转轨过程中，由于劳动力市

场不完善，劳动力价格出现多轨化，导致同工不同酬，同劳不同酬现象突出。我国的劳动力市场可以说是世界上分割最多元的劳动力市场，有公务员群体、事业单位群体、国有企业群体、外资企业群体、私营企业群体、个体企业群体和农民工群体；在企业内部，还分有在编职工、合同工、劳务工、临时工等性质。由于身份的不同，劳动力流动成本高，使劳动力资源难以在全社会范围内得到优化配置。垄断行业的高就业壁垒使得普通劳动者更是难以进入。受户籍制度及附着的保障权利限制，农民工难以真正市民化，这在很大程度上限制了农民工的流动。他们的收入状况存在较大的差异，导致收入不公和收入差距扩大。

3. 灰色收入导致收入分配不公平

转型时期，由于市场机制不完善，竞争不充分，非市场因素参与市场活动，分配公共资源，导致收入分配在部分掌握权力的人手中。一是通过控制资源获得收益。如2007年的土地转让，1/2土地是经过招拍挂程序的，另有一半不需要经过这个程序，它们之间转让地价相差5倍，这个差价全国合计是6000多个亿，这其中的部分落入到权力手中。二是公共财政的流失。2006年，国家审计总署公布了一个数字，中央对地方广义的转移支付是7700亿，其中56%没有纳入地方财政预算，可能是通过财政以外的渠道分下去的。但分下去以后，并没有纳入地方财政预算，没有监管体系，缺乏监督和管理，产生了大量漏洞。而且由于政府的财务不公开，不透明，导致大量的公款吃喝，公款旅游、公车等三公问题等。三是利用权力进行寻租等。官员腐败问题非常突出，从已经查出的政府官员腐败现象来看，大多涉及金融、交通、房地产、基础设施建设，矿产资源等领域，涉及的金额巨大。

4. 垄断行业获得高额垄断利润

像电力、电信、银行保险、石油、水电气供应、烟草等垄断行业均获得高额利润。政策的保护，导致亏损有保障，成本居高不下，尤其是员工的各种福利远远超过其他竞争性行业的水平。根据劳动保障部前几年一位部领导的估计，这些行业的人均工资水平是其他行业的2~3倍，而实际人均收入是其他行业的5~10倍。另外房地产、高速公路收费等，职工收入也非常高。前几年有过一个报道说，高速公路一个收费员人均月收入8000元，一个收费员这样，更高职务的人可能收入水平就相当惊人。

5. 证券市场不完善导致资源向少数大户转移

我国的证券市场已经完全背离了筹措资金发展经济，保护投资者利益的初衰，成为了少数人捞钱的工具。一是无强制性的股息分红制度，导致股民收益只能通过股票价差获得，投机盛行。二是不合理的 IPO 制度，导致包装上市，买壳入市等虚假入市现象发生，不合格企业上市，导致上市成为少数企业圈钱的工具。三是上市公司信息披露机制不完善，导致信息泄露、隐瞒、欺诈等现象发生，内幕人获得非法利益。2012 年 11 月 16 日，我国沪市收盘指数为 2041 点，与 2001 年 11 月同期沪市指数相近。相当于 11 年中，我国的证券市场没有变化，而同期美国的纽约证券市场上涨 60% 多，而我国的国内生产总值增长了 4.3 倍。2012 年前 10 月我国股民有 87% 的人亏损，平均亏损 7.2 万余元，而同期，仍有 500 余家企业等待上市，计划募集资金 7000 亿元。

6. 劳动保护制度不健全导致工人福利得不到保障

劳动保护制度是维护劳动者正常劳动，获得正当收入的重要手段。我国现阶段法律制度不健全，劳动合同制度不完善等原因，导致工人在劳动过程中，劳动收入得不到保障。一是拖欠工资现象在建筑领域，劳动密集型企业中濒濒出现，工人为了维护自己的利益而不得不铤而走险，各种违法保障措施层出不穷，如跳楼秀等，导致公共资源被大量浪费。二是违法用工处罚机制不健全，企业与工人不签订劳动合同，不给上劳动保险，劳动环境恶劣，导致矿难等工伤事故不断，而企业往往采取推拖手段，导致工人陷入困境。三是劳资工资谈判制度不健全，大部分企业工会流于形式，甚至工会领导来自于企业管理层的任命，导致不能禁止违法用工现象，也不能保障职工利益。

7. 农村集体土地市场制度改革滞后，导致农村居民财产得不到变现

随着我国城市化的发展，大量的农民工进入城市生产生活。一是在城市生活，但仍保留农村财产；二是已经是城市户籍，但在身份转变过程中仍然保留农村财产；三是因继承等因素拥有大量农村财产。我国的农村集体土地实行农村集体所有制度，农村居民无权自主处理承包土地和宅基地，导致农村财产大量闲置，不能增值保值，甚至贬值，农民财产性收入得不到保障。一是承包土地的变现只能通过政府征用，而政府征用的土地补偿款远远低于市场价格，承包土地的期限性则对脱离农村生活的农村居民不能长期拥有收益。二是严格的宅基地管理制度，导致宅基地财产无法变现。

## 四、完善我国收入分配制度，提高中等收入者比重的措施

南美发展中国家的发展表明，在没有政府适当的收入分配制度干预下，收

入差距并不会按照刘易斯模型那样达到收敛，甚至会陷入中等收入陷阱而导致收入差距更大。加强政府干预，完善我国的收入分配制度，有助于扩大中等收入者比重，避免收入差距扩大。

1. 建立统一完善的劳动力市场

劳动力市场分割是导致劳动力竞争不充分，行业之间和行业内收入差距的重要原因。改革和建立统一的劳动力市场，一是消除公务员、事业单位、国有企业等领域的身份差异，按岗位聘用，取消正式工、在编员工、劳务工等花样繁出的工种，实行同工同酬，同劳同酬；二是建立统一的社会保障体系，逐步实现公务员、事业单位与企业一样交纳社会保险，实行社会化保障，消除国家机关与社会行业之间流动障碍；三是改革城市二元户籍制度，实现城乡居民社会保障一体化，消除一系列附在户籍制度上的城乡福利差异，如子女入学参加高考、社会保障房、医疗保险、工伤、金融贷款等。

2. 改革完善证券市场，增加居民财产性收入

创造条件让更多群众拥有财产性收入，是提高居民收入水平和扩大消费的重要途径。随着经济的发展，居民积累的财产增多，改革完善的证券市场，实现由投机市场向投资型市场转变，短期投资向长期投资发展，价差收入向股息收入等正常的证券市场方向发展，增加居民财产性收入。一是尊重市场机制的调节作用，减少政府动用行政力量对市场日常运行给予过多干预，重视对市场行为的合法性规制，致力于创造与维护一个公正、有效、透明的投资环境，切实保护投资者尤其是中小投资者的利益。二是加强监管，严劣打击恶意信息披露、内幕信息、老鼠仓、过度投机炒作等破坏证券市场程序的行为，为证券市场创造一个正常的投资环境。三是改革股票发行制度，对包装市场、虚假上市进行查处，建立规范的估值体系，强制分红措施，保障投资者的利益。

3. 改革政府管理体制，纠正分配失衡

一是推进财税体制改革，建立合理的资源税、垄断利润调节税、国有企业分红、土地流转等这些方面的制度，规范和调整各级政府的财权和事权关系。二是建立阳光财政，实现公共资金和资源管理的透明化。让老百姓能够随时查阅公共财政的运行，能参与监督，能说话，才能够杜绝腐败，杜绝不正之风，杜绝寻租行为、杜绝公共资金的流失。三是推进垄断部门改革，一手抓促进垄断行业的竞争，改革劳动用工制度，取消劳动身份差异，另一手抓立法、监督，制约垄断行业超额收入的分配。

4. 改革农村集体土地市场，推动农村居民财产市场化

改革农村集体土地市场，推进农村集体财产资本化，有助于农村居民的城

市化和农村资源的集约化。一是建立农村集体财产股份制，对农村居民集体财产进行确权，允许其通过股权的长期或短期流转方式获得收益。二是对农村宅基地进行产权确认，不再新增农村宅基地，对现有的宅基地实现交纳土地增值税等相关税收后，允许其上市交易。

5. 完善最低工资制度，稳步推进工资集体协商机制

一是在企业建立健全薪酬管理制度。完善企业高管的薪酬制度，防止企业内收入差距过大。二是建立动态工资体系，建立一种与经济发展、劳动生产率提高相适应的增长机制。逐步使最低工资标准达到社会平均工资的 40%。动态发布行业劳动定额标准指引，指导企业通过劳资平等协商，合理确定劳动定额和计件单价，切实保障员工工资能够按时足额发放。三是推进工资协商制度，在地区工会组织和行业组织指导下，在企业层次推行工资集体谈判制度，保障劳动者权益。切实解决对非公企业缺乏强制措施、部分集体合同流于形式、职工参与度低、行业协会不健全等方面的问题，完善劳动仲裁和法律援助机制，切实保障劳动者合法权益。

## 参 考 文 献

[1] 余斌，陈昌盛，邓郁松. 当前我国收入分配制度的现状、问题及改革建议 [J]. 经济界，2011 (8)：18-25.

[2] 王小鲁. 我国收入分配现状、趋势及改革思考 [J]. 中国改革论坛，2010 (6).

[3] 何有良. 中国小产权房问题研究 [D]. 北京：中央财经大学博士论文，2010.

# 发展微型企业的思考与实践探索

杨继瑞    何  娟

（重庆工商大学长江上游经济研究中心、西南财经大学成渝经济区发展研究中心）
（西南交通大学交通运输与物流学院）

在社会主义市场经济体制日趋完善的今天，企业与外部环境资源的交换方式和联系方式均发生了变化，现有的大规模企业在推动经济的发展、增加就业上已渐渐失去了原有的动力，表现出高成本、低效率等种种弊端。随着技术创新速度的加快，一批市场适应能力强、需求反应快、经营机制灵活、富有创新精神的微小企业，依靠其精细的社会分工、互动的协作网络、便易的信息资源的获取方式等优势，在促进经济发展和社会稳定方面表现出了十分重要的地位和作用。因此，对微型企业的内涵与功能进行探讨，解析其发展困境与误区，结合发展微型企业的重庆实践进行研究，给力于微型企业的方兴未艾，无疑是非常必要和十分有益的。

## 一、微型企业：独特的内涵与功能

在发达国家，99.5%的企业是中小企业和微型企业。在欧洲 1800 万家企业中，微型企业在中小企业总数中占据了 90% 的比例；在美国，99% 的微小企业创造了 40% 的 GDP 和吸纳了 60% 的雇员就业，创造了 85% 的就业量。在我国，自 20 世纪 70 年代以来，一批数量庞大的、家庭作坊式的微型企业似雨后春笋般诞生，并衍生了一批"明星企业"，成为"浙江模式"的经济奇迹。这些规模小、生产经营结构简单的微型企业，在技术不断进步的环境下依然能够顽强生存，必然有其内在的优越性，从而引起了政府和社会各界的关注和重视，成为继中小企业之后的又一个新的关注热点。

许多国家已经十分重视微型企业的发展，美国、日本等经济发达国家已经明确地对微型企业进行了单独分类，并制定了专门的扶持政策，以有别于一般的中小企业政策。美国的阿斯彭协会（Aspen Institute）和微型企业的首要捐助机构——美国国际开发署（USAID）的学者分别对近 20 年来，美国促进欠发达地区的微型企业发展的实践进行了总结。此外，台湾经济研究院叶怡姵等人提出在亚太经合组织框架内成立微型企业发展论坛，并得到有关国家的响应，有力地推动了政界和学术界对微型企业的关注。1999 年以来亚太经合组织组织连续 6 年将微型企业发展作为重要议题，2002 年更被定为"微型企业年"。

在国内，学者对中小企业的理论研究成果较多，但对于微型企业的研究却尚未引起学术界的重视，大部分还处在有关微型企业标准划分和内涵界定的争论阶段，十分缺乏对微型企业有关问题的深入系统地研究。在微型企业的内涵界定的研究方面，莫荣首次对微型企业的标准进行了界定，蔡翔等人（2005）在研究了微型企业发展的理论基础之上，对微型企业进行了界定，并和中小企业的特点进行了比较。郑立成，张陆（2009）在传统定义的基础上，从创业动机转变以及所有者来源构成变化的角度对微型企业的内涵扩展进行了研究。毛敏（2010）根据新时期的客观要求，对微型企业的新特征进行了进一步的拓展。陈剑林（2010）对国内外微型企业的理论发展进行了详细的总结。在促进微型企业政策发展的研究方面，王振（2002）在借鉴国外有关政策经验的基础上，对上海微型企业的特点进行摸索，并探讨相关发展政策问题。陈剑林（2007）在探索微型企业成长的内在机制、行为特征的基础上，设计出符合我国国情的微型企业发展对策。彭凯、向宇（2010）从贷款企业人力成本控制难的角度入手，解决微型企业贷款难的困境。

2011 年 7 月 4 日，由工信部、国家统计局、国家发改委和财政部四部门研究制定了《中小企业划型标准规定》。规定指出，根据企业从业人员、营业收入、资产总额等指标，并结合行业特点，将中小企业划分为中型、小型、微型三种类型，具体标准根据企业从业人员、营业收入、资产总额等指标，结合行业特点制定。这是中国首次从中小企业中划分出微型企业这一类别。新标准基本涵盖了国民经济的主要行业，在原有的工业、建筑业、批发零售业、交通运输邮政业、住宿餐饮业外，新增了信息传输业、软件和信息技术服务业、房地产开发经营、物业管理、租赁和商务服务业 5 个行业的划分标准。新标准还将个体工商户纳入标准范围。该标准首次明确划分了微型企业的标准（参见表1）。

表1　　　　　　　　　　我国微型企业新划分标准

| 行业名称 | 从业人员 | 营业收入 |
| --- | --- | --- |
| 一般行业 | 10 人以下 | 无 |
| 农、林、牧、渔业 | 无 | 50 万元以下 |
| 工业 | 20 人以下 | 300 万元以下 |
| 软件和信息技术服务业 | 10 人以下 | 50 万元以下 |
| 房地产业 | 无 | 2000 万元以下 |
| 建筑业 | 无 | 300 万元以下 |
| 交通运输业 | 20 人以下 | 200 万元以下 |

　　作为从小企业中独立分化出的一个企业集合的微型企业，具有雇员人数少、产权和经营权高度统一、产品服务种类单一、经营规模微小、市场占有率很低、以家族式的管理为主、创业成本低、就业弹性空间大、成果见效快等特点。根据以上特点，微型企业的传统内涵，即是为了解决贫困和失业人口就业问题的一种"生存动机"之外，笔者以为，微型企业的内涵还应包括更具时代特征和发展潜力的新内容。

　　（1）随着经济全球化的不断发展，微型企业自身的发展也有了一定的变化。《全球创业观察》的报告显示：创业动机主要分为"生存型动机"和"机会型动机"两种。在我国经济发展不平衡的东西部地区，一些发达地区公司的发展已不再是为了消除贫困和解决就业问题，而是更需要具有创新性的公司，需抢抓市场机遇，旨在创新和开发新事业以及实现自我价值。

　　（2）微型企业的发展模式根据行业的不同而所差异，其中，从事服务业类等的微型企业难以获得社会分工优势，可选择单打独斗的经营方式；从事加工业类的微型企业可选择与大企业合作的经营方式，以提高竞争力；也可以通过微型企业集群式的运作方式，构成互动频繁、联系精密的组织网络，实现信息、资源、技术的共享，从而产生很好的外部集聚效应，形成具有特色的区域企业集群。

　　（3）技术的快速革新与市场的动态结合所导致的科技创新的发展，使得市场结构里存在着大量的市场缝隙。与大中小企业相比，微型企业应抓住其战略灵活性大、市场适应性强、行动便利、产品差异化大等特点，具有一定的行业进入优势，借以寻找那些大中小企业放弃的、具有发展潜力的市场细缝，来实现差异竞争、错位发展。

理论与实践证明，在新的时期和新的市场环境下，微型企业在若干方面具有其他企业不可替代的比较优势，具有大中小企业不可涵盖的功能，显示出独特的盎然生机与发展活力。

## （一）微型企业是扩大就业与减少贫困的有效途径

微型企业由于单位投资的劳动力和单位产值使用的劳动力都高于其他企业，且微型企业进入壁垒低，创办速度快，有利于扩大社会就业机会。从国际经验来看，根据美国《新闻与世界报道》的统计，在硅谷的电子制造业有2800多家。其中，雇员在10人以下的微型企业为1900多家，占到70%；在意大利，约有8481家毛纺企业与服务公司，其从业人员达到4.4万人，其中有一半人在雇员人数10人以下的微型企业中工作；在欧洲经济区（EEA）内，中小企业提供了1.22亿个就业岗位，但在这2050万家的中小企业中，有将近93%的是雇员在9人以下的微型企业。2008年欧盟15国微型企业就业人数比例如表2所示。在我国，微型企业从业人员和个体工商户占我国全部法人企业从业人员的38.7%，是吸纳社会就业的重要渠道。

表2　　　　　　　　　2008年欧盟15国私营企业就业分布情况

| 类型项目 | 微型企业 | 小型企业 | 中型企业 | 大型企业 | 合计 |
|---|---|---|---|---|---|
| 就业人数（千人） | 46 570 | 31 350 | 21 480 | 46 910 | 146 310 |
| 占就业人数比例（%） | 31.83 | 21.43 | 14.68 | 32.06 | 100.00 |

## （二）微型企业是推动经济增长的重要"引擎"

在当今社会里，有两类企业的存在有其必要性，他们分布在社会两极。一是以制造经营为核心的大中型企业，二是以创新研发为核心的小型与微型企业。由中国企业家协会、中国企业联合会合力评选出的2006年中国500强企业，主要集中在北京、上海、天津、江苏、浙江、山东与广东这7个东部经济发达地区，其总数达到336家，占据了500强企业总数的67.2%。这些企业总的划分为两种：一种是居于行政性垄断地位的国有企业，其余大部分企业都是由小型及微型企业发展而来的。因此，东部地区之所以有如此多的企业入主中国企业 500 强，并且经济发展水平遥遥领先于中西部地区，与无数家庭作坊式微型企业的发展是分不开的。

### （三）微型企业是培养企业家与"能人"的"助推器"

熊彼特在《经济发展理论》一书中提出了经济创新的思想，认为不屈不挠、具有挑战和冒险的企业家精神是推动经济发展的重要力量。微型企业的企业家常常是历经各种磨难而坚韧不拔的人，他们拥有强大的毅力和决心，勇于开拓的创新精神，以及无比的创业热情，通过开创企业来完成个人的理想。"能人"是微型企业的"脊梁骨"，他们的命运决定着微型企业的发展前景。因此，微型企业的发展，对于培养我国的企业家精神，激发"能人"的脱颖而出以及培养高素质的企业家都具有十分重要的作用。

### （四）微型企业是培育大中小企业的"孵化器"

根据美国《新闻与世界报道》的统计，自20世纪90年代以来，美国每年新形成企业 300 多万个，90％以上为小企业和微型企业。微软公司从实验室中孕育，发展成为世界计算机业的龙头老大；苹果公司从车库中的小工作室发展成为全球科技产业中市值最高的公司之一；沃尔玛从一家小杂货店崛起，发展成为全球最大的零售业；中国"浙江模式"、"温州模式"的奇迹等这些生动案例充分表明，世界企业成长发展的轨迹是：规模大的企业，往往都是由规模微小的企业发展壮大的。

## 二、微型企业：发展的困境与误区

目前，微型企业在我国已经开始迅速发展，方兴未艾，在国民经济中的地位已日益提高。但是，根据工业和信息化部的数据显示，中国微型企业平均寿命仅为 2.9 岁，连 3 岁都不到。究其原因是纷繁复杂的，主要是受传统计划经济体制的影响，政策界和理论界对于微型企业的发展没有给予有效的引导和充分的重视，缺乏合理的战略发展规划，运营理念落后，资金紧张，融资困难等，这些因素都是微型企业的生存和发展的"瓶颈"。

### （一）微型企业缺乏合作经营且创新意识淡薄

在我国，相当一部分微型企业属于家族式企业，其雇员往往都是家庭的成员，从建立企业开始，企业的创办人就只依靠自己的力量来组织生产经营，一般不选择与他人合作。但是，如今市场竞争的加剧，使得单个的微型企业单靠独自的力量已不再适应市场的竞争，其竞争力太小，单纯地发展单个微型企业，往往很难奏效。也有一些微型企业，从创办至今，其经营方式一直墨守成规，从来没改变过。随着时代的不断进步，此类微型企业必将被时代的潮流所淘汰。原因在于，这些微型企业还没有意识到创新这一企业发展的永恒课题。微型企业本身就是中国经济的创新产物，企业要想在激烈的竞争时代保持持续、健康的发展态势，取决于企业是否建立有效创新机制，是否在管理上、技术上、制度上和人才上创新。

### （二）微型企业融资渠道单一且融资困难

大量实践数据显示，流动资金短缺、融资困难已成为制约微型企业生存的重要瓶颈。银行对小企业的贷款不足；小企业融资渠道单一；为小企业服务的金融机构数量较少；小企业缺乏可用于抵押担保的财产，难以取得贷款支持等。传统的融资渠道，主要包括金融中介机构（如银行、融资公司等）与金融市场（如股市）这两种渠道。由于微型企业具有所有权与经营权的合二为一的特征，其存在经营者对控制权的强烈偏好，因此在企业成长周期初期，微型企业主会排斥外部融资中的权益融资方式，所以微型企业主要选择的是以债务借款为主要方式的融资形式，其融资方式较为单一。但是，微型企业由于自身资产抵押物少、信用额度低，且贷款规模小、周期短，国有商业银行对微型企业往往会出现拒贷现象，据我国统计，商业银行给微型企业的贷款额占所有贷款金额的比重不足 40%。这就是微型企业在融资方面所面临的严峻现实，其改变是极其必要和紧迫的。

### （三）微型企业人才缺乏且管理欠规范

即使微型企业创业者具有雄才大略，目光长远，但是企业开始成长之后总有一些力所不能及之处，很多事往往都需要靠"老板撞钟"，却无法避免撞得鼻青脸肿。小企业的成长除了需要人手之外，还需要各方面人才为企业注入新动力。尤其靠技术创业的企业家，营销能力不足，需要吸纳营销方面的战将。但是苦于小庙请不到大佛，无力与大公司在薪资与福利方面竞争，更加留不住人才。在 21 世纪，对人才的竞争才是企业之间竞争的核心，这要求企业必须注意对人才的吸纳和培养，在选择和使用人才方面下工夫，因材施教，让人才在适当的地方发挥自己的特长；否则，人才的不稳定会带来企业的不稳定，从而影响企业发展。

## 三、微型企业：实践与探索

正是基于微型企业在市场经济主体中的不可替代作用，各地在发展微型企业上都作了积极而富有成效的探索。比如，重庆市作为首个出台针对扶持微型企业发展的政策措施的中国西部直辖市，于 2010 年 6 月 7 日，出台了《关于大力发展微型企业的若干意见》（简称《意见》）。该意见明确了"微型企业"的定义，即雇员（含投资者）20 人及以下，创业者注册资金 10 万元及以下的企业，规定了"九类人群"的扶持对象及扶持产业范围，并确立了扶持微型企业发展的"1 + 3"模式，即"投资者出一点"、"财政补一点"、"税收返一点"、"金融机构贷一点"促使微型企业快速发展，得到了国家和各级政府的重视。

重庆市企业数量只有 19 万多个，相比北京、上海等其他大城市，其发展远远不足。在 2011 年 1 月出台的《重庆市国民经济和社会发展第十二个五年规划纲要》中，重庆市委、市政府提出在"十二五"期间，全市企业数量要在现有的基础上翻 1.5 番，发展到 50 万个以上。其中，要发展 15 万户微型企业。据统计，截至 2010 年年底，重庆市诞生了 1 万多个微型企业，带动了 10 万人的就业。到 2011 年的 5 月 31 日，重庆市共设立了 69 个微型企业培训点，共培训创业人员 25 613 人，发展微型企业 21 412 户（注册资本 21.02 亿元）。其中由个体户转化升级为微型企业 2981 户，占总数的 13.9%，新增就业岗位 156 346 个，发放财政补贴 6.16 亿元。

在重庆，大力推广扶持"微型企业"发展的政策，可以促进贫困地区的农村剩余劳动向城镇转移，通过以创业带动就业，创造更多的就业机会，解决城市失业人员的就业压力。不仅有利于改善民生，促进社会和谐稳定发展，而且可以为重庆市乃至全国各地区的经济发展带来超强的活力。

毋庸讳言，重庆市在探索微型企业的发展之道上，也存在一些困难和风险。比如，关于《意见》规定的九类扶持创业的人群，主要包括高等院校毕业生、下岗失业人员、返乡农民工、农转非人员、三峡库区移民、残疾人、城乡退役士兵、文化创意人员、信息技术人员，这些人群大多缺少一定的资金和经验，缺乏足够的管理运营能力、市场开拓能力和应对竞争对手的抗风险能力等，不具备创业的基础，创业成功的难度相对较大。另外，关于《意见》规定的微型企业创业扶持贷款额度不超过投资者金额的50%，担保公司为微型企业贷款提供的担保期限为1~2年，且单户微型企业贷款担保最高不得超过5万元等这些创业扶持贷款政策相对于规模小，发展较慢的微型企业来说，不足以得到足够的扶持力度和时间，也许在这些微型企业的经营状况刚刚发生好转的时候，政府已经对其撤销扶持政策，则有可能使其陷入尴尬的境遇。

微型企业作为经济发展的新趋势，我们应该加大扶持力度，根据其发展困境与问题，采取卓有成效的对策与举措，促进微型企业发展上台阶、上水平。

## （一）促进微型企业与其他类型企业的共生互动与集群发展

在欧洲，自20世纪90年代以来，越来越多的微型企业开始联合组成企业集团，也被称为"微型企业集团"。据法国国家统计和经济研究所公布的调查结果显示，1990—1998年期间，法国微型企业集团的数量增加了6000个，占企业集团总数的80%以上。通过微型企业集群、微型企业集团等产业组织模式，企业可以分别承担产品结构多样化的任务，提高任务的高效率和灵活性，最终形成整体的力量，乃至形成地区及整个国家的竞争优势。

对于那些需要创业但创业能力有限的人群，可以选择和已经具备较强创业能力的强者互帮互助、共同创业，或者和已经具有一定实力的大企业联合经营、共同分享经营收益，从而实现政策优势与实力结合，提高微型企业创业的成功率。企业共生理论认为，企业群是一个包括大企业、中小企业和微型企业在内的，通过资源共享或互补而形成的共生体。微型企业可以根据自身所处产业环境的不同、经营战略的差异选择不同的合作方式和伙伴进行合作共生发展。微型企业可以与大中型企业通过合作研发、联合销售、资金融通等方式进行合作，有利于减少企业的经营成本，降低抵御市场未来不确定性的风险；微型企业也可以与其他的微型企业合作，通过资源互补，互相协助共同抵御来自大企业的竞争压力，这不仅有利于资源的合理配置，而且能使微型企业突破自身能力的限制，以较短的时间和较少的资金形成较大的销售能力，通过共同开发市场，从而有利于自己的生存和发展。从渠道上，微型企业还可联合供应链上游供应商企业和下游经销商企业共同发展，以实现供应链整体的竞争实力。

## （二）探索多元化融资渠道以改善融资困境

在国外，美国早在1953年后，就出台了《小企业融资法》，到目前为止，美国政府已经累计向微型企业提供的贷款达到 5162 亿美元；日本政府主要是通过建立国民生活金融公库、商工组合中央金库和中小企业金融公库，来形成对微型企业的金融支持体系；意大利政府专门开设 SPI 企业孵化器中心，以支持处于萌芽阶段的微型企业；马来西亚政府则以"微型融资"作为扶助"微型企业"的主要手段，通过指定一些银行为其提供"微型资金"支持，构建了一个全面的微型融资框架。

在借鉴各国经验的基础上，依据微型企业发展的重庆实践及我国的客观环境，改善微型企业融资的困境，需要构建多元化的融资架构，探索新型融资渠道。

（1）供应链融资。在经济全球化、全球产业链的价值分工和供应链实践的推动下，供应链金融作为解决中小企业及微型企业融资困境的新型融资手段，其以核心企业作为支撑点，通过信用捆绑机制，把资金注入整条供应链中，为其提供综合授信，以促进供应链中资金的有效分配，最终实现供应链核心企业及上下游企业建立长期战略协同关系，提升供应链的竞争力。一方面该融资模式取代了民间融资，帮助中小企业及微型企业降低其融资成本、提高了盈利水平；另一方面，银行的融资支持可以激活整条供应链上的资金周转，使得中小企业及微型企业经营规模得以扩大，赢得更多的商机。

（2）创业投资基金。对一些具有技术创新潜力和产品研发能力的微型企业，创业投资基金作为一种新型金融中介融资手段，通过一些专门从事风险投资的金融机构对其投资，不仅能够为微型企业提供资金支持，而且能够为微型企业提供财务管理等专家咨询服务。

（3）建立具备完善的市场、政策、信用、融资、技术、咨询等各类配套"第三方交易平台"。对于微型企业的融资扶持政策，不一定局限于通过政府和金融机构融资，微型企业可以通过借助第三方交易平台，通过与该平台上的其他大型企业、中小型企业以及微型企业共同进行采购、生产管理和销售，利用平台上的各方资源和资金优势，实现在真实贸易背景下的融资供给。

## （三）进一步夯实促进"微型企业"发展的第三方交易平台

微型企业作为为数众多的市场经济的主体、增加就业的新生力量，在对外贸易和优化产业结构等方面发挥着越来越重要的角色。但是单个微型企业作为社会生产组织的基本单元，其发展中出现的问题在于"小企业与大市场"的矛盾。且由于微型企业的规模小、发展不成熟、抵押资产缺乏、资信等级低等原因，以及中国银行机构和资本市场体系不完善，其外部融资渠道相比中小企业更是严重受限。

随着电子商务与物联网技术的飞速发展，以及中国各类第三方交易平台的实践摸索，这些交易平台依据其专业化、信息化的超强服务功能的一体化交易服务形式，将各级的规模大小不等的供应商、制造商、流通商和零售终端的服务商连接成一个巨大的商业网络，其中，这些参与的交易商们可以是大型企业、中小型企业或微型企业。其交易模式如图 1 所示：

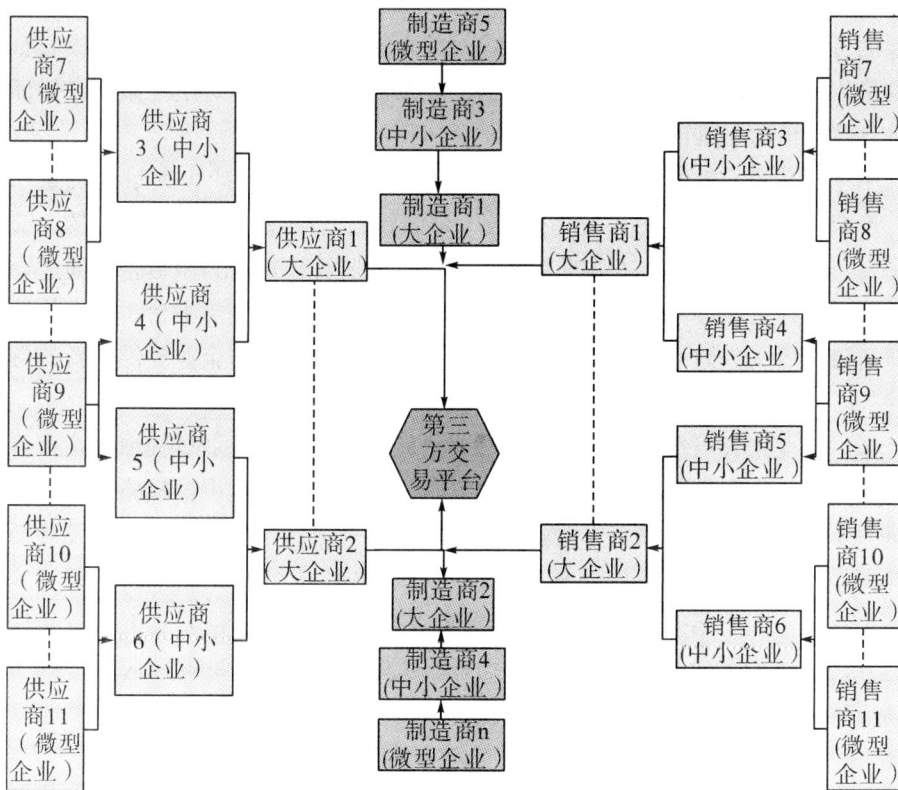

**图1 微型企业第三方交易平台模式图**

针对上述微型企业发展存在的问题，针对"微型企业"的发展特点，开展第三方交易平台可以为微型企业发展搭建新的平台。

（1）实现产业集聚效应。通过交易的直接对接，解决了微型企业经营与市场信息缺乏沟通的缺陷，通过在公共信息平台上发布供需信息，形成集聚效应，减少了不必要的中间环节，降低了产品的流通成本，为微型企业带来一定的商机。而且通过互相沟通来研发产品或服务，改变企业经营模式和结构，提高在市场中的竞争能力。由于第三方平台提供者掌握了丰富的各种信息资源，并具有良好的客户沟通能力，由此可以帮助微型企业逐步实现产业的集聚。

（2）节约社会资源。第三方交易平台利用丰富可靠的信息，降低了整个社会信息化建设支出，通过将各行业、各地区供应链连接在一起，可减少整个社会的库存水平，提高资源利用率。该交易平台还可以促进微型企业提高创新能力，促进整个社会信息化进程，从而有助于降低整个社会的 PPI 和 CPI。

（3）解决微型企业融资难问题。在传统的供应链金融业务中，银行作为主要的资金提供方，承担了微型企业违约的大部分风险，尽管供应链上核心企业的信用捆绑和对真实贸易背景的考察，以及物流监管企业对质物监管来保证授信自偿，但这仍难以改变银行作为出资主体的单一状况。

由于商品买卖之间大量的交易，第三方交易平台上将产生大量的资金积淀，形成强大的"资金池"，这就会大大增强银行等金融机构的参与热情，交易平台可以依靠物联网技术实现对货物全方位的监管，从而为微型企业通过仓单质押或者存货质押申请银行的授信。因此，开展第三方交易平台，是继传统供应链融资后，为微型企业量身定制的融资方式，其为微型企业提供了新的融资途径。

微型企业是我国经济发展中一支极为活跃的力量，但发展过程中存在亟待解决的问题。本文主要从创业动机的转变、发展模式的变化以及战略竞争的角度进一步阐述了我国微型企业内涵，并在此基础上分析了我国微型企业发展面临的困境。重庆市作为我国开展"微型企业"扶持政策的先驱，在政策实施初期也存在一些不足和弊端，通过对重庆市"微型企业"相关政策的重新探索，发现"微型企业"可以借助第三方交易平台实现产业集群效应，节约了社会成本，并解决了融资难等相关问题，具有一定的理论和现实意义。

## 参 考 文 献

［1］陈剑林. 微型企业生存与发展研究［D］. 成都：四川大学博士学位论文，2007：2-33.

［2］陈金波. 论微型企业的优势及其发展意义［J］. 徐州工程学院学报：社会科学版，2008（5）：21-23.

［3］JASON J. FRIEDMAN. The Role of Microenterprise Development in Stimulating Social Capital and rebuilding inner city economies. Practitioner Perspective ［J］. The Journal of Socio - Economics. 2001 （30）: 139 - 143.

［4］ MARK SCHREINER. Microenterprise development Programs in the United States and in the Developing World ［J］. World Development. 2003 （31）: 1567 - 1580.

［5］蔡翔, 宋瑞敏, 蒋志兵. 微型企业的内涵及其理论基础 ［J］. 当代经济, 2005 （12）: 85 - 87.

［6］郑立成, 张陆. 微型企业的内涵扩展研究 ［J］. 江苏商论, 2009 （1）: 97 - 98.

［7］毛敏. 新时期微型企业的内涵界定 ［J］. 商业时代, 2010 （22）: 92 - 93.

［8］陈剑林. 微型企业理论研究综述 ［J］. 井冈山大学学报, 2010 （6）: 82 - 89.

［9］王振. 上海微型企业的发展现状与扶持政策 ［J］. 上海经济研究, 2002 （1）: 73 - 79.

［10］彭凯, 向宇. 我国银行开展小微企业贷款的困难和对策 ［J］. 西南金融, 2010 （6）: 59 - 61.

［11］蒋志兵, 蔡翔, 宋瑞敏. 论微型企业 ［J］. 商业现代化, 2007 （5）: 62 - 63.

［12］张杰, 刘东. 微型企业融资困境与金融机构行为选择问题研究 ［J］. 生产力研究, 2007 （1）: 32 - 33.

［13］曾麒. 重庆工商大力发展微型企业工作专题 ［J］. 工商行政管理, 2011 （11）: 73 - 74.

［14］王良洪. 国外的微型企业及其作用 ［J］. 经济管理, 2006 （1）: 87 - 91.

# 城乡发展一体化：
# 重庆的难题、改革实践和破解建议[①]

黄志亮　王　鑫

（重庆工商大学）

（重庆工商大学融智学院）

城乡一体化是传统经济向现代经济转变和发展中必然出现的过程，这一过程伴随着人口和土地等资源的重新配置。但由于历史的原因，我国在这一进程中却出现了"人口城乡一体化"与"空间城乡分离"的严重不协调现象。例如，我国 2.5 亿进城农民工工作在城市，但户籍和居屋却在农村。如何促进"三农"发展、加强城乡联系以及让进城农民真正融入城市生活，正成为全面建成小康社会所亟待解决的重要问题。在此背景下，2007 年重庆正式成为全国统筹城乡综合配套改革试验区，城乡改革的大幕就此拉开。本文正是总结 5 年多来重庆实验区城乡改革的经验与问题，并提出相应的对策建议。

文章的结构如下：第一部分就城乡一体化的理论和经验研究进行回顾；第二部分阐述重庆城乡发展失衡的一般和特殊原因；第三部分总结 5 年多来重庆的具体实践经验及成效；第四部分分析重庆急进的改革中被忽略的问题；第五部分对未来进一步改革方向提出对策建议。

## 一、文献回顾

马克思和恩格斯在其城乡融合理论中精辟地指出：在人类社会的历史长河

---

①　本文为黄志亮教授主持的国家社会科学基金项目"西部地区经济发展新实践研究"（项目编号：11BJL072）阶段性研究成果。

中，城乡关系一般要经历由"一体"到"分离"，再到"联系"最终到"融合"的过程（马克思，恩格斯，1975）。实现城乡一体化，"通过消除旧的分工，进行生产教育，变换工种，共同享受大家创造出来的福利，以及城乡融合，使全体成员的才能得到全面的发展"（马克思，恩格斯，1974）。这是人类最终的目标，但城乡分离、城乡对立却是一个必然存在的历史范畴，是无法逾越的历史阶段，它是当下一切发达的、以商品交换为媒介的分工的必然产物（马克思，1963）。进一步地："城乡之间的对立是随着野蛮向文明的过渡、部落制度向国家的过渡、地方局限性向民族的过渡而开始的，它贯穿着全部文明的历史并一直延续到现在"（马克思，恩格斯，1960）。正是这样的对立，导致了乡村衰落、城市病态以及城乡利益冲突等一系列矛盾（马克思，恩格斯，1960）。最后，就消除城乡差别，实现城乡融合发展，马克思和恩格斯提出了解决办法：其一，在生产力方面，要大力发展城市工业，特别是要发展大工业和交通运输业，并让其带动农村工业化；其二，在生产关系方面，建立社会主义制度，消灭资本主义私有制（马克思，恩格斯，1972）。此后，列宁对消除城乡对立的客观条件作了补充："把农民吸引到城市去，当农业人口和非农业人口的生活水平接近时，才创造了消除这种对立的条件"（列宁，1959）。他同时还提醒，在社会主义制度下，城乡之间的经济结合应带有自觉性，计划性和系统性（列宁，1960）。

国内学者对城乡问题的研究则大都在中国独特的历史背景下进行。西方国家的城乡对立来自于经济因素，而我国的城乡分割状态除受经济欠发达影响外，更多地带有人为因素，受计划经济时期各种强制制度的影响比较明显。随着经济的发展，越来越多的学者意识到这种城乡分割的状态极大地阻碍了我国的城市化、工业化进程。制度不改变、城乡问题不解决，中华民族的复兴便无从谈起（费孝通，1993）。背负着富国强国的急切使命，国内学者对城乡一体化的研究多是以问题为导向的实证研究便不足为奇了。

总的来看，国内文献对该问题的研究可以分为两个部分，探讨我国城乡分割的原因和提出可供选择的政策方案。

原因方面，户籍制度一直被众多学者视为阻碍我国城乡一体化进程的最大障碍。改革开放前，对于这样的政府行为，食物匮乏是经常被引用的理由之一。但林毅夫等（1994）却提出，重工业优先发展的赶超战略才是造成城乡分割的主要原因，因为政府需要把农民束缚在土地上，以让他们为工业部门提供廉价农产品。在这个意义上，城乡分割确实存在比食物匮乏更深刻的原因。

改革开放后，工业部门的急速扩张增加了其对劳动力的需求，户籍制度逐渐放宽，政府开始放松对农村移民的限制。但 20 世纪 90 年代中期，城市出现大量下岗工人，严重的就业问题使地方政府加强了对移民的控制。同时，农村不完善的土地产权制度和低水平的社会保障制度也与户籍制度一并成为城乡一体化进程中亟待解决的制度难题（陶然，徐志刚，2005；张良悦，刘东，2008；）。另外，城市由于集聚效应使其投资回报率明显高于农村，在我国的财政分权制度下，这直接导致了地方政府的各项政策更容易偏向城市，从而使城乡发展出现更大的差距（黄季焜，等，2008；王小鲁、樊纲，2005）。除了上述制度政策原因，城镇居民对农村移民的敌意以及新闻媒体对移民的负面报道也在一定程度上阻碍了城乡融合（姚洋，2004）。

政策方面，许多学者均认为坚持政府主导，利用国家的宏观调控手段来改变重城轻乡的发展模式是我国解决城乡一体化问题的主要途径（费孝通，1991；陈吉元、韩俊，1996）。其具体做法包括改革户籍制度，调整农业产权制度，重构城乡劳动就业与社会保障制度等（蔡昉，2008；顾益康、邵峰，2003；周其仁，2004；）。还有学者提出，应注意到城乡一体化是一个系统工程，包括社会、经济、政治、文化、空间、公共服务、生态环境等多方面的内容，在具体的实践中应把握好各方面的关系，而不应该仅关注城乡一体化的经济内容（姜作培，2004；杨继瑞，2005）。由于地理环境以及经济发展水平的差异，我国各省市在实践中探索出不同的城乡一体化模式。国内学者对此做了总结，主要有："以城带乡"的珠江模式、"统筹规划"的上海模式、"工农协作、城乡结合"的北京模式、"以乡镇企业带动发展"的苏南模式和"外向型经济带动"的昆山模式，以及最近出现的产权改革、公共服务均等化与基层民主同时推进的成都模式（冯雷，1999；耐斯比特，2011）。

## 二、重庆的城乡一体化难题：严重的城乡发展失衡

1997 年成为直辖市以来，重庆经济社会发展取得了长足进步。到重庆开始城乡统筹改革之前的 2006 年，GDP 总量达 3486.2 亿元，10 年间年均增长率高达 10.2%。在经济快速增长的同时，城乡居民收入成倍增加。农村居民纯收入由 1996 年的 1479.05 元上升到 2006 年的 2873.82 元，城镇居民家庭人均可支配收入由 5022.96 元提高到 11 569.74 元，平均每年增加 6.9% 和 8.7%。10 年间，农村绝对贫困人口从 366 万人下降到 88 万人，减少 278 万

人。然而，在人们享受市场化带来的经济繁荣的同时，它也将另一面，即结果的不平等性赤裸裸地展现在人们面前。

## （一）重庆城乡发展失衡的一般表现形式

城乡发展失衡是世界各国工业化、城市化过程中的普遍现象。但在重庆，这种失衡首先表现为与一般工业化国家的共同点。主要包括两个方面：

一方面，城乡收入差距持续增大。虽然 1997 年直辖以来农村居民人均纯收入绝对值有了较大的提升，但其增长速度仍不及城镇居民，这也直接导致城乡收入比从 1996 年的 3.4 倍上升到 2006 年的 4.03 倍。同时，重庆的反贫困政策虽然取得了一定成就，但政府公布的贫困人口数据有低估重庆贫困状况的倾向，主要原因是贫困标准太低。

另一方面，第一产业就业比重长期居高不下。1996 年，重庆农业就业劳动力占就业总人数的 58.3%。2006 年，这一比值下降了约 12 个百分点，为45.7%，但农业就业总人数仍高达 851.78 万人。同时，我们却发现，2006 年重庆农业产出在国民生产总值中所占比重却仅为 9.9%。较多的农业劳动力却创造了较少的 GDP，这明显暗示着农村尚存在大量剩余劳动力。

## （二）重庆城乡发展失衡的特殊表现形式

重庆城乡发展失衡，还有着不同于一般工业化国家的特殊表现形式，尤其是不同于一般发展中国家的特殊现象。

其一，户籍城镇化率长期低于常住人口城镇化率，且存在差率扩大趋势。1996—2006 年，重庆市城镇化率由 29.5% 提高到 46.7%，两者差率为17.2%。但同一时期，户籍城镇化率仅由 19.1% 提高到 26.4%，两者相差20.3 个百分点，这意味着大约 640 万没有城市户口的乡村迁移人口和离乡农民没有享受城市政府提供给具有城市户口居民一样的基本公共服务。

其二，出现城市"农民工"与农村"空心农户"并存的社会结构，且被长期固化。2005 年，重庆外出劳动力总量为 565.77 万人。2006 年重庆外出人口 680.61 万人，基本上是农民工，多数在沿海就业，过着"候鸟"式的大迁徙生活。具体来讲就是，农民工劳动条件发生空间分离：在农村是生产资料所有主体，在城市的生产过程中成为雇佣工人；劳动力再生产条件发生空间分离：劳动力本人的再生产主要在城市，劳动力后代的再生产主要在农村；劳动者的社会保障发生空间分离：劳动者的一般社会保障在农村，一般商业保障在城市。同时，伴随城市化速度的加快，农户空心化问题开始出现：农民工进城同时，却把老人、孩子留在了农村，把土地低效利用或荒废留在农村，把贫困落后留在农村。2007 年，重庆农村"留守儿童"总数大约 110 万，"空巢老人"总数大约 190 万，还有几十万"留守妇女"。如何让这部分人群享受城市化带来的好处，已成为重庆发展中亟待解决的社会问题。

### （三）城乡发展失衡的原因

1. 城乡发展失衡的一般原因

首先是低水平的历史发展基础。直辖前，重庆经济发展基础比较薄弱，城市工业、服务业不够发达，农村农业十分落后。到 1996 年，重庆的 GDP 总量仅为 1179 亿元，人均 GDP 仅 3914 元，农村人口占总人口比例为 74%，而且，当时重庆辖区内 43 个区县中，有 21 个国家级和省级贫困县。

其次，偏重城市的战略实施和政策倾斜。2006 年，重庆第一产业固定资产投资 52 亿元，仅占全社会固定资产投资总额的 2%。同年，农村固定资产投资总额仅为 155.4 亿元，但来自农户自己的投资就达 72.2 亿元，占比高达 46.4%。这表明，在外部资金支持不足的条件下，农户成为农村固定资产投资的重要主体。

2. 城乡发展失衡特殊原因

重庆城乡发展失衡，不仅有着与大多数工业化国家共有的一般原因，而且也有着不同于一般工业化国家的特殊原因。主要表现为以下两点：

首先，户籍制度的限制。虽然从 1978—1996 年，国家对农民自理口粮到集镇落户有所放宽，但总体上，农民转市民的户口控制仍是很严的。

其次，过分偏向投资方的政策导向。重庆直辖后，制定了一系列鼓励私营经济发展的政策，私营企业创造的增加值在 GDP 中的占比连创新高，到 2006 年，私营经济在 GDP 中的占比为 53%，比 1996 年提高了 28 个百分点。与此同时，外出打工的农民工在企业中仍处于弱势地位，广大农民工只能在城市里接受既是较差劳动条件又属于低工资的一般行业就业。这使农民工工资中很少包括劳动力再生产的完整价值或价格。

总体看，20 世纪 90 年代中期，长期积累的较低发展水平构成了城乡发展失衡的一般历史基础，而偏重城市的战略措施和政策倾向则使生产要素和产业过度集中在城市，造成了城乡劳动生产率的巨大差异，从而延续了城乡发展失衡的状况并且进一步扩大了这种失衡。长期过紧的城市户籍制度管制和近 10

多年过分偏向投资方的政策导向则固化和加剧了重庆城乡发展失衡的境况。

## 三、重庆的城乡发展一体化实践：综合改革推动农户进城、资源下乡和公共产品惠农

对不同国家和地区，城乡融合转折点出现时间以及具体方式要视当时的具体历史条件而定。重庆城乡融合的转折点出现在 2007 年。这一年，国务院批准重庆成为城乡统筹综合配套改革试验区，政府开始从整个经济社会发展的战略全局高度和长远角度重新审视城乡关系问题，并在政策上得到中央政府强力支持。从此，重庆进行了多方面的试验探索，重庆改革实践可归纳为"一综改三融入"，即：一系列综合配套改革，推动农户融入城市、资源融入农村、公共产品融入农村。

### （一）农户融入城市：户籍改革推动进城农民分享城市公共产品和服务

2010 年 8 月重庆启动了国内省域范围最大的农转城试验，这次改革试验有以下特点：其一，转户门槛条件低。在主城的转户条件为：已购商品房；或务工经商 5 年以上，具有合法稳定住所；或投资办实业，3 年累计纳税 10 万元或 1 年纳税 5 万元以上，具有合法稳定住所的，可申请办理城镇户口。远郊区县城和小城镇的转户条件则更低一些。其二，对转户农民的承包地、林地和宅基地可自愿选择保留、流转或退出。若退出的宅基地可复垦为耕地的，该地块可作为"地票"上市交易，交易收入在村集体和农户之间按 15% 和 85% 的比例分配。由于国家明文规定转户农民可不退出承包地，因此，重庆尚未出现退出承包地的农户，政府也未制定具体的退出承包地补偿政策。其三，转户居民可选择参加城镇企业职工基本养老保险、城镇职工医疗保险（他们亦可选择城乡居民社会养老保险和新型农村合作医疗保险），可以获得就业技能培训和就业帮助，可以申请公租房，子女在城市入学不再交借读费、赞助费。

从 2010 年 8 月至 2012 年 12 月，重庆以农民工为主的农村户口转为城镇户口累计达 359 万人。其中，转户高峰期在 2010 年 7 月到 2011 年 12 月，共转户 321.89 万人，从而使重庆的户籍城镇化率由 2006 年的 26.4% 跃升至 2011 年的 38.4%。到 2012 年年底，参加各类养老保险转户居民达 245 万人，参加医疗保险的达 245 万人，享受城市最低生活保障的达 15.3 万人，申请到公租房的达 5.2 万户，所有转户居民子女享受与城市居民子女一样的教育

待遇。

　　尽管这一系列的福利还是低水平的，但毕竟是破天荒第一次农民可以带着尊严转入城市与市民平等分享城市的公共产品和服务。如果把户籍制度比作限制人口流动的一个阀门的话，那么重庆的做法并不是一下子全打开它，而是采取一系列政策组合，逐渐而有效地降低这阀门，使农村劳动力逐渐有序地进入城市。重庆的户改，实际上是通过一种机制设计，利用城市户口所享有的福利，通过农民完全自愿的选择机制，采取有利于自身福利改进的行动。圆了农村人转变为城市永久市民的千年梦想。显然，这样的改革将促使那些已经和希望迁移到城市的农民工，尤其是具有一定智力资源并对自己在城市生活的未来充满自信心的农村新生代真实而主动地完成向市民化的根本转变，而这种转变正好是今天的城镇化进程中符合规律的实质性迁移。

## （二）资源融入农村：以土地产权改革为突破口推动城市资源融进农村

　　重庆要实现城乡统筹，对农村大规模的财政和金融投资无疑是至关重要的。但改革初面临的最大难题是，即使农业本身具有相当的比较利益，若没有任何抵押物分散投资风险，金融资金也是难以进入农业部门的。2008 年，重庆开始试点农村新型股份合作社和"三权抵押"贷款等改革，就此开启了资源下乡的破冰之旅。其具体做法主要有：

　　（1）将农村集体土地承包权、林权和宅基地使用权确权并颁证到农户。

　　（2）建立农村新型股份合作社。2011 年起试点至 2012 年 12 月，已建农村新型股份合作社 1230 个，入社农民超过 23.1 万户，出资总额超过 49.3 亿元。参股农民实现了股金、租金、薪金多元化、多渠道增收。

　　（3）鼓励建立农民专业合作社。截至 2012 年 12 月，农民专业合作社达到 1.6 万户，全市有 1/3 以上的农户加入了合作社，出资总额达 357.45 亿元。

　　（4）试验开展"三权"抵押贷款。2010 年起至 2012 年 9 月末，累计发放"三权"抵押贷款 292.8 亿元，其中，土地承包经营权抵押贷款 24.2 亿元，农房抵押贷款 43 亿元，林权抵押贷款 111.7 亿元，农户小额贷款 16.8 亿元，其他创新型贷款 97.1 亿元。

　　（5）试点"地票"交易。2008 年建立土地交易所，以地票交易为核心的农村土地管理制度得到有序推进。到 2012 年 10 月，组织地票交易 9.95 万亩，交易总金额达 198.29 亿元，地票均价为 19.94 万元/亩。

　　可以说，农村户籍制度改革、农村新型股份合作社和专业合作社改革、农村"三权"抵押融资、地票制度，构成了重庆农村组合改革的主要内容，这一系列改革，前所未有地撬动了城市金融性资源投向农村；同时，激活了农村的土地资源、人力资源和资金资源。

### （三）公共产品融入农村：公共财政投向改革推动农村公共交通大改善和农村社会事业发展

2007 年，启动统筹城乡改革试验后，重庆政府开始调整公共产品财政投入政策，以往被忽略的农村地区得到空前的重视。

首先，加大政府投入，建设和改造农村交通设施。"十一五"期间，农村公路累计投资超 400 亿元，新改建公路 5 万公里。

其次，加大农村教育财政投入力度。政府通过组织市级财力，在"十一五"期间，帮助区县偿还了全部"九年义务教育"欠债。2007 年市财政增加投入 6.54 亿元，用于提高农村中小学公用经费拨款标准和免杂费的补助标准，改造师生饮水设施等。

最后，初步构建起农村社会保障体系。2007 年，重庆在西部率先构建农村低保制度，到 2012 年，农村最低生活保障标准上升为每月 180 元/人～190元/人，覆盖人口达百万。2011 年，农村养老保险已实现全覆盖，比全国早了1 年。基础养老金最低标准由国家的 55 元提高到 80 元。农村"五保"人员供养标准提高到每月 265 元/人～275 元/人。2012 年，中央及市内各级财政对新农合医疗报销的补助标准从 2009 年的每人每年 80 元提高到每人每年 240 元，报销比例也进一步提高到 75% 左右。2008—2012 年，改造农村危旧房 38.5 万户，新建巴渝新居 25.1 万户，110 万农村人口摆脱贫困。

在政府公共财政的强力主导下，交通设施向农村延伸，财政投入向农村倾斜，农村社会保障体系初建，再加上农民新村和巴渝新居建设，使公共产品和公共服务以前所未有的规模和速度向农村覆盖，使农村居民前所未有地分享到了改革和发展的成果，这是空前的历史进步。

### 四、破冰改革需攻坚：急进中的问题不容忽视

经过 5 年的城乡统筹综合改革试验，重庆的 GDP 由 2007 年的 4676 亿元提高到 2012 年的 11 459 亿元；人均 GDP 由 2006 年的 1742 美元提高到 2012 年的6191 美元；城乡居民收入比由 2006 年的 4.03：1 缩小到 2012 年的 3.11：1；

2012 年常住人口城镇化水平达到 56.98%，户籍城镇化率达到 39.4%。然而，急进的改革亦留下一系列的难题。

### （一）土地产权改革缺乏充分的法律支撑

作为试验区的重庆，针对农村的地权改革主要有两个突出特点：其一，宅基地使用权在土地交易所进行市场化交易。农村居民把拥有的宅基地按耕地要求进行复垦后转变成城市建设用地指标，即地票，然后进入土地交易所买卖。其二，允许农户以土地承包经营权、林权和宅基地使用权等三权作为抵押向银行贷款。我国现行的土地法只是清楚界定并保护农地在农业用途范围内的转让权。重庆地票交易的依据是 2009 年国务院《关于推进重庆市统筹城乡改革和发展的若干意见》。但重庆的地票交易改革实际上是通过市场行为把农村建设用地置换为城市建设用地的，这样的制度变革虽经国务院允许进行试验，但还缺乏国家层面的相关的法律依据。因为，《中华人民共和国土地管理法》、《中华人民共和国物权法》均没有明确规定农民的宅基地使用权可以上市交易。同样，重庆"三权"抵押贷款的主要依据是重庆市政府 2010 年 11 月发布的《关于加快推进农村金融服务改革创新的意见》，该文件与《中华人民共和国物权法》存在冲突，因此，"三权"抵押贷款亦缺乏国家层面的法律支持。

### （二）农转城居民在城市的可持续发展及致富面临挑战

放宽了城市准入门槛以后，重庆大批农村居民已转为城市户口并进入城市生活。相比于落后的乡村生活，繁华的都市生活在提升转城居民生活质量的同时，也增加了其生活成本。所以，这里首要的问题便是城市能否提供足够的就业机会。转户人口中，除新生代文化素质较高外，一般农民工文化素质和技能水平相对较差，多数仅有 9 年及以下文化程度，从事的主要是收益不高的体力活，在城市的生活压力大，失业风险高；此外，尚有相当大一部分职业不稳定的文化素质偏低转户人群，在城市的就业风险更大。重庆 2011 年尚有 328 万未转户的城镇常住人口，他们面临比转户城镇人口更大的就业生活压力。重庆 2011 年常住人口城镇化率为 55%，在 2015 年城镇化率预计将达到 60%，那么 4 年中还将有 150 万农村居民进入城市生活，若其中一半是老人和小孩，那么就需要提供近 75 万个工作岗位给进城农民。

### （三）农转城过于集中，给地方政府造成过大的财政压力

从 2010 年 8 月到 2012 年 12 月，重庆正式实施户籍改革两年零五个月的

时间里，有 359 万农村居民转变为城市市民，转户人数占到了重庆总人口的 10.7%。按照政府的估算，大体上一个农民转户进城涉及的 15 年左右社会保障、基础设施以及公共服务等费用需要 10 万元，那么 359 万人所需要的总成本为 3590 亿元。另外，政府还需要为进城居民提供保障房。如果每个家庭平均居住人数与 2011 年农村家庭规模（3.82 人）相同的话，那么大约需要 93.9 万套住房以容纳 3590 万人。重庆公租房每平方米房屋建造成本大约为 2760 元，按人均居住面积 20 平方米核算，每个家庭需要大约 76.4 平方米的住房，这样社会提供住房的总费用将高达 1980 亿元。359 万人口真正转变为城市人口所需要的总费用将达 5570 亿元。即使把基础设施建设、公共服务等费用分期 5 年支付，以及让进城居民自己负担一部分建房费用，重庆市为农民转城需要提供的公共财政支出数目依然很大。2011 年重庆地方财政收入仅为 2908.8 亿元，当年财政投入公租房仅 128 亿元，巨大的资金缺口势必会对政府造成过大的财政压力。

### （四）急进留下的"虚假进城"：农转城空巢老人或住村老人

农转城空巢老人，一般是指子女离家外出打工后的已经转为城市居民的 60 岁以上农村老年人，其特点是既不住城又不落户农村。农转城空巢老人是重庆推进户籍制度改革进程中产生的特有现象，它由原农村空巢老人演变而来，是与其子女分户转为"城镇居民"而又住村的"城里人"。例如，重庆綦江区大榜村就有农转城空巢老人 405 人，占总人口的 8.5%（杨顺湘，2012）。总的来看，农转城空巢老人的经济状况、生活状况、健康状况和闲暇状况均不容乐观，他们经济收入低、生活质量差、生活无照料，且子女赡养能力普遍较差。随着户籍制度改革和城镇化速度的进一步加快，农转城空巢老人数量正逐渐壮大，将成为不容忽视的群体。例如，重庆酉阳县农转城共 14553 户，共 32437 人。在这些转户家庭中，有 6010 户家庭仅有 1 人转户，占转户家庭总数的 41.3%，这类转户人员的平均年龄已超过 52 岁。从个体的移民选择来看，转为城市户口获得的城市市民福利驱动他们选择转户。但同时又因为担心在农村土地的"三权"存在风险，因此他们选择部分家庭成员留在农村，老人转户进城但多数实际仍居住在农村，从而形成了住村老人现象。

## 五、破解城乡发展一体化改革中难题的建议

重庆的城乡统筹综合配套改革，属于探索实验性质的深水区改革，它开始

扭转城乡发展失衡的格局，调整城乡利益关系，让几百万农民首次理直气壮地分享工业化、城镇化的果实，向城乡发展一体化迈出了重要的一步。但同时，它取得的进步又是初步的：转户进城农民分享到的公共产品和公共服务还是低水平的；资源下乡的规模仍是十分有限的；农村人可享受的公共产品和公共服务与城市人比尚有较大差距；尤为重要的，城乡发展一体化的制度、体制机制还没有从根本上建立。

基于重庆的城乡统筹综合配套改革探索的经验教训，我们对重庆进一步推进城乡发展一体化提出以下建议：

## （一）以城乡发展一体化为目标，逐步赋予城乡居民自由迁徙的权力

户籍制度改革的核心是消除附着于户籍关系上的种种经济社会权益差别，真正做到城乡居民在发展机会上的平等，还户籍本来应具有的人口登记、基本信息统计等一般功能。我们认为，现行户籍制度改革的重点不是取消城镇居民既得的利益，而是要逐步赋予进城农民以相同的市民待遇。更进一步讲，户籍制度改革的背后是城市用工制度的改革和城市旧有福利体制的改革。在就业制度上，取消由于户籍制度而导致的就业歧视，赋予农民自由选择进城落户、自由择业的权利；在城市福利体制上，要逐步变国家财政暗补为建立统一的社会保障体制，分阶段建立城乡统一的福利保障制度。只有当城乡居民拥有了这种真正的自由迁徙的权力，生产要素和社会资源在城乡之间的自由流动才会变为现实，从而工业部门和农业部门的生产率才会逐渐趋于一致，城乡收入差距才有可能逐渐缩小直到最后完全消失。近阶段的战略行动，不仅要重点建立促进农村剩余劳动力进城的体制机制，以及相应的政策措施，而且还应该适时启动允许城市居民自由迁移到农村创业、经商、务农，乃至在农村定居生活的体制机制及配套政策改革。

## （二）在法律上，明确界定农民对农地长久的经营权、转让权、收益权、使用权和继承权

重庆通过"三权"抵押贷款制度改革以及地票交易制度改革等措施，促进了生产要素向农村的流动。广大农民对小康的强烈期待及顺应这一期待的改革深化，需要国家对集体和农民在土地权力上的责权关系进一步明确，并修改相关法律，允许"三权"抵押贷款，细化在"三权"抵押中集体和农民的权责，规定提供这种贷款的金融机构的准入资格及相关权责。从而对作为抵押物

的农地"三权"进行合理估价，建立基于法律承认的借贷双方的信用基础，否则就会导致银行对该种产权不清商品作为抵押物的排斥。如果农村土地的转让权受到限制，那么对转户进城或进城务工的农民来说，在找不到合适的人帮其经营土地的情况下，也不会放弃土地的承包权而是选择"漫不经心地随意种植"甚至"撂荒"。因此，建议在国家层面法律上明确界定农民对土地的长久经营权、转让权、收益权、使用权和继承权，并界定集体的所有权、处置权的具体内容，为进入非农行业的农户转让其土地经营权以获得财产性收入提供法律保障。更重要的是，当经济受到外界冲击而无法提供充分的非农就业机会时，进城农户还可以自由选择回到农村收回土地经营权，利用在城市积累的资金和综合资源，从事较高水平农业经营或农工商一体化经营。

### （三）将种粮和农业发展分阶段纳入国家安全战略保障体系

中国并不存在粮食和农产品生产率下降问题，只是在粮食和农产品稳定生产和供给保障体系上存在一系列需要改进的政策问题。建议把种粮和农业发展分阶段纳入国家安全战略保障体系。农业本身是弱质产业，而目前我国城镇人口已超过50%，并且未来20~30年，还将有占总人口的20%~25%由农村迁入城镇，农业及农村人口呈下降趋势，国家不能把满足全体国民对粮食和农产品需求的责任压在占总人口较小比重的农村人身上。国家不仅要提高对农业投资和农产品补贴的最低水平，而且要将粮食和农业生产纳入国家安全战略。现阶段就是要逐步建立粮食安全和农产品供给战略保障体系，包括采取一系列综合措施：如稳步提高农村教育水平；兴建发达的农村公路和数字化通信设施；运用公共财政收入和垄断性国有经济的部分利润收入对基本农产品（粮、棉、油、蛋、奶、水果、蔬菜等）生产分阶段提高补贴，并建立保障全民基本农产品供给的战略储备制度；保障对农业技术研究和推广提供足够的政策支持；允许能够分散风险的农产品期货市场的发展，降低农产品的运输和购销成本，最终建立起全国统一的农产品市场。

### （四）对农转城居民进行长久的综合素质和职业技能培训，稳步提升他们的市民化水平

无论是已转城居民还是过去进城的农民工，其文化程度普遍不高几乎是一个不争的事实。尽管教育在工资回报中所占的比例仍然较低，但是，一定的教育水平依然是转城居民真正市民化和融入城市生活的必备条件。所以，政府

的重大责任就是对转城居民进行长期稳定的教育扶持，加强对转城居民进行长久的技能培训和综合素质教育。对于已受过较好基础教育的年满18周岁的农村新生代，应该注重的是正规职业技能培训，因为其对工资收入有着重要的决定作用，而简单培训对工资收入的作用却并不显著（王德文，蔡昉，等，2008）；对于受过高等或中职以上职业技术教育的新生代，则要帮助他们进行特殊工作技能培训；对于绝大多数文化素质不高的转城居民，则要加大投入对他们进行长期的、分阶段的文化素质和综合能力培训。对这部分转城居民的长期培训是政府人力资源投资的难点，因此，应是政府工作的重中之重，因为受过良好普通教育的民工将比那些只受过简单工作技能培训的民工有更多的适合自己的就业机会和在城市稳定发展的基础。

### （五）急进改革应转入渐进改革，应在理性的常态进程中逐步解决急进时留下的问题

重庆在2010—2011年农转城过于集中，快速的农转城解了过去多年积压在主城的农民工发展之难，破了户籍束缚之坚冰，但由于时间上操作过急，又是首次在省域范围的大规模试验，从而给地方政府造成较大的财政压力。同时也给基层干部和工业化发展水平较低地区的农民造成较大的工作压力和思想压力，出现了个别的不自愿转户或局部的"虚假进城"等问题。2012年，重庆的农转城户籍制度改革已转入常态化阶段。这种理性的回归有利于减轻地方政府财政压力，提高转户工作质量。未来的深化改革进程中，应该按城乡发展一体化的目标完善户改方案，妥善解决急进转户中留下的农转城"空巢老人"和"住村老人"等问题；进一步地，根据重庆的新型工业化、城镇化、信息化和农业现代化进程以及政府财政实力提升的程度，科学确定农转城的分阶段指导性具体规模及区域分布；再进一步，及时总结重庆户改的经验教训，为全国性的户籍改革提供法律修订和政策制定依据。

### 参 考 文 献

［1］PARK. A, SEHRT. K. Tests of Financial Intermediation and Banking Reform in China. Journal of Comparative Economics 29, 2001, 608 - 644.

［2］HUANG, PING, FRANK N. PIEKE. China Migration Country Study［J］. Paper presented at the Conference on Migration, Development and Pro - Poor

Policy Choices in Asia，Dhaka，2003.

［3］WU，HARRY XIAOYING. Rural to Urban Migration in the Pople is Repub-lic of China ［J］，China Quarterly，1994，139，669 - 698.

［4］ZHAO，YAOHUI. Labor Migration and Earnings Differences：The Case of Rural China ［J］. Economic Development and Cultural Change，1999a，47 （4），762 - 82，July.

［5］贾全明. 从城乡分离到城乡融合——中国道路及其实践模式 ［D］. 武汉：华中师范大学博士学位论文，2012.

［6］列宁. 列宁全集：第 30 卷 ［M］. 北京：人民出版社，1960.

［7］蔡昉. 刘易斯拐点——中国经济发展新阶段 ［M］. 北京：社会科学文献出版社，2008.

［8］费孝通. 中国城乡发展的道路——我一生的研究课题 ［J］. 中国社会科学，1993 （1）：3 - 13.

［9］厉以宁. 走向城乡一体化：建国 60 年城乡体制的变革 ［J］. 北京大学学报，2009 （11）：5 - 19.

［10］顾益康，邵峰. 全面推进城乡一体化改革——新时期解决"三农"问题的根本出路 ［J］. 中国农村经济，2003 （1）：20 - 26.

［11］姜作培. 城乡一体化：统筹城乡发展的目标探索 ［J］. 南方经济，2004 （1）：6 - 9.

［12］杨继瑞. 城乡一体化：推进路径的战略抉择 ［J］. 四川大学学报，2005 （4）：5 - 10.

［13］冯雷. 中国城乡一体化的理论与实践 ［J］. 中国农村经济，1999 （1）：69 - 72.

［14］虞建华. 浙江省欠发达地区城乡一体化研究 ［D］. 杭州：浙江大学硕士论文，2005.

［15］陈吉元，韩俊. 人口大国的农业增长 ［M］. 上海：远东出版社，1996.

［16］费孝通. 城乡协调发展研究 ［M］. 南京：江苏人民出版社，1991.

［17］陶然，徐志刚. 城市化、农地制度与迁移人口社会保障——一个转轨中发展的大国视角与政策选择 ［J］. 经济研究，2005 （12）：45 - 56.

［18］张良悦，刘东. 农村劳动力转移与土地保障权转让及土地的有效利用 ［J］. 中国人口科学，2008 （2）：72 - 79.

［19］王小鲁，樊纲. 中国收入差距的走势和影响因素分析 ［J］. 经济研究，

2005（10）：24 - 36.

［20］王德文，蔡昉，张国庆. 农村迁移劳动力就业与工资决定：教育与培训的重要性［J］. 经济学季刊，2008（4）：1131 - 1148.

［21］约翰·奈斯比特，多丽丝·奈斯比特. 成都调查［M］. 北京：中华工商联合出版社，2011.

［22］周其仁. 产权与制度变迁——中国改革的经验研究［M］. 北京：北京大学出版社，2004.

［23］姚洋. 土地、制度和农业发展［M］. 北京：北京大学出版社，2004.

［24］黄季焜. 制度变迁和可持续发展——30 年中国农业与农村［M］. 上海：上海人民出版社，2008.

［25］林毅夫，蔡昉，李周. 中国的奇迹：发展战略与经济改革［M］. 上海：上海人民出版社，1994.

［26］列宁. 列宁专题文集［M］. 北京：人民出版社，2009.

［27］马克思. 资本论：第 1 卷［M］. 北京：人民出版社，1963.

［28］张敏，顾朝林. 农村城市化："苏南模式"与"珠江模式"比较研究［J］. 经济地理，2002（4）：482 - 486.

［29］马克思，恩格斯. 马克思恩格斯全集：第 27 卷［M］. 北京：人民出版社，1975.

［30］马克思，恩格斯. 马克思恩格斯全集：第 25 卷［M］. 北京：人民出版社，1974.

［31］马克思，恩格斯. 马克思恩格斯全集：第 3 卷［M］. 北京：人民出版社，1960.

［32］列宁. 列宁全集：第 2 卷［M］. 北京：人民出版社，1959.

# 广西西江流域构建和谐经济发展模式研究

黄少琴

（广西师范学院）

　　胡锦涛总书记在十八大报告中指出"以科学发展为主题，以加快转变经济发展方式为主线，是关系我国发展全局的战略抉择。要适应国内外经济形势发展的新变化，加快形成新的经济发展方式。"经济发展方式转变是世界经济发展的一个重大课题，也是我国社会经济科学发展面临的重大课题。笔者认为，马克思在《资本论》中不仅从社会资本再生产能否顺利和持续进行的角度，深刻揭示资本主义经济危机的必然性，同时也从社会资本运动各种实现条件的角度，深刻揭示了转变发展方式的客观必然性，揭示了正确处理社会再生产两大部类及其内部各部门的关系，是社会化再生产的客观规律。本文试图在世界经济大格局和多区域经济合作叠加交汇的新背景下，对广西西江流域构建和谐经济发展模式作粗浅探讨，寻求广西西江流域转变经济发展方式，实现科学发展的新思路、新路径。

## 一、构建和谐经济发展模式是社会化大生产的客观必然

　　转变经济发展方式，构建和谐经济发展模式是社会化大生产的客观必然，是马克思主义社会再生产理论的题中之义。马克思在《资本论》第二卷第三篇分析了社会总资本的再生产和流通，尤其是从资本循环的角度分析了社会总资本再生产的核心问题——社会总产品的实现问题。提出了社会总资本再生产

实现的两个基本前提和两大部类之间年产品交换的三个基本关系。马克思从简单再生产的分析入手，指出社会总资本再生产实现的两个基本前提：一是根据产品最终用途把社会总产品分为生产资料和生活资料两大类，进而把社会生产分为两大部类，即生产生产资料的第 I 部类和生产生活资料的第 II 部类两大类；二是与每个商品价值都可以分为 c、v 和 m 三个组成部分相对应，社会生产资料和消费资料的价值也分别划分为 c、v 和 m 三个部分。简单再生产的基本图示揭示了两大部类年产品基本交换的三大基本关系：一是第 II 部类的 II（c＋m）内部交换得到实现和补偿。即工资和剩余价值可以通过内部交换得到实现和补偿，因为它们的价值存在于消费资料的使用形式中；二是两大部类之间的交换关系，即第 I 部类的消费资料 I（v＋m）和第 II 部类的生产资料 II（c）得到实现和补偿；三是第 I 部类的生产资料（即 Ic）通过内部资本家之间的交换来实现和补偿。马克思在《资本论》中指出："总生产过程同时就是在生产过程，从而使总生产过程每一个要素的循环——这对总生产过程来说，特别是对社会资本来说，是一个必要条件。""在一个阶段的任何停滞，不仅会使这个停滞的资本部分的总循环，而且会使整个单个资本的总循环或大或小的停滞。"论述揭示了社会大生产是一个不断循环的过程，要求每个过程与环节的顺利交替，职能的和谐让渡。由此可见，和谐经济发展是社会化大生产客观属性。中国特色社会主义经济以社会化大生产为前提和基础，与我国社会主义基本经济制度结合的社会主义市场经济，客观上也必然要求实现和谐发展。

构建和谐经济发展模式是发展中国特色社会主义经济的客观要求。中国特色社会主义经济是社会主义市场经济，它有两个基本特征，一是市场经济的一般性；二是社会主义市场经济的特殊性。作为市场经济的一般性，市场经济"看不见的手"仍然作用于我国经济发展过程。同时，高度发展的市场经济绝不是自由放任的市场经济，它通过"看得见的手"对市场经济进行国家宏观调控。由此可见，市场经济是融竞争经济、开放经济和法制经济为一体的和谐经济。作为市场经济的特殊性，社会主义市场经济与资本主义市场经济有根本区别。和谐社会是中国特色社会主义的本质属性，和谐经济是中国特色社会主义经济的本质属性，基本特征是社会主义基本制度与市场经济紧密结合。党的十六届四中全会把正确处理公有制为主体和促进非公有制经济发展的关系作为建立和完善社会主义市场经济体制需要处理的首要关系。认为正确处理这一关系是经济体制改革中一个带根本性、全局性的问题。胡锦涛同志在十七大报告中提出："把坚持社会主义基本制度与发展市场结合起来"，胡锦涛同志在十八大报告进一步强调"要加快完善社会主义市场经济体制，完善公有制为主体、多种所有制经济共同发展的基本经济制度，完善按劳分配为主体、多种分配方式并存的分配制度，完善宏观调控体系，更大程度更广范围发挥市场在资源配置中的基础作用"。精辟的论述深刻阐明以"结合"为本质特征的"社会主义市场经济体制"是一场新的伟大革命，指明了中国特色社会主义经济的发展方向。改革开放以来，我国社会主义基本经济制度和谐发展创造了经济发展奇迹。非公有制经济创造的国内生产总值已超过全国的一半以上，形成了社会主义基本经济制度各种经济成分和谐发展的新格局。

构建和谐经济发展模式是实现和谐经济发展的客观必然。和谐经济是经济社会主义基本经济制度本质属性，本质特征是共同富裕。与当今世界发达国家三大经济发展模式，即美国模式、德国模式、日本模式比较，不难看出新自由主义模式是收入分配贫富悬殊，世界经济不安全的根源。目前，国外发达国家的区域经济发展模式以垄断竞争途径获得高额利润，从而形成收益差异极端的塔式模式，即世界 50% 的人占有 1% 的财富，2% 的人占世界 80% ~90% 的财富。这种财富享占的不均衡垄断竞争模式带给世界的不和谐，是世界经济动荡的根源。对此，联合国的统计研究报告也坦然承认。因此，客观上要求顺应人的新的和谐、生态、健康、财富理念，建构和谐经济发展模式，改变世界财富占有的极端不平衡状况。

和谐经济是科学发展基本特征。与国内"长三角"经济模式、"珠三角"经济模式、"京津唐"模式（以下简称长三角、珠三角、京津唐）三大发达经济模式指数体系比较，广西西江流域应开拓建构"和谐"经济模式，寻求经济发展的突破点。长三角为高科技模式，珠三角为电子贸易模式，京津唐为重工业模式。这表现在长三角引进外资的比重大，GDP 的数字高，以及一些污染的治理的不配套，一些地方出现经济增量伴随环境生态破坏的情况。长三角模式的污染问题，珠三角的被外商牵制的问题，京津唐的长线的问题，不难看出缺失一种和谐模式效应。历史经验证明缺乏自主创新的赶超模式有着很明显的局限性，赶超型的经济模式只能是 GDP 的单纯追赶，而实际又难以追赶，更无法实现又好又快的科学发展。20 世纪 50 年代末我国经济发展曾尝试过赶超模式，代价沉重。20 世纪 80 年代以来，一段时间一些地方经济发展片面追求 GDP，因此付出的代价教训也很深刻。

## 二、构建和谐经济发展模式是全面落实五位一体总体布局的创新实践

党的十八大报告指出："必须更加自觉地把全面协调可持续作为深入贯彻落实科学发展观的基本要求，全面落实经济建设、政治建设、文化建设、社会建设、生态文明建设五位一体总体布局，促进现代化建设各方面相协调，促进生产关系与生产力、上层建筑与经济基础相协调，不断开拓生产发展、生活富裕、生态良好的文明发展道路。"笔者认为，构建和谐经济发展模式是全面落实五位一体总体布局的创新实践。和谐经济发展模式是涵盖经济发展结构范型、特征路径、评价体系及其功能作用庞大而复杂的系统，其基本特征是科学发展、以人为本，结构合理、和谐生态、区域特色、统筹兼顾，全面可持续发展。

和谐经济发展模式是区域生态循环经济发展的新模式。它以企业、工业园区、区域和区际四重空间结构，以和谐生态循环经济为目标的区域立体生态系统。其运行按照空间划分，以区域为主线，分为区域循环和区际循环。由企业层次的循环到产业园区的循环、进而到区域循环，由区域循环到区际循环，循环空间由小到大，循环层次渐次提升。它始于工业企业内部的清洁生产，逐步实现较高层次的生态工业园和区域工业生态网，进而建立起最高层次的区际工业生态网。生态是广西最具竞争力的品牌。最近，国家权威部门用生态效率测算经济发展的生态文明水平，广西为全国平均水平线以上。西江经济流域的各级政府对此达成了共识，认为经济带建设要十分注意生态循环，西江黄金水道建设应成为生态好、污染少、能耗低、效益高的"绿色生态西江"，既要金山银山，更要绿水青山，宁可发展慢一点，也绝对不能牺牲环境，破坏生态。广西工业重镇柳州市在创新经济发展模式中探索了一条成功路子，经济健康快速发展，"山清水秀地干净"的生态环境得到温家宝总理的充分肯定和高度评价。

和谐经济发展模式是区域特色园区经济发展的新模式。它凸显区域发展的战略性、产业布局的合理性、地域性与多区域互补的关联性。广西西江流域以沿江重点城市为节点，建设重点产业园区，以园区经济的更快发展来加快流域的工业化、城镇化进程。合理布局重大产业项目，合力打造新兴资源加工型产业基地、先进制造业基地和承接东部产业转移示范基地，加快形成西江经济

带。鼓励多种投资主体参与园区基础设施建设，增强园区产业配套和商务服务、物流配送等综合服务能力，完善生活配套设施，创新人才引进和园区管理体制，搭建产业集群发展平台。

　　和谐经济模式是多区域开放的经济发展的新模式。扩大对外开放是加快广西西江流域经济发展的必由之路，而前提是深化区域合作，推进和谐合作共赢。《国务院关于进一步促进广西经济社会发展的若干意见》（下称《意见》）把广西定位为"与东盟合作的平台"。广西地处华南经济圈、西南经济圈和东盟经济圈的结合部，沿海沿江沿边，背靠国内广阔腹地，面向东盟市场，是我国唯一与东盟既有陆地接壤又有海上通道的省区，是进入东盟最便捷的通道，被称为中国与东盟经贸合作的"桥头堡"、"纽带"。进入21世纪以来，广西在国际国内区域合作中的战略地位和作用进一步凸现。与此同时，9 + 2 与 10 + 1 的合作，使广西西江流域的地位变得十分重要，发展更加紧密地与周边省份及国家融合在一起。广西西江流域的地缘联系着三个国家经济规划区域：北部湾、大西南、珠三角，构成了中国南部经济区域的大动脉。珠江流域经济带的上游是"粤港澳台福海"，被称为"中国经济增长的第一引擎"，下游是"桂滇黔"，为中国西部大开发的三大战略重点区域之一，广西西江流域地处泛珠经济圈、大湄公河次区域经济圈和中国—东盟自由贸易区多区域经济合作叠加交汇点。广西壮族自治区政府提出推进泛北部湾经济合作与大湄公河次区域合作，深化与港澳台合作，加强与国内其他区域合作，构建由泛北部湾经济合作区、大湄公河次区域两个板块和南宁—新加坡经济走廊，推进中越"昆明—老街—河内—海防—广宁"、"南宁—谅山—河内—海防—广宁"经济走廊和坏北部湾经济圈（"两廊 ·圈"）合作。这些举措为广西西江流域经济发展提供了更广阔的前景，流域充分利用中国—东盟自由贸易区平台，全方位、多领域拓展区域合作空间，实施交通、能源、旅游、农业等领域的一批重点合作项目，加快建设海峡两岸（广西玉林）农业合作试验区。广西与泛珠区域各方在贸易、交通、能源、产业、旅游、科技、信息、环保等领域合作不断深化，2004—2008 年，广西与泛珠各方共签订经贸合作项目 8745 个，合同引进资金 4080 亿元。

　　笔者对"十五"期间广西 11 个县域工业试点县作了粗浅比较，其中有河池的东兰县、宜州市，百色的平果县，玉林的北流市、容县，贵港的桂平市，南宁的横县，柳州的柳江县，桂林的兴安 9 个县处于西江流域，北海的合浦县，防城港市的防城区 2 个属于北部湾。11 个县域工业试点县发展体现了坚持以人为本，发展惠及人民为本；体现了通江达海出边融入，依托扩大开放平台、特色产业平台、优势资源平台、工业园区平台、东部产业转移平台，打造循环经济、生态经济、特色经济、园区经济，走新型工业化道路。比如，贺州区域经济发展提出在宏观发展模式上坚持"物业并举，工业优先，夯实基础，做大总量"的思路，实行点、轴线发展方式，以中心城市和城镇产业集聚带为中心带动区域经济发展，通过点、轴线的网络化发展实施分层推进梯度开发的战略。在微观发展模式上注重区域特色产业和块状经济的培育和发展，促进了全市区域经济协调发展。

## 三、构建和谐开放发展模式的成功探索启示

十六大以来，广西作为经济社会发展相对落后的民族地区，成功探索构建和谐开放发展模式，取得了可喜的成就。

和谐开放发展模式是国际贸易合作发展新模式。中国—东盟自由贸易区是一个18亿人口的服务贸易市场，商机很多。广西成功承办中国—东盟博览会、泛北部湾经济合作论坛、中国—东盟自由贸易区论坛等活动，形成中国—东盟合作"南宁渠道"，与世界五大洲26个国家建立58对国际友好城市，居西部地区首位。泛北部湾、大湄公河、中越"两廊一圈"等次区域合作及南宁—新加坡经济走廊建设务实推进。广西桂港、桂澳合作不断深化。参与泛珠三角、大西南、长三角、环渤海等区域及省际合作成效突出。进出口总额年均增长27.8%，与东盟贸易规模跻身全国10强，实际利用外资年均增长25.6%，对外投资额年均增长85%。招商引资到位资金增长8倍。"十一五"时期广西经济实力明显增强，年均增速13.9%，增幅进入全国前列，质量效益明显提高。广西地区生产总值2010年比2005年翻1.2番，人均地区生产总值翻1.13番，财政收入翻1.37番，广西经济结构调整取得重大进展，人民群众安居乐业。城镇居民人均可支配收入由2005年的8917元增加到2010年的17 064元，农民人均纯收入由2495元增加到4543元，年均分别增长13.9%和12.7%。由此可见，发展中国家和后发展地区实现和谐开放发展，不仅是可能也是可行的。

充分利用中国—东盟自由贸易区这一世界上唯一的人气最旺的人力资源及消费市场，打造西江流域发达的商贸物流，不仅惠及东南亚，同时也惠及中国的广大地区。因为中国内需拉动的实际经济绩效并不充分，因此，欠发达国家

构建一种引领式的拉动经济的国际贸易和国际合作模式,不仅是非常有利,也是可能和可行的。广西西江流域具有内外贸易的通道区位优势,可开拓构建西江流域区位贸易产业模式;广西西江流域具有现代经济模式创新的基础与优势,可开拓构建西江流域特色产业模式;广西西江流域具有创新主导先进文化的经济模式的基础与优势,如淳朴的民风民俗,厚重的民族历史文化,和谐共荣的民族传统等,可开拓构建西江流域特色文化产业经济发展模式;广西西江流域具有天然将内地与东盟国引领融合发展的优势,借此可开拓构建西江流域的江海通达出边融入,引领通道经济发展和中国内陆民族经济发展模式。

和谐开放发展模式是流域特色贸易产业发展新模式。它主要体现在打造区域性现代商贸物流基地。贸易产业可以促进传统农业国的欠发达向发达提升,贫穷向富裕提升。广西西江流域曾是广西商贸经济历史最悠久、最活跃的区域,历史上受广东影响很深,曾有这样的说法"无东不成市","东"即是广东。今天西江流域区域性商贸物流范围更宽阔了,体现在融入中国—东盟自由贸易区、大湄公河次区域和"泛珠三角"经济合作,以生产资料的生产为基础,以消费资料的生产为市场,以贸易的全球化为主要目标,构建区域市场经济发展模式;积极扩大对内对外开放,统筹好开发与开放,促进区域协调互动,加快转变对外经济贸易发展方式,构筑参与国际区域经济合作的新平台。当前,广西西江流域应关注开拓构建面对以越南为主的东南亚传统农业国为对象的生产资料产业贸易、消费市场贸易和服务产业贸易;开拓建构面对以新加坡国际贸易集散地为主的东南亚向全球扩散和拓展的全球化贸易产业;构建以国内资源市场配置与加工为主的富有区域特色,更具开放度、和谐度、自由度的现代化贸易产业市场,以此推进区域经济特色现代化贸易发展。

和谐开放发展模式是区域经济协调发展新模式。在我国宏观经济的大棋盘上,目前已经形成了沿海经济带、长江经济带和沿亚欧大陆桥经济带3大经济走廊,从发展态势来看,连接港澳粤和滇黔桂的珠江经济带有条件成为我国又一个增长最快的经济主轴。可以说,未来区域间的竞争,不再是单个城市的竞争,而是以都市圈为基础的区域间的整体竞争。大城市圈对经济社会的作用将进一步加强,并将成为最具活力和实力最强的经济体系。广西西江流域地处泛珠三角、大湄公河次区域、中国—东盟自由贸易区等多区域经济合作叠加区域,主动融入多区域经济圈,发展就会如虎添翼。为此,广西提出以北部湾经济区为龙头,促进西江经济带和资源富集地区发展,加快构建"两区一带"区域协调发展新格局,积极打造西江亿吨黄金水道,建设连接中国西南地区和珠三角地区的西江经济带。可以预见，实施"两区一带"战略，将使广西西江流域引领区域可持续发展的地位日益凸显。"两区一带"中的广西北部湾经济区，是全区的交通发达区、主体产业区、城市聚集区、创新密集区、前沿开放区、资本聚集区和人才荟萃区，构成经济社会发展的龙头。西江经济带和桂西资源富集区，是支撑发展的资源之翼、基础产业之翼、发展腹地之翼和后发优势之翼。发挥广西北部湾经济区和西江经济带集聚辐射带动作用，强化"江海联动"，完善产业布局，加快发展先进制造业、高技术产业和现代服务业，大力发展特色农业，构建特色鲜明、集群发展、协调配套、竞争力强的现代产业体系；以沿江的制造业为主，以品牌经济为主，打造核心竞争力的战略经济发展模式；以丰富的矿藏资源为物质基础，以电力和水力资源为核心基础项目，构建高科技的工业商品体系和现代化的工业产业体系。通过实现西江经济带产业的腹地经济、园区经济、旅游资源经济、特色产业经济，培育壮大新兴资源加工型产业协调发展，开发西江黄金水道，主动承接东部产业转移，构建铁路、公路、水路相互衔接、优势互补的综合交通运输体系，加快先进制造业基地和国家高新技术产业开发区同步建设，在多区域经济合作的融合中引领经济发展。

　　历史上广西西江流域经济曾经因"水"而兴，引领过广西经济。后又因"水"而衰，变得落伍了。广西西江流域经济要重振雄风，就要主动融入多区域经济合作，打破封闭的地方经济发展现状，依托交通枢纽和中心城市，构建水陆海空立体多维顺达的交通网络。以西江航运干线为主通道，结合水电建设工程，进一步打通和改善通往云南、贵州水上通道，搞好西南物资外运中转港的建设，建成干支直达、江海相通、水陆联运的航运体系，建设通边、通海、通港澳的黄金水道，促进交通一体化，形成出海通江出边融入，互联互通互动的格局，促进物流和人才流动，以此为经济腹地带动流域周边地区发展，为整个流域经济一体化奠定基础；建设加工工业与制造业产业带、现代农业产业带，拉长产业链；以工业化带动城市化，催生新兴城市群。形成以梧州、贵港、玉林为中心，桂平、平南、岑溪、北流、容县、藤县、苍梧等卫星城为辅助的桂东城市带，以及以贺州为中心、钟山等卫星城为辅助的城市体系；打造侨乡经济、民族经济和现代农业经济相融合的县域特色经济，促进流域经济科学和谐又快又好发展。

　　和谐开放发展模式是流域特色文化产业发展新模式。广西、云南、四川等旅游资源大省与东盟中南半岛比邻，既属世界级的黄金旅游圈——中南半岛旅游合作圈，又同属泛珠三角经济圈。因此，对接东盟国家旅游合作圈和泛珠三角及大湄公河次区域旅游圈，开发和建设以梧州河神龙母、桂平西山、容县都桥山、玉林云天文化城等为特征的宗教文化旅游，以现代农业为特征的乡村生态旅游，以真武阁、梧州骑楼城、李济深故居等为特征的历史文化旅游和以姑婆山为特征的自然山水文化旅游产业。

打造西江流域黄金水道，加快形成西江经济带，载体是创新经济发展模式，重要的是营造和谐的社会环境。第一，要加强制度建设，营造制度环境，完善机制体制，为广西西江流域经济发展提供制度保证。第二，提高服务质量，优化服务环境，为广西西江流域经济创造良好的社会氛围。第三，要深化行政管理体制改革，营造高效优质服务环境。按照建立服务型、法治型、效能型政府的目标，切实转变政府职能，建设高效、廉政、优质的政府管理体系，提高行政效率，适应多区域经济合作的要求。第四，要研究和制定促进西江流域经济发展的政策，打破行政区划，逐步实现政策区域对接，营造良好的政策环境。第五，要努力搭建对外合作平台，优化开放合作环境。办好颇具流域特色的梧州宝石节、玉博会等合作会展，办出特色、办出水平，增强吸引力，鼓励企业参与与合作，促进贸易和投资，带动西江经济带的形成与发展，打造新的区域经济增长极。

## 参 考 文 献

［1］胡锦涛：坚定不移沿着中国特色社会主义道路前进，为全面建成小康社会而奋斗［N］. 人民日报，2012 – 11 – 09.

［2］《〈资本论〉导读》编写组.《资本论》导读［M］. 北京：高等教育出版社，人民出版社，2012：301.

［3］马克思. 资本论：第 2 卷［M］. 北京：人民出版社，1972：120.

［4］胡锦涛：高举中国特色社会主义伟大旗帜 为夺取全面建设小康社会新胜利而奋斗［N］. 人民日报，2007 – 10 – 15

［5］贾庆林. 非公有制经济人士要争做优秀建设者［N］. 人民日报，2009 – 11 – 07.

［6］何东，邓玲. 区域生态工业系统的理论架构及其实现路径［J］. 社会科学研究，2007（3）.

［7］马飚. 提级扩能建设西江经济带［N］. 广西日报，2009 – 06 – 15.

［8］国务院. 国务院关于进一步促进广西经济社会发展的若干意见［N］. 广
西日报，2009 － 12 － 21.

［9］黄海燕，卢浩慧. 广西发展"一湾一江"推动"泛北"合作［EB/
OL］. 人民网，2010 － 01 － 23.

［10］广西壮族自治区国民经济和社会发展第十二个五年规划纲要［N］. 广西
日报，2011 － 05 － 18.

［11］陈维，张红璐，杨方舟. 展望"十二五"：富民强桂新跨越［EB/OL］.
人民网 － 广西频道，2011 － 01 － 22.

［12］《国情备忘录》项目组. 国情备忘录［EB/OL］. 中央电视台、人民网 －
理论频道，2010 － 04 － 21.

［13］卢倩桦，刘华丽. 广西将实施"两区一带"规划 促进可持续发展［EB/
OL］. 国际在线，2010 － 03 － 08.

［14］陈禹静. 加快构建"两区一带"区域协调发展新格局［N］. 广西日报，
2010 － 09 － 19.

# 构建健康、稳定的社会消费机制

## ——危机背景下中国经济的突围之路

杨慧玲

（西南财经大学经济学院）

## 一、世界危机凸显"中国模式"

20 世纪 60 年代末，世界经济发展的黄金时期渐渐落下帷幕，特别是以 70 年代初的两次石油危机和布雷顿森林体系崩溃为标志，资本主义开始陷入停滞甚至衰退阶段。进入八九十年代，低收入和中等收入国家的人均国内生产总值急剧下降，除了东南亚之外，第三世界的大部分经济体出现严重衰退。值得注意的是，这一时期，苏联和东欧国家经历了向资本主义市场经济的转轨，但是，在整个 90 年代，它们收获的仅仅是令人失望的负增长。

与此形成鲜明对比的，则是"中国奇迹"——中国从 20 世纪八九十年代开始，呈现出快速、持续的增长，迄今为止，中国已经取得了 30 多年 10% 左右的高增长率。从增长结果看，1992 年，中国的人均国内总产值是日本的16%，到了 2010 年，中国国内总产值已经超过日本而跃居世界第二，人均国内总产值也已经超过 4000 美元。众所公认，中国经济能在较长时期保持"一枝独秀"，得益于从 20 世纪 80 年代开始进行的改革开放政策，它使得中国成功实现了从高度集中的计划经济体制到充满活力的社会主义市场经济体制的历史转折，人民生活水平不断提高，综合国力大幅提升。正是这一举世瞩目的伟大成果，使得"中国经验"、"中国道路"或者"中国模式"受到全世界日益关注。

2007年初露端倪的美国次贷危机，到2008年演变为金融危机，进而很快地升级为席卷全球的金融风暴，使世界经济陷入萧条。2011年，在金融风暴中苦苦挣扎了3年之久的世界经济，带着医治危机所招致的通货膨胀后遗症，正试图喘口气的时候，欧美债务危机又一次袭来，这场还在持续发酵的危机再次将世界经济推入险境，各国的增长预期纷纷下调，失业阴云笼罩全球，"欧猪五国"为了应对危机所采取的紧缩政策，给本来处在大病恢复期的经济雪上加霜，由此引发的罢工、骚乱令人惶惑。

无论是3年前的美国金融危机，还是如今愈演愈烈的债务危机，都反映了资本主义模式内在的矛盾，而当这两场危机爆发的时候，人们都不约而同地将目光投向中国。一方面，危机使得与世界联系日益紧密的中国经济深受其害，面临着巨大的压力与挑战；另一方面，处在世界经济万马齐喑的局面中，中国经济往往能够显示出与众不同的抗压能力和增长活力，甚至被当作危难之中的"救世主"。因此，在危机背景下，重新审视中国模式，既要保持本来的优势，同时能及时发现在危机冲击下暴露出来的薄弱点，采取措施予以纠正，从而规避风险，维持中国经济的可持续发展趋势，意义更为重大。

## 二、危机冲击反映中国出口依赖型的增长模式风险巨大

美国金融危机使世界各国普遍受到较大冲击，虽然中国受到的影响较小，而且是最早开始摆脱金融危机负面影响的国家，但是，金融危机直接导致中国经济增速下降，由2007年13%的高速增长，迅速跌到2008年的9%，甚至到了2009年一度陷入难以保持8%增速的低迷状态。究其原因，主要是金融危机影响下的美国等发达国家的需求骤然下降，导致我国出口锐减。危机爆发之前，我国出口贸易增长率呈稳步上升趋势，从2006年1月的24.1%升至2007年2月的34.4%。危机爆发早期，出口贸易增长率呈持续小幅下降趋势，从2007年4月的28.6%降至2008年9月的23%，危机全面爆发后，出口贸易增长率急剧下降，从2008年10月的21.3%降至2009年1月的3.6%，此后出口贸易进一步由持续多年的正增长变为负增长。从2008年10月开始，中国的出口额迅速下降，同年11月开始，实际出口同比出现持续了12个月的负增长，直至2009年11月，同比增长率才为0.66%。

无独有偶，3年之后中国从欧美债务危机所受到的影响，同样来自于其国

内需求能力下降而导致我国出口下滑，又一次拖累了中国经济增长速度。希腊危机爆发后，2011 年 1~6 月，中国对希腊进出口增长率为 -14.7%，对意大利、西班牙及葡萄牙的进出口增长率较 2010 年分别减少了 14.3、16.7 及 13.2 个百分点。有学者测算，如果"欧猪五国"全面爆发债务危机，其占中国进出口贸易的比重会减少 1% 左右，而乘数效应将使中国对外贸易增长率降低 3 个百分点。

除了上述直接冲击之外，这两次危机还有一个副产品，那就是都给人民币带来升值压力，使得中国产品在国外市场的竞争力减弱，其影响也不可忽视。

显然，中国必须要从欧美危机及从中所受的冲击中总结经验教训，及时发现自己的薄弱点，不断深化改革，坚定不移地走出一条中国特色的市场经济发展道路，也只有这样，才能避免重蹈欧美覆辙。

## 三、内生消费机制是可持续增长的源泉

（1）欧美危机的根源在于产业资本利润率下降引起增长乏力，而生产能力和产量过剩则是根本因素。

资本积累，一方面是资本对劳动成果的占有，同时，个别资本之间的竞争推动技术进步，促使资本有机构成不断提高，这两个作用的结果必然使收入分配趋于两极分化，从而抑制占社会绝大多数的劳动者阶层的社会消费能力，因此，相对于供给，社会总产品的有效需求总是处于不足状态；另一方面，资本积累也可能引起劳动力短缺，或者收入分配两极分化趋势加剧劳资斗争，促使工人工资水平提高，这又会增加生产成本。以上两种趋势，一个是从需求方面，一个是从供给方面，都会摊薄资本利润。产业资本利润率下降的趋势尽管随着劳资斗争的发展变化和技术革新规律而呈现周期性的波动，但是，在发达资本主义国家，利润率下降趋势因为上述逻辑而成为事实，这是发达资本主义国家长期处于低增长的根源。

从 1965 年中期开始，全球制造业盈利率下降的危机已经初显端倪，在 1965—1973 年，美国制造业部门实际资本利润率下降了 43%，七国集团制造业部门的盈利能力综合指标也下降了大约 25%。这并非因为生产率的下降而引起，事实上，这期间美国制造业年均生产率增长率达到 3.3%，超过了之前 15 年经济繁荣期 2.9% 的年均增长率；更不是因为工资率的上升而引起，美国部门实际工资年均增长率也下降到 1.9%，而 1958—1965 年是 2.2%，1950—

1958 年更高达 3.6% 。因此，制造业利润率下降完全是因为全球生产能力和产量的过剩而导致。利润率水平下降的一个直接后果是投资增长疲软，由此又反过来导致七国集团制造业的生产率增长在 20 世纪 70 年代不可避免地经历了严重的下降：1960—1973 年间，生产率增长是 5.2% ，之后直到 1979 年，生产率增长已经降到了 3.8% 。为了应对低迷的利润回报，各国只有降低实际工资和社会支出的增长。1973—1993 年美国经济陷入长达 20 年之久的停滞，并且因为东亚等新兴工业化国家凭借成本更为低廉的产品挤占了发达国家的市场，不仅加剧了全球过剩的状况，也使得发达国家的制造业雪上加霜。

正是为了抵御这样的经济停滞，各国在 20 世纪 80 年代中期开始借助于凯恩斯主义的扩张政策，政府通过增发公债，依赖公共赤字消费来解决总需求不足，以阻止衰退。这虽然在短时期使得经济有所起色，但是，并没有解决利润率低，资本积累乏力的难题，这种局面最终导致美国开始推行自由主义的政策，放松金融管制。

美国的金融自由化是为了对抗实体资本利润率的下降趋势，由此所创造的华尔街模式，其核心在于借助虚拟资本和信用制度制造虚假需求，从而维持虚假积累。当虚拟资本所构筑的债务链条需要在某一环节以货币完成支付才能继续下去，却因为根本不存在真实收入所支撑的有效需求而无法满足这一条件，那么，整个债务链条就会顷刻间崩塌，危机便会来临。美国金融危机是在房地产次级贷款链条上首先发生了支付困难，进而引发了一场多米诺骨牌效应。

而欧洲，虽然没有像美国那样把金融自由化发展到极端，但是，长期的经济低迷状态，造成政府税收收入有限，同时劳资矛盾加剧，这使得政府不得不长期推行赤字政策，以增加政府消费，并以公共支出维持高福利、高消费的生活方式，借此缓和社会矛盾，这正是政府大规模举债的经济根源所在。2010 年意大利财政赤字占 GDP 的比例为 4.6% ，公共债务占 GDP 的比例已达 119% ，而希腊自 20 世纪 50 年代以来，就一直存在财政赤字。希腊国债对 GDP 之比 1990 年即已突破 100% 。美国金融自由化在欧美国债融资方面又起到了推波助澜的作用，两股力量最终将欧美诸国政府推向破产的边缘。

（2）消除消费需求不足，是走出"利润率下滑—投资乏力—收入下降—内需不足"之怪圈，躲避经济风险的关键。

从上述欧美 50 年的经济发展历史可以看出，今天的金融危机和债务危机，都是因为生产能力和产量过剩的情况长期难以克服而造成的。进一步分析，这种过剩，首先是相对于消费需求而言的供给过剩，这是资本积累的内在逻辑所造成的必然结果：因为收入过于倾向少数人而致使社会总需求小于总供给，这是产品利润率下降的基本经济前提。利润率的低迷，必然引起投资需求的不足，进而引起总需求的进一步下降，形成恶性循环。

马克思强调，生产的目的是消费，如果没有相应的消费，社会再生产过程就难以为继；凯恩斯指出，社会总供给是由总需求拉动的，而消费需求是构成总需求的三驾马车之一。只要撬动整个经济的杠杆——消费需求没有被激活，那么，整个经济就因为缺乏最终动力而不能摆脱死水一潭的困境。美国和欧洲都试图借助信用，通过虚拟资本泡沫制造虚假需求，结果非但没有创造真正的需求，还搬起石头砸了自己的脚。

（3）社会消费能力不足是导致我国"输血型"增长模式的根本原因。

众所周知，虽然中国保持了 30 年的持续高增长，但是，从 20 世纪末开始，中国经济就一直面临着内需不足的困扰，这具体表现为消费率偏低并呈下降趋势，2000 年，我国的消费率为 62.3%，2009 年下降到 48%。2009 年，美国和英国的消费率都超过 88%，巴基斯坦高达 90.13%，南非、巴西也在 80%以上，印度的消费率是 69.64%，世界平均水平是 78.01%。

消费能力的不足，致使中国经济的增长模式突出地表现为两点：一是政府投资拉动，二是对外出口拉动。这种"输血型"的增长模式，其可持续性越来越小：首先，政府投资在经济基础薄弱的市场经济发展初期，铁路、公路等基础设施的公共投资客观上存在着很大需求的条件下，具有重要意义。这时候，政府的投资支出既满足了社会经济发展的需求，同时也拉动了内需，起到了一箭双雕的积极效果。但是，随着经济基础的夯实，基础设施日渐完善，公共投资需求自然而然会趋于降低，这时候，如果单纯因为提振内需而进行公共投资，不但会挤出私人投资，而且会导致投资效率低下，严重浪费资源，引起产能过剩，对增长带来更为不利的影响。虽然现阶段，我国基础设施投资需求仍然很大，但是，市场经济建设的实践已经表明，依赖政府投资保持增长的思路已经到了改变的时候。其次，两次危机用铁的事实告诉我们，过分依赖于出口，不可控的经济风险随时都有可能造成经济波动，一旦国外经济体出现任何问题，必然严重影响我国经济的正常运行。

## 四、构建健康、稳定的社会消费增长机制

（1）居民消费的持续、稳定增长是带动内需的根本因素。

由上述分析可见，居民消费持续、稳定增长机制的建立，是维持经济良性循环，避免遭受外来冲击的根本途径。我国居民消费需求不足的问题比较突出，近年来引起学者的多方关注。具有共识的一个研究结论就是：收入分配差距偏大是宏观上我国居民消费需求不足的主要原因。改革开放之初，我国基尼系数在 0.3 左右，20 世纪 90 年代中期达 0.42，2010 年达到 0.48。正是这样的收入分配不均衡，导致我国居民消费率一直低于 50%，并持续下降，到 2009 年，下降到 35.11%；而同年，世界平均居民消费率是 59.74%，美国 71.01%，巴基斯坦最高，为 79.44%，印度则为 57.32%，英国、南非和巴西都在 60% 以上。

因此，借助构建社会主义民生工程的东风，改善收入分配，成为提高我国居民消费能力的重要途径。同时，避免社会收入差距拉大，也是体现与资本主义不同的、符合社会主义目标的建设方向，我国政府有能力实现这一目标。

（2）政府消费是构成社会消费需求的重要部分，提高政府消费是拉动内需，转变经济增长方式的重要路径。

到目前为止，我国政府支出对内需的拉动，基本都着力于政府投资行为。政府消费是政府支出的另一重要组成部分，除了政府部门自身的消费之外，政府消费主要包括政府部门为社会公众所提供的即期公共消费服务，包括教育、医疗、社保、科学、文化、体育等各项社会事业支出。近年来，我国经济实力日益强盛，政府税收收入不断提高，因而政府消费水平有了很大提高，目前已经初步形成教育科技、文化体育、医疗卫生、就业与社保等全方位公共服务体系。但是，从数据可以推断，我国政府消费率仍然大大低于世界平均水平。

这里要强调的是，扩大政府消费拉动内需，对转变我国经济增长方式具有重要的现实意义。有一种观点认为，政府消费可能对经济增长起着阻碍作用。但是，从我国学者近年来的研究看，这种结论与中国实际并不符合：在目前我国公共服务与公共产品供给水平偏低的情况下，所谓政府消费对居民消费的替代关系并不凸显，也不同于笼统的政府支出扩大可能有碍经济增长，或者地方基本建设支出占财政支出比重与地方经济增长率负相关等情况。诸多研究表明：只要政府合理把握国债融资规模，调整支出结构，政府消费对经济增长具有积极促进作用，毛中根、洪涛基于 1985—2007 年省级面板数据的实证分析支持了这一观点。

本文强调政府消费是社会最终消费的重要构成部分，增加政府消费和提高居民消费需求一样，是社会消费总水平的直接提升，从而也是撬动经济增长的第一杠杆。因此，在讨论扩大内需，转变经济增长方式的时候，只强调居民消费而忽视政府消费，无疑是用一条腿走路的思路。

中国经济发展到今天，公共服务和公共福利严重不足，比如近期备受关注的学生校车，价格高企的商品住房，还有中国社会老龄化趋势加剧后的养老问题……都期待政府消费加大投入。而同时，经济的发展积累了充足的财政收入，这与欧美发达资本主义国家长期经济低迷所造成的国库空虚、实际无力进行政府消费的情况完全不同。因此，适当提高我国政府消费比例，不仅符合我国当前发展阶段的客观要求，也具有其现实的物质执行空间，只要合理控制政府债务，债务危机的风险完全可以控制。

政府消费对经济增长还能产生正的外部效应：首先，政府公共消费中的教育、文化、医疗、卫生等公共服务，从智力和体力等不同的方面，对劳动者的总体素质起到非常重要的提升作用，类似于对人力资本的投资，从而有利于促进生产效率，推动经济增长；其次，政府公共消费提供的国防、外交、警察、司法、法律法规等公共物品，对于建立健全法律法规、保护产权，从而保障市场经济秩序的正常运行具有不可替代的作用，这也会间接地促进经济增长；最后，政府消费中提供的基础教育、医疗及社会保障和社会保障性住房等公共服务和公共福利，有利于贫困人口及其家庭的发展，向他们提供更加均等的机会，因此在一定程度上起到抚平社会矛盾，稳定社会环境，为经济增长营造良好社会氛围的积极意义。

（3）居民消费与政府消费的良性互动关系。

目前，压在我国居民头上的三座大山：教育、医疗和住房，成为抑制我国居民消费的重要因素。如果政府增加基础教育、医疗保健和住房保障等公共消费支出，以减少未来的不确定性，这无疑会在很大程度上消除居民的后顾之忧，起到稳定居民消费预期，释放居民消费潜力，扩大社会消费需求总量，促进经济增长的作用；同时，面向贫困人口提供的福利，也会相对增加他们的可支配收入，提高他们的消费水平，进而促进经济增长。反过来，一个国家经济平稳、快速的增长，又会提高政府收入，为政府消费提供更加充足的资金。

当然，借鉴欧美过度政府消费的经验教训，政府要做到合理运用融资工具，量入为出，避免盲目扩大政府消费，陷入债务危机；同样也要防止跌入"福利陷阱"，那就是如果政府提供的公共服务过多，可能出现竞争不够，经济活动参与者缺乏积极性和生产效率的不利影响。

从我国政府运行的经验教训来看，在重视政府消费的时候，避免政府自身消费比例过大，降低政府运行成本，同时建立健全法规、制度，避免腐败等问题的滋生，也是一个很大的挑战和急待解决的问题。

总之，我国依赖政府投资需求和出口需求拉动的经济增长模式，无论从现阶段我国所处的经济发展水平，还是从外部危机不断的环境看，都已经不可持续，而改变增长方式的关键则是建立稳定、持续的内部消费增长机制。因为，生产的最终目的是消费，只有真实消费需求支撑的经济，才能良性循环，增长才能够持续下去。可持续的社会消费机制，不仅包括缩小收入差距，释放居民消费需求，还应当包括财政收入支撑的政府消费，两者缺一不可，而这都是与社会主义市场经济建设的本质和特色相符合的。

关于中国模式，可以从很多方面加以探讨。本文主要从社会消费机制着眼，因为美国金融危机和欧美债务危机实质上都与其国内消费需求不足有着直接联系，同时，我国长期以来一直面临着国内消费需求乏力的困扰，这也是我们遭受冲击的最薄弱的环节。因而讨论我国的消费增长机制，应该是探索中国模式的重要内容。

## 参 考 文 献

[ 1 ] 谢富胜，李安，朱安东. 马克思主义危机理论和1975—2008年美国经济的利润率 [J]. 中国社会科学，2010（5）：65 - 82.

[ 2 ] 罗伯特·布伦纳. 繁荣与泡沫——全球视角中的美国经济 [M]. 王生升，译. 北京：经济科学出版社，2003.

[ 3 ] 白暴力，傅辉煌. 收入分配偏大的主要因素和消费需求牵扯 [J]. 改革，2011（7）：32 - 41.

[ 4 ] 陈维达. 中国模式：利益结构调整与宏观经济调控 [J]. 当代财经，2011（7）：5 - 13.

[ 5 ] 杨子晖，温雪莲，陈浪南. 政府消费与私人消费关系研究：基于面板单位根检验及面板协整分析 [J]. 世界经济，2009（1）：68 - 82.

[ 6 ] 毛中根，洪涛. 政府消费与经济增长：基于1985—2007年中国省级面板数据的实证分析 [J]. 统计研究，2009（8）：24 - 31.

# 马克思主义全球化视野与重庆内陆开放实践

## ——"一头在内，一头在外"垂直整合实践的经济学思考

曾德高　蒲发惠　曾　欣

（重庆邮电大学）

在新的历史条件下实现马克思主义与当地具体实践相结合，是一个国家或地区经济发展成功的关键。内陆发展开放型经济不能照抄书本，也不能照搬外国和外地模式。重庆"一头在内，一头在外"（即大量零部件在本地生产，主要市场在海外）垂直整合的内陆开放经济实践，获得一定的进展和成效，引起国内外的关注。

## 一、马克思主义全球化视野与"重庆实践"产生的时代背景

"全世界无产者联合起来！""无产阶级只有解放全人类，才能最后解放自己。"马克思主义全球化视野是人类宝贵的精神财富，更是今天我们现代化建设重要的指导思想和力量源泉。

经济全球化是马克思主义全球化视野的重要组成部分。经济全球化是一个新概念，但并不是新现象。经济全球化的概念产生于20世纪末期，但在人类近代史上，早就存在经济全球化的实践。迪亚士、哥伦布、达伽马、麦哲伦都是经济全球化早期的实践者。马克思则最早对经济全球化进行了系统研究。在《资本论》、《共产党宣言》等不朽的著作中，他敏锐地观察到了我们今天称之为经济全球化经济现象，并对这种现象进行了深入的研究。

（1）资产阶级由于开拓了世界市场，使一切国家的生产和消费都成为世

界性的了……过去那种地方的和民族的自给自足和闭关自守状态，被各民族的各方面的互相依赖所代替了。

（2）在世界市场上每一个国家都有一个中等的劳动强度，……国家不同，劳动的中等强度也就不同；有的国家高些，有的国家低些。但在统一的世界市场上必须依据统一的国际价值规律（价值规律在国际上的应用）。

（3）经济较为发达国家所展示的就是经济较为落后国家的未来。

（4）设想有一个自由人的联合体，他们用公共的生产资料进行劳动，并且自觉地把他们许多个人劳动力当作社会劳动力来使用。

类似的观点和论述，在马克思的著作中几乎随处可见。

第二次世界大战后，随着新的科学技术的发展和一系列发展中国家走上独立自主地发展经济的道路，各国经济的联系依存加深，推动经济全球化日益向纵深发展。马克思主义经济全球化思想仍然闪耀着真理的光芒，指导着各个国家和地区经济发展的实践。

党的十一届三中全会以来，我国坚持改革开放，经济逐步融入经济全球化的进程。全国各地以马克思主义的全球化思想为指导，在改革开放进程中发挥优势、扬长避短，开展了丰富多彩的开放型经济实践，促进了经济的快速发展。沿海地区"大进大出，两头在外"的加工贸易模式贡献巨大，对解决就业、吸引外资、引进技术、赚取外汇都功不可没，沿海发达地区的高速发展一定程度上得益于加工贸易的成功开展。随着时间的推移，沿海"两头在外"的加工贸易模式存在的问题也日益凸显：利润微薄、摩擦频繁、走私猖獗。由于煤、电、油等要素成本的增加，压缩了企业的利润，挤出了企业投入人力的资金，职工得不到期望的工资与福利，从2007年开始沿海地区发生了民工荒。同时，由于地理的限制和其他因素的制约，沿海"两头在外"的加工贸易模式难以应用于内陆地区。沿海模式使物流成本约占综合成本的20%以上，并成为加工贸易企业选址布局的关键因素。内陆要发展加工贸易，数千公里的口岸距离是无法回避的现实，无论哪种运输方式，高昂的物流成本都是难以承受的（有关部门统计，以上海口岸为目的地，重庆每标准集装箱的水运成本为3700元，公路运输成本是11 240元，铁路为5622元，即使与武汉相比也分别高出23%、105%和55%）。

"成后来居上之事，须非同寻常之举"。因此，内陆的开放必须创新；经济全球化、信息化的背景下，重庆创造性地进行了"一头在内，一头在外"垂直整合的内陆加工贸易实践探索。

从更为广阔的背景上说，正是马克思主义的经济全球化视野和信息化的深入发展，我国全方位对外开放战略的实施，直接催生出重庆内陆开放的实践。

## 二、"重庆实践"的创新点

在当代的国际分工中，跨国性公司作为第一类公司起支配作用，负责研发设计，第二类公司代工厂在沿海开设加工基地，第三类公司则为全球生产零部件。我国沿海的贸易公司大多属于第二类。沿海利用自身廉价的劳动力、便利的交通等各种比较优势和优惠政策，吸引代工厂到沿海投资，从中赚取少量的加工费用，这就是"两头在外"的加工贸易模式。

重庆有别于沿海，改变了沿海发展30年的加工贸易方式，进行"垂直整合"的实践探索。

伴随着垂直整合的施行，衍生出一系列令人瞩目的创新点。

1. "一头在内，一头在外"大幅降低物流成本

加工贸易"两头在外"的模式，决定了物流成本成为加工贸易企业选址布局的关键因素。若一直沿用沿海"大进大出"的模式，零部件从全世界运到重庆，将产生2000多公里的航运航空距离，由此带来的物流成本会大大抵消内陆所有劳动力、煤运、土地等低成本的优势。

首先，重庆"垂直整合"实践是先引进品牌商，再引进代工厂，对下游企业进行整合。在笔记本电脑的规划上，实现了电脑品牌商、代工商、零部件厂商"3＋6＋300"产业布局。引进了占世界电脑产量46%的三大品牌厂商，惠普、宏碁、华硕，6大国际型代工商，富士康、广达、英业达、仁宝、和硕、纬创，以及300家零部件生产商，形成了整机加零部件垂直整合一体化产业链。既有跨国公司，又有代工厂，还有零部件商，三类公司都齐聚重庆，赚取的不仅仅是加工费，而是整条产业链产生的利益。

其次，重庆实践不靠零税收、低地价、高补贴等招商方式，而是建立整机加零部件的产业链垂直整合，实现笔记本电脑80%以上零部件本地化制造，使运输距离控制在一个城市的不同区域内，大大降低了电脑加工的物流成本。

最后，重庆利用地处中国大陆中心的地理优势，建成海（江）、陆、空三位一体的立体性国际物流大通道。当前，重庆到欧洲的海运行程由原来的40天缩短为27天，铁路运输由39天缩短为13天，空运时间缩短为10几个小时。重庆摒弃了出口先运到沿海，再海运销往全球的物流方式，彻底改变了传

统的内陆地区物流格局，把对外开放的"末端"变为"前沿"。

2. 引凤筑巢，量体批巢

沿海地区的招商引资通常是先建立保税区、经济开发区，提供优惠的税收政策，当一切都准备就绪后，再耐心等待投资商的进来，是一种筑巢引凤的模式。重庆则是引凤筑巢，并量体批巢，以整机一体化吸引世界级电脑公司惠普，获得 4000 万台笔记本电脑的生产量，紧接着跟全世界最大的笔记本电脑零部件制造商富士康签约，广达、英业达也相继进驻重庆。重庆凭借 4000 万台电脑产量和五六百亿的销售值，顺利获得 10 平方公里的保税区。这种引凤筑巢，并量体批巢的招揽投资商的方式无疑是一次革命性的创新。

3. 结算中心的迁入，提高税收利润

近 30 年以来，沿海的加工贸易创造了约 1.2 万亿美元的利润，除了零星的代工厂和劳动力的结账发生在中国以外，其他高层次的结算都发生在境外。其中 5500 亿美元在新加坡，3500 亿美元在香港，还有 1000 亿美元在台湾，1000 多亿美元在东京。

重庆则在国家外汇管理局的支持下，对加工贸易结算的相应管理办法进行了改革创新。凭借几千万台笔记本电脑生产规模，以及全国一流的金融生态和营销环境，促使惠普将它的亚太地区结算中心从境外转移至重庆。同时要求惠普结算的银行利润也要结转，而且由重庆的银行负责。2010 年结算项目的税收收入近 16 亿美元，2011 年有 30 多亿美元的税收，30 多亿美元的银行利润。在提高税收的同时，改变了税收结构，创造性地提升了结算占税收的比例，为国家和政府增加了一个生机勃勃的税收来源。总之，结算中心的迁入不仅带来经济利润，增加了就业，同时还加深了重庆本土银行、会计与国际的交流与接轨，为重庆发展为长江上游重要的金融中心奠定了基础。

4. 改变创汇模式，抓住研发核心技术

"微笑曲线"两高中低表明：企业利润大部分集中在品牌研发、销售结算方面，应尽量往这"两高"倾斜，而尽量削弱利润"中低"的制造环节。

过去沿海加工模式就处于微笑曲线的最低层，即加工组装。80% 的零部件从国外采购，出口表面创汇 1000 亿美元，实际净创汇只有 200 亿美元，只占 20%。而重庆的垂直整合实践使得"微笑曲线"全流程可能留在本地，产品研发、配套企业落户以及产品营销结算等都将在重庆完成。80% 的原材料在本地配套采购，同样 1000 亿美元的出口值，净创汇将达 700 亿~800 亿美元，占 80% 左右。增加了净创汇的同时，改变了 30 年来的创汇方式，是加工贸易历史上一个极大的飞跃。

同时，重庆实践还有效地克服了没有掌握核心技术的弱点。惠普看准了垂直一体化的优势，将自己的研发队伍迁入重庆。随之而来的是，广达、英业达，宏碁也把研发伙伴"纬创"等搬入重庆，使得重庆变成一个 IT 制造的研发基地。

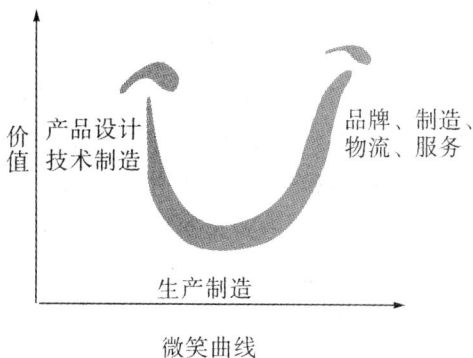

"微笑曲线"图

## 三、"重庆实践"的经济学思考

1. "重庆实践"与外贸依存度

目前，我国的贸易依存度过高，加工贸易出口额占我国外贸出口总额的 47.19%，沿海加工贸易占全国加工贸易的 80% 以上。受金融危机的影响，美国、欧盟等我国加工贸易主要出口国市场急剧萎缩，加之国内人民币升值压力大，劳动力成本和环境成本上升，出口退税下降，企业融资难，以及国际能源、原材料等大宗商品价格大幅波动等不利因素的冲击，我国加工贸易遭受历史性重创。国际金融危机，美国受轻伤，欧洲受重伤，中国受内伤。从一定的意义上看，垂直整合有利于降低贸易依存度，有利于降低国内经济受国际市场波动的影响。从近年来实践看，金融危机对重庆的影响也不明显。当然这也与内陆地区的贸易依存度低有关。重庆近几年的外贸依存度保持在 4%~8% 之间，而且即使在加工贸易蓬勃发展的情况下，2010 年加工贸易进出口占外贸进出口总额的比重也只有 12.77%。

2. "重庆实践"与自主创新能力

中国沿海地区的工业化道路中，以外资主导的加工贸易模式，尽管在初期能迅速推动当地产业结构的演进，但也极易导致当地产业结构高度化的失衡，形成外资挤压性的二元化发展格局，进一步引发本土企业空心化和边缘化的危机。目前，沿海加工贸易企业一般只做了"低端"的整机组装，投资规模不大，技术含量不高，附加值也很低，而具有核心竞争力的研发环节基本控制在外国企业手中。

在"一头在内，一头在外"的实践中，生产供应全流程的企业集聚，必然对新技术催生旺盛的需求，研发机构也需要跟进品牌商、代工商和零部件供应商，及时解决技术来源和提高技术支撑的针对性、有效性问题。这就使加工贸易研发中心落户内陆成为可能。研发机构的落户集聚，一方面使加工贸易从技术链的低端跃升到高端，较高利润和附加值也随之而来；另一方面，研发机构的技术"外溢效应"，有利于我国自主创新能力的提升，助推产业升级和发展方式的转变。重庆笔记本电脑基地的工作目标，就是在品牌商、代工商和零部件制造企业大量集聚的基础上，努力成为 IT 研发机构的集聚之地。

3. "重庆实践"与贸易附加值

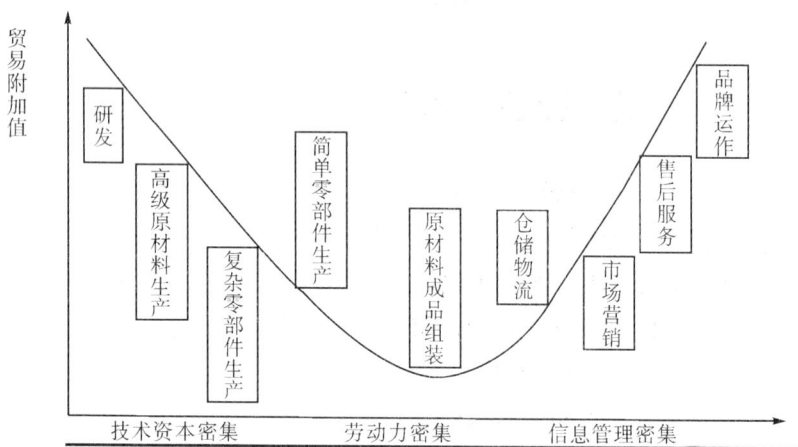

产业活动环节贸易附加值图

中国被冠以"世界工厂"的美名，但真实的附加值并不高。经济学家郎咸平以儿童玩具芭比娃娃为例说，中国的出厂价 1 美元，美国沃尔玛零售价 9.99 美元。这意味着整个产业链中，中国做的只是最低端的环节——制造，但美国却在享受大物流体系创造的 9 美元价值，这导致我们制造业越发展，美国越富有，因为我们的制造业赚 1 万美元，美国就赚了 9 万美元。又如一个从中国出口到美国的 iPod 售价 420 美元，其中仅有 4 美元的价值来自中国。可见中国沿海过去的加工贸易附加值确实很低，也引起了政府与社会的关注。

重庆在垂直一体化的实践中，引进了品牌商、装配厂和原材料商，同时由这些企业的共振效应实现了研发机构和结算中心的本地化。虽然附加值最高的研发还掌握在大量外资和台商的手里，但产业链的其他阶段，如物流，到高级原材料的生产，以及结算等产生的大量利润将留在重庆，大大提升了贸易过程中的附加值，一定程度上改善了沿海被动的局面。

4. "重庆实践"与贸易摩擦

发达国家掌握了高端的核心技术和广泛的营销服务网络，占据了"微笑曲线"的两高环节，不断压缩加工环节的附加值，使我国在加工贸易中实际净创汇如凤毛麟角。然而我国的原产地规则尚不完善，且加工贸易以外资占主导地位，外商直接投资的贸易顺差净值占我国对外贸易顺差总额的80%以上。2009年我国实现加工贸易顺差2646.4亿美元，是外贸顺差总额1960.6亿美元的1.35倍。巨大的贸易顺差致使我国成为全球第一大外汇储备国，截止到2011年年底，外汇储备在全球金融危机后仍达到30 000多亿美元，人民币汇率面临新一轮的升值压力。

受国际金融危机影响，2009年全球货物贸易出现第二次世界大战以来最大降幅，国际贸易保护主义急剧升温，我国遭遇的贸易摩擦明显增多。据中国商务部统计，2009年，中国出口产品共遭受116起贸易救济调查，涉案总金额约127亿美元，案件的数量比2008年同比增长了53%，涉案金额增长800%。其中，反倾销案件76起、反补贴案件13起、保障措施案件20起、特保案件7起，知识产权海外纠纷进一步增多，美国对我产品发起8起337调查。仅美国对中国油管"双反"案和美国轮胎特保案的涉案金额就分别高达27亿美元和21亿美元。2010年、2011年贸易摩擦有增无减。除了与我国在国际贸易中的地位有关外，我国的贸易方式也不无关系。

垂直整合由于一头在内而降低了国际贸易额，减少了名义创汇，与国外产生的贸易摩擦也可能相对下降，间接减轻人民币汇率升值压力。

5. "重庆实践"与走私问题

在我国进出口总量中占据半壁江山的加工贸易由于其保税方式的特殊性，成为走私分子眼中的"肥肉"。走私活动中，货运走私占大头，而加工贸易则是货运走私的主渠道。加工贸易由于采取保税方式进口货物，即免税进口原材料和零部件，完成加工后重新出口。一方面，国内外市场差价造成巨大的利润空间，加工贸易的免税渠道吸引了不法分子铤而走险；另一方面，由于保税料件反复进出，而且企业往往跨省跨地区，导致管理周期长、环节多、监管难度非常大。

利用加工贸易的走私手法繁多，除了"少报多进"、"多报少出"等，还有私自内销、以国内原料替换进口原料等。目前，擅自倒卖保税料件、成品、减免税设备是走私的主要形式。由于加工贸易周期长、涉及种类多的自身特点，加之其治理涉及海关、税务、外经贸、工商、外汇管理等多个部门，往往存在责任不清、难以落实、未能形成有效合力的情况。因此，尽管我国出台了《海关总署关于修改〈中华人民共和国海关对加工贸易货物监管办法〉的决定》，并部分采用电子账册的加工贸易监管模式，仍然很难杜绝加工贸易走私事件的发生。2009 年 12 月，沈阳海关就侦破了我国最大一起以加工贸易方式走私海参案，涉案企业擅自销售保税进口的日本海参 113 吨，案值高达 1.5 亿元人民币，偷逃税款约 4000 万元人民币。严重的走私行为不仅减少了我国的应征税款，减少国家财政收入，同时会扰乱我国正常的对外经贸秩序，冲击国内市场。

在垂直整合中，由于大量的零部件、原材料（重庆 80% 的原材料）都在本地采购，无需进口，80% 的制成品将出口，并享受退税优惠，加工贸易企业走私的期望收益不高，且风险很大，大大降低了走私的可能性。此外，为防止走私等情况出现，重庆十分重视保税港区的安防措施。在两路寸滩保税港区的外围，每 10~50 米就安装 1 个高科技摄像头进行 24 小时监测，仅是外围的摄像头就将近 300 个。一旦出现紧急情况，警车会在 5 分钟内赶到。无论从走私的动机还是安防措施来看，较沿海地区，重庆的走私现象大大减少。

6. "重庆实践"的适用性

目前，"一头在内，一头在外"垂直整合的实践在重庆获得一定的进展，取得了某些成效，也引起国内外的关注，但首先，重庆的实践能否称得上一种模式，还需实践来检验，也需要在实践中继续完善。其次，这种实践在重庆生根开了花，是否在内陆地区具有普遍的适用性？最后，在笔记本电脑上确实走出了一条新路，但笔记本电脑只是一种产品，笔记本电脑以外的其他产品是否也可以采用这种实践？以上仍是值得研究也需要研究的问题。

## 四、结束语

改革开放 30 多年来，坚持马克思主义的全球化视野，我国沿海地区凭借"两头在外"的加工贸易模式，顺利实现了经济起飞，创造了世界加工贸易的奇迹，这是历史的必然结果。内陆地区继承创新，开创适合自身发展的"一头在内，一头在外"的垂直整合实践。我们不能简单地说孰优孰劣，它们都有存在的历史必然性，是当时社会经济发展的产物，是人类在探索和发展中总结经验的体现。某种发展方式在某一特定时期是适宜的，在某地区是适宜的，它就能促进经济社会的极大发展。

沿海加工贸易模式的成就是瞩目的，重庆实践目前也受到国内外专家的推崇，我们所期待的是看到沿海通过转型升级继续稳步发展，重庆实现淋漓尽致的跨越，东西部贫富差距不断缩小，最终实现经济协调持续，社会和谐发展。

# 重庆市微型企业融资存在的问题及对策建议

王桂林　　刘飞君　　纪良晨

（重庆师范大学）

　　重庆市在 2010 年开全国之先河，大力扶持微型企业的发展，连续出台了《重庆市促进微型企业管理办法》，《关于大力发展微型企业的若干意见》等多项政策文件，提出了扶持微型企业发展的一系列举措。在发展微型企业过程中，不断完善微型企业扶持政策，目前已形成"1＋3＋3＋3"的政策扶持体系，即创业者"自己出一点"加上"财政补一点、税收返一点、金融机构贷一点"，以及搭建"微型企业培训、微企创业孵化、龙头企业对接"三个平台和"准入门槛管理分类指导、非银行金融融通、建立微企成长和退出机制"三项跟踪服务系列举措。同时成立了重庆市微型企业发展工作小组，全面指导和重点发展扶持微型企业。从创业申请到落实帮扶政策措施各个环节，也形成了一套较为完整的操作规程。在市政府的多方努力下，重庆市微型企业如雨后春笋般拔地而起，迅猛发展，从 2010 年 9 月 6 日，重庆市首批微型企业诞生，到 2012 年 9 月底，全市已累积发展微型企业 7. 35 万户，注册资本金 71. 2 亿元，累计发放财政补助资金 21. 89 亿元，解决和带动就业 55. 37 万人，截至 2012 年 8 月底，全市小微企业已累计上缴税收 1. 19 亿元，为重庆地区的经济发展作出了巨大的贡献。

　　但是随着重庆市微型企业的发展，其问题也日益凸显，其中最主要的问题就是融资难的问题，微型企业自身的局限性，造成其融资难度大，融资成本高，融资渠道狭窄。严重制约了微型企业的发展壮大，据有关数据显示，重庆市 2011 年微企贷款计划为 50 亿元，但实际发放才 19.14 亿元，看似尚有余额，真实情况却是有很多紧需资金的企业难以取得贷款，融资条件的苛刻使得现有融资供给远远没有满足重庆市广大微型企业的需求，造成重庆市微型企业资金供应不足，企业发展缓慢，后劲不足，给重庆微企发展的春天覆上了一层阴霾，融资难的问题也越来越成为微型企业发展壮大的瓶颈。微企融资成了摆在重庆市政府面前的又一大难题，亟需解决。

## 一、微型企业及其发展的重要性

### 1. 国际社会对微型企业的定义

微型企业作为一种最活跃的经济体，对经济发展起到了巨大的推动作用。但是不同的国家、地区对微型企业提出的认定标准并不相同，国外也并无统一的微型企业的概念界定。笔者将主要的几种定义进行了整理，如下表格：

| 认定标准 | 国家/机构/地区 | 定义 |
| --- | --- | --- |
| 雇员人数 | 日本 | 制造业中 20 人以下，商业服务业中 5 人以下的企业定义为微型企业，又称零细企业。 |
| | 美国 | 微型企业是指是由贫困人口拥有与经营、员工不超过 10 人（包括不支薪的家庭成员）的公司。 |
| | 欧盟 | 雇员在 1~9 人的企业称为非常小企业。 |
| | 亚洲开发银行（ADB） | 穷人的企业。雇佣工人（包括雇主及家庭成员在内，其中员工不包括专业人员及专业服务提供者）不超过 10 人（不包括高科技企业）。 |
| 雇员人数年销售额资产总额 | 萨尔瓦多 | 劳动者不超过 10 人，年销售额不超过 60 万科郎的生产单位。 |
| | 马来西亚 | 雇员数量 5 人以下，年营业额不超过 25 万林吉特的企业。 |
| | 菲律宾 | 在菲律宾境内，资产总额不超过 150 万，雇员人数为 1~9 人的企业。 |
| | 中国台湾 | 员工低于 5 人（含所有人在内）、设备投资低于 25 000 美元的企业组织，通常是居家型事业。 |

### 2. 我国对微型企业的定义

2011 年 7 月，工业和信息化部、国家统计局、国家发改委和财政部四部门对 2003 年版的《中小企业划型标准规定》进行了修订，进一步明确了我国中小企业的划型问题。规定指出，我国的中小企业划分为中型、小型、微型三种类型；其具体标准是结合行业特点，并考虑企业从业人员、营业收入、资产总额等指标制定的。这一新规定最具影响的修改是首次将微型企业划分为一个独立的企业类型。根据该规定，各行业的微型企业划分标准为：工业从业人员20人以下或营业收入300万元以下；建筑业营业收入300万元以下或资产总额300万元以下；交通运输业从业人员20人以下或营业收入200万元以下；房地产开发经营营业收入100万元以下或资产总额2000万元以下。将微型企业从中小型企业中分离出来单独定义，将有助于对处于发展困境中的微型企业给予更好的扶持。

我国著名经济学家、全国政协委员厉以宁教授提出，我国应该放开对微型企业的划分标准，由各地区、各行业根据各自的实际情况制定具体的微型企业的划分标准。重庆市根据该市的具体情况，率先对本市的微型企业做出了界定，即重庆市扶持发展的微型企业主要是指雇工（含投资者）20人以下、创业者投资金额15万元及以下的企业。笔者认为，国家可以制定关于微型企业划分标准的指导意见，具体如何划分应由各地区根据实际需要来决定。这种统分结合的划分方式，既明确了微型企业的界定，也可以提高各地区对微型企业的帮扶力度。

3. 微型企业发展的重要性

不仅在我国，微型企业在世界许多国家和地区对于促进经济增长、增加就业与社会和谐稳定等方面都具有重要的作用。笔者将微型企业发展的重要性总结为以下几个方面：

第一，微型企业是促进实体经济发展的重要手段。我国改革开放以来，以家族或家庭式为主的微型企业如雨后春笋般出现在素有经商传统的东部沿海地区。这些微型企业与中型、小型企业以及部分大型企业组成了企业集群，并且成为了推动东部沿海地区经济高速增长的重要引擎。特别是在当前国际金融危机的背景下，大力发展实体经济已成为共识，而微型企业作为实体经济的有效组成部分，可以改善民生，发展微企是各级政府的睿智选择。

第二，微型企业有利于扩大社会就业。虽然单个微型企业雇员通常在10~20人左右，但是微型企业由于涉及的行业广而且成立条件低，因而总数巨大。以重庆市为例，截至2012年9月，该市已发展微型企业7.35万户，解决了近60万人的就业问题。因此，微型企业对吸纳剩余劳动力，扩大社会就业发挥了重要的作用。

第三，微型企业发展对社会和谐稳定起着一定的促进作用。通过发展微型企业改变了民众就业和创业的观念，形成全民创业的浓厚氛围，同时也为民众创造一个创业的渠道，让不同阶层、不同群体看到，人人皆可以通过这个渠道由穷变富，促进自身发展。数量量庞大的微型企业吸纳了众多的社会剩余劳动力，降低了社会不安定因素，促进了我国社会的和谐稳定。

## 二、重庆市微型企业融资存在的问题及原因分析

### 1. 重庆市微型企业融资存在的问题

第一，融资渠道狭窄，融资面较小。目前重庆市出台多项措施帮助微型企业融资，但在实际操作过程中，微企的融资主要还是靠亲友筹集，少数银行的借贷。虽然重庆市参与微型企业融资的金融机构已扩大到 19 家，但成功取得贷款的企业仍然只是少数，大多数企业难以顺利及时融到资。

第二，银行融资门槛高，选择性强。重庆市政府指定了专门的三家银行为微型企业贷款，并且每年计划贷款资金都较大，但银行也有自己的担忧。由于微型企业缺失抵押的实物，而银行贷款推行终身追究制，也就是说，负责贷款的工作人员，担心贷出去的资金"打水漂"，所以，银行往往选择不贷或选择性地贷款给微型企业。

第三，企业融资成本较高。企业从银行取得贷款的利率一般较高，而且由于审核程序繁杂，审核过程漫长，企业需要提供的人力物力使得融资成本增大，特别是一些需要担保机构担保的贷款，担保公司一般都要收取银行利率一半的费用，使得企业难以承受。

### 2. 重庆市微型企业融资困难的原因分析

第一，融资法律法规不健全。重庆市虽然将发展微型企业作为带动地方经济发展的一项重要措施，出台了《关于大力发展微型企业的若干意见》等一系列文件决议，制定了政府帮扶等一系列措施，但是到目前为止，还未出台任何关于微型企业后续发展融资等方面的政策法规以规范和支持微型企业融资，没有一个稳定公平的融资环境，使得企业在融资过程中时常会遭受到不平等的待遇和歧视，企业融资步履维艰。

第二，银行贷款条件较为苛刻，门槛较高。微型企业由于自身企业实力较弱，抗风险能力低，债务偿还能力较低，这使得银行在审核微型企业贷款时条件较为苛刻，门槛较高，往往需要厂房、土地等相关的实物抵押，而微型企业

大多数是租借的厂房和设备，很难满足银行的要求，这使得很多无房无地的微型企业难以取得银行的贷款。此外由于每次贷款金额较小，银行处理信贷项目的运作成本相对较高，对其监管的成本较高。这也造成了银行缺乏对微型企业提供信贷的兴趣，从而增加了其融资难度。有些银行甚至宁愿闲置资金也不贷给那些条件欠缺的企业。如重庆市 2011 年计划发放的微型企业贷款为 50 亿元，但是实际贷出的只有 19.14 亿元，很多企业因为达不到银行的要求而无法取得银行贷款，实际贷款率较低，许多企业的贷款融资问题没有得到妥善解决。

第三，企业自身融资条件的欠缺。微型企业融资难的原因还有一部分在其自身，重庆市的微型企业大多数是家族式的模式，其内部组织结构松散，公司制度不健全，财务状况不明晰，绝大部分微企都存在企业会计核算不规范，会计信息缺乏透明度，缺少审计部门确认的财务报告的情况，此外由于企业在创业初期都缺乏可供参考的经营历史，商誉不足。这就使得银行在调查企业信用和经营状况时望而却步，难以获得企业的真实信息。造成了企业本身与银行之间的信息不对称，使得银行在审核企业贷款偿还能力时的过低评估，从而造成银行惧贷，惜贷。

第四，融资成本与企业财务成本之间的矛盾。在信贷资金有限的情形下，特别在金融危机爆发之后，各金融机构普遍银根吃紧，为保证限额控制下信贷资金使用的效益最大化，信贷公司和银行普遍上调了贷款利率。贷款利率的上调导致融资成本增加，致使财务成本有所增加，在一定程度上加剧了微型企业的资金压力，再加上微型企业由于信息的不对称，使得其融资的审核过程漫长，程序繁多，在一定程度上造成融资成本的再度增加，特别是一些需要担保机构担保的融资，担保机构的高费用也使得很多企业望而却步，这使得有些微型企业虽缺少资金却不愿向银行等金融机构借贷。

第五，信用担保体系不健全，担保成本较高。重庆微型企业大多数没有房屋、土地、有价证券等容易变现的资产作抵押，其融资主要靠企业主个人信誉或者担保公司。重庆市规定本地微型企业申请创业扶持贷款，可由三峡担保公司或各区县（自治县）政府指定的当地专业担保公司提供担保。但在具体执行过程中存在着需要担保的微型企业数量太多，担保机构太少的矛盾，担保体系的建构严重滞后，难以满足微型企业日益增加的担保需求。而且重庆市的担保完全属于社会担保，没有政府资金补助，担保公司的费率一般都为银行利率的一半，这使得企业在取得贷款之后需要支付高昂的担保费用。对于财力较小的微型企业无疑是难以承受的。

## 三、进一步完善微型企业融资的对策建议

1. 政府出台相关政策，扶持微企融资

微型企业融资的社会化服务体系的核心是政府，政府对微型企业的支持是其生存和发展的必要政治前提，政府作为公共政策的制定者，必须从宏观角度引导微型企业的发展，出台相关法律政策为微型企业融资提供帮助和服务。重庆市政府对微型企业的发展制定了一系列扶持政策。例如按每人 1000 元的标准给予培训补贴，用于开展微企创业前的培训；微型企业实施定额缴税，营业额不足 2 万元的不需缴税；对微型企业实施财政补助，向申请人拨付资本金补助资金，补助比例控制在注册资本金的 50% 以内，也就是最高 5 万元的补贴。这些政策在很大程度上促进了重庆微企的发展，但是随着微企数量的增大，所面临的问题的增多，需要政府加大支持力度。笔者认为在未来重庆市政府应当做到以下几点以支持微企的融资发展：

第一，加强微型企业融资法律法规的建设。出台微型企业融资法，为微企融资提供一个稳定公平的融资环境，规范融资市场，改变微企在融资中的劣势地位。保护其正当权益，降低微企的融资风险。

第二，出台相关的激励政策，鼓励银行为微型企业贷款。出台如贴息，减税等政策。诱导商业银行把更多的信贷资源投向小微企业。各级地方政府可以根据本地实际，确立具体的贴息标准，对银行贷款给予贴息鼓励，以调动银行向微型企业贷款的积极性。

第三，加强对微型企业完善内部管理和健全制度的服务。地方政府应当充分利用政府的资源优势，为小微企业提供一些咨询、培训、专家指导等服务，为它们的成长创造良好的外部环境。对具备融资条件的小微企业可以向银行或市场推荐。

第四，建立微型企业资信信息网络。微型企业的经营活动主要在当地，由地方政府牵头来建设微型企业资信信息网，或者信用联盟，更有优势，待条件成熟再全国联网，信息共享。这可以在很大程度上解决信息不对称的问题。重庆目前与新浪联合推出的重庆微型企业"微领带"计划，就是致力于重庆微型企业的信息网建设。"微领带"计划以新浪微博为载体，将小微企、政府机构、金融机构、咨询管理机构、技能培训机构、法律帮扶机构、媒体机构、高

校联盟、创业（孵化）园区、小微企业客群等小微企发展链条中，涉及的各环节整合集纳起来，实现信息共享、全面互动。但是目前参与的企业数量还较少，需要政府进一步宣传推广，号召更多的企业参与进来。打造一个庞大的微型企业资信网，使银行等信贷机构能够方便全面地了解到企业的信息。

第五，进一步完善担保体系，构建风险补偿机制。重庆市为微型企业融资服务的担保机构数量较少，网点覆盖率小，而且担保费用高昂使得很多需要担保来融资的企业望而却步，所以笔者认为在未来重庆市政府应该牵头组建一定数量的担保机构，构建起一个能够满足微型企业担保需求的担保体系。为信誉好的微型企业提供担保。此外，还可以在目前初步建立的风险补偿机制上，财政拿出一部分费用建立专项的微型企业风险损失补偿基金，由政府出资补贴担保机构，下调担保费用，为微型企业降低融资成本。

2. 银行调整金融策略，方便微企融资

银行作为企业融资的首选，一直是为企业提供资金的主力军。但是银行本身体制的限制和目前银行片面追求利润的原因，使得微型企业往往很难轻松快捷地从银行取得贷款。所以改革银行体制，鼓励其为微型企业放贷是当务之急。

第一，放宽微型企业的贷款条件。银行部门应当改变其"抓大放小"的经营方式，从国家的经济建设的大局出发，放宽微型企业的贷款要求，努力配合政府解决微型企业的融资之急，促进微型企业发展，从而带动整个社会经济的发展，这样反过来又能客观上促进银行经济的发展。

第二，发展微贷等适合微企需求的信贷产品。微贷也叫微贷款，是国际上一种成熟的金融产品，是指专门为微小企业、个体工商户和中低收入家庭提供的商业可持续的小额贷款。国际上的微贷一般不超过5万美元，我国最早开办微贷的包商银行规定微贷单笔最低3000元，最高50万元。微贷一般不需要提供抵押物，而是采用信用担保的方式，其准入门槛低，审批流程简洁，办贷效率高，充分满足了微型企业贷款需求，契合了其"急，少，频"的特点。特别是其在还款方式上采用按月等额还本付息的还款方式，让微型企业有了宽松的流动资金，以更好地发展自身。

除了微贷本身银行还应该创新多层次的融资产品。研究微型企业内部不同行业的特点，以及企业在各个生命周期阶段不同的融资需求，为企业量身订制更有利的融资产品。如创业初期的微型企业由于本身没有什么资产，可以办理第三方财产担保融资；成长期的微型企业如有库存商品就可以办理商品融资，如有应收账款可办理以应收账款为还贷来源的专户监管贷款；成熟期的微型企业由于与银行之间已有了相当的互信，除了资产抵押贷款外，还可以办理保证贷款、信用加担保等各种组合贷款。此外，有特色有技术的微型企业还可以办理专利技术、特殊财产质押融资，等等。

第三，准许民营资本的介入，发展专为微型企业融资的民营中小银行。发展民营的中小银行是借鉴美国的中小银行融资模式，美国微型企业的快速发展与美国金融体系扶持大规模地针对微型企业融资的民营银行是分不开的，其民营银行为微型企业提供专门性的贷款，从根本上避免了像国有银行在为微型企业融资时软预算约束和风险惜贷的这类问题。民营银行的产权清晰性和资本的逐利性以及对风险的敏感性使其充分发掘了微型企业信贷这一广阔市场，并积极为其融资，民间资本的介入能够活跃融资市场，带动为微型企业融资的积极性。

第四，发展区县银行，发挥地缘优势。我国微型企业主要分布在乡镇，以重庆为例，重庆市的微型企业绝大部分都分布在区县，而区县下级银行的广泛建立，可以发挥地缘优势，更好地了解所在地企业的信息，为其贷款评估奠定信息基础。而且由于区县银行多数规模较小，更愿意接受像微型企业这样的小型客户，所以更能切实地解决微型企业融资难的问题。鼓励商业银行在县域设立分支机构。建议银行监管部门在商业银行机构准入审批时采用"城乡结合"的原则，引导各家商业银行在县域设立新的分支机构，增加农村地区的营业网点，增加农村信用社的数量，秉承"扎根向下生长，丰富毛细血管"的原则，建立一个全面覆盖的城乡银行体系，更好地为地方微型企业融资服务。

第五，借鉴国外经验，推广实施主银行制度。主银行制度是日本解决微型企业融资的一项成功制度经验，其做法是由政府出面让合格的企业与相近的银行建立一种相互委托监管的契约关系，使融资者双方结成了某种意义上的合作共同体，双方更关注长期合作和长期收益。银行作为微型企业首选的融资对象，微型企业不仅仅要把银行当做外部资金的提供者，更要把银行看成合作伙伴，共享企业成长的成果自觉接受银行的监督。

重庆市目前指定重庆市微型企业融资贷款由重庆农商银行、重庆银行和重庆三峡银行三家地方银行承担。但是随着重庆市微型企业的发展，数量的增多，这三家银行担负的融资任务也就会越来越重。而且这三家银行的覆盖面不是很全，网点较少，也增加了某些距离较远企业的贷款难度。所以笔者认为可以在上文提出发展区县银行网络的同时，根据地域区分，由当地政府出面引导本地微型企业与本地区县银行建立银企契约关系。银行为附近企业贷款，附近企业让银行帮其理财，这样可以发挥本地银行的地缘优势，在为银行本身带来效益的同时，也使得银行更加了解企业的运营状况，方便企业取得贷款。而且银行用其专业的财会金融资源为企业理财，也能使企业最大效率地利用资金。

3. 企业改善自身融资条件，适应融资市场需求

融资难的原因很大一部分在微型企业自身，所以要解决融资难的问题，关键也在企业自身，要从企业自身入手，不断地调整提高自身条件，以满足融资市场的需求。首先要完善企业财务制度建设，不断提高企业财务透明度，建立能真实反映企业经营管理状况的财务会计制度，以便银行进行科学、准确地资信调查。其次要切实提高诚信意识，建立诚信企业文化，按时偿还银行贷款，重视信誉，营造积极的信用环境，把企业文化当作企业的一种重要的无形资产，打造诚信企业形象，并加以有效的利用。最后要加强银行的联系与沟通，将自身的生产经营信息和财务状况及时反馈给银行，增进银行对企业的了解，降低银行获取企业信息的成本，建立互相信赖的银企合作关系，以便在需要借款的时候银行能够快速审核发贷。

4. 改变传统融资方法，创新融资方式

近些年来随着微型企业融资难度的上升，各地都在积极探索新的融资方式，或借鉴国外先进经验，或植根本土特殊优势，形成了许多富有特色，卓具成效的融资方式，作者认为应当加以改善并予以推广。

第一，健全供应链融资模式的配套机制。所谓供应链金融，从供应链核心企业的视角就是一种在核心企业主导的企业生态圈内，对资金的可得性和成本进行系统性优化的过程。而从银行的视角，供应链金融就是要将资金流整合到供应链管理中来，既为供应链各个环节的企业提供商业贸易资金服务，又为供应链弱势企业提供新型信贷融资服务的创新模式。在供应链融资方式下，产品有市场、有销路的微型企业，或给大企业、大项目提供配套产品服务的微型企业，都可以通过供应链融资的方式来解决其生产经营中的资金短缺问题。银行根据微型企业销售产品之后的应收账款作为还贷来源，为企业提供免担保的信用贷款，既降低了双方的融资成本，又做到了风险可控。

供应链融资模式在解决了微型企业的融资难问题的同时，还面临着一些问题。例如相关的法律法规不够完善，不能提供供应链融资以稳定安全的融资环境，有可能导致整个供应链无序紊乱、还贷风险机制不够清晰明确、责任落实不够到位等。这些配套机制的不够完善，导致供应链融资模式至今得不到广泛的应用，其实际操作效果有待提高，需要政府、企业和社会各方共同努力进一步完善配套机制，以使其在解决微型企业融资方面大放光彩。

第二，运用风险投资模式进行融资。所谓风险投资，根据美国全美风险投资协会的定义，是指由职业金融家投入到新兴的、迅速发展的、有巨大竞争潜力的中小企业中的一种权益资本。即风险投资者以自身的相关产业或行业的专业知识与实践经验，结合高效的企业管理技能与金融专长，对风险企业或风险项目积极主动地参与管理经营，直至风险企业或风险项目公开交易或通过并购方式实现资本增值与资金的流动。

风险投资本身的特点决定了利用这一模式融资的微型企业一般是高新技术类或者特色类的微型企业，在取得融资上，需要企业自身积极创造条件，吸引风险投资。例如选择具有良好盈利预期和前景的项目，特别是高新技术类的项目，塑造优秀企业家及其创业团队的形象；编制周密、独特、清晰、合理、出色的商业计划书；等等。在寻找风险投资机构的时候要注意去找那些和企业发展相适应的风险投资机构，要在了解风险投资机构各自特点的基础上，有针对性地寻找一些其投资领域与本企业相适应的风投机构，以提高融资成功几率。

第三，充分利用网络资源进行融资。在电子商务高度发展的今天，网络融资作为一种新兴的融资方式，更体现了融资在网络社会的一种未来发展趋势。比较有特点和代表性的就是建行和敦煌网联合推出的e保通贷款。e保通显著特点就是网络化办理贷款，借贷人的信息电子化办理，贷款额度可以循环使用，极大程度地加速企业资金周转，减少企业资金成本。微型企业可以利用银行网络融资平台，事先办理好抵押、质押或其他符合要求的保证等授信程序，经银行审批后便可在一定期限内随用随贷，随贷随还，循环使用。由于是全程网上办理，借款人可以不受时间和空间的限制，只要银行的网络系统在运行，就可以办理贷款或还款等融资业务。这样既可以提高效率，又可以降低人工成本，还大大方便了企业。在办理方便快捷的同时，e保通贷款条件还较为宽松，只要是具有企业资质（包括个体工商户）的卖家，并且在敦煌网和中国建设银行拥有良好的交易记录的都可以申请。在网上申请贷款之后，建行敦煌进行审核，审核成功卖家就可以与建行敦煌签订贷款协议，取得贷款。目前，由于网络贷款还是处于发展初期，其贷款模式、法律制度等还亟待健全。如操作层面的合法监管，违约问题的处理，贷款申请信息的真实性评判，贷款损失问题的赔付，贷款风险的分担等都需要做进一步的解决。

作为网络经济时代的新生力量，网络融资是未来融资的一个新趋势，我们相信在完善征信体系，出台相关法律法规等配套机制之后，网络融资必将在化解微型企业的融资难问题上发挥不可估量的作用。

　　第四，发挥集群优势进行团体融资。所谓集群团体融资是指若干微型企业通过股权或协议建立集团或联盟，通过合力减少信息不对称，降低融资成本，相互帮助获取资金的一种融资方式。随着科技的进步，社会分工的进一步细化，各行业之间的联系也日趋紧密，各行业本身也日益规模化。这就为团体融资模式提供了可能性。与传统的融资模式只考虑单个企业自身实力相比，团体融资将企业放入一个系统里面进行综合考虑，充分发挥集群优势，联保联贷，印证了联合起来力量大的思路。在目前的情况下，团体融资是一种比较高效的融资方式，重庆市如能克服其微型企业聚集度低下、抱团意识淡薄、组织松散的弊端，将松散的企业结成联盟，那么团体融资将不失为解决微企融资困难的一把利剑。

　　微型企业在活跃经济。当前，带动就业方面的巨大潜力和美好前景是我们必须坚定不移地发展微型企业的根本动力。当前，解决微型企业融资困难刻不容缓，任重道远，需要国家、社会以及微企自身的多方努力，共同协调。我们相信只要多方配合、齐心协力，微型企业的融资问题必将得到妥善解决，微型企业必将迎来发展的春天。

## 参 考 文 献

[1] 关于印发中小企业划型标准规定的通知 [EB/OL]. 中国政府网，2011 - 07 - 04.

[2] 重庆市工商局. 以民生为导向有序推进微型企业发展 [J]. 中国工商管理研究，2011 (5).

[3] 王兴娟. 小微企业融资背景、困境及对策 [J]. 学术交流，2012 (7).

[4] 弋静. 微企创业遇难题请@微领带计划 [N]. 重庆晚报 . 2012 (8).

[5] 刘克崮. 微贷款实践之路 [J]. 中国金融家，2009 (4).

[6] 董文标. 金融支持县域小微企业发展 [J]. 中国金融，2011 (6).

[7] 郭战琴. 基于供应链金融的小微企业融资模式——以第三方龙头物流企业为平台 [J]. 金融理论与实践，2012 (1).

[8] 曹立伟. 中小、微小企业的网络融资模式研究——基于建行敦煌 e 保通产品分析 [J]. 中国商贸，2012 (5).

[9] 袁光灿. 完善重庆微型企业发展的政策体系 [J]. 重庆行政（公共论坛），2011 (3).

# 打造柳州地域文化特色的产业发展研究

齐自琨　　叶德明

（柳州市委党校）
（广西师范学院）

柳州旅游资源比较丰富，经济实力比较雄厚，既有独特的山水景观，又有一定的人文历史背景，还有旅游业多年培养发展的积累。本文力图使柳州文化具有地域优势的同时又满足大众的文化认同和情愫共鸣，并与现代社会人们追求个性、回归自然等的需求正相吻合。因此，用地域文化包装产业，使柳州的文化成为不可复制的文化，运用产品的载体功能在传播保护柳州文化的同时，拉动了文化的张力，使地域文化与特色产业互动、联动起来，比翼齐飞。欲开拓一条和谐发展"魅力文化"与"绿色产业"科学发展的新思路，把"以人为本"和"可持续发展"的科学发展观真正落到实处；构建广西西江流域文化产业基地和区域性特色文化产业群，培育文化产业骨干企业和战略投资者，催生广西西江流域经济新增长点。

## 一、解析地域文化与特色产业

十八大报告再度强调"建设社会主义文化强国，关键是增强全民族文化创造活力"。一切文化都是某个民族的文化，民族是文化的主体，民族的生存发展是文化发展演变所围绕的中心，建立一种既有民族特色又体现时代精神的新文化，成为一个社会重要的精神支柱。强调文化的力量，既能丰富人民的社会生活，也能创造不同于科技、经济等的新的发展动力。

　　对于地域文化的界定有广义和狭义之分：狭义的地域文化专指先秦时期中华大地不同区域范围内物质财富和精神财富的总和；而广义的地域文化特指中华大地不同区域物质财富和精神财富的总和。地域文化首先在于它具有明显的地域性。一个地区与另一个地区在文化形态上的不同，才使得中华民族的文化呈现多样化，古代交通不便和行政区域的相对独立性，使各地的文化形态也具有了各自不同的风格，一地有一地的特点，如汉文化、关陇（三秦）文化、巴蜀文化、中原文化、松辽文化、吴越文化、荆楚文化、岭南文化等。

　　本文中的地域文化是指文化在一定的地域环境中与环境相融合打上了地域的烙印的一种独特的文化，具有独特性。地域文化本身是具有空间性的，大到国家整个民族文化的中国风，小到一个地方的民族风，民族的风俗、工业文化、山水文化等，并突出三者的结合。特色产业在一定程度上讲，是在产品功能，包装、制作工艺以及销售渠道上具有鲜明的文化特点，依托地域优势，并表现出生命力的产业。特色就是优势，特色就是竞争力，特色就是品牌，特色就是市场。依托优势，重点发展特色产业，形成品牌优势，是地域文化融入特色产业的要求。

## 二、柳州文化是本土化与大众化的统一体

　　不是所有的文化都能成为生产力，那什么样的地域文化能被开发出来？能融入特色产业的文化应有怎样的标准？什么样的文化能成为生产力？为生产力服务是软实力？一系列问题展现在我们面前，只有具有自身独特魅力，有能被大众认同的文化才能被开发利用，融入特色产业，从而加强文化的造血功能，使柳州文化进入特色的循环状态。

　　柳州是一个历史文化名城，具有深厚的文化底蕴，孕育和积淀了"政企通和，敢为人先，产业报国，顽强拼搏"的人文精神。从中国南方古人类"柳江人"文化遗址白莲洞，至西汉元鼎六年柳州建城；从唐代文学大师柳宗元的"柳州柳刺史，种柳柳江边"，到勤劳纯朴、能歌善舞的壮族姑娘刘三姐的传奇故事，直至抗战时期的文人云集、烽火硝烟的战乱。山青、水秀、洞奇、石美、林茂、草丰的柳州，以江流曲似九回肠之姿展现出丰盛的历史文化资源，而这一切的城市历史文化脉络与优山、美地、奇石、落水，都熔炼在柳州文化中。这种差异有利于发展地域性的文化和特色产业，而文化上的深刻的认同和情感共鸣有利于招商引资，吸引大众。岭南文化既有地域性的特色也有

大众心理的认可，虽然是起源于柳州但对我国人民的影响力和认可度却是广泛的。

　　柳州文化资源的多样性和独特品质与现代社会人们追求个性，回归自然等的需求正相吻合，主要迎合现代人追求的三种情愫：本土情结、创造情结、特色情结。"根"文化的兴起是本土情结的主要表现，以文化遗址白莲洞为代表的柳州远古文化研究，引起人们对民族问题起源的思考，唤起海内外儿女的民族情怀。激发爱国情怀，唤起共同的民族情感，同宗、同祖、同文、同缘的认同感，吸引港澳台同胞、海外侨胞到柳州寻根，从而吸引外资。创造情结以动漫文化和工业文化为代表，中共柳州市委宣传部和柳州市蓝海科技有限公司联合出品的《心灵之窗》，讲述了励志而温馨的小故事，反映人们之间的亲情、友情、爱情、师生情等真挚情感。其中短片《生日礼物》在首届中国国际新媒体短片大赛颁奖晚会上荣获四项提名，并最终获优秀动画片导演奖。这为柳州发展动漫文化奠定了坚实的基础和发展契机。动漫文化属于时尚文化，是社会亚文化的表现范畴，包含着主流文化所不能弥补的更为年轻、更有活力的社会心态和文化心态因素。无论是从情节上还是画技上，都具有较强的可读性，符合青少年追求新奇和唯美的特点，成为年轻人的文化，占据年轻一代的心，具有广泛认同感。工业文化代表这一种坚忍不拔的耐受力，好强进取的意志力。柳州的工业文化有其独特性是传来工业与柳州本土相结合的文化，并不是土生土长的，因此具有特殊性与大众性相统一的特色。最后是以民族旅游文化和棺木文化为代表的特色情结，如刘三姐、苗寨、侗乡、森林公园以及流传至今的"吃在广州、穿在杭州、住在苏州、死在柳州"。柳州的棺木文化自古就有，是被大众认可的文化特色，可以取棺材有升官发财之意开发特色文化产品等。根据柳州文化符合大众追求产品的特色情结开发出众多有市场、有卖点、有看头的文化产品。

　　因此，柳州文化有其文化的地域优势的同时又具有大众的文化认同和情愫共鸣，这样有利于挖掘文化的深层结构，形成"和而不同"的文化整体，从而有利于文化生产力的拓展。

## 三、拉动柳州文化的张力，使其横纵方向作用产业的广度深度，从而实现"绿色经济"的发展模式

　　"十二五"规划中明确指出："创新文化生产和传播方式，解放和发展文

化生产力,增强文化发展活力"。文化发展的活力就是文化的生命力,而决定文化资源价值量的核心要素在于特色,没有明显的先进和落后之分,一个特定的地区要在日益激烈的综合国力中立于不败之地,唯一的方法是充分发挥自己的比较优势,用优势开路,用实力说话。西部文化资源的多样性和独特品质与现代社会人们追求个性,回归自然等的需求正相吻合,能够开发出众多有市场,有卖点,有看头的文化产品,使地域文化与特色产业互动发展,把科学发展观真正落到实处。

1. 提升拓展柳州产业的广度深度

文化实力的核心是富有创新意义的文化价值内容,如何实现地域文化与特色产业的整合是我们必须深入考虑的问题之一。特色产业不但需要有资金、技术、设备等的"硬"资源,更需要文化、精神等"软"实力的共鸣。要提升拓展柳州产业的广度深度的基本要求是形成不能复制的个性文化特色。先做势,通过非常规的地域品牌造势手段,进行吸引力的打造;后做价,进行跨纬度的地域文化资源整合,从而提升价值度;再做市,通过合作多赢的城市区域间文化产业的互动去创造市场,实现市场化的联动。

提升拓展柳州文化的广度和深度,使文化与经济跳一场圆舞曲。一是利用多种宣传手段,加大文化方面的宣传。柳州的旅游资源本身得天独厚,关键在于旅游资源的题材与知名度传播不足。因此,可利用网络中的驴友俱乐部晒照片,发表游玩攻略,通过口口相传的方式,利用人作为宣传的载体,扩大人们对柳州的认知度。还可以通过新媒体、多彩柳州原生态摄影大赛、风情柳州绘画大赛、明星效应等方式宣传柳州的魅力,从而扩大柳州旅游业的影响力,通过旅游的拉动使更多的游客来柳州体验山水人文等文化特色,用身临其境的真实感激发对柳州的喜爱,从而带动餐饮、房地产等消费和投资。二是加大地方性支持力度,真正做到"柳人必到,外人必经"。三是形成无障碍政策,使区域优势互补,促进区域合作,全区一体化,各地政府互帮互助合力将文化产业这个蛋糕做大。如:三江三域三姐风情游,龙江作为刘三姐的出生地,柳江是传歌地,桂林是发扬区,突出地域间的差异性,形成联姻一起办旅游。四是打造地域产业带,抓好特色文化服务业,形成原生态民族风情文化旅游线。借鉴成都武侯祠锦里旅游品牌打造模式,形成柳州特有的地域旅游联盟,将原生态旅游与小城镇建设两手抓,打造三门江、融水、三江的原生态的文化氛围,形成活的博物馆。加快小城镇建设中的道路、卫生、管理的现代化进程,使城乡规划利于原生态民族风情旅游的发展,做到文化原生态,服务、管理、交通现代化。加强特色文化服务业的发展，如联姻游、原生态的娱乐体验（民族特色表演、对歌、参加民族风俗活动）、地域代表性强的购物、地方味儿浓郁的菜品、民族特色浓郁的住宿和出行。五是以旅游为载体、科技为依靠力开拓真正代表自己民族地域的、特有的文化产品，并使其成为文化的实物类消费品。从桂林西街做起的特色女装品牌是我们可以借鉴的成功案例，而融水苗寨的油茶，三江侗族的重阳酒却没有形成旅游性产品推广开来。因此要利用科技手段加工油茶、重阳酒使其可以成为便携式的包装产品，作为特色旅游产品成为文化类实物消费品。这样就提升了文化产业的深度，形成真正的特色产业。即特色产业是将地域文化融入地方经济产业，提升延展了文化产业的广度和深度，作出真正代表自己民族地域的文化产品。六是使融资多元化，完善政府投入与社会投入相结合、内资外资相结合，使特色产业的发展模式多渠道、多元化，提高融资机制。使"十二五'规划中"培育骨干文化企业各战略投资者，鼓励和引进非公有制经济进入"落到实处。

2. 文化"经济化"和经济"文化化"互动，实现"绿色经济"的发展模式

当今世界，文化与经济、科技相融，将文化的商品属性解放出来，增加了文化的造血功能，使文化进入良性循环的发展机制。将非文化类的传统物质产品与品牌中不断加入文化内涵，价值观，提升产品品牌形象和公众影响力，从而增加产品的市场价值和增值潜力。文化经济的持续发展强调不断地推陈出新，文化经济本身的发展植根于深厚的文化底蕴，依赖于不断的创新，文化经济是一种以创新为核心要素的经济发展模式，是绿色的，可持续发展的经济模式。实现文化"经济化"和经济"文化化"发展战略。

利用文化生产力的回报延伸性，把地域文化价值附加到许多商品和服务上，形成特色产品，取得直接收益，通过向人们提供独特的体验及感受，而间接地实现其市场回报。韩剧在我国的风靡就是因为韩国将本土的文化在剧中表现出来，阿凡达在太行山取景后山名改为了"阿凡达山"，当地的旅游火了。当年影视大戏《茶是故乡浓》和《酒是故乡醇》依托贺州的秀丽山水，带动了贺州的寻根热、品茶热、旅游热，成就了贺州的文化品牌。荔浦芋因《宰相刘罗锅》的播出走红，被视为"扣肉伴侣"。影视是文化传播中的高端载体，具有强大的社会影响力与印象传播力，有没有可能以其为手段实现与柳州文化的溯源、串联与传播？要抓住央视大戏《刘三姐》在柳城县拍摄的机遇，宣传柳州，同时利用刘三姐影视基地开展旅游业，拉动柳城县蜜橘的产业。扶持、利用柳州本土有竞争实力的特色产业，如两面针。通过两面针实物消费品

为载体宣传柳州的文化，提升柳州文化的大众认知度，从而为文化创意产业的发展提供基础条件，以柳州民族文化溯源为主题的影视剧创作。还可以以柳宗元轶事为题材来拍摄影视剧，作为廉政教育的题材，也可以以柳钢、五菱、柳工为背景讲述企业改革的历程。培育绿色动漫产业，开发动漫文化，办好动漫节和动漫城的建设。利用柳州动漫文化的技术、人才优势，政府扶持和鼓励将动漫文化做成柳州特有的文化创意产业。

　　还可用文化包装实物性产品，如花红药业可以借鉴贵州百灵咳速停糖浆的广告理念，用贵州特有的民俗文化来包装产品。两面针采用中国传统文化中的水墨画等文化元素包装产品后仅三个月，高端牙膏的销量就占了总销量的40%。牙膏产品全线升级，价格平均提升了20%，高附加值的"御方"系列也使两面针开始摆脱中低档产品的形象，同时提高了牙膏业务的毛利率和经销商的净收益。经过柳州的文化包装过的特色产业竞争力能够提高，在产品承载下的文化被越来越多的人了解喜爱，地域文化也随之大众化，就可以发展文化创意产业，如电影。这时柳州的文化就成为软实力，文化生产力真正地加入到综合国力的竞争中了，这种竞争不以消耗为代价，真正做到资源友好型，环境集约型社会发展的新经济，从而形成"绿色经济"和谐发展模式。有利于转变经济发展方式，建立两型社会，推动文化大发展大繁荣，提升国家文化软实力，建设社会主义文化强国，将科学发展观真正落到实处。

## 参 考 文 献

[1] 顾江. 文化产业经典命题100例 [M]. 南京：东南大学出版社，2011.

[2] 赵晶媛. 文化产业与管理 [M]. 北京：清华大学出版社，2010.

[3] 徐浩然，雷琛烨. 文化产业管理 [M]. 北京：社会科学文献出版社，2006.

[4] 蔡灵，沈哲彦. 2012—2016年中国文化产业投资分析及前景预测报告：1~4卷 [R]. 2012年11月.

# 创新驱动发展战略的价值解析

顾 飞

（重庆工商大学）

创新驱动发展战略是未来进一步激发我国各级创新系统活力，推动经济社会科学发展的核心战略；是加快产业转型升级步伐，促进战略性新兴产业发展的中心环节；是促进区域间创新竞争协同发展，完善现代化建设总体战略布局的内在要求；是发挥比较优势提升国家竞争力，切实保障国家安全的战略途径。党的十八大报告从加快完善社会主义市场经济体制和加快转变经济发展方式的战略高度，首次系统地提出了中国特色"创新驱动发展战略"的思想框架和实践体系，这是立足于中国国情和科学发展的需要，对马克思"科学在生产上的应用"思想的传承发展和弘扬光大，进一步丰富了科学发展观的深刻内涵。为此，我们必须从又好又快地推进我国经济转型和管理创新的实践需要出发，对创新驱动发展战略的重大理论和实践价值予以系统剖析，以提升对创新驱动发展战略的理解认识，确保创新驱动发展战略有效落地，使其真正地成为不断增强我国经济社会可持续发展后劲的重要思想武器。

1. 实施创新驱动发展战略是提升我国国家竞争力，主动迎接未来国际竞争的迫切需要

当今世界，经济发展、社会进步、人民富裕和国家安全都高度依赖于创新。创新已经成为驱动经济社会发展的主导力量和保障国家安全的核心要素。国际竞争的现实及其发展态势表明，世界各国谁能在创新领域引领潮流、占据优势，谁就能赢得经济社会的持续高速发展，谁就能在激烈的全球竞争发展中

牢牢把握主动权。进入 21 世纪以来，尤其是在后危机时代，世界主要国家的创新战略导向更为明确，以创新化解危机、以创新稳固优势、以创新赢得发展成为各国普遍共识。

为了抢抓新一轮国际竞争的先机和优势，欧美日等发达地区和国家，以及新加坡、韩国、以色列等新兴发展中国家都相继构建起国家—区域—产业—企业"四位一体"的创新驱动发展战略体系，加强并加快了创新的投入、开发、转化、应用、分享、积累和增值，全力促成本国创新资源在质上始终保持动态领先、在量上有效实现优化配置，以创新话语权抢占竞争制高点，巩固和提升本国在全球竞争力排名中的位次。在继"十二五"期间我国将创新驱动上升为国家核心发展战略之后，党的十八大报告又明确将中国特色"创新驱动发展战略"纳入到科学发展的内涵体系和实践要求之中，更加突出了"实施创新驱动发展战略"的重大价值和重要地位。再一次充分地表明，实施创新驱动发展战略是我国抢抓重大战略发展机遇，提升国家竞争力和增强可持续发展后劲，主动迎接未来国际竞争的迫切需要和不二选择。

2. 实施创新驱动发展战略是突破增长极限，推进我国经济社会可持续发展的必然选择

就国内而言，加快我国经济发展由要素驱动、投资驱动向创新驱动转变的步伐，是我国在"十二五"期间挑战"增长极限"，实现科学发展的必然选择和根本路径。"十一五"期间，我国的经济快速增长，经济总量上升到了一个新的台阶。2010 年，我国 GDP 超过日本，跃居世界第二。以 GDP 为指标，我国无疑是世界经济大国，但是以创新来衡量，则"大国"并非是"强国"。我国经济社会发展中诸如"经济增长的资源环境约束强化"、"投资和消费关系失衡"、"科技创新能力不强"等"不平衡、不协调、不可持续"的结构性问题依然突出。

近年来，世界铁矿石和石油等资源类产品价格的大幅上涨，使我国一些具有高耗能、资源消耗大的企业发展面临困境，沿海地区的"民工荒"又反映出劳动力成本上升对沿海地区传统的低附加值工业发展形成强烈冲击。以人均劳动生产率低、附加值低，单位国内生产总值物耗能耗高、生态环境代价高为特征的"两低两高"发展困局越发突显。人口、土地、资源和环境的"四个难以为继"使我们陷入了要素驱动、投资驱动的"增长极限"。在我国制造业成本优势逐渐丧失的同时，我国科技成果转化率和产业化率"两低"及其所反映的创新驱动力不足的局面却仍未得到根本性改观。据统计，我国目前的科

技成果转化率大约在25%左右，真正实现产业化的不足5%，与发达国家80%的转化率差距甚远。这种传统成本优势逐渐丧失，而后续创新优势又未跟上的"断链"困境已成为严重影响我国未来经济社会科学发展的巨大瓶颈。

为此，党中央审时度势，在十八大报告中指出，"必须清醒看到，我们工作中还存在许多不足，前进道路上还有不少困难和问题。发展中不平衡、不协调、不可持续问题依然突出"，强调"要实施创新驱动发展战略"，"着力增强创新驱动发展新动力"，"不断增强长期发展后劲"，从而进一步明确了以实施创新驱动发展战略来突破制约我国经济社会科学发展瓶颈，来破解"发展中不平衡、不协调、不可持续问题"的战略思路和实践路径。

3. 实施创新驱动发展战略是贯彻中央战略意图，实现我国"十二五"发展目标的重要保障

面对日趋激烈的国际竞争和方兴未艾的新科技革命，面对国内低成本优势丧失和创新优势尚未形成的严峻现实，如何才能继续保持我国现有经济社会发展的良好势头？特别是，如何才能顺利实现2020年全面建成小康社会以及21世纪中叶基本实现现代化的宏伟目标？这已成为事关中华民族伟大复兴和确保国家长治久安的重大战略性课题。党中央、国务院高瞻远瞩，早就敏锐地洞察到实施创新驱动发展战略的重大价值。2007年，党的十七大就将"提高自主创新能力，建设创新型国家"确立为国家发展战略的核心和提高综合国力的关键。2011年，国家"十二五"发展规划纲要又进一步明确提出"加快建设国家创新体系，着力提高企业创新能力，促进科技成果向现实生产力转化，推动经济发展更多依靠科技创新驱动"的战略目标要求。

胡锦涛总书记、温家宝总理等党和国家领导人近年来也高度密集地发表了一系列重要讲话，对国家和地方实施创新驱动发展战略作出了重要指示和部署安排。胡锦涛总书记在2009年12月考察广东省珠海市时强调，"要扎实推进经济发展方式转变，着力推动经济发展从要素驱动向创新驱动转变"。2010年3月全国两会期间，他在天津代表团审议报告时，又指出"要着力加快经济发展方式转变，集中力量，加紧工作，务求突破，真正走上创新驱动、内生增长的发展轨道，推动经济社会发展跃上新台阶"。同年9月，在深圳经济特区建立30周年庆祝大会上，他再次强调，"要坚持自主创新、重点跨越、支撑发展、引领未来的方针，加快构建以企业为主体、市场为导向、产学研相结合的技术创新体系，提升核心技术自主创新能力，推动经济发展从要素驱动向创新驱动转变"。国务院总理温家宝2010年在十一届全国人大三次会议上作政府工

作报告时也表示，要大力推动经济进入创新驱动、内生增长的发展轨道。同年9月，他又在天津举办的夏季达沃斯论坛上提出，我国将坚持创新驱动，着力推动科技进步和产业结构的优化升级。在次年9月举办的世界经济论坛2011年新领军者年会（夏季达沃斯论坛）开幕式上，温家宝总理在致辞中再次强调"中国将坚持创新驱动，加快建设国家创新体系，大力增强科技对经济社会发展的支撑能力"。

党的十八大报告指出，"在当代中国，坚持发展是硬道理的本质要求就是坚持科学发展。以科学发展为主题，以加快转变经济发展方式为主线，是关系我国发展全局的战略抉择。要适应国内外经济形势新变化，加快形成新的经济发展方式，把推动发展的立足点转到提高质量和效益上来，着力激发各类市场主体发展新活力，着力增强创新驱动发展新动力，着力构建现代产业发展新体系，着力培育开放型经济发展新优势，不断增强长期发展后劲。"进而将创新驱动战略思想纳入到了科学发展的内涵体系和实践要求之中，更加突出地强调了"实施创新驱动发展战略"对于加快完善社会主义市场经济体制和加快转变经济发展方式，推进经济社会科学发展的重大战略意义，对中国特色"创新驱动发展战略"应该是什么，当前我国应该如何实施创新驱动战略等重大理论命题和实践难题提供了的非常及时权威的思想指引。

由此可见，创新驱动发展战略不再是仅限于学术研究范畴的一个单纯理论命题，它已经明确地成为党执政兴国的政治主张和国家科学发展的战略意图。它不仅谋划于中央和地方的发展蓝图之上，并且已以星星之火燎原之势急速地转化为现实的创新驱动发展战略实践。目前，北京、上海、天津、江苏、广东等领先地区作为我国创新驱动的试验田和示范区，已经领先一步将创新驱动发展战略作为"十二五"期间区域发展的核心战略。区域创新能力连续两年排名全国首位的江苏省，还以出台《关于实施创新驱动发展战略推进科技创新工程，加快建设创新型省份的意见》的形式对创新驱动发展战略的实施予以了具体部署。在如雨后春笋般的创新驱动发展战略实践的拉动下，创新驱动发展战略理论呼之欲出，适逢其时。

4. 创新驱动发展战略是经济发展理论研究的重大创新，是其在国家战略层面的实践突破

现代经济发展理论表明，创新既是经济发展阶段提升与要素结构变化的必然结果，也是现代经济增长和社会进步的重要特征。伟大的革命导师马克思在100多年前就曾预言创新在经济发展中决定性地位提高的必然性。他在《政治

经济学批判（1857—1858 年草稿）》中指出，"随着大工业的发展，现实财富的创造较少地取决于劳动时间和已耗费的劳动量，较多地取决于在劳动时间内所运用的动因的力量，而这种动因自身——它们的巨大效率——又和生产它们所花费的直接劳动时间不成比例，相反地却取决于一般的科学水平和技术进步，或者说取决于科学在生产上的应用"。马克思在此所强调的"科学在生产上的应用"，其实质就是科技技术发明的产业化，这与创新驱动发展战略中"创新"概念的内涵是完全一致的。

此后，著名发展经济学家熊彼特也作出了"创新是经济发展的根本动力"的论断。现代管理之父德鲁克进而又将创新引入管理领域，提出社会创新可以在经济与社会中创造一种新的管理机构、管理方式或管理手段，从而在资源配置中取得很大的经济价值与社会价值。著名战略学家波特在对世界各国的实践考察和系统分析的基础上，将创新驱动上升到国家战略高度，认为依靠要素驱动、投资驱动和财富驱动并不能保持经济的持续增长，只有创新驱动才是保持经济社会可持续发展的唯一有效战略途径。这些有关创新驱动发展战略理论研究的前奏充分表明，随着人类社会的发展，创新的效力已经突破了经济范畴，拓展到了社会领域；创新的实践行动已经跨越了区域边界，提升到了国家战略实践的高端层面。

党的十八大报告强调，"要实施创新驱动发展战略。科技创新是提高社会生产力和综合国力的战略支撑，必须摆在国家发展全局的核心位置。要坚持走中国特色自主创新道路，以全球视野谋划和推动创新，提高原始创新、集成创新和引进消化吸收再创新能力，更加注重协同创新。深化科技体制改革，加快建设国家创新体系，着力构建以企业为主体、市场为导向、产学研相结合的技术创新体系。完善知识创新体系，实施国家科技重大专项，实施知识产权战略，把全社会智慧和力量凝聚到创新发展上来。"这是对马克思"科学在生产上的应用"思想的传承发展和弘扬光大，是在汲取国内外先进理论成果和实践经验的基础之上，立足于中国国情和科学发展的需要，从理论上和实践上对中国特色"创新驱动发展战略"的系统阐述，是党从执政兴国的战略高度，在马克思主义经济理论创新领域的重大突破，在实践路径的层面对创新驱动发展战略所作的开创性构建和战略性部署。

5. 创新驱动发展战略研究是顺应科学发展潮流，提高科学谋划国家发展战略能力的内在要求

2011 年，《中华人民共和国国民经济和社会发展第十二个五年规划纲要》

颁布之后，国内外学者开始高度地重视创新驱动问题的研究，但是对创新驱动发展战略的直接关注和系统研究相对较少，尤其是对于创新驱动发展战略的研究文献更是少之又少。当前特别欠缺对什么是创新驱动发展战略；什么是中国特色"创新驱动发展战略"；如何立足中国国情实施创新驱动发展战略；创新驱动发展战略的层次结构及其实施路径；如何制定地方创新驱动发展战略，拉动或引导创新活动，赋予创新机制以动力；如何从地方战略驱动的视角构建企业—区域—国家三者协同的创新机制、等重大理论问题的高水平研究成果。已有的部分涉及创新驱动发展战略的相关研究成果，诸如区域创新系统实证研究则更多地集中在经济相对发达的地区；而对经济欠发达地区如何实施创新驱动发展战略以激活其后发优势，如何从空间维度和区域协同竞争的角度来研究处于不同发展阶段的区域创新驱动发展战略等事关我国经济社会协调发展和国家战略全局的重大课题也缺乏标志性的研究成果。

　　针对上述情况，在国内外创新驱动实践蓬勃兴起，各种创新实践成果不断涌现的同时，我们也必须清醒地认识到，目前国内对创新驱动发展战略的理论探索和政策研究严重滞后于实践，系统研究创新驱动发展战略的理论成果犹如凤毛麟角，难以适时地满足党和政府推动创新驱动发展战略科学决策的资政需要。如果这一"理论瓶颈"不能及时有效予以突破，必将严重阻碍我国创新驱动发展战略的实施进程，从而为我国"十二五"乃至未来的科学发展和国家安全埋下后果难以估量的隐患。因此，理论界应当迅速行动起来，围绕党的十八大报告中对创新驱动发展战略的系统论述，对创新驱动发展战略的理论体系、分析框架及其运行机理予以深入研究，这既是深入学习贯彻党的十八大精神，实践科学发展观，全面贯彻落实党中央、国务院关于创新驱动总体部署的内在要求和紧迫需要，也是我国大力推进哲学社会科学创新体系建设，以理论创新驱动经济社会发展的重要表现，是时代赋予当代中国理论工作者的一项光荣而艰巨的政治使命。

　　6. 创新驱动发展战略研究是系统构建国家创新驱动发展战略框架，加速其"中国化"进程的应急之需

　　"竞争战略之父"波特首次对创新驱动阶段性特征作了系统的理论阐释。他认为在此阶段，高科技和知识被作为国家最重要的资源，通过市场化、网络化实现科技与经济的一体化，形成产业聚集，从而推动经济的发展。在此阶段，民族企业依靠技术创新实现企业不断技术升级，能在广泛的领域成功的进行市场竞争，在重要的产业群中出现具有世界水平的辅助行业，并在相关产业

中形成有竞争力的新产业。同时，企业已具备研究开发能力，创新意识和创新能力较强，人员培训效果显著，吸收消化引进技术的能力强，依靠科技成果产业化的努力，有效增强竞争能力和市场适应能力，并持续保持竞争优势。结合波特这一认识，笔者认为创新驱动发展战略至少有三重内涵：一是科技创新和社会创新在驱动经济社会发展的同时，不断减少资源消耗，提高生产效率，缓解资源瓶颈，促进整个社会总体福利水平的增长；二是创新加快了比较优势动态转换的实现速度，并根据发展的阶段和发展水平的提高培育新优势，特别是在成本优势削弱后，通过强化创新，提升产业和产品的技术含量和附加价值，进而构筑新的比较优势和竞争优势；三是创新驱动具有内生增长和集约化发展的动态适应机制，使国家的经济结构和发展水平能够随着国际竞争环境的变化而进行相应的动态调整，能够适应快速变化的国际科技经济发展的竞争态势。

　　基于以上对创新驱动发展战略的价值解析，笔者认为理论界应当以学习贯彻党的十八大精神为契机，加快和加大对我国"十二五"期间实施创新驱动发展战略的理论研究和实践探讨，尽快地提出原创性的国家创新驱动发展战略分析框架，为完善中国特色"创新驱动发展战略"理论体系和探索"中国化"的创新驱动发展战略实践路径尽一份心力。具体而言，国家创新驱动发展战略分析框架可以概括为"一个基础、两大支柱和一个机制"，即激活创新网络的系统活性是基础，内生性战略驱动产业转型升级和功能性战略驱动战略性新兴产业集约化发展是两大支柱，区域间良性的创新竞争互动机制是驱动国家创新一体化的保障（邱国栋，2011）。这种具有原创性和实践性的创新驱动发展战略研究框架将是创新驱动发展战略"中国化"的集中体现。它将既具原创性研究的重大理论意义，又能填补我国创新驱动发展战略研究领域的空白。同时，它以其重大的实践应用价值，能够及时有效地为各级党和政府开展创新驱动发展战略决策提供强有力的政策性支持，使创新驱动发展战略理论在我国创新驱动发展的实践浪潮中焕发出更加蓬勃的生机与活力，从而更好地为实现党的十八大报告中所提出的"打胜全面深化经济体制改革和加快转变经济发展方式这场硬仗，把我国经济发展活力和竞争力提高到新的水平"这一宏伟目标提供战略思想保障。

# 参 考 文 献

[1] 马克思,恩格斯. 马克思恩格斯全集:第46卷 [M]. 北京:人民出版社,1979.

[2] 胡锦涛. 坚定不移沿着中国特色社会主义道路前进 为全面建成小康社会而奋斗——胡锦涛同志代表第十七届中央委员会向大会作的报告摘登 [N]. 人民日报,2012-11-09.

[3] 国务院. 中华人民共和国国民经济和社会发展第十二个五年规划纲要 [EB/OL]. 新华网,(2011-3-16) [2012-11-9]. http://news. xin-huanet. com/politics/2011-03/16/c_121193916. htm.

[4] 迈克尔·波特. 国家竞争优势 [M]. 李明轩,译. 北京:中信出版社,2007.

[5] 夏天. 创新驱动过程的阶段特征及其对创新型城市建设的启示 [J]. 科学学与科学技术管理,2010 (2).

[6] 蒋玉涛,招富刚. 创新驱动过程视角下的创新型区域评价指标体系研究 [J]. 科技管理研究,2009 (7).

[7] 李习保. 中国区域创新能力变迁的实证分析:基于创新系统的观点 [J]. 管理世界,2007 (12).

[8] 刘志彪. 从后发到先发:关于实施创新驱动战略的理论思考 [J]. 产业经济研究,2011 (7).

[9] 费利群. 论以创新驱动战略思想为导向的学习型政党和创新型国家建设 [J]. 山东社会科学,2011 (5).

# 鼓励和引导西部地区民间投资发展问题探讨

纪尽善

（西南财经大学）

　　"十一五"时期以来，西部地区民营经济在助力经济发展、繁荣城乡市场、扩大社会就业、调整产业结构等方面发挥了积极作用。当前，西部地区各地民营经济总量全面扩大比重不断提高，发展态势向好。民营经济对西部各地经济发展贡献越来越突出。西部地区最大的四川省 2011 年民营经济的增加值占 GDP 的比重已达到了 56%，税收超过了 1000 亿元，民营经济对 GDP 增长的总体贡献率（"十一五"时期）达到了 66% 以上。2012 年上半年，四川省的私营企业总户数达到 42.48 万户，同比增长 10.74%，占全省企业总数的72.1%，在全省市场经济主体中占有重要地位。西部地区最大的四川省的个体工商户总户数达到 244.94 万户，同比增长 9.23%，占全省市场主体总数的80.11%。四川省"十二五"规划：到"十二五"末，四川省的民营经济增加值要在 2010 年基础上翻一番，年均增速力争达到 15% 左右，占全省生产总值的比重力争达到 63%。

　　当前和"十二五"时期，西部地区民营经济发展既存在诸多有利条件，也面临不少挑战。

　　其面临的机遇一是经济全球化和区域一体化将继续发展。民营企业经营机制灵活、反应更快，如果我们能抓住机遇，加快转型升级步伐，可以大幅度提高综合竞争能力。二是全球新一轮技术革命正处于启动期。民营企业与国有企业站在同一起跑线上，如果充分发挥机制优势，有可能率先在战略性新兴产业等方面取得突破。三是随着国际产业向国内转移加快和我国经济由东向西梯度推进，有利于西部地区民营企业参与整合，进一步优化结构、做强做大。四是国家支持民营经济发展的政策法律更加完善，民营经济的活力将进一步释放。

其面临的挑战一是全球经济发展仍具有许多不确定性。二是制约民营企业发展的重大因素仍然存在。三是民营企业转型升级压力加大。

总的来看，当前西部地区民营经济发展的机遇与挑战并存。我们一定要抓住历史发展机遇，认真面对挑战，努力加快发展。

当然，当前西部地区民营经济发展与沿海发达地区相比较，也还存在相当大的差距。主要是民营企业总量较少、总体效益不高、兴行业涉足不深、自主创新能力不足。据国家工商总局统计，截至 2010 年年底，西部地区最大的四川省的私营企业 36.1 万户，位居 5 全国第 7 位，仅为江苏、广东的 34.8% 和 38.1%。个体和私营从业人员 765.01 万人，位居全国第 5 位，仅为江苏和广东的 38.2% 和 49.7%。

据 2008 年第二次经济普查显示，西部地区最大的四川省的民营企业中法人单位营业收入位居全国第 12 位，仅占全国民营企业营业收入的 2.6%，仅为江苏、广东的 20.9% 和 21.9%。

西部地区民营经济新兴行业涉足不深主要是大多数民营企业属于劳动密集型和资金密集型，大都处于产业链的低端，资源消耗高，产品附加值低。从事批发零售业、住宿餐饮业等传统产业的民营企业占据主体，受市场准入和自身力量局限，从事具有现代服务业特征的物流业、仓储业、信息传输业、软件业、租赁和商务服务业、娱乐业等的民营企业比例偏低。

西部地区民营经济自主创新能力不足。科技含量高、市场占有率高的名牌产品较少，缺乏规模大、关联度高、带动能力强的大型龙头企业。科技研发投入相对不足，拥有自主知识产权的核心技术不多。大多数民营企业知名度比较小，有一些知名度的也多是在行业内，在全国乃至国外知名的品牌还很少。

当前西部地区民营经济在发展环境方面和发展政策支持方面也还存在一些问题。主要是：市场准入问题、融资难问题、税负过重问题和产业发展政策支持不力等问题。

当前西部地区民营经济发展中自身也存在一些问题。主要是民营企业领导者文化素质、经营理念、开拓精神等整体素质有待提高。大多数企业实行家族式管理，战略管理、质量管理、安全环保管理等基础薄弱。许多民营企业经营方式粗放，在资源合理利用、环境保护、维护员工合法权益等方面做得不够。

企业规模普遍偏小，由此带来实力弱、抗风险能力差、生存周期短以及融资困难等问题。企业人才缺乏。少数业主守法意识不强，偷税漏税、假冒伪劣、坑蒙拐骗等违法现象时有发生。

当前到"十二五"末，西部地区应继续以转变经济发展方式为主线，加快结构调整，进一步完善鼓励扶持政策，优化发展环境，集中精力解决影响发展的突出问题，努力实现民营经济发展数量、规模、结构、效益的新突破，使民营经济在加快经济发展方式转变、保障和改善民生、调整产业结构上实现更大作为，为加快西部地区发展作出更大贡献。

为了加快西部地区民营经济发展，当前到"十二五"末都应鼓励和引导民间投资发展。

1. 鼓励和引导民间投资发展应进一步拓宽民间投资的领域和范围

西部地区经济发展的特点在相当长时期内仍然是投资拉动型，要实现"十二五"发展目标投资仍是重点。近年来西部地区民间投资不断发展壮大，成为促进国民经济发展的重要力量。进一步引导和发展好民间投资，巩固其在全社会投资中的地位和积极作用，优化全社会投资结构应是我们当前的重要任务。

激发民间投资热情，关键是要抓好国家有关鼓励和引导民间投资健康发展的政策的实施和西部地区政府关于进一步鼓励和引导民间投资健康发展的实施政策的贯彻落实。对此，各级政府都应高度重视。

针对民营经济在部分领域和行业进入依然受限，民营经济一些领域和行业占比过小的问题，西部地区各地都应严格把"非禁即入"这一原则落到实处，大力推动民营经济的投资领域的拓展。应建立公开、平等、规范的市场准入制度，允许民营经济进入法律法规没有明令禁止的领域，全面放宽发展限制，着力解决市场准入问题，做到各类市场主体在法律面前、政策面前一律平等，支持民营经济放开手脚加快发展。

各级政府和相关职能部门应进一步贯彻国家和省关于鼓励和引导民间资本进入基础产业、基础设施领域、市政公用事业、政策性住房建设领域、社会事业领域、金融服务领域、商贸流通领域、国防科技工业等领域的政策措施，不应设置任何障碍，应千方百计确保民间投资渠道的畅通。

2. 鼓励和引导民间投资发展应加快发展私营微型企业和中小企业，增加民营经济市场主体总量

鼓励和引导民间投资发展必须加快私营微型企业、私营中小企业发展，增

大民营经济市场主体总量。

增大民营经济市场主体总量首先应进一步降低门槛，鼓励创业，扶持微型企业发展。

应进一步完善西部地区微型企业发展的扶持政策，帮助、扶持本地居民、大学生、转业军人、农民工等创办微型企业，支持创业自谋职业。鼓励具备条件的个体工商户转化升级为微型企业，引导规模较大的个体工商户转化升级为中小企业，实现集约发展，增强吸纳就业能力。

西部地区应围绕各地正在形成和发展的各种制造业产业带、电子信息及服务业产业带、化工及新材料产业带和各种特色资源产业带等各种产业带，大力发展"精、特、新、配"中小民营企业，鼓励参与大企业大集团产业链的延伸，构建龙头带动、专业化运作、配套发展的现代产业体系。

3. 鼓励和引导民间投资发展应加大融资支持力度，扶持民营经济快速成长

加大融资支持力度，扶持民营经济快速成长应切实解决西部地区民营企业"融资难"问题。

为解决西部地区民营企业"融资难"问题，在新形势下，人民银行应及时调整商业银行信贷政策。应切实加强"窗口"指导作用，引导金融机构在各种所有制企业间合理投放信贷资金，正确灵活运用利率，再贴现，再贷款等货币政策工具，引导鼓励商业银行整合信贷和企业有效资金需求的有机结合。商业银行应进一步完善信贷管理体制，适当下放信贷管理权限，简化信贷管理手续，建立风险约束和激励相称的信贷机制，不断努力增加对支持民营企业发展的商业信贷；应提高金融资源配置效率；根据民营企业自身的特点和发展需求，加大对民营企业发展的支持力度；应进一步健全和完善信用担保体系，解决民营企业发展项目担保难问题；应营造良好的社会信用环境，切实有效地维护稳定的金融秩序。

应进一步落实支持民营企业发展的各项金融政策，制定贷款额度中用于民营企业的比例并认真落实，鼓励商业银行根据市场变化和企业需求，适时拓展服务领域，增加对民营企业的贷款发放额度。

应进一步规范金融中介机构程序和服务收费，提高服务工作效率，根据大多数民营企业融资需求时间紧、时效性强的特点，公开信贷政策，简化业务程序。

各银行业金融机构更要充分发挥中小企业金融服务专营机构的职能作用，

不断开发针对中小企业特点的差异化信贷产品。要积极指导和帮助有市场、有技术、有发展前景、有资金需求、有信用的民营企业进行多渠道、多形式融资。

4. 鼓励和引导民间投资发展应加大税收支持力度，扶持民营企业快速成长

加大税收支持力度，扶持民营企业快速成长应切实解决对西部地区民营企业的税负过重，纳税程序繁琐问题。

为解决西部地区民营企业税负过重，纳税程序繁琐的问题，应努力落实国家制定的对于各类民营企业的税收优惠政策，要在某些行业或领域创新税收政策，降低民营企业的税负水平，并为企业的纳税提供方便快捷的途径，促进民营企业的发展。

应制定和落实对于民营企业的税收优惠政策。国家制定的已有的对于某些行业或领域的结构性税收减免政策，一定要真正执行。同时，还应结合实际情况，进一步减免一些民营企业的税收额度，提升民营企业应对风险的能力和发展的信心。

应健全企业税收的征收体系，简化企业的纳税程序，税务部门要更多地为企业着想，为企业的纳税提供更多的"绿色"通道。

5. 鼓励和引导民间投资发展应加大生产要素保障支持力度，扶持民营企业快速成长

加大生产要素保障支持力度，扶持民营企业快速成长应切实解决对西部地区民营企业产业发展政策支持不力问题，加大对西部地区民营企业生产要素保障支持力度。

各级、各部门应主动了解民营企业生产经营状况，坚持开源节流，科学调度，在煤、电、气、油、运、土地等要素保障方面对民营企业给予大力支持，切实保障民营企业公平参与市场竞争、平等获得生产要素和资源，优先保障产品附加值高、产业带动性强的民营企业，扶持并做强做大一批符合国家产业政策、具有核心竞争力的民营企业，力争全国 500 强企业中西部地区民营企业不断增加。

当前西部地区民营企业成本上升，利润微薄。应加大对民营企业的扶持力度，缓解民营企业工资支出、社保负担等成本上升对企业发展的制约，增加民营企业的利润空间。

6. 鼓励和引导民间投资发展应充分发挥优势，引导民营企业大力发展特色优势产业和新兴产业，推进民营企业快速成长

充分发挥优势，引导民营企业大力发展特色优势产业和新兴产业应切实解决对民营企业产业发展政策支持不力问题。

应把发展民营企业经济与构建西部各地特色产业体系有机结合起来，充分发挥民营企业机制灵活、市场反应灵敏等优势，积极引导民营企业重点投向符合国家产业政策、符合地方产业导向、具有比较优势和较大潜力的产业领域。

应进一步鼓励西部地区民营企业发展新一代信息技术、节能环保、新能源、生物、高端装备制造、新材料等新兴产业和高新技术产业等特色工业，着力推进优势资源的精深加工和农产品加工业，延长产业链、拓宽产业幅，提高产业配套能力。应进一步引导西部地区民营企业改造提升传统产业，加强对西部地区传统产业的横向联合和纵向兼并，发展上下游关联产业。

应进一步鼓励西部地区民营企业发展特色农业和产业化。支持西部地区民营企业投资发展畜牧业和深加工业。应依托西部各地区生物资源丰富、生态环境良好的优势，大力鼓励和支持西部地区民营企业投资发展生态农业和畜牧业。

应进一步鼓励西部地区民营企业发展特色旅游业。要充分发挥西部地区旅游资源丰富的优势，支持西部地区民营企业参与旅游资源开发，创办旅游企业，开展旅游商品加工，使民营经济在西部地区旅游业发展过程中进一步发展壮大。特别是要把旅游资源开发与文化资源开发紧密结合起来，突出西部地区旅游业发展特色。

应进一步鼓励西部地区民营企业大力发展生产性服务业和生活性服务业，拓展新领域，发展新业态，培育新热点，不断提升服务业产业层次。

7. 鼓励和引导民间投资发展应增强科技创新能力，不断提升民营企业的核心竞争力，推进民营企业快速成长

增强科技创新能力，不断提升民营企业的核心竞争力应进一步鼓励和支持具有相当实力的西部地区民营企业加大科技创新投入，积极推广应用新技术、新工艺、新装备，使之尽快成为技术创新需求主体、研发投入主体、技术创新活动主体和创新成果应用主体，不断增强企业的科技创新能力。应大力推进政产学研结合，促进西部地区民营企业与大专院校、科研院所"联姻"和协作，加快科技成果转化和产业化步伐。应进一步引导西部地区民营企业增强品牌意识，加强品牌创建，努力打造一批国家和地区名牌产品，积极申请地理标志保

护，争创中国驰名商标、地区著名商标，支持"中华老字号"做大做强。应进一步完善著名商标和名牌的认定和保护办法，推进企业质量控制体系和标准化建设。鼓励"专、精、特、优、新"的中小民营企业提高进入大企业、跨国公司产业链的能力，做优产业，做大企业，提高在国内外细分市场的占有率和竞争力。应重点支持一批创新能力和市场竞争力强的骨干民营企业拓展市场、做强企业、做大产业，通过兼并重组等方式加快扩张，提升西部地区民营经济整体上竞争实力。

8. 鼓励和引导民间投资发展应加快园区建设发展，引导民营企业集聚发展、集群发展、集约发展

加快园区建设发展，引导民营企业集聚发展、集群发展、集约发展应进一步大力实施产业园区建设行动计划，坚持量力而行、集约节约、规模适度，形成一批又一批各具特色的民营经济产业园区。应引导民营企业向园区集中，形成产业集群，以集中促进集约，以集群带动规模扩张，以特色强化产业竞争力。应在园区内规划建设大量标准厂房，吸引民营企业进驻租用。应鼓励有条件的地方规划建设创业基地和创业园区，加快培育一批创新孵化企业。有条件的地区都应设立创业投资引导资金，支持高校毕业生、留学归国人员、科研人员、返乡农民工等自主创业。

9. 鼓励和引导民间投资发展应支持民营企业构建内外需市场协调机制，努力扩大国际国内市场，推进民营企业快速成长

支持民营企业构建内外需市场协调机制，努力扩大国际国内市场一方面应鼓励西部地区民营企业积极参与国际资源的开发利用，支持西部地区民营企业投资收购境外研发机构、著名品牌及技术、营销网络，提高跨国经营能力；支持西部地区民营企业多渠道参加境外知名展会，建立自主国际营销网络，扩大自主知识产权产品出口。另一方面更要着力挖掘内需，减少流通环节，开辟便捷、畅通的内销渠道，努力扩大国内消费市场，引导西部地区民营企业把投资与扩大消费、惠民生更多地结合起来，积极参与关系发展全局和保障民生的重大工程，不断研发国内居民消费新产品，推动产品更新换代，努力扩大国内产品需求的市场份额。

10. 鼓励和引导民间投资发展应积极推进民营企业管理创新，着力提高民营企业管理水平，推进民营企业快速成长

积极推进民营企业管理创新，着力提高民营企业管理水平应积极推进西部地区具备一定条件的民营企业建立现代企业制度，优化企业治理结构，推动企

业从管理思想、管理模式、管理体系、管理内容、管理方式和管理手段进行全方位创新，全面提高管理水平，把建立现代企业制度和管理创新作为转变经济发展方式的基本动力。应积极引导和鼓励西部地区民营企业实施股份制改制，规范资产权属，为在资本市场直接融资打好基础。应引导有条件的民营企业推行所有权和经营权分离，引入职业经理人和企业内部培养相结合，建立管理团队，实现科学决策和管理。应进一步健全企业信用制度，形成企业信用自律机制。应引导西部地区民营企业构建和谐劳动关系，依法建立党团组织、工会组织，建立民主管理制度和用工管理制度，依法签订劳动合同，维护企业和职工合法权益，调动广大职工的积极性和主动性。引导西部地区民营企业家认真履行社会责任，积极参与社会公益事业。

11. 鼓励和引导民间投资发展应优化人才吸引环境，加强民营企业人才队伍建设，推进民营企业快速成长

优化人才吸引环境，加强民营企业人才队伍建设应依托西部地区各级各类学校或科研院（所）建立多形式的培训基地，不断更新观念，强化专业理论，学习掌握新思想、新知识、不断充实提高管理能力和业务技能、科技创新能力；鼓励西部地区大中专毕业生、科技人员、转业军人创业兴业，为发展壮大民营企业家队伍注入活力，增加后备力量；西部各地区都应努力培育职业经理人，建立完善不同规模、不同层次、不同类型的经理人交流平台，相关部门都应研究建立完善经理人职业道德、经营业绩的认证体系，建立完善经理人档案数据库。西部各地可组织民营企业家和管理人员与沿海或海外的优秀企业进行对口考察学习，开阔视野、借鉴经验。西部各地区各级工商联、科技、人力资源社会保障部门应把民营企业家、职业经理人、经营管理人才、技能人才的培训纳入培训规划、统筹安排。西部各地区都应大力开展各类职业培训，结合实施"天府科技英才计划"和"高技能人才振兴计划"，加快培养一批懂技术、懂管理，具有创新精神、社会责任心强的高素质民营企业家和管理人才。

# 马克思劳动地域分工理论
# 与发展高原特色农业和绿色经济

李晓冰

（云南省委党校）

## 一、大力发展云南高原特色农业和绿色经济的背景与内容

### （一）大力发展云南高原特色农业和绿色经济的背景

胡锦涛总书记 2012 年 3 月 7 日参加十一届全国人大五次会议云南代表团审议时，建议云南"要大力发展高原特色农业、这是云南的优势"。高原特色农业是指具有高原独特的资源条件、明显的区域特征、特殊的产品品质和特定的消费市场的高原农业产业。云南绿色经济强省战略的提出要求云南应以生态化、知识化和可持续化为目标，摒弃、改造原有的资源消耗与环境污染严重的非持续性的黑色经济，建立和完善生态化的经济发展体制，推动科学技术生态化、生产力生态化、国民经济体系生态化，使 21 世纪的云南成为一个绿色经济强省。大力发展高原特色农业，是云南绿色经济强省战略的一个重要内容和实际步骤，是云南实现跨越发展的重要基础。

大力发展云南高原特色农业和绿色经济符合马克思的劳动地域分工理论。马克思主义的经济理论认为，劳动地域分工是社会生产力发展到一定阶段的产物，是人类经济活动按地域空间进行的一种分工形式，分工与合作相互依存、相互给对方以保障与促进，并通过分工与合作提高效率、增进效益。其直接原

因是：区域之间的资源禀赋、发展基础、经济结构、生产效率等方面存在较大的差异与比较优势，其根本目的是为了实现优势互补，获得最佳的整体效益和个体效益。劳动地域分工理论告诉我们，为了获取最大的整体效益与个体效益，区域之间必然进行分工与合作。

马克思在《资本论》第一卷355页指出，"不同的公社在各自的自然环境中找到不同的生产资料和不同的生活资料。它们的生产方式、生活方式和产品，也各不相同。不同公社之间的关系一经确立，它们各自的产品交换也就很快发展起来，从而使这些产品逐渐变成商品。交换没有造成生产领域之间的差别，而是使不同的生产领域发生关系，并把它们多少变成依赖于社会总生产的部门。""一切发达的、以商品交换为媒介的分工基础，都是城乡的分离。"这就说明，马克思的劳动分工思想不仅体现在产业内部，其外延也在向产业的地域分工扩展，而这些恰恰是社会分工的重要表现。我们从区域分工的视角来看，低海拔平原地区只能发展平原农业；地处云贵高原的云南，发展高原特色农业顺理成章。

### （二）大力发展云南高原特色农业和绿色经济的内容

大力发展云南高原特色农业和绿色经济，彰显了云南农业的特色，从云南实际出发，只有全力打响云南高原特色农业和绿色经济"丰富多样、生态环保、安全优质、四季飘香"四张名片，才能推进现代农业发展，促进农业增效、农民增收，才能全面提升云南高原特色农业发展水平。

云南大力发展高原特色农业的主要内容为"十二大品牌"：

（1）云烟：云烟产业是云南最大传统支柱产业。目前云南烤烟种植面积和产量均居全国第一位，约占全国总产量的30％以上。

（2）云糖：云糖是云南除烤烟以外的传统骨干产业之一。云南蔗糖品质好，糖分质量高，云南甘蔗种植面积和产量均居全国第二位，仅次于广西，是全国重点产糖省份。

（3）云茶：云南茶叶产业闻名于世。云南是世界茶树的原产地。在云南茶业生产上应用最广的是普洱茶种。目前云南茶叶种植面积居全国第一位，茶叶产量，居全国第二位。

（4）云胶：云南橡胶产业已经有相当规模，创造出了一条适合云南特点的橡胶树抗寒高产综合技术，使得全省大面积速生丰产橡胶的单位面积产量居全国之冠，达到了世界先进水平。

（5）云菜：蔬菜产业为云南绿色经济发展提供有力支持，云南具有得天独厚的气候条件和繁多的品种资源，蔬菜不仅品种多，而且四季常绿，能在一年四季中源源不断供应国内外市场。

（6）云花：独具特色的花卉产业是云南的新兴产业，云南花卉资源十分丰富，在长期的栽培选育中，已推出一批有色有香的奇花异草，其中尤以山茶、杜鹃、报春花、兰花、百合、木兰等"八大名花"最负盛名。

（7）云果：云南有着十分丰富的果树种质资源，其中如猕猴桃、悬钩子等一些种类的果树资源，在全国均名列前茅。丰富的种质资源为云南水果新品种选育等提供了良好的物质基础。

（8）云药：云南以"云药之乡"品牌建设为重点，现已初步建立了文山三七、昭通天麻、楚雄民族药道地药材、滇西北高山药材、西双版纳南药为主的五大中药材种植基地。

（9）云薯：云南发展马铃薯产业具有气候、土壤、地理区位和品种资源等诸多优势，是我国最适宜种植马铃薯的地区之一，全年均有鲜薯上市。马铃薯成为云南省大春生产中水改旱的首选作物之一。

（10）云畜：云南生猪、家禽、肉牛、肉羊优势产区逐步形成，产业聚集度不断提高，畜禽规模化、集约化、标准化饲养发展较快，云南将主要开展生猪、肉牛、肉羊、奶牛标准化养殖示范区建设。

（11）云鱼：云南江河纵横、湖泊星罗棋布，有大小河流600多条，境内共有鱼类432种以上，占全国淡水鱼类种类总数的42%以上。主要开展以罗非鱼、鲑鳟鱼和优质无公害水产品为重点的水产品养殖，扩大出口。

（12）云林：云南是我国四大重点林区省份之一，主要涉及木本油料、林化工、林浆纸、木材加工等九大产业。云南将以木本油料开发为重点，积极发展野生食用菌、林药、香料、特色野生动物驯养繁殖为重点的林下经济。

## 二、大力发展云南高原特色农业和绿色经济面临的问题与有利因素

### （一）大力发展云南高原特色农业和绿色经济面临的问题

（1）云南省存在优势农产品基地建设与精深加工及品牌战略相互制约的问题。云南优势农产品基地建设滞后、精深开发不够、竞争力不强等问题还没有得到有效解决，部分优势农产品有基地缺加工、有规模无标准、有加工缺基地、有品牌缺规模，基地建设、精深加工、品牌战略发展相互制约的问题较为

突出，极大制约了资源优势向产品优势、产业优势、经济优势和竞争优势的转化。

（2）面临着全球气候变化、极端气候异常引发严重旱涝灾害的问题。云南是我国西部干旱最严重的地区之一。2010 年云南遭遇百年一遇的全省性特大旱灾，干旱范围之广、时间之长、程度之深、损失之大，均为云南历史少有；2012 年夏季云南南部地区的持续强降雨又引发局部地区的洪涝、滑坡和泥石流等严重地质灾害。自然灾害超强趋重发生，已成为云南省的基本省情特点和保持经济社会又好又快发展的严重制约因素。

（3）存在着农村投入力度小，农业支持和保护体系不健全的问题。一是财政支农投入近年来虽然总量有所增加，但占财政总支出的比重一直在低位徘徊，财政支农资金稳定增长机制尚未建立。二是对农民的补贴虽然增长较快，但补贴标准仍然较低，覆盖范围尚待扩大，补贴方式还需完善。三是支农资金管理和使用分散，难以形成合力，特别是县乡财政困难问题突出，投资配套能力弱影响项目实施。四是农村金融体制改革滞后，农村中小企业融资难和农业保险发育迟缓等问题尚未得到根本解决。

（4）存在工业化和城镇化快速推进与农村基础设施建设及农业生态保护相对滞后的问题。云南水资源开发利用率目前只有 6.9%，不到全国平均水平的 1/3，现状供水缺口 42 亿立方米，到 2020 年缺口将达 89 亿立方米；全省耕地资源十分紧缺，且耕地有效灌溉面积仅占耕地总面积的 37%，比全国平均水平低 10 多个百分点，高稳产农田的比重比全国少 10 个百分点，全省近 2/3 以上的耕地只能靠天吃饭；全省水土流失面积达 14 万平方公里，占国土面积的 36%，岩溶面积达 3.5 万平方公里。

## （二）大力发展云南高原特色农业和绿色经济当前的有利因素

（1）2011 年以来云南农业农村基础设施建设不断加强。全省上下深入实施兴水强滇战略，扎实推进润滇工程建设，新开工骨干水源工程 41 项，新建成 35 座中小型水库、45 万件"五小水利"工程，实施 51 个小型农田水利重点县建设，完成中低产田地改造 357 万亩，解决 299 万人的饮水困难和饮水安全问题。

（2）农产品生产和供应大幅增加。云南认真落实 10 项科技增粮措施，粮食播种面积近 6700 万亩，全年粮食产量达 1755.6 万吨，增产 105.6 万吨，在连续三年遭受严重旱灾的情况下实现"九连增"。蔬菜、咖啡等农产品产销两旺，肉、蛋、奶等畜牧和水产发展势头良好、供给充裕。冬季农业开发面积超过 2200 万亩，产值突破 180 亿元。

（3）农业产业化深入推进。新增 2 亿元省级财政专项资金，统筹整合 10 亿元涉农资金，扶持农业龙头企业发展。新增省级龙头企业 114 户，全省农业龙头企业达 2400 多户，实现销售收入 872 亿元。新增农民专业合作社 2092 个，建成 52 个省级现代农业示范园，启动实施 577 个生猪、奶牛标准化养殖场建设。完成木本油料种植面积 560 万亩。

（4）切实加快高原特色农业发展步伐。2012 年 6 月云南召开了推进高原特色农业现场会议，明确大力发展高原特色农业要全力打响丰富多样、生态环保、安全优质、四季飘香"四张名片"以及烟、糖、茶、胶、菜等"十二大品牌"；重点建设高原粮仓、特色经济作物、山地牧业、淡水渔业、高效林业、开放农业"六大内容"，着力转变农业发展方式，提升农业产业化水平，提高农产品标准化和质量安全水平，加速农业信息化和市场体系建设进程。

## 三、加快发展云南高原特色农业和绿色经济的几点思考

（1）客观认识、整体把握云贵高原的特点。云南地处低纬度的云贵高原，地理位置独特，地形地貌复杂多样。山地，高原、丘陵占土地总面积的 94%。山区面积大、山地比重大，耕地质量差，农业基础设施建设相对滞后，旱涝灾害频发。云南海拔高低差别较大，具有"一山有四季，十里不同天"的多种气候类型，同时还有"四季无寒暑，一雨变成冬"的气候特点。从发展高原农业来看，云贵高原比青藏、内蒙古、黄土高原更具日照长，热量大，降雨多，雨热同季的特点，非常有利于"云系"、"滇牌"高原农产品生产；但由于复杂地形地貌和多样化的气候因素，云南同时还具有特色农产品生产区域差别和垂直变化较大、生产规模受制约，农业基础设施建设投入较多，旱涝、滑坡、泥石流灾害频发的特点。

（2）抓住机遇，加快推进高原特色农业和绿色经济。应按绿色经济强省战略的要求坚持走绿色、生态、低碳的发展道路，加快云南农业发展方式转变。要牢牢抓住中央深入实施西部大开发战略关于培育滇中经济区，全力实施滇西边境山区集中连片特殊困难地区开发攻坚，以及中国面向西南开放桥头堡建设等历史机遇，健全完善以龙头企业为主体、产学研相结合的高原特色农产品技术创新与推广体系；加强以无公害、绿色有机农产品建设为中心，以品

种、品质建设为重点，以建立长效监管机制为抓手，全面推进高原特色农产品质量安全建设。突出抓好标准化种植养殖，加快推进云南高原特色农业和绿色经济发展。

（3）加大投入，争取国家层面的政策和资金支持。国家必要的政策扶持与资金支持是增强高原特色农产品市场渗透率和竞争力的重要手段。因此，省级部门要在争取国家支持的同时采取财政和社会分别筹集的方法建立云南高原特色农业发展专项资金，用以加大对龙头企业、基地建设和科技创新与推广等环节的扶持和引导。在国家新一轮生产力布局和功能区规划中争取国家对高原生态屏障建设、民族团结示范建设和桥头堡建设的重大差别化政策扶持和资金支持。加大农业财政支持、生态补偿、土地流转、农村金融服务、农业保险以及农业对外合作等差别化政策扶持力度。要围绕云南农业发展方式转变的具体目标和重点任务，根据不同类型的资源条件，因地制宜，采取具有针对性的扶持政策，推动高原特色农业加快发展。

（4）创新体制机制，推进现代农业产业体系建设，提高发展效益。要针对地理和自然隔离分散和资源聚集程度低，农户生产规模小和产品零散现象，运用现代发展理念、现代物质条件、现代科学技术、现代管理形式，改造传统农业，转变农业发展方式，构建有竞争力的现代农业产业体系。重点是要建设和集成农产品产业体系、多功能产业体系、现代农业支撑产业体系。

## 参 考 文 献

[1] 李晓冰. 中国区域经济协调发展理论与实践初探 [N]. 现代商业，2010 - 06 - 25.

[2] 李学林. 发展高原特色农业 转变农业发展方式 [N]. 云南日报，2012 - 02 - 03.

[3] 孔垂柱. 转变增长方式 发展现代农业的探索与思考 [N]. 农民日报，2010 - 08 - 30.

[4] 云南省政府办公厅，云南省统计局，国家统计局云南调查总队. 2012 年云南领导干部手册 [M]. 昆明：云南人民出版社，2012.

# 《资本论》中马克思的生态观及当代价值

高 爽

（广西师范学院）

## 一、马克思的生态观

### （一）马克思的生态观的形成过程

马克思在各个时期的巨著中虽然没有专门大篇幅地详细分析其生态观的具体思想，但其生态观的一些本质与核心的问题已经在其各个问题的论述过程中涉及了。

在《1844 年经济学哲学手稿》（以下简称《手稿》）中，马克思认为人之所以区别于动物是因为人既具有受动性又具有能动性，而这种能动性就表现为实践，也就是说马克思发现了人类最基本的物质生产实践活动就是劳动。《手稿》中马克思在详细论述了新自然观的基本观点之后，开展了对黑格尔唯心主义异化理论的选择性批判：马克思对黑格哲学的辩证法持肯定的态度，因为黑格尔认识到人与自然界相互的影响和作用即认为人类历史是通过对自然界的改造而人为创造的过程，反对静态的形而上学的自然观；马克思同时否定了黑格尔的唯心主义基础并颠倒了黑格尔的人与自然界精神化之后才达到的历史的过程。从中不难看出，马克思认为人与自然的辩证统一关系是建立在唯物主义基础上的，也就是说正是人能动地认识自然、改造自然，即实践是人与自然关系的基础，但通过辩证法分析，我们也知道这种实践（劳动）同时也受到自然的制约，二者的关系是辩证统一的。

在《资本论》第一卷中，马克思有这样的论述："资本主义农业的任何进步，都不仅是掠夺劳动者的技巧的进步，而且是掠夺土地的技巧的进步，在一定时期内提高土地肥力的任何进步，同时也是破坏土地肥力持久源泉的进步。一个国家，例如北美和中国，越是以大工业作为自己发展的起点，这个破坏过程就越迅速。因此，资本主义生产发展了社会生产过程的技术和结合，只是由于它同时破坏了一切财富的源泉——土地和工人。"① 这里，马克思就以农业生产为例，强调了资本主义生产方式对环境的破坏性作用，同时他还表明，只有一个"较高级的社会形式"才能够长久地保证人生存的自然基础。

在《资本论》第三卷中，马克思提到："从一个较高级的社会经济形态的角度来看，个别人对土地的私有权，和一个人对另一个人的私有权一样，是十分荒谬的。甚至整个社会，一个民族，以至一切同时存在的社会加在一起，都不是土地的所有者。他们只是土地的占有者，土地的利用者，并且它们必须像好家长那样，把土地改良后传给后代。"② 马克思提醒人们注意保护生态环境，要使人的生存自然基础与人类对自然的态度辩证统一。把自由竞争资本主义社会中的人、土地、工业三者作为一个生态系统来考察，这本身就是现代马克思生态观的系统观点，也正是在这种系统的考察过程中，马克思的唯物主义自然观和唯物主义的历史观才得以统一。

## （二）《资本论》中马克思生态观的核心内容

马克思生态观的核心内容是如何理解人与自然之间的辩证关系。

### 1. 人类依赖于自然

因为人直接地是自然存在物，我们连同我们的血、肉和头脑都是属于自然界和存在于自然界之中的。所以人对自然有高度的依存性，自然界是人类赖以生存的基础，人类的各项活动都不可能离开自然界而独立存在，人类也是具有自然属性的自然存在物。人作为自然的、肉体的、感性的对象性的存在物，同动植物一样，是受制约的和受限制的存在物，所以人是在自然界之中生存的，也是依靠自然界生存的。人类即便是能动地改造自然，也是受自然规律制约的，也不能摆脱人类依赖于自然这一真理。

---

① 马克思. 资本论：第1卷 [M]. 北京：人民出版社，2004：579－580.
② 马克思. 资本论：第3卷 [M]. 北京：人民出版社，2004：878.

## 2. 人类能动地改造自然

恩格斯认为人类与自然界的关系优于动物与自然界的关系的最显著标志就是人类的劳动。这里所说的劳动实际上就是人的能动的实践活动。人是自然存在物，但人类又和其他的动物、植物等存在物不同，人是有目的、有意识的、能动的自然存在物。实践活动作为中介，不但使人类与自然界的关系联系起来，而且人类也在能动地改造自然的过程中形成了一定的社会关系，所以实践活动就是人类目的性、意识性、能动性的集中体现。当然人类的生产力没有发展到一定程度时是以适应自然为目的的，人的自然化就是人对自然的适应，也就是人类在改造过程中自身不断进化的过程，自然的人化则是人类通过实践对自然进行的改造，从而使之适应人类的过程。自然界只是提供了人类生存发展的可能性，要使这种可能性变成现实，人类就需要进行能动的实践活动去改造自然。

## 3. 人类与自然界的辩证关系

马克思认为，自然环境不仅提供人类社会存在和发展的自然条件，同时对人类社会发展有着重要影响，因而自然环境是人类社会存在和发展的基础。但人的主观能动性又决定着人会反作用于自然界。人类开始从拓展、开发人类生存的自然环境等方面来改变自然界，把人的目的性因素和人的要求注入自然界的因果链条之中，使自然界朝着有利于人类利益的方向演化，使自然界变成能够适合于人类生存和发展的世界。人对自然界的"统治"，不应是站在自然之外，而是要置身于自然之中正确认识并把握自然规律。马克思从不否认人对自然的积极改造和改变作用，人类的普遍物质变换的实践和多方面需求是人类对自然日益征服的结果，但人以自然界征服者的姿态不断索取，后果只能是人成为非人的、过分精致的、非自然的和臆想出来的欲望的机敏的和总是精打细算的奴隶。

在处理人与自然的关系中，必须坚持主体是人，客体是自然的原则，即人的主体性原则。人在实践中展开自己活动，有着自主、自为、自立的主体性特征，使客体满足于主体的需要，在人与自然的关系中由于人是主体，因此，人们在改造自然、利用自然的过程中，应该自觉地肩负起保护自然的重任。如果简单地认为人与自然的关系就是满足与被满足、征服与被征服的关系，人类必将受到自然的惩罚。自然界的宽容是有限的，当人类的行为没有超出自然界所允许的限度时，自然界能够通过自我调节作用，恢复原有的自然平衡状态，而人类的行为一旦超出了大自然所能承受的最大程度，自然界就会以"报复和惩罚"的方式来否定人的行动。必须合理地调节人与自然之间的物质变换和信息变换，实现人与自然之间的和解，才能真正处理好人与自然的关系。

## 二、马克思生态观的当代价值

在改革开放 30 多年的今天，我国已成为世界第二大经济体，社会生产力和综合国力在不断增强，各项社会福利事业也在有条不紊地发展，但我们同样也付出了生态环境持续恶化的沉重代价：空气污染，水资源紧缺，土地荒漠化，生物多样性遭到破坏等，我国的生态恶化呈现积重难返之势，生态环境进入高危状态。面对这些问题，党中央在系统总结国内外经济社会发展的经验教训基础上，从马克思生态观的视角出发，提出了"科学发展观"这一伟大理论，为我国经济社会的发展指明了前进的方向和道路。

科学发展观与马克思的生态观是一脉相承的，是中共中央总书记胡锦涛在 2003 年 7 月 28 日的讲话中提出的"坚持以人为本，树立全面、协调、可持续的发展观，促进经济社会和人的全面发展"，按照"统筹城乡发展、统筹区域发展、统筹经济社会发展、统筹人与自然和谐发展、统筹国内发展和对外开放"的要求推进各项事业的改革和发展的一种方法论，也是中国共产党的重大战略思想。在中国共产党第十七次全国代表大会上写入党章，成为中国共产党的指导思想之一。科学发展观第一要义是发展，核心是以人为本，基本要求是全面协调可持续性，根本方法是统筹兼顾，指明了我们进一步推动中国经济改革与发展的思路和战略，明确了科学发展观是指导经济社会发展的根本指导思想，标志着中国共产党对于社会主义建设规律、社会发展规律、共产党执政规律的认识达到了新的高度，标志着马克思主义的中国化，标志着马克思主义和新的中国国情的结合达到了新的高度和阶段。[1]

胡锦涛同志在十七大报告中提出，在新的发展阶段继续全面建设小康社会、发展中国特色社会主义，必须坚持以邓小平理论和"三个代表"重要思想为指导，深入贯彻落实科学发展观。科学发展观是对党的三代中央领导集体关于发展的重要思想的继承和发展，是马克思主义关于发展的世界观和方法论的集中体现，是同马克思列宁主义、毛泽东思想、邓小平理论和"三个代表"重要思想既一脉相承又与时俱进的科学理论，是我国经济社会发展的重要指导

---

[1] 研究部署在全党开展深入学习实践科学发展观活动工作 [N]. 人民日报，2008-09-06.

方针，是发展中国特色社会主义必须坚持和贯彻的重大战略思想。深入贯彻落实科学发展观，积极应对国际金融危机冲击和各种挑战、保持经济社会又好又快发展的一次重大实践，是以改革创新精神加强和改进党的建设的一个重大步骤，对推进中国特色社会主义伟大事业和党的建设的新的伟大工程具有重大而深远的意义。我国现代社会主义建设过程中很大的困扰就是如何对生态环境进行保护。①

科学发展观，第一要义是发展，核心是以人为本，基本要求是全面协调可持续，根本方法是统筹兼顾。发展是人类社会面临的永恒主题，发展是我党执政兴国的第一要务。在我国社会主义初级阶段，发展对于全面建设小康社会，加快推进社会主义现代化建设，提高全国人民的生活水平和生活质量，增强我国的综合国力，具有决定性的意义。根据传统的发展观，衡量一个国家或地区的发展程度和发展水平，就要看这个国家的 GDP 总量和人均占有量。但是，我们从 GDP 中，只能看到经济产出的总量和经济总收入的情况，看不出这背后的环境污染和生态破坏情况。

经济总量增加的过程，必然是自然资源消耗的过程，也是生态环境遭到破坏的过程。因此，要实现真正的发展，必须首先解决发展的理念问题。科学发展观强调的是"科学"发展。所谓科学发展，就是符合客观规律的发展。发展不仅要符合社会发展的规律，而且还要符合自然界的规律。因此，发展要处理好人与自然的关系、人与人的关系，这才是真正的和科学的发展。

在这一方面，《资本论》为我们提供了丰富的理论观点。以人为本是科学发展观的核心。以人为本，是相对于以物为本、以权为本、以官为本、以钱为本、以 GDP 为本而提出的。坚持以人为本，就是要以实现人的全面发展为目标，从人民群众的根本利益出发，不断满足人民群众日益增长的物质、文化、政治和生态需要，增进人民群众的物质、文化、政治和生态利益。人与自然的关系实质上是人与自己生存环境的关系，环境因素是人类生存的首要条件和首要利益。因此，人对自己活动的性质和成果的评价，要看它是否有利于自身的生存和发展。单纯地"为生产而生产"，而不顾这一生产对环境的负面影响，就是以物为本，最终会对人类生存环境产生不可挽回的损失。人类社会在发展自己的过程中，也在不断探索怎样的发展模式才是最适合人类自身要求的发展模式。诺贝尔经济学奖获得者美籍印度人阿马蒂亚·森认为，单纯的经济增长

---

① 参见：胡锦涛. 高举中国特色社会主义伟大旗帜，为夺取全面建设小康社会新胜利而奋斗——在中国共产党第十七届全国代表大会上的报告 [M]. 北京：人民出版社，2007.

与人民群众的福利增长没有必然的联系，发展的最终目的是增进全体人民的福利。发展是一个涉及经济、政治、社会、文化、生态的多方面的综合过程。发展意味着消除贫困、人身束缚和各种压迫；发展也意味着享受各种权利和公共服务；发展不能损害环境、影响人类的身体健康。在市场经济条件下，发展不能以追求物质财富作为唯一目的，而同时必须注入人文关怀和社会正义。这一观点与《资本论》思想和科学发展观的核心基本一致。科学发展观提出了全面发展、协调发展和可持续发展的概念，丰富和发展了《资本论》的发展观。

（1）全面发展在肯定物质文明在社会文明发展中的基础性地位的同时，把精神文明、政治文明和生态文明的建设纳入科学发展观的视野，这大大拓展了人类文明的内涵，使人们对人类文明的理解从人类社会扩展到与人生存和发展直接相关的自然界，从而使自然生态环境成为人类文明发展的一个重要条件，这深刻地体现了《资本论》关于人与自然的关系、人与人之间关系的论述，是一种自然、社会和人共同发展的马克思的生态观。

（2）关于协调发展，除了要统筹城乡发展、统筹区域发展、统筹经济社会发展、统筹国内发展和对外开放以外，还要统筹人与自然的和谐发展，从而推进生产力和生产关系、经济基础和上层建筑相协调，推进经济、政治、文化、社会、生态建设的各个方面的协调。这同样也符合《资本论》中关于人与自然、人与人、人与社会之间相互关系的辩证统一的思想。马克思、恩格斯十分强调从自然史和人类史这两个方面来考察历史，由此来把握两者之间的相互制约关系。尽管随着人类社会的发展，自然对人类社会的制约作用在不断地减少，但是自然作为人类社会存在和发展的基础和前提不会改变。因此，自然对人类的制约作用永远不会消失。只要人类对自然的利用和改造超出了自然的承载能力，人类就必然会受到自然的"报复"。因此，人与自然的协调发展，是整个人类社会有机体得以协调发展的前提和基础。

（3）可持续发展就是在发展经济的同时，充分考虑环境、资源和生态的可承受能力，保持人与自然之间的和谐发展，实现自然资源的循环利用和社会生产的永续发展。它不仅考虑了当代人发展的需要，而且还要考虑后代人发展的需要。可持续发展观的提出不仅是对世界发展潮流的回应，也是对中国发展状况的理性反思。像中国这样人口众多、资源相对短缺、生态环境脆弱的发展中大国，必须走科技含量高、经济效益好、资源消耗低、环境污染少的新型工业化道路。资本主义工业化的道路，在中国是走不通的。科学发展观不仅把一代人之间的公平作为发展的方向和目标，而且把未来的发展纳入当代人的发展视野中，体现了代与代之间的公平。马克思的生态观不仅要注重人类社会当前的发展，而且更要考虑人类社会的未来发展。

我们可以看出，我们党提出的科学的发展观与马克思的生态思想是一脉相承的，科学发展观与马克思的生态观都以人与自然的和谐发展为基础，其最终目的是自然和人的全面发展，也是自然的解放和人的解放。只有深入贯彻科学发展观，我国的高度经济发展才能具有可持续性。马克思认为，要想达到这种人与社会、自然的和谐与发展只能通过现实的措施才能得以实现。关于马克思生态思想的研究，对人与自然的和谐发展、认识和解决生态与环境危机、保持我国经济又好又快发展等重要问题都具有重要的理论指导意义。

# 保护农民利益的途径：
# 发展农民合作经济组织

旷爱萍

（广西师范大学）

　　农民利益保护问题一直是学者关注的重点。目前的研究主要集中在：一是农民利益受损原因分析：新旧体制碰撞（李长健，2009），农业弱质性、农民弱势性和农村落后性（黄祖辉，2008），农民缺乏自己利益集团（刘伟2004），农民自身维权意识不够（常潞炜，2007）。二是失地农民利益保护制度建设：建立失地农民社会保障体系（鲍海君，等，2002）；改革现有征地制度，如身份补偿的征地补偿（张良，2007），以保障农民权益为核心（韩俊2010）；促进失地农民再就业（周林树，2008）。三是农民权益保护制度建设：主张完善保护机制，包括土地财产保护机制（常潞炜，2008），政治表达机制（刘曼玉，2009）；提高农民技能和组织化程度（李长健等，2009）；培育农民利益集团代言人（刘伟，2004）；确立农民的主体地位（王佳慧，2009）等。尽管学者们提出了通过组建农民利益集团来保护农民的利益，但对如何组织利益集团、组织什么样的利益集团等问题的研究还不是很深入。因此，把农民合作经济组织作为自己的利益集团来保护农民的利益是一个值得研究的课题。

## 一、农民合作经济组织是农民利益的保护伞

　　市场经济是优胜劣汰经济，作为弱势的农民必须抱成团，才能在激烈的市场竞争中生存与发展。

1. 促农增收，保障农民的经济利益

经济基础决定上层建筑。只有农民收入增加，经济基础雄厚了，农民才能分享城市化、现代化进程中的各项利益。农民合作经济组织在促农增收中的作用有：

第一，提高农民市场主体能力，分享市场竞争的收益。随着改革的不断推进，农民家庭内部分工所导致的农民兼业化和分工专业化现象极为普遍。由于劳动力总是从低收入地区流向高收入地区，农村家庭中的青壮年选择了去城里打工，妇女、老人和孩子留在农村种地。由于户籍制度、城乡公共产品供给的差异，农民把土地作为养老的最后保障，不愿意放弃土地，土地细碎化的家庭小规模分散经营是农民的主要经营方式，使农民进入市场时是数量多、力量小的单个市场主体。加上农产品需求弹性小，极易形成过度竞争，成为劣势的供给者。而农资生产、销售方和各种生活必需品的供应者都是规模大、数量小的企业，容易形成市场垄断，农民成为劣势需求者。农民合作经济组织通过组织内部的统一规划，统筹安排，提高农民进入市场的组织化程度和农产品的市场竞争力，减少市场主体的数量，节约交易费用，壮大农民市场主体的实力和地位，解决了小生产与大市场的矛盾，提高了农民的竞争力，提高农业的综合效益。

第二，发展加工业，提高农产品的附加价值。根据产业链理论，越处于产业链的末端越能得到高的附加价值。通过合作组织，提升农产品在产业链的位置是农民增收的不二选择。合作组织有利于加工工业发展。合作使加工方节省购买原料的交易费用，保证稳定、充足的原料供应，通过提高生产的集约化水平、优化原料的品质和品种，为优质加工品的生产提供物质保证。农民的农产品有稳定的销路，农产品的效率和质量都会提高，才能充分调动农民生产积极性。两者共同作用，刺激了加工企业的发展。同时，合作组织也可以自己加工，从而提高了农产品的附加价值。

此外，农民合作中的干中学，增强自身的专业技能，提高农业技术水平；合作能提升农民抵御自然风险的能力；可以通过创立品牌，促进农民收入提高。

2. 提高农民参政议政能力，提升分配地位，保障农民的政治利益

利益需求是经济主体行为的原动力，利益分配决定了各经济主体的利益。利益分配是各方力量不断博弈的结果，是理性的妥协，从而使社会趋于理性与平衡。由于政策的非农偏好、地方官员日益偏向"赢利型国家经纪"，分散的

农民无法形成"院外游说"的压力集团，在资源的分配和制度安排上处于不利地位。农民合作组织是农民利益的代理人。通过合作组织与其他利益集团进行博弈，才能真正反映农民的意愿，保障农民的各项权利，包括平等权、自由权、财产权、社会保障权不受损害。合理确定各利益集团的权利与责任，有利于化解社会矛盾，避免酿成因利益分配不均而导致大规模的农民与政府的冲突。

3. 提高保护资源、环境的能力，保障农民的生态利益

随着工业化、城市化以及农业现代化进程的不断推进，农村的资源和环境面临威胁，遭受不同程度的破坏。首先是农村耕地面积持续减少。耕地是农民获取农业收入的基础，也是我国粮食安全的保障。据统计，我国的耕地总量从1996年为19.51亿亩减少到2009年的18.25亿亩，人均不到1.4亩，仅相当于世界平均水平的40%。其次是工业化和城市化带来污染。在城市环境整治和工业产业升级换代的过程中，城市将大批落后的、污染严重的工业项目转移到农村，并随意排放工业污水、废气、固体废弃物和生活污水、垃圾，给农村的空气、水和农田造成极大的破坏。根据中科院生态所研究，目前我国受镉、砷、铬、铅等重金属污染的耕地面积近2000万公顷，约占耕地总面积的五分之一，全国每年因重金属污染而减产粮食1000多万吨。最后是农业现代化推进带来污染。表现为一是农业生产所带来的污染。我国的化肥使用量比世界平均水平高一倍多，但有效利用率只有30%，另70%流失进土壤，形成了较大的污染源。二是农村中的私营、个体企业和家庭作坊带来的废水、废气、废渣，这些污染物随意排放到沟、渠、河流、湖泊中，污染河流和水源；三是农村畜牧业、养殖业发展迅速，他们大多为自发的无序发展且数量很大，牲畜的排泄物多是未经处理随意排放，加上农村的生活垃圾、污水等，造成当地环境特别是地下水的污染。

农民合作组织可以提高耕地利用水平和利用效率，形成规模经济，避免因抛荒而导致的耕地荒漠化。合作组织作为农民利益主体可以提升其与政府和企业的谈判能力与水平，避免因城市化、工业化占用耕地、林地的现象导致的耕地减少现象，也可以有效地抵制城市和工业企业随意向农村排放污水和污染物，使农村的各种资源受损而形成的生态问题。同时，通过合作经济组织可以提高农业技术水平，适应市场需要而减少农药、化肥、农膜的使用量，减少农业自身发展所导致的生态问题。

4. 协调农村社会关系，保证农村社会稳定，保护农民的社会利益

合作组织的规章制度可以较好地规范成员之间的行为，加上组织负责人一

般都有较强的影响力，所以，合作组织可以协调成员之间矛盾。农民合作经济
组织一般都与当地的村委会关系紧密，可以在一定程度上协调组织与非组织成
员之间的矛盾，有利于干群关系的改善；同时，合作组织的发展为当时的农民
提供了就业机会，减少了农村不稳定的因素，有利于社会和谐，保证了农村的
安全与稳定。合作组织是保障农民利益的保护伞，是促进农村经济发展的有效
途径。

## 二、广西农民合作经济组织在发展中存在的问题

广西农民合作经济组织起步晚、发展速度快，在促农增收、保障农民利
益、促进社会发展等方面取得了成效，但同时也存在一些问题。

1. 规模不大，增收能力有待提高

组织理论认为，组织只有达到一定的规模才能形成规模经济，才有规模效
应。家庭联产的经营制度及其演进是基于我国人多地少的资源禀赋和城乡二元
经济结构固化这一工业化发展规律所致，承包制导致家庭兼业化和农户内部分
工专业化。由于农村青壮年外出打工，要求农业商业化，以弥补由于农户劳动
及其他生产要素的区别，出现农村生产要素市场。商业化引发了产业化。商业
化与产业化要求农户组织化。农民合作经济组织就是在这一背景下自发形成
的。但在欠发达地区政府是最主要的推动力。广西的农合组织起步晚，规模
小，效益不高。据广西区工商局统计，截至 2010 年年底，全区共有农民专业
合作社 7878 家，出资总额 65 亿元，年经纪业务量 120 亿元。平均注册资金不
到 10 万元，平均社员总数 100 余人，平均年经纪业务量 15 余万元。大部分合
作组织的成员人数仅保持在满足设立登记的 5 人条件，注册资金不足 10 万元，
呈现出多而小的局面。组织规模过小，增加了生产成本和交易费用，使农业生
产要素得不到充分利用，制约了农业机械化的普及和农业技术的推广与使用，
难以抵御生产的不确定性和市场经济所带来的自然风险和市场风险，制约了农
民收入水平的提高。

2. 人才缺乏，成员素质偏低，组织发展缺乏后劲

农民合作组织的发展需要经济能人带领和高素质成员的推动。而广西农合
经济组织存在管理层和组织成员综合素质都不高的困境，制约了农合组织的发
展。据"新农村建设中广西农合组织发展研究"课题调研组对广西贵港的调
研显示：管理人员中，大中专学历以上为 9.9%，高中学历为 48.59%，初中

及以下学历为 41.47%。合作组织成员中大中专学历的比重为 8.2%，高中学历的比重为 25.7%，初中及以下学历的比重为 66.1%。在影响合作组织发展的因素中，85.5% 的被调研者认为是缺乏人才和技术。管理者素质不高，缺乏现代管理知识和市场经济知识，易造成管理效率不高和决策失误，增加了市场风险。合作组织成员素质不高，易出现合作能力不强、技术推广困难、机会主义倾向严重等问题，致使组织发展后劲不足。

3. 资金实力不够，合作组织做强做大难

资金实力弱的原因主要有：一是自有资金不足。自有资金是农合组织的主要资金来源，而自有资金取决于农民收入。2011 年广西农民的人均纯收入为 5321 元，为全国平均水平的 72.6%。其中，工资性收入为 1852 元，约占总收入的 34.8%。且以打工收入为主的兼业农户占农合组织成员的比率仅为 34.5%，且愿意以货币资金投入的少。纯农户由于货币资金不足缺乏投资能力。二是现行政策不利于合作组织筹资。虽然地方财政每年都安排专项资金扶持农合组织发展，但力度太小，如广西贵港对每个合作社投入 2500 元，对合作社来说只是杯水车薪，且有些合作组织享受不到财政扶持。三是合作组织融资难。融资需要一个被金融部门接受和了解的过程，国有商业银行注重大型工商业的投资，农发行则偏爱对大中型农业建设投资，且要求一次性融资额度在 300 万以上，合作社难以达到其要求。四是合作组织的"一人一票"的管理模式，不利于外部资金的注入。资金不足成为制约合作社良性发展和农民增收的障碍。

4. 合作经济组织制度不健全，运作不够规范

由于发展时间短，一些合作组织与成员的联结方式、利益关系不紧密，没有建成真正的利益集团。很多合作组织存在着经营周转资金困难、服务能力薄弱，为成员提供的公共服务不足等缺陷，导致合作社自身凝聚力不强。一些合作组织虽然有章程，但缺乏相应的具体运营制度，合作组织还停留在自发运行阶段，没有发挥"合作"功能，出现"大农吃小农"的现象，规范化程度比较低，合作给农民带来的利益不够。在分配制度上，一些合作组织只对股东分红，不对普通成员分红，没有按交易量比例二次返还盈余，章程流于形式，没有体现"民有、民管、民受益"的基本原则。

## 三、促进广西农民合作经济组织发展的对策思路

农合组织要保护农民利益必须壮大其实力，必须做到：

1. 合理确定合作目标，壮大合作组织规模

合作组织是否能壮大，取决于农民是否愿意加入，而是否加入取决于合作后的利益是否大于自己经营时的利益。因此合作的目标是实现农民的各项利益。对贵港的调研表明，农民承认单户经营存在成本高、规模小、技术水平不高等问题，但合作较难。原因在于缺乏合作意识、缺乏示范、农民相互之间的不信任。为此，一是要加强合作思想和农民专业合作社法的宣传教育，提高农民的合作意识；加强政府对农民合作的优惠政策的宣传，使农民看到合作的实惠；加强对先进典型的宣传，通过示范效应吸引农民自愿加入，壮大组织成员数量。二是稳步推进合作社的健康发展。充分尊重农民的意愿和选择，以农民为主体，坚持"民有、民管、民受益"原则，使合作组织真正成为农民保护自身利益的自助组织。政府积极引导，既注重数量的增长，又注重质量。三是要加快土地流转。规范流转中介组织建设，改善农村土地流转的外部环境，完善农村社会保障体系的建设，解决农民土地流转的后顾之忧。四是大力发展特色农业和农产品加工，延伸产业链，培植和壮大农产品品牌，提高效益。五是要通过合作组织之间横向和纵向联合，跨区域联合，组成农民合作联合组织，扩大组织的规模，从而获得规模收益。

2. 建立人才培养体系，提高合作成员的综合素质，促进合作组织的良性发展，壮大保护农民利益的能力

人是生产力中最革命、最活跃的因素，组织的发展主要取决于组织成员的综合素质。为此，必须构建农民合作的教育培训体系。一是大力发展基础教育，提高农民的文化素质，提高农民的参政意识和参政能力，使农民有保护自己的意识和能力。二是主要依托地方农业大学和职业院校对合作经济组织的经营管理人员进行培训，提高组织的管理水平、决策能力和决策水平，增强应对市场风险的能力。三是依托科研院所、农技推广服务站和各类职业技术学校对合作社成员进行新技术培训，增强组织发展的能力。四是依托农村信息系统对农民进行基础素质培训，从根本上改变农民的小农意识。

3. 多方融资，为合作经济组织发展提供资金保障

农民合作组织的发展需要政府的大力支持，在资金筹措上政府要少取多予。第一，要以立法的形式明确农民合作组织的优惠税收政策。尽管从2008年7月1日起按照《财政部、国家税务总局关于农民专业合作社有关税收政策的通知》的规定，应该减免税费，但有些地方并没有完全按照该规定执行。同时，应更进一步减免税收，应对合作组织成员的资金收益免个人收入所得

税，对农民合作组织生产销售自己的产品减免营业税等。第二，政府从每年的支农资金中提取一定数额设立农民合作组织发展专项基金，支持农合组织发展。同时鼓励涉农企业和社会各界"反哺"农业，向专项基金捐款，也可以发行农民合作组织发展专项基金彩票，丰富筹资渠道。第三，设立专门促进农民合作组织发展的项目，给予相应的项目资金支持。第四，鼓励合作社成员以现金出资，作为基本股，年末统一分红，最大限度地壮大合作组织的财力。社员也可以交投资股，按略高于银行利率支付利息，使合作社有一定的发展基金。第五，加大对合作组织的信贷支持，金融机构适当放宽小额贷款的额度和条件，尝试允许农民合作组织和其他公司制企业一样，其资产作价抵押，实现从银行融资。

4. 创新组织制度，激发合作经济组织发展的动力

广西农民合作经济组织的兴起，既有政府推行的强制性制度创新，又有基于逐利动机的自发的诱致性制度创新，但主要是政府主导型制度创新。制度建设，是合作经济组织良性发展的根本保障。为此，一是要明晰产权制度，多数合作组织在建立初期都借助政府职能部门、经济实体或社区组织等依托单位的资产开展活动。当合作组织经济实力发展后，由于缺乏对原始财产的明确界定，很难对新增资产进行准确分割，导致相关各方之间的利益纷争，出现合作组织"一年合伙，二年红火，三年散伙"的现象，因此必须明确界定产权。二是要健全组织内部运行机制。改革经营管理机制，明确社员大会、理事会、监事会等组织管理机构的职责、权限及相互间的制衡关系。健全民主决策机制，培养农民的参与决策意识，保障组织发展目标符合成员的要求。三是健全利益分配机制，合理分配利润，提取足额的公积金，保证合作组织的持续、健康发展。

## 参 考 文 献

[1] 范桂英. 我国农民利益流失的原因及对策探讨 [J]. 江西科技师范学院学报，2006（5）：6-9.

[2] 杨凤敏. 广西农民合作经济组织发展的制约因素分析 [J]. 广东农业科学，2009（11）：265-267.

[3] 唐楚生. 农村合作经济组织发展的主要障碍分析 [J]. 农业经济，2005（5）：23-24.

［4］冯昀. 农民专业合作社发展路径探析［J］. 农业经济，2010（9）：
10 – 12.

［5］王克强，梁智慧. 对我国发展农民专业合作社的思考［J］. 农业经济，
2010（11）：42 – 43.

［6］孙迪亮. 西部地区农业现代化进程中的农民合作社发展研究［J］. 经济
问题探索，2009（4）：83 – 87.

# 广西西江流域转变经济发展方式的思路和对策

罗凤华

（广西建筑技术职业学院）

广西西江流域目前正处于发展的机遇期，西江经济带规划已经颁发并上升为国家发展战略。在党的第十七届五中全会上，中央把转变经济发展方式作为核心任务，放到了十分突出的位置，以此推动经济社会诸多领域的改革与发展，这也为广西未来的发展明确了方向。本文将针对广西西江流域转变经济发展方式存在的问题提出思路和对策。

## 一、广西西江流域转变经济发展方式的思路

广西转变经济发展方式除了从粗放向集约增长转变，从外延向内涵转变外，还应赋予新的含义，使得转变内容更为全面，更深刻。

### （一）实现多元化目标的转变

首先就是经济结构的优化转变程度，要想实现广西西江流域全面的发展，我们应该把这个转变当作首要问题来考虑。其中三大产业结构、城市农村的结构以及区域发展的结构等都将作为考察指标。其次就是民生问题，还要以一个地方发展的好坏，作为百姓的幸福感指标。比如，这个地区就业程度和失业程度的比例，如果就业率低于失业率，那这个地区社会矛盾就会非常突出。只有控制好失业人口，经济才能健康协调地发展。还有就是贫富差距的程度，改革

开放 30 多年来，经济增长迅速，可是贫富差距不断拉大，少数人非常富裕，而大多数人还处在温饱状态。因此也出现了一些社会矛盾。一个地方如果贫富差距过大那就会导致很多不安定因素，特别是社会治安问题尤显突出。还有，资源环境大气污染也将是重要指标，随着经济的增长和城市化的扩张，环境却日渐恶劣了，城市里空气质量下降，汽车尾气剧增、空气悬浮尘土颗粒增多，当大雨过后，城市内涝频发。长期这样，城市环境受到挑战，人人自危，最后只能是，城市不适宜居住。那发展的代价就太大了。除了以上经济指标，还包括其他的一些社会发展指标，比如教育、医疗、人口出生率死亡率、人民的幸福指数等。综合上述，在保证经济增长的同时，必须找到广西西江流域转变发展方式的根本途径。

### （二）促进经济产业结构的合理转变

广西西江流域第一产业、第二产业、第三产业比重应调整为：第一产业比重适度下降，第二、第三产业比重要加大提高。第一产业内部结构调整由主要以农业为主，调整为农业、林业、畜牧业、渔业并驾齐驱；工业内部调整为：轻工业比重适度下降，重工业比重上升。

柳州、梧州、南宁、玉林等这些老工业基地要加强提升改造传统产业，增强工业主体地位，优化工业内部结构，实现有数量型向质量型、高档型转变，实现有规模型向效益型转变。

产业结构要转变科学技术要领先，信息化与工业化的融合，信息化在研发、生产、管理中的融合，使工业技术改造规模再上一个新台阶。

坚持产业优先发展。继续全力发展有色金属、冶金、机械、石化、电力、汽车、建材、食品、电子信息、生物、造船等产业，大力培育新材料、新能源、新节能新环保等新兴产业。

加强工业园区建设。科学规划布局工业园区的基础设施建设。进一步完善工业园区公共配套设施建设。使园区供水、供电、通信顺畅，使道路、排污系统建设齐全。加大园区承接和容纳的能力，加大园区的招商引资力度，引进大规模、大企业项目和高层次的产业落户到园区，使工业项目积极聚集到园区。建设特色园区打造发展平台，使园区成为广西西江流域新的增长点。

坚持实施大企业、大集团、大品牌的战略。深化国有企业的改革，加强企业重组。特别加强工程机械、汽车、农机等重组工作，将优势企业靠拢集聚在一起，成为大企业。将竞争力强的企业集中在一起，建设一批拥有知识产权和知名品牌行业领先的大企业，使之迅速形成先进生产力。

大力扶持中小企业健康发展，引导中小企业走专业化、特色化和精品化的发展路子，鼓励中小企业依靠大企业，中小企业与大企业建立互帮互助结对子关系。按政策给中小企业提供必要的融资服务，缓解中小企业融资困难的问题。引导帮助推进中小企业结构优化升级。

以推进数字化、信息化、网络化为目标，集中高新技术，创建企业服务中心，使广西西江流域工业发展各项工作走向科学化、规范化的运行轨道。

加强工业人才队伍的培养。对工业专业技术骨干人才、产业发展的技师、有职业资格证的产业工人，经常分别进行培养，提高他们的思想觉悟，最大地发挥他们的潜能。大力引进和使用科技人才，最大地激发科技人员的潜能，加快培养一批集研发、设计、制造于一体的科技型企业骨干。把知识人才转化成生产力，更好地为实现现代化建设服务。

### (三) 向资源节约环境友好型社会转变

向资源节约环境友好型社会转变是转变经济发展方式的重中之重。如果经济增长是以环境为代价，以我们的家园为代价，以子孙后代的幸福为代价，那实在是得不偿失。作为后发展省份，我们看到太多省份因为盲目发展经济而导致的种种恶果，除了吸取教训，我们还要更多地总结经验。不要再走先污染后治理的道路。把注意力更多地放在长期解决的问题上，加大对环境的改善，大搞环境绿化，如现在广西正在深入实施"满绿八桂"造林绿化行动和"百万农户种千万棵树"的活动。保护环境节约资源应该上升为一个省自治区的战略重点。在此过程当中，政府应该起到主导作用，相关法律法规要相应出台，对于企业环保意识要加强，还要利用高科技实现真正的环保。一是对各个领域都做好降耗工作，要实现资源节约型省社会的完美转身。对于公共各个领域加强管理。提高油价限制车子出行都不失为很好的节能方式。倡导停电一小时也同样可以增强人们的环保意识。做好限水限电工作，做好资源回收再利用的工作等。二是政府要狠抓节能减排责任落实和监督。对于相关责任人工作没有落实到位的要给予制裁，轻则罚款，重则刑法规范。如果没有强有力的保障，一切都是空谈。法律法规要相应健全，相关部门做好监管工作，监管不到位的要严厉问责。保证全社会都向资源节约性环境转变。三是大力推进各种循环经济方式。小到一张纸，大到一辆车都不要浪费。循环再利用，真正节约社会成本，向资源节约、环境友好型的社会建设转变。

### （四）实现政府职能的转变

如果不能正确地处理好权责关系，那么以上思路均是空想。我们国家政治体制有自身的特点，一定要处理好政府和老百姓的关系，政府要从老百姓的切身利益出发，考虑老百姓急需要解决的问题。十七大明确地提出要建设服务型政府，党和政府应该是人民的公仆。在当今这个大环境大市场中，这个理念更显得十分重要。一要权责明晰，不该管的不要管，滥用职权只会搞坏市场。适当的时候发挥政府的调控作用，但是大多数时候还是要让市场来自行调节。二不要让部门利益吞噬政府的正常机能。该管的一定要管好，尽到市场监督的责任。市场经济的自发性容易引起道德缺失，如不做好监管，甚至还从中牟利，那么受害的就只会是老百姓。不要忘记"水能载舟亦能覆舟"的深刻道理。大到治国小到治家这都是至理名言。三是要搞好反腐败工作。广西西江流域地处西部，在我们国家的版图上离中央较远，古语形容就是"山高皇帝远"，这些地方腐败现象依然存在。因而一定要下大力度去整治政治腐败，使之顺民心得民意家必安。

## 二、广西西江流域转变经济发展方式的对策

广西西江流域正在加快经济建设，而面对现实中经济建设出现的诸多因素，必须要采取相应的方法和途径，在不断的实践中努力改变落后现状。

### （一）提高自主创新能力

工业结构的创新。创新工业结构就是要对传统工业进行合理改造，利用新技术提升和改造传统工业，大力发展新的制造业。广西西江流域要得到大发展，广西西江流域制造业起着举足轻重的作用。只有积极发展资金密集型产业和劳动密集型产业，利用提高产品性能质量和附加值来促进产品更新换代；推动工业结构调整与产业优化升级，培育骨干企业，使企业能自主研究，引进或联合开发出市场竞争力较强的高新技术产品；充分利用高新技术发展环保生产、绿色生产、生态经济和循环经济，促进新的生产方式。改造或取代传统的生产工艺方式，转向低耗能、高产出、低污染、高附加值的生态工艺方式；在符合工业发展的区域规划工业集中区，集约发展工业。广西西江经济带是广西目前和未来工业要素聚集的重点区域，将来要重点建设能源、石化、钢铁、林

浆纸和粮油食品、物流、高新技术产业、海洋产业等产业基地，形成产业集群。

创新企业自主体系。企业是自主创新的核心主体，企业为主体的自主创新应成体系。激活企业的自主创新动力，支持和鼓励企业把创新成果转化为产品、生产力，形成创新产业。积极探索培育自主创新型企业，建立以民营企业为主的自主创新型企业，给民营企业自主创新型营造宽松环境，使民营企业迅速成长。充分发挥广西现有研究机构的作用，建立具有广西特色的技术创新体系。

创新科技体制。建立长效对接机制，鼓励支持有条件的企业、知名企业、骨干企业与国内、区内的科研所以及高校课题组联合建立多种形式的生产科研合作关系，加强对先进技术的引进、消化、吸收和创新。引导对企业运用、管理和保护好知识产权。通过双方互动努力掌握核心技术，提高竞争力，使产业的自主创新更上一个新台阶。通过创新科技体制从而形成可持续发展的产业升级能力。

创新企业制度。创新企业制度，最重要的是创新企业的产权制度。现代的企业制度内容主要有：政府和企业分开、管理科学化、产权明晰、权利和责任要明确。企业是自主创新的主体。要尽快建立健全企业制度，同时还要提高适应能力和竞争能力，最后形成企业自主创新的体制优势。

创新人才机制。人才是自主创新的关键。只有充分认识优秀人才在企业中的重要性，才能大力发掘人才的巨大潜能。只有建立创新人才培养机制，才能大力培养发展高层次人才。按照广西西江流域发展的需要大力引进创新人才，利用优惠条件引进高科技、高技能、创新的人才，同时解决好这些人员的切身利益问题，为人才成长提供不同的发展机遇和途径。用好人才，成就人才，千方百计留住人才。从而营造尊重和保护知识产权的环境。

创新公共服务体系，创新服务理念，把企业的需求和满意作为检验我们服务是否达标的标准。提高行政效率，增强服务意识，提升公共服务水平，构建相应的服务机构，方便开展信用担保和科技融资服务，方便开展技术交流、技术合作，从而降低创新成本。

## （二）促进产业结构升级

改革开放 30 多年来纵向与自己比较，广西各方面都有很大的发展。但是横向与其他地区比较就显得发展的速度缓慢了，竞争力就不够强了。我们不能甘心落后，我们要充分认识转变经济发展方式的重要性。从广西西江流域实际出发，采取有效有利的措施，调整并建立低能高效的产业结构，加快产业结构优化组合和升级，把可持续发展能力变为我们的主攻方向，使得广西西江流域在发展中促转变，在转变中谋发展。

1. 加快推进化城镇工业化建设

广西西江流域经济发展的速度快与慢，经济发展的质量好与坏，关键在于城镇工业化的水平高与低，在于工业结构是不是合理，在于第一第二产业发展是不是够充分。要加快经济发展方式的转变，首先要努力改变和扭转城镇工业化滞后的局面，要加快推进城镇工业化的进程，要调整不合理的工业结构，要进一步合理发展第二、第三产业。

城镇工业化建设要按照国务院《关于进一步促进广西经济发展的若干意见》来定位要求，打造区域性先进制造业基地，打造水平高的农产品深加工基地，引进东部发达地区的中央企业、跨国企业、有优势实力的企业。以科学发展观为指导，选择消耗低、环境污染少、经济效益好、科技含量多、可持续发展的产业，为广西西江流域城镇工业化打下坚实的基础。

城镇工业化建设，要立足现有的基础，也要发展新的项目。要继续推动以经济型轿车为重点的汽车制造、以工程机械为主的机械制造、以钢铁为主的冶金、以铝为主的有色金属等支柱产业快步发展。促进轻工业、制糖业、炼油业的快速发展。带动产业链向企业精深加工延伸、打造知名品牌的深入发展。加大科学研发、引进高层次拔尖人才、整合创新资源，从而赢得市场竞争的优势。

加快推进城镇化，扭转落后局面。以科学规划为导向，以创新机制为动力，以中心城市为依托，完善城市基础设施建设，努力提升城镇总和承载能力，尽力解决符合条件的农业人口，在城镇就业和落户问题。不断增强城镇的经济实力，使城镇成为特色明显、生态良好、功能完善、布局合理、资源节约的可持续发展城市。

2. 加快推进战略性新兴产业和现代服务业发展

培育和发展战略性新兴产业，是抢占先机、引领未来的重要支撑。当前发展战略性新兴产业正在不少地方兴起。广西西江流域也要紧紧把握这一新的趋势，把新兴产业的发展，作为在国际国内市场的新一轮竞争。

广西西江流域要及时抓紧研究制订新兴产业发展的思路和规划，从对比优势出发，确定新兴产业发展的合理布局，确定新兴产业发展的重点领域，确定新兴产业发展的新技术、新路径。新兴产业应以突破新材料、新能源、清洁能源、可再生能源、资源的综合利用等为重点目标。要培育发展一批新兴产业骨干企业，抓紧企业创新平台建设，做好示范带动和引领发展。要加强政策支持，加大政府投入，创新体制机制，在科研开发、示范推广和产业化等方面给予扶持，推动战略性新兴产业快速健康发展。加快推进自主创新，从工业城市柳州来看，这几年，柳州市政府和企业更加注重对于企业知识产权的建设力度，使得柳州的企业更上一层楼，在发展当中更具优势。柳州一些具有自主知识产权的产品在我国乃至世界独占鳌头，这和创新不无关系。在新兴产业发展的过程中政府应该加大对创新的支持和奖励力度，深化科技体制改革，不但要搞自主创新，还要真正运用到生产实践当中，最终实现科技成果向生产力的转变。与此同时，还要加强创新人才的培养，广西有众多的大中专院校，其中以高职高专为主，这些学校对于人才的培养应该更多地倾向于创新，而不是让学生读死书。在新兴产业发展的过程中政府保证对于科技的投资，也鼓励企业，站得高看得远，从利润当中拿出一部分来搞科研。只有这样，新兴产业才会更加具有生命力，才不会再改革的浪潮当中被淘汰出局。只有谋求长远的主动权，具备长期的竞争力，实施新型产业的发展方式，才能使地方经济发展向更高层次和更深刻的方面转变。

### （三）加快推进生态文明建设

节能减排是转变经济发展方式的重要目标。哥本哈根会议后，全世界各国基本形成世界性共识，哥本哈根会议上，温家宝总理代表中国政府承诺，到2020年底，降低排放二氧化碳 40% ~ 45%，温家宝总理的承诺表达了中国政府的负责任和积极态度，意味着中国走低碳绿色生产方式和绿色消费方式。广西面对环境的困境，应该要按照哥本哈根会议上的承诺，应该根据经济发展的规律，尽量做好低耗能、低污染、低排放的工作。还要从我做起，从现在做起。

要实现这一目标，广西西江流域经济带的沿江工业企业就要实现从高耗能向低低耗转变、高污染向低污染转变、高排放向低排放转变。包括几个主要城市柳州、贵港、梧州、百色等，要大力发展新型工业，如生态工业园区、循环经济、低碳经济的打造等。节约能源，提高资源的利用率，把废弃物变废为宝，实现真正的科学发展。对于高污染、高耗能、高排放的企业加大整治力度，警告后仍然没有改造的企业责令停产。对于难以改造的企业要淘汰或者移到城市以外的地方。要建立节能减排的长期有效措施，推进能源市场化步伐，对于广西西江流域的一些工业行业进行一些有效治理，推广和应用清洁技术和节能技术。

政府要有针对性地采取节能补贴和能源消费收税的办法，奖罚分明，针对性地将能耗和环境污染纳入政府的工作议程上来，不折不扣地完成规划节能减排的指标，力争做好资源节约、低碳经济发展、循环经济发展、绿色经济发展，抢占发展先机。除此之外，要重视城市交通高新技术的开发，推广使用新一代低碳环保快捷的交通工具，减少市区车辆流量。要降低温室气体排放强度，还要植树造林、退耕还林，大力发展绿色可持续的经济。使广西西江流域的任何地方，空气优良，环境优美，从而能进一步发展生产，让老百姓生活富裕，实现生态良好发展，不断地促进经济社会发展与人口资源环境相协调，走可持续平衡发展之路。

### （四）坚持扩大内需

随着现代化建设的不断发展，中央提出了构建扩大内需的长效机制。要依靠消费、投资、出口协调发展来拉动经济增长的转变。促进消费的这一战略措施，我们应该抓住这一有利时机，积极努力做好这一转变。

要提高消费水平，我们就要着力优化投资环境，多渠道的筹集建设资金，利用国家、企业、民间的投资大力尽快地完成内需项目。比如优化工业产业体系的建设，做好开展对外贸易，对外资源合作开发，工程承包修路建桥等，同时还要建设保障性住房，建设学校，还要设立城镇卫生医疗机构，搞好城乡供水，搞好城镇垃圾处理设施建设等。有组织地扩大消费，继续进行家电下乡，"以旧换新"，促进居民购买力不断提升。扩大节能产品、惠民工程产品的范围，加强家电、家居、建材、汽车、服装以及农副产品的促销。同时还要加强就业问题的管理，加强收入分配的管理，适当调节收入分配政策，逐步提高最低工资标准的幅度。提高全民的社会保险水平和工资水平，使得老百姓有工作，有饭吃，有钱用，改善居民的消费观念，努力消除制约消费的制度和政策障碍，让老百姓没有后顾之忧，从而拉动需求协调发展，真正使中国经济不断走上良性发展轨道。

### （五）着力改善民生

生活在广西西江流域的人们应该能普遍感觉到，广西城市生活质量还是不错的。但是广西西江流域农村城镇化工作确实还有待加强。一个地方城市生活比较舒适还不行，要使农村人民生活水平也提高，那才叫真正发展。

首先，广西西江流域要打造宜居城市，使得山美水美人更美。要不断地完善各地区的生活环境，把周边的农村纳入城市，加大公益基础设施建设，加大对绿色植被的种植。合理布局生活重心和商业中心，搞好网络信息、电视电缆、电话电线的安装，使村村通电话，家家有电视看，使老百姓感到舒适方便。

其次，由政府牵头，多建设廉租房和经济适用房，对于高房价和不良商家予以严厉打击。同时改善少数民族村寨和库区移民的住房条件，加大农村旧房、危房的改造。使得生活在其中的人们人人有房住，从而减少社会矛盾。

再次，要大力改善广西西江流域的医疗卫生条件。推进公立医院的改革，由政府投资，鼓励民间投资，建设多一些合格的县级医院，中心乡镇卫生院，村卫生室等医疗部门，建立健全覆盖全城乡的医疗卫生服务系统。推行中西医医药、民族医药三结合方针，实行疾病预防控制，加强应急医疗救治的力度。使老百姓人人享有基本的医疗卫生服务，解决看病不再难，看病花钱不再多的问题。

随后，广西西江流域的诸多问题中应该优先发展教育。加大对农村教师的培养培训，继续鼓励大学毕业生、优秀教师支边支教。均衡配置教育资源，抓好幼儿教育，巩固和发展九年义务教育，稳步发展普通高中教育，扩大发展职业教育，加大投入力度，办好区内普通大学。

最后，还要提高广西西江流域的就业率。我国的就业和再就业问题已经成为影响全局的社会问题，这个问题的解决势必成为今后一项艰巨的任务。社会主义市场经济条件下"坚持劳动者自主择业、市场调节就业和政府促进就业"的方针，让劳动者自己选择从事什么行业是建立新型劳动就业体制的核心。劳动者有对职业和工作岗位的选择权和被选择权，劳动者应从个人的专长、兴趣和自身的条件，选择自己该干什么工作。劳动者还可以根据自己的条件和能力结合社会和市场的需要，自主创办企业，或从事经济实体，为市场提供服务和商品。利用市场调节就业，这也是解决就业难的一种主要方法。只要善于发现市场需求并适应这种需求，就能够成功地实现创业目标，创造出更多的就业机会。另外，政府应当想办法促进就业，完善就业政策，提供就业服务，打造就业公平环境，为困难就业者给予援助等。高等院校教育必须注重增强学生的实践能力、创造能力和就业能力、创业能力，以适应未来就业的形势和要求。如果政府真正民办实事，做好以上的事情，让人民有尊严地活着，这样人民群众就会感到无比的幸福。

### （六）提高信息发展水平

当今世界是一个多元化、信息化的世界。社会经济科技迅猛发展，也出现了不少复杂的问题，这更凸显了信息技术的重要性，凸显了信息的社会价值、技术价值、市场价值。应用信息技术是建设现代产业，是现代人生活的支撑。缺乏信息很难进行经济发展。因此我们必须完善信息产业体系的建设，组织信息部门的资源整合，建立信息产业体系。通过政府投入，引导企业投资，形成较完善系统的信息网络。利用网络平台，做好加强政府的政务信息建设，使政府利用网络处理政务，形成提高政务效率的格局。利用网络平台，做好信息化对工业的改造，以信息化改造传统工业。利用网络平台，加强企业管理，形成生产的自动化、智能化、便利化、人性化。利用网络信息互动平台，进行远程的专家咨询、专家指导、专家答疑、专门培训。从而做好物联信息建设，使电话、电视、电脑"三电"信息服务进入企业，进入农村，扩大信息服务的覆盖面，加强各企业的联通，使之能主动地更大地获得大量信息，从而能主动地抢占商机。加强信息与农业的结合，运用现代信息手段改造农业、经营农产品、管理农业生产。利用信息把广西西江流域的农业优势和生态优势转化为商业优势和市场优势，实现农业大发展的需要。

网络的信息要建立各种各样的资料数据库，要具有针对性、实用性、时效性，要及时发布交流，使人民群众享受到信息化发展带来的方便，使之能很快地应用到生产实践中，加快经济的快速发展。

当前，我们正处于一个非常重要的发展机遇时期。中央《关于进一步促进广西经济社会发展的若干意见》为广西西江经济带提供了千载难逢的机遇，我们必须要把目光放长远，做到解放思想，真正的以全局为重，努力营造"人人心系大局，人人支持发展"的浓厚氛围，树立大市场、大开放的观念，扩大视野、拓展思路，在党中央的正确领导下，加大广西西江流域地区的经济发展，使广西西江流域的经济总量大幅度增加、企业增效、财政增长、人民群众收入水平大幅度提高。力争做好广西西江流域的经济跨越发展，使一个富饶的地域展现在世人面前。

## 参 考 文 献

［1］唐林. 新时期转变经济发展方式初探［J］. 理论前沿, 2007 (19).

［2］王宏淼. 西方国家经济增长方式的历史演进及对当今的启示［J］. 现代经济探讨, 2006 (06).

［3］吴敬琏. "十一五"必须认真解决择增长模式问题［J］. 中国物流与采购, 2005 (08).

［4］吴敬琏. "十一五"时期必须认真解决工业化道路和增长模式的问题［J］. 中国经贸导刊, 2005 (06).

［5］吴敬琏. 经济增长方式是至关重要的选择［J］. 煤炭企业管理, 2005 (04).

［6］吴敬琏. 我国经济增长模式存在的问题［J］. 金融经济, 2005 (04).

［7］黄少琴, 段叶青. 广西西江流域创新经济发展模式研究——兼论构建和谐经济发展模式［J］. 广西发展论坛, 2010 (12).

［8］黄少琴. 略论邓小平建设有中国特色社会主义理论的哲学特征［J］. 广西社会科学, 1996 (6).

［9］黄少琴. 广西西江流域创新经济发展模式研究——兼论构建和谐经济发展模式［J］. 广西师范学院学报, 2010 (4).

［10］黄锡富. 广西西江流域农业循环经济发展模式研究［J］. 广西师范学院学报, 2010 (4).

# 我的经济学观

胡世祯

（暨南大学经济学院）

## 一

1932 年 8 月 3 日，我诞生于辽宁省的丹东市，父亲在这里的邮政局工作，每天到火车站接送包裹。日本侵略军发动的九·一八事变，打乱了我们一家平静的生活，我出生后的几个月就随父母过着流亡生活，最后定居在上海市槟榔路（今安远路），位于中国著名寺庙玉佛寺斜对面一条被称为陋巷的石库门房内。

我上的小学都在家的附近。先是入读海防路的培初小学，这是一所简陋的弄堂小学。接着又转入路对面的竞华中小学，这所学校的教学楼下有个大院子，作为殡仪馆用地。不久，又转入余姚路小学，原址是囚禁谢晋元团长率领的八百壮士的孤军营。

我的父亲是沈阳市人，母亲是大连市人，我出生在丹东，生活在上海，在读小学期间填籍贯时，就填写为上海市。

上初中时，先后就读于胶州路底（愚园路口）的民光中学和真如镇郊的真如中学。

初中毕业时，上海已解放，我随同我的一位要好的同学一起离开上海去北京求学。这位同学是吴晗的侄子，我在他家里读过不少吴晗在上海暂住时留下的书刊，对吴晗十分敬仰，当吴晗要他这位侄子去北京读书时，我也随同前往了。吴晗见到我这位不速之客，并未责怪，而是热情地接待了我。到了北京，我报考了辅仁大学附中，虽被录取，最后还是入读了吴晗推荐我去就读的新生中学（今 35 中）。

1952 年夏季，高中毕业，报考北京大学，考场设在和平门里的北师大，8 月前后，在《光明日报》上发榜，我考取了北京大学经济系政治经济学专业，入学后的学号是 5212015。

1956 年夏季，大学本科毕业，分配到了中国科学院哲学社会科学学部经济研究所政治经济学组。在岗多年，时间多用在投身于各种政治运动中，还经常性地甚至长年地下乡、下工地劳动，自己在专业上无所建树，终于在 1961 年离开了经济研究所，下放至山东曲阜师范学院任教。1964 年 10 月调入广州市暨南大学的经济系任教。

离开经济所，对我个人来说，是一种解脱，使我静下心来认真读一些书，尤其是马克思的《资本论》，获益匪浅，如果其中没有文化大革命的干扰，定会有更多的长进。

从离开经济所直到 2006 年 1 月结束返聘之前，一直从事政治经济学和《资本论》的教学工作，从讲师、副教授一直升为正教授。退休后仍积极参加学术界的活动，担任了中国《资本论》研究会的理事和常务理事，全国高等财经院校《资本论》研究会理事、常务理事和副秘书长，西南地区马克思主义经济学论坛荣誉顾问，重庆工商大学客座教授等。

# 二

我是从 1958 年开始在《工人日报》、《供销与合作》、《读书》等报刊上发表经济学方面论文的，但不久却因各种干扰搁下笔来。直到文化大革命结束后，才陆续将自己的研究成果公之于世，前后撰写了有四五十篇的论文提交到各种学术讨论会，已在书刊上公开发表的也有 40 余篇。此外，还完成了一部有 140 多万字的学术著作：《〈资本论〉研读》。

已发表的论文可略举如下：

1. 《评资源贡献价值论》，刊载于《当代经济研究》1994 年第 3 期。

2. 《如何认识我国的物价上涨现象》，刊载于《当代经济研究》1997 年第 2 期。

3. 《我国个人收入分配的若干理论问题》，刊载于《改革与理论》1997 年第 9 期。

4.《政治经济学研究对象中的生产方式》，刊载于《当代经济研究》1999
年第 6 期。

5.《对第 I 部类进行具体分类后的两大部类交换关系》，刊载于《当代经
济研究》2000 年第 8 期。

6.《可变资本的周转对年剩余价值率的影响》，刊载于《当代经济研究》
2001 年第 9 期。

7.《评广义价值论和联合劳动价值论》，刊载于《当代经济研究》2005 年
第 11 期。

8.《马克思劳动力商品学说的建立与发展》，刊载于《马克思主义经济学
研究——〈资本论〉的学与用》，人民日报出版社 2006 年 6 月版。

9.《鱼目混珠的"整体劳动价值论"》，刊载于《当代经济研究》2006 年
第 8 期。

10.《关于马克思主义政治经济学课程建设中的几个问题》，刊载于《重
庆工商大学学报》2007 年第 1 期。

11.《重建个人所有制不是恢复私有制》，刊载于《重庆工商大学学报》
2007 年第 6 期。

12.《斯密教条与萨伊的三位一体公式》，刊载于《〈资本论〉与社会主义
市场经济理论与实践》，四川人民出版社 2003 年 11 月版。

13.《流动资本的周转速度对预付流动资本量及其构成的影响》，刊载于
《当代经济研究》2004 年第 9 期。

14.《劳动生产率的变动对商品价值量的影响》，刊载于《中国〈资本论〉
年刊》第 5 卷，西南财经大学出版社 2008 年 6 月版。

15.《不应把马克思经济学的核心变成一个空壳》，刊载于《当代经济研
究》2008 年第 10 期。

16.《马克思政治经济学著作写作计划及其实施》，刊载于《经济思想史
评论》2010 年第 5 辑。

17.《所谓的"公平分配"能否取代生产资料的社会主义公有制》，刊载
于《马克思的〈资本论〉与当代世界金融危机》，西南交通大学出版社 2010
年 7 月版。

18.《社会主义商品经济与市场经济中若干理论问题探讨》，刊载于《中
国〈资本论〉年刊》第 8 卷，西南财经大学出版社 2011 年 7 月版。

# 三

数十年来，我一直从事对马克思主义的政治经济学基础理论的学习与研究，并对这一基础理论建设方面提出了自己的学习体会。其中包括以下内容：

## （一）对流行在教科书中许多不符合《资本论》原著的不正确观点提出了质疑

（1）关于政治经济学的研究对象问题，长期以来，学术界几乎一致认为就是生产关系，虽然也有学者提出要研究生产方式，但是或者将生产方式范畴解释成生产关系再加上生产力，或者将生产方式范畴与生产关系等同。根据《资本论》的阐述，我认为生产方式是介于生产力与生产关系之间的一个独立范畴，对这一问题如果认识不清，就会引起混乱。例如谢韬对《资本论》第三卷中马克思指出的股份公司形式是对旧的资本主义生产方式的扬弃解释成"资本主义就这样完成了向社会主义的和平过渡"，从而将资本主义生产方式与资本主义生产关系混为一谈，为他的民主社会主义主张制造理论根据。

（2）关于货币的起源与本质，流行的教科书都是用价值形式的产生与发展即《资本论》第一卷第1章第3节的内容去阐述的，忽略了还应从商品交换内容上即《资本论》第一卷第2章的论述去阐明。对第2章，马克思提出的许多基本观点和重要内容，这是在研究货币的起源与本质的问题时不能忽略的。

（3）什么是商品流通？我国许多教科书都认为商品流通就是以货币为媒介的商品交换，这是从苏联教科书中抄来的，而马克思认为商品流通是从总体上考察的商品交换，他从商品的两个形态变化入手，讲到商品的循环，再讲到商品的流通，这些丰富的内容被许多教科书忽略了。

（4）什么是名义工资和实际工资？对名义工资，虽然几乎所有的教科书都认为它是以货币形式表现出来的工资，但是由于将货币与它的纸币形式混为一谈，从而将名义工资解释成以纸币形式表现出来的工资，而实际工资却被解释为用这一纸币工资购买到的生活资料数量，这是离开马克思的价值理论，也就是离开工资的本质去解释工资了。

（5）什么是资本周转？我国许多教科书都将资本周转解释成不间断的、周而复始的资本循环，我从多方面指出这种解释的错误，指出这种说法的基本错误在于用资本循环次数的多少来区分资本循环和资本周转，而马克思是用是否从周期性的角度去考察二者的区别。

（6）如何计算年剩余价值率？计算年剩余价值率的公式是 $M' = \dfrac{M}{v}$，$M$ 是年剩余价值总量，$v$ 是预付可变资本量，不少教科书通过周转速度加快后增加了 $M$，来说明年剩余价值率的提高。根据马克思的观点，周转速度的变化并不能改变年剩余价值量，在周转速度加快后年剩余价值率所以会提高，是因为在同样企业规模的条件下，用更少的预付可变资本量可以获得同量的年剩余价值。

（7）斯密教条的错误何在？学术界普遍认为斯密教条的错误仅仅在于他在商品价值中排除了不变资本 $c$。根据马克思的观点，即使包括了不变资本 $c$，说商品价值由工资、利润、地租和不变资本 $c$ 构成，仍然是错误的。首先，资本主义商品价值中包括的是可变资本 $v$ 而不是工资；其次，我们只能说资本主义商品价值分解为 $c+v+m$，而不是由 $c+v+m$ 构成。

上述例子举不胜举，这些问题的探讨对正确阐述马克思主义经济理论，编写出一部更科学的政治经济学教材无疑是颇为有益的。

## （二）对《〈资本论〉》中某些内容更具体地展开，还指出其中个别章节在计算上的误差，对恩格斯补充的个别内容提出了质疑

（1）对相对价值形式的量的规定性，马克思列出了四种情况，对第四种情况，马克思只是说按上述三种情况推算，究竟如何推算，没有具体说明，我将此内容展开，又从第四种情况中列出 6 种具体情况。

（2）对《资本论》第二卷第 15 章论述的流动资本的周转速度对预付流动资本量及其构成的影响这一内容，我除了用文字和表格说明外，还用图式加以说明；对马克思列出的各种资本周转的表格合并成一个总表；对马克思列表中序数上的误差进行了修正；对有的表格按照新的方法进行了调整，避免了计算上的误差；补充了马克思的有些例子中未对年产值及年周转额进行的计算。

（3）在恩格斯整理出版的《资本论》第二卷中，对两大部类中的第一部类未作进一步分类，因而未能考察两大部类的具体交换关系。我参考了马克思的手稿，对第一部类作了进一步的具体分类，补充了个别分部类，具体考察了两大部类的交换关系，形成一个完整的交换体系，得出了一些新的认识。

（4）《资本论》第三卷第 4 章是由恩格斯补写的，对于周转对利润率的影响，恩格斯通过年剩余价值量的变动来说明，而且预付的资本量包括预付的固

定资本量和预付的流动资本量均不因周转速度的变动而变动，这在理论上与马克思的观点是不一致的，在计算结果上也产生很大的出入。由此，我也怀疑在《资本论》第三卷第 8 章中所说："利润率和周转时间成反比，……如果同一个可变资本的周转时间不同，它生产的年剩余价值量就会不等"，不是马克思原著中所有的。

（5）按照马克思的观点，生产价格的总额和商品价值的总额是相等的，但在《资本论》第三卷第 11 章的举例中，二者却发生了偏离，在计算上发生了误差，我发现了这一误差，并重新进行了核算，试图修正这一计算上的误差。

（6）提出在《资本论》第三卷中，恩格斯与马克思在票据贴现性质上的不同观点，马克思认为票据贴现是属于贷款的一种形式，而恩格斯认为汇票贴现不属于贷款，而只是通常的买和卖或购买商品。

### （三）对已出版的学习《资本论》的教材中的有些内容提出了不同的认识

诸如对生产方式范畴的理解，价值形式的两极对立何时固定下来，工资的变动能否改变商品价值，在信用介入后原有的货币流通次数能否减少，能否将利息说成是借贷资本的价格，两大部类之间是如何进行交换的等，对这些问题进行探讨，有利于学术交流，统一认识。

### （四）在学习马克思的《资本论》、《哥达纲领批判》和恩格斯的《论住宅问题》等著作的基础上，对我国现阶段的经济关系及发展趋势提出一些个人见解

（1）建设社会主义和实现共产主义的远大目标必须要以马克思主义作为自己的指导思想，反对多元化。如将代表资产阶级利益的西方经济学作为我国经济建设的指导思想，只能导向资本主义，甚至是殖民地和半殖民地。同时，我们也不应当将中国共产党人的理论创新与马克思主义并列起来，它仍归属于马克思主义理论体系。毛泽东曾指出："不应当将中国共产党人和马、恩、列、斯并列。"对西方经济学要批判地继承是个含糊不清的说法，对资产阶级庸俗经济学是否也有什么精华可继承呢？

（2）无产阶级革命胜利后，必须经历一个很长的从资本主义到共产主义的过渡时期，然后才能进入通常称之为社会主义社会的共产主义社会的初级阶

段，最后再进入共产主义社会的高级阶段。由于我国实行的是新民主主义革命，革命胜利之后不仅不能直接进入马克思所阐明的共产主义社会初级阶段，也不能直接进入以消灭资本主义为基本任务的向社会主义社会过渡的历史阶段，而是建立一个以生产资料社会主义公有制为主体、多种经济成分共同发展的新民主主义社会，经过相当长的时期之后，然后进入从新民主主义社会向社会主义社会过渡的时期。不仅马克思所指引的共产主义社会初级阶段不可逾越，向这个初级阶段进行过渡的历史时期也是不可能被逾越的。我国要进入这一过渡时期还有一段很长的距离。

（3）市场经济或计划经济都是处在一定历史阶段的客观存在的生产方式，不由人们的主观意志进行选择。计划经济是代表更高历史阶段的生产方式，历史的发展必然是由市场经济转变为计划经济，而不是相反。人们通常说建立社会主义市场经济体制，似乎现阶段的我国市场经济是由人们主观努力建立起来的，其实，这一市场经济是一个客观存在，如果客观上不存在市场经济，人们也不可能建立市场经济体制，所谓建立社会主义市场经济体制无非是使主观上认识客观的存在，按照客观存在的市场经济规律办事，如果没有这个主观认识，在经济发展上就会受到重大损害。

（4）我国尚未进入马克思论述的共产主义社会第一阶段，因而也不可能实行在这一阶段才有可能实行的个人消费品分配原则。其次，马克思也从未提出过个人消费品的按劳分配原则，按劳分配说法和拉萨尔的"公平分配劳动所得"、"不折不扣的劳动所得"说法难以划清界线。

（5）关于股份制，我认为：第一，人们讲股份制，主要是从对我国国有企业改革的角度提出来的，但是从长远来看，它的重要意义在于通过股份制的形式，变革我国私有制特别是资本主义私有制的生产方式，使之成为未来向社会主义生产资料公有制转变的过渡点。第二，股份公司是现代企业的一种组织形式，在这种企业里，生产资料由股东们共同使用，这是属于生产方式的范畴，不牵涉到所有制的问题。第三，在我国，由于建立了生产资料社会主义公有制的经济基础，股份制的意义和作用发生了很大的变化，无论是它的积极作用或消极作用都受到很大限制，但对其消极作用仍不可低估。

（6）不论是实行或放弃金本位制，只有黄金才能成为货币，纸币只能是货币符号或价值符号，这一客观存在不会因某个国家放弃金本位制而改变。马克思关于只有黄金或白银才能执行世界货币的职能有着重大的现实意义，美国大量发行纸币，使美元贬值，我国外汇储备因此蒙受重大损失，我们应该接受这一教训。

（7）恩格斯的《论住宅问题》著作应引起当今人们的重视。对如何解决住宅问题，恩格斯坚决反对工人购买房屋，拥有房屋的个人所有权，认为"工人应当购买自己的住房这种思想本身，又是建立在我们已指出的蒲鲁东的那个反动的基本观点之上的"。恩格斯并不反对在一定时期内住房是商品，但对这种商品只应零星出售，即租赁。解决住宅问题的根本途径是首先要消灭资本主义制度，接着将原有的或新建的房屋租赁给工人。

（8）何谓积极的财政政策和适度宽松的货币政策？这两个政策都是界限含糊不清的政策。所谓积极的财政政策无非是加大财政赤字的政策，赤字如何弥补，简单易行的办法是发行纸币，于是又有了配套的适度宽松的货币政策。所谓适度宽松的货币政策也就是超量发行纸币，在以往没有提出适度宽松的货币政策时，纸币也是超量发行的，否则无法解释以往以分甚至厘为计价单位的每斤蔬菜价格涨到现在要以元为单位计价了。现在再提出适度宽松的货币政策无非就是再加大超量发行纸币的力度，带来的通货膨胀后果是可以预期的。纸币超量发行必将引起纸币的贬值，这就等于用一个看不见的手从老百姓口袋中取钱。情况如恶化，人们就会向银行挤兑现金，引发金融危机和社会危机。

无论是积极或适度宽松，都不具有量的规定性，因而具有很大的随意性。财政赤字究竟积极到什么程度就不能再积极了，究竟有没有一个限制点？纸币超量发行到什么程度就是不适度的宽松，它的临界点在哪里？这些恐怕很难说得清楚。加大财政赤字的政策称之为积极的财政政策，那么强调财政预算上收支平衡的政策是否就是消极的或不积极的财政政策呢？

现在又改行稳健的货币政策，这是否承认了原来的货币政策是既不平稳又不健康呢？

## 四

我国实行改革开放政策后不久，就有个别高等院校将萨伊的三位一体公式编入政治经济学的教科书，认为资本、土地和劳动共同创造价值。学术界中由此逐渐形成否定马克思主义的思潮，他们以否定马克思的劳动价值论为突破口，进而否定剩余价值理论，否定生产资料的社会主义公有制经济，特别是国有经济，主张私有化，并在全球化和国际接轨的口号下，实行西化，引进西方新自由主义。这个浪潮越演越烈，突出事例是张五常热，一个反共反社会主义并要在马克思棺材上钉钉子的张五常，受到许多高等院校的热捧。高等院校中的马克思主义政治经济学课程被削弱，甚至被边缘化。

民主社会主义在我国是一种改头换面的新自由主义。早在 1989 年 12 月香港的一家刊物上就发表了一篇题为《出路唯民主社会主义》的文章，但当时对我国内地并未产生什么影响。随着世界政治气候的变幻和新自由主义遭到我国坚持马克思主义的学者进行彻底揭露与深刻批判之后，有些人就打着更有欺骗性的民主社会主义的旗号，出现在人们的面前，喊出"只有民主社会主义才能救中国"的口号。

## （一）坚持马克思的劳动价值论和剩余价值论，反对以萨伊为代表的庸俗经济学

自改革开放以来，我公开发表的 40 余篇的文章中，以及在参加学术会议上的发言和学术报告中，有很大篇幅批判各种否定马克思主义的谬论。

在我国出现的各种否定马克思的劳动价值论和剩余价值理论的谬论，如资源贡献价值论、广义价值论、联合劳动价值论、整体劳动价值论、效用价值论、供求价值论、物化劳动价值论等，宣扬以萨伊为代表的资产阶级庸俗经济学。

萨伊提出的资本、土地和劳动共同创造价值的三位一体公式是由一系列的混乱构成的：第一，混淆了价值的生产和使用价值的生产；第二，将资本和生产要素混为一谈；第三，混淆了物化劳动和活劳动，生产过程和流通过程；第四，将代表资本主义经济关系的资本和一般劳动过程要素中的劳动和土地搅混在一起；第五，混淆了生产和分配，分配形式和分配实体；第六，把成本价格中两个不同组成部分的不同作用混为一谈；第七，对不同质的物进行量的比较。

在这场论战中，我提出了自己的见解：

（1）某些萨伊的三位一体公式鼓吹者在否定马克思只是劳动这唯一因素创造价值观点的同时，却无中生有地肯定了马克思认为资本和土地具有创造使用价值的作用。这表明，这些人不仅在否定马克思的价值生产理论上是错误的，在肯定马克思的使用价值生产观点上也是十分荒谬的，马克思只说过自然界和劳动一样也是使用价值的源泉，什么时候承认土地具有"创造使用价值的作用"？更没有说过资本也具有"创造使用价值"的作用。

（2）萨伊学说的鼓吹者在否定马克思认为物化劳动不能创造价值的同时，

也无中生有地肯定马克思承认物化劳动能够转移价值。和上述一样，他们对马克思观点的否定是错误的，对马克思的这种肯定也是荒谬可笑的，说明他们根本没有弄清楚马克思到底在说些什么。

劳动既已物化，怎么还能转移价值和创造价值呢？如果物化劳动能够转移价值和创造价值，这岂不是说，工人生产出一台机器后，这台机器就成为转移价值和创造价值的永动机了。

物化在生产资料中的价值在生产过程中不仅不能增值，反而会随着劳动生产率的不断提高而贬值。

无论是创造价值或转移价值都必须是活劳动。但是，创造价值的是活的抽象劳动，转移价值的是活的具体劳动。如果不进行具体区分，说物化劳动转移和创造价值的说法是错误的，说活劳动转移和创造价值的说法也是错误的，所谓联合劳动价值论就是犯了这种错误。

（3）生产价值的劳动的前提是生产商品的劳动，而作为商品必须是物质产品，因为商品价值是一般人类劳动的凝结，而不是一般人类劳动即抽象劳动本身。抽象劳动创造价值，但它本身并没有价值，否则就会出现"劳动的价值"这一错误用语。要凝结，就必须物化在一个物质产品中，只有这样，才能形成价值，才有商品的存在。认为纯粹服务劳动能够创造价值，甚至唱歌跳舞也是创造价值的劳动，离开了马克思的价值生产理论。

（4）用成本推动来解释在通货膨胀中发生的物价上涨现象是完全错误的：第一，成本推动说的谬误首先在于不懂得区分成本价格中两个不同组成部分在价值形成中的不同作用。成本价格中已消耗的生产资料价值部分，一方面它会加入商品的成本价格，另一方面又形成商品价值的一个组成部分，而成本价格中的工资部分虽然也会加入商品的成本价格，但绝不会参加新价值的形成，从而引起价格的上涨。第二，在通货膨胀时出现的物价上涨现象，与其说是由成本推动这种所谓的物价上涨，倒不如说物价上涨推动着成本的上升。第三，在发生通货膨胀时出现的物价上涨和成本上升的现象都是一种假象，因为这是由纸币超量发行引起的，它改变的只是一定量纸币所代表的货币量减少了，即所谓的纸币贬值，丝毫也不能改变商品的价格和商品的成本价格，离开马克思的价值和货币理论，就会陷入资产阶级的货币数量论。

## （二）坚持生产资料的社会主义公有制，反对私有化

否定马克思的劳动价值论和剩余价值论，必然导致否定生产资料的社会主

义公有制，主张私有化，以资本主义制度取代社会主义制度。随着否定马克思主义思潮的形成与发展，否定生产资料社会主义公有制，主张私有化的言论也日益公开化。在这一论战中，我涉及的问题有：

1. 资本家是不是剥削者？

广东有位经济学教授写过多篇文章为资本家辩护，否认他们对工人的剥削，说什么"资本的增殖是资本和企业主的人力资本共同作用的结果"。"作为经营管理者，企业主所占有的，不是他人劳动，而是被实现的自身的劳动。"这是将剥削他人的劳动果实当作是自己的劳动果实了。

"人力资本"的说法是将劳动力说成是资本，雇佣工人有劳动力，因而也拥有资本，和资本家并无阶级差别，工人同时也是资本家。现在广东这位学者又将资本家说成是劳动者，并且是能够创造更多价值甚至是唯一能够创造价值的劳动者，这可以说是对资产阶级"人力资本"说的进一步发展和更加庸俗。

2. 股份制能否等同于公有制？

我国主张私有化的学者将股份制混同于公有制，主张在中国搞民主社会主义的人就认为在股份公司内，生产资料"当作共同生产者共有的财产"，他们认为，股份制是对资本主义生产关系的扬弃。这是将生产方式和生产关系、生产资料共同占有和生产资料共同所有混为一谈。马克思在《资本论》第三卷中指出股份制是对资本主义生产方式的扬弃，而不是对资本主义生产关系的扬弃，而且这一扬弃还是在资本主义生产方式范围内对旧的资本主义生产方式的扬弃，股份制是以新的资本主义生产方式取代旧的资本主义生产方式。

3. 所谓的"公平分配"能否取代生产资料的社会主义公有制？

我国主张搞民主社会主义的人提出只要在法律上确保所谓的"公平分配"，就能实现"比传统公有制社会化程度更高的公有制"，这种所谓的公有制被他们称之为"间接公有制"。这种"公平分配"的具体内容就是在资本主义生产资料私有制的基础上，只要资本家纳了税，这时，"剩余价值实际为社会占有，这就不是私有制，而是公有制"。在他们看来，即使露宿街头的乞丐，当因受到救济而享受到资本家的一点施舍之后，立即摇身一变，成了剩余价值的占有者，并相应地拥有资本家的生产资料，资本主义的私有制由此变成了社会主义的公有制，这种认识是多么荒唐！"公平分配"说法的错误在于用法的关系去调节经济关系并使生产关系从属于分配关系，而不是相反。

4. 重建个人所有制就是恢复私有制吗？

我国民主社会主义者认为，马克思提出的重新建立个人所有制是建立

"以个人私有为基础"的所有制，这是把个人所有制和私有制混为一谈了。在马克思的著作中明确指出，生产资料的个人所有制既可以是"孤立的单个人的所有制"，也可以是"联合起来的社会个人的所有制"，而马克思在《资本论》中和其他有关著作中都讲明重建的个人所有制是生产资料的社会公有制。如果说是私有制，资本主义社会现实存在的就是生产资料私有制，这里根本不存在什么重建的问题，在建立无产阶级政权，实现了生产资料公有制之后，再提出重建私有制，就是要瓦解公有制，实现私有化。

### （三）反对以"理论创新"为名，否定马克思主义

当前应该引起人们警惕的是，学术界中有些人以"理论创新"为名，否定马克思主义的经济学原理。例如，认为创造价值的劳动不仅仅是工人生产商品的劳动，还应包括资本家的经营管理劳动，并把它说成是对马克思主义理论的创新。而了解经济学说史的人都知道，这是马歇尔列出除萨伊所说的资本、土地和劳动这三个创造价值的要素之外，又将资本家的经营管理活动补充为创造价值的第四个要素，从而使价值理论进一步庸俗，把它说成是对马克思理论的创新，既荒谬又可笑。又如，有人将萨伊的三位一体公式用"整体劳动价值论"重新进行包装，并自夸为这是"一览众山小"的理论创新，我在这里要引用马克思说过的话："在这里，所谓新，几乎总是倒退到已被驳倒的观点上去。"

学术界中有人提出要编写一本没有马克思的马克思主义政治经济学教材，这种主张是非常错误的。马克思主义离不开马克思，正如同毛泽东思想离不开毛泽东、邓小平理论离不开邓小平一样，没有马克思的马克思主义，就不可能有发展了的马克思主义，没有马克思的马克思主义，就不是马克思主义。

# "西南马克思主义经济学论坛"学术
# 研讨会综述

黄锡富

(广西师范学院)

为了更好地深入学习贯彻党的十八大精神，准确领会党的十八大经济理论创新，促进地方社会经济科学发展实践研究，推动《资本论》与中国特色社会主义经济理论创新研究，促进高校马克思主义理论相关学科建设，切实加强大学生马克思主义理论教育，2012 年 11 月 24 日，由西南马克思主义经济学论坛主办、广西师范学院、广西马克思主义研究和建设工程广西师范学院研究基地承办的"西南马克思主义经济学论坛 2012 年学术研讨会"在广西师范学院召开。来自区内外的马克思主义经济学研究领域专家、西南地区从事马克思主义经济学研究的 60 多名专家、代表参加了研讨会。研讨会主题为"党的十八大经济理论创新与地方经济科学发展实践研究"、"《资本论》与中国特色社会主义经济理论创新研究"。专家学者进行了广泛的研讨。

现就研讨会综述如下：

## 一、学习研讨十八大报告、领会十八大报告精神是会议的重要
## 　内容

十八大之后，全国都在学习十八大报告，领会十八大精神。大会的一项重要议程就是对十八大报告的理论创新进行研讨。中国社会科学院马克思主义研究院院长程恩富教授的主题报告对十八大报告进行研读，主要讲了以下几个问

题：第一，关于党的指导思想及行动指南。党的指导思想及行动指南就是马克思列宁主义、毛泽东思想、邓小平理论、"三个代表"重要思想、科学发展观，他认为可以简称为马列主义及中国化理论为指导；第二，关于社会主义初级阶段。程院长讲到，十八大报告强调经济体制有五个完善，即完善社会主义市场经济体制；完善公有制为主体，多种所有制共同发展的基本经济制度；完善按劳分配为主体，多种分配制度并存的分配制度；完善宏观调控体系；完善开放型经济体制。程院长强调，社会主义初级阶段必须维护"公有制为主体，多种经济共同发展"的基本经济制度。宪法规定了公有制为主体，各个部门都必须维护。就社会有一部分人指责国有企业垄断，国有企业不是垄断，国有企业发展绩效不错。社会主义市场经济就是公有制占优势或主导的经济。公有制经济的主体地位就是公有制在质上量上都要占优势。没有一定的量就没有一定的质。股份制是不是公有制性质的，关键看控股的是否具有公有制性质。国有企业必须做优做强。十八大提出提高"两个比重"，实现"两个同步"。初次分配和再分配都要做到公平。第三，关于经济发展模式。程院长认为我国经济发展模式应是国家主导型的发展模式。第四，关于转变经济发展方式。第五，关于开放问题。程院长认为，开放应是自力更生为主，多方位开放。开放中要注意如下几个控制问题：控制外贸依存度问题；控制外资依存度；控制外国技术的依存度；控制外汇储存；控制对外国能源资源的依赖度；控制对外国产业的依赖度。

中共中央党校原教育长、中国马克思主义研究基金会副理事长郝时晋认为，十八大提出了举什么样的旗帜，走什么样的路，以什么样的精神面貌来建设祖国。十八大强调生态文明建设，转变经济发展方式，促进产业结构升级，经济结构的调整和升级，这是社会发展的表现，也是要求。强调中国只能走社会主义道路，坚持改革开放、社会和谐、科学发展共识。

吉林财经大学副校长丁堡骏教授也指出，十八大强调"既不走封闭僵化的老路，也不走改旗易帜的邪路"。他认为中国特色社会主义理论体系，是马克思主义中国化最新成果，包括邓小平理论、"三个代表"重要思想、科学发展观，同马克思列宁主义、毛泽东思想是坚持、发展和继承、创新的关系。马克思列宁主义、毛泽东思想一定不能丢，丢了就丧失根本。我们一定要以我国改革开放和现代化建设的实际问题、以我们正在做的事情为中心，着眼于马克思主义理论的运用，着眼于对实际问题的理论思考，着眼于新的实践和新的发展。在当代中国，坚持中国特色社会主义理论体系，就是真正坚持马克思主义。暨南大学胡世祯教授从马克思主义政治经济学角度谈了十八大提出的我国"既不走封闭僵化的老路，也不走改旗易帜的邪路"。强调社会主义建设必须以马克思主义为指导，反对新自由主义和民主社会主义。重庆工商大学校长杨继瑞教授也强调，十八大有许多经济理论上的创新。十八大提出要继续完善社会主义市场经济体制，为我们在教学和研究中提供很多思考。市场经济与资本主义的结合是先天的，社会主义与市场经济相结合是后天的。市场经济在资源配置方面需要改革。社会主义经济体制要更好地发挥作用，需要注意解决好以下三个方面的问题：价格、供求关系的问题；完善宏观调控机制，市场经济配置资源的问题；市场经济体制下，如何保证公平的问题。

## 二、如何实现人的全面发展也是与会专家探讨的重要问题

人的全面发展是马克思主义理论中的重要问题，也是中国共产党所要为之努力的。党的十八大也几次提到人的全面发展问题。因此，关于如何实现人的全面发展问题也是研讨会讨论的重要问题。广西师范学院黄锡富教授认为人的全面自由发展就是人从自然界束缚之中不断解放出来，人从社会束缚之中不断解放出来，人从思想观念束缚之中不断解放出来。人全面而自由发展需要生产力的高度发展，社会制度的公平公正和日益完善，思想观念的与时俱进。在资本逻辑下，资本推动了社会生产力快速发展，促使社会财富迅速增加，推动了科学技术的进步和发展，人的社会关系的不断丰富，人的思想观念的更新，因而促进了人的发展。但在资本逻辑下，人又沦为资本获利最大化的工具，使劳动异化，劳动者丧失了主体性，社会贫富严重分化，人类生存发展环境恶化，人与人之间关系淡漠，人的价值观严重扭曲，从而妨碍人的发展。

巫文强研究员认为社会保障人的生存和发展以生产和分配的结合为基础，生产和分配的结合对人生存和发展条件的保障具有决定性作用，对人生存和发展条件的保障是衡量生产和分配结合的基本尺度。进而探讨了生产和分配的结合对人生存和发展条件保障的实践问题。

西南财经大学王朝明教授认为西方经济学沿着古典经济学提出的"经济人假设"奠定了个人主义的方法论基础，企图利用资源稀缺、成本—收益、理性选择、追求自身利益最大化等一系列分析范式来解释现实活动中的人，使得西方经济学变成了约定主义的物本经济学，最终陷入研究方法论的贫困，即便后来经过修正和完善，加入了制度变量、伦理道德的因素，但其研究的人与

现实生活中的人相距甚远，也就失去了应有的理论价值和实践意义。而马克思主义经济学通过对"经济人假设"的批判，实现了自我扬弃和超越，坚持人的发展为导向，确立了人的解放本与人的全面自由发展思想的核心研究地位。当代马克思主义经济学创新发展过程，仍要坚持人的发展为导向，在辩证唯物主义和历史唯物主义的世界观和方法论的指导下，重视人在经济学研究中的价值，在建设中国特色社会主义事业中要创新人的价值实现机制，并将每个人的自由发展视为走向未来理想社会的基本原则，将个人利益与社会利益、个人价值与社会价值有机统一起来，在我国社会主义的建设和改革实践中准确、全面地实现、弘扬马克思主义经济学的人的发展观。

广西师范大学史月兰教授则探讨了马克思《资本论》所蕴涵的人类可持续生计思想。

## 三、关于《资本论》的教学与研究及与我国经济改革发展问题

《资本论》是马克思主义的经典著作，如何加强对《资本论》的教学与研究也是学者比较关注的问题。研讨会就《资本论》的教学与研究、《资本论》与我国经济改革发展进行了研讨，许多专家学者都谈了自己的看法。

丁堡骏教授特别指出，马克思主义理论是中国特色社会主义的理论基础，尤其是马克思的《资本论》，要重新确立马克思主义政治经济学的指导地位。他强调："习近平同志在考察中国人民大学《资本论》教学与研究中心指出，'马克思主义中国化形成了毛泽东思想和中国特色社会主义理论体系两大理论成果，追本溯源，这两大理论成果都是在马克思主义经典理论指导之下取得的。''《资本论》作为最重要的马克思主义经典著作之一，经受了时间和实践的检验，始终闪耀着真理的光芒。加强《资本论》的教学与研究具有重要意义，要学以致用，切实发挥理论的现实指导作用，进一步深化、丰富和发展中国特色社会主义理论体系。''面对当今开放的环境，理论工作者要旗帜鲜明、理直气壮地坚持马克思主义的教学和研究，要坚持以马克思主义的立场、观点、方法为指导，继承、吸收人类文明的优秀成果；广大理论工作者要不断提升自身的水平和素养，切实以理论的力量吸引人、感染人、打动人。'"他认为，高等学校作为研究、传播、宣传马克思主义理论的重要阵地，要引导广大师生认真学习中国特色社会主义理论体系，掌握马克思主义的世界观和方法论，坚定对中国特色社会主义的信念。传统政治经济学教材丢掉了马克思的政

治经济学批判范式，要恢复马克思《资本论》政治经济学批判范式。讲授好现代政治经济学，必须要手里拿着两本书，即《资本论》和《现代西方经济学》。强调要借鉴现代西方经济学文明成果。

广西大学李欣广教授研究认为，资本具有一般属性与特殊属性。从一般属性来看，社会主义经济中仍然存在资本概念。两方面的资本逻辑是资本主义与社会主义两种经济制度的共同点。资本及其逻辑在社会主义生产关系再生产、物质资料再生产、人—劳动力再生产、生态资源—环境再生产、精神产品再生产这五种再生产中都起到重要作用。社会主义市场经济发展进程中，资本地位必定发生动态变化，出现下降趋势。

西南财经大学刘金石博士通过对马克思主义制度理论与新制度经济学在制度分析方面进行了全面的比较，发现两者在理论目的、基本假设、理论基础、基本观点、分析方法等存在的根本的不同，不过在某些具体观点和研究方法上也有相似、相互补充、相互融通的地方。提出要在马克思主义的基础上借鉴新制度经济学，以进一步深化体制改革。提出资本的逻辑既要应用又要防范，社会主义市场经济必须对资本逻辑进行控制。

薛宇峰教授主要对"置盐定理"，即"以技术创新为基础的积累不会使利润率下降"进行批判。对"置盐定理"的假设前提条件、数理证明方法、证明结论分别进行批判，得出置盐信雄是以错误的假定前提和错误的数理推导与计算试图"否定"马克思的一般利润率下降规律。所谓的"置盐定理"事实上根本无法成立。

西南财经大学杨慧玲博士分析了美国金融危机和欧美危机的根源在于需求不足引起的经济增长乏力；危机的冲击证明：中国面临内需不足而对内依赖政府投资，对外依赖出口的"输血型"增长模式风险巨大且不可持续；消费需求是撬动内需的第一杠杆，重视提振居民消费和政府消费，是中国经济摆脱内需不足，保持可持续增长的突破口，也是探索中国模式的题中应有之意。朱明熙教授认为，我国目前贫富差距和两极分化已经到了一个相当危险的临界点，它已经成为严重制约我国经济和社会健康发展的最主要的矛盾和问题，为了避免中国陷入"中低收入陷阱"，促进我国经济的可持续发展和社会的安定和谐，我国必须努力改变目前这种贫富差距和两极分化扩大的趋势。这需要改变目前这种以流转税为主体的税制结构和乏力的税收征管制度，改革、建立和完善个人所得税制度和财产税制度，以及相应的更为基础的各种经济和政治制度。

顾飞认为创新驱动发展战略是未来进一步激发我国各层级创新系统活力，推动经济社会科学发展的核心战略；是加快产业转型升级步伐，促进战略性新兴产业发展的中心环节；是促进区域间创新竞争协同发展，完善现代化建设总体战略布局的内在要求；是发挥比较优势提升国家竞争力，切实保障国家安全的战略途径。为加快转变经济发展方式，十八大立足于我国国情和科学发展的需要，提出了中国特色"创新驱动发展战略"的思想框架和实践体系。

## 四、关于地方经济科学发展问题

地方经济的科学发展问题也是本次研讨会的一个重要议题。许多专家学者就马克思主义经济理论如何来指导地方经济科学发展进行了研究探讨。郝时晋教育长强调，学习马克思主义重在实践。广西是少数民族自治区，还处于社会主义初级阶段，同时面临与东盟的合作，而东盟情况有很特殊。这需要我们在发展过程的实践中利用马克思主义经典著作，特别是《资本论》的理论来解决广西的经济发展中的问题，促进广西经济社会发展。

重庆工商大学黄志亮教授主要通过对统筹城乡综合配套改革试验区的重庆城乡一体化实践进行梳理，总结其成功的经验及局限性，提出进一步改革的建议：以城乡一体化为目标，逐步赋予城乡居民自由迁徙的权力；在法律上，明确界定农民对农地长久的经营权、转让权、收益权、使用权和继承权；将种粮和农业发展分阶段纳入国家战略保障体系；对农转城居民进行长久的综合素质和职业技能培训，稳步提升他们的市民化水平；急进改革应转入渐进改革，应在常态进程中逐步解决急进时留下的问题。

黄少琴教授通过对广西西江流域转变经济发展方式的研究，提出在该区域逐步形成以流域生态循环经济发展模式、流域特色园区经济发展模式、流域特色文化产业经济发展模式、流域经济协调发展模式为主要形式的和谐经济发展模式，以流域经济后发跨越发展模式、流域国际贸易与合作发展模式、流域特色经济贸易发展模式、多区域开放经济发展模式为主要形式的和谐开放引领发展模式，促进了广西西江流域地区经济的又好又快发展。

西南大学王桂林教授以重庆微型企业为例，指出微型企业的作用和地位日益重要，但其融资困难，要解决这一难题需要政府，银行和企业自身等多方面共同努力，多方协调，制定切实可行的措施，解决融资问题，促进微型企业更好地发展。

晓冰运用马克思的劳动地域分工理论，针对云南高原特色高原农业内容丰富优势突出；发展高原特色农业和绿色经济既面临若干问题，亦存在一些有利因素；加快高原特色农业和绿色经济发展须客观认识，整体把握云贵高原的特点，还须抓住机遇、加大投入、创新体制机制等。

纪尽善提出要鼓励和引导西部地区民间投资发展，要进一步拓宽民间投资的领域和范围；加快发展私营微型企业和中小企业，增大民营经济市场主体总量；加大政策支持力度，扶持和推进民营企业快速成长。

齐自琨及叶德明教授以柳州全面振兴现代服务业为重点，提出要加快转变经济发展方式为主线，开创柳州的特色产业与地域文化发展的新局面。要开拓一条和谐发展"魅力文化"与"绿色产业"科学发展的新思路，把"以人为本"和"可持续发展"的科学发展观真正落到实处。构建广西西江流域文化产业基地和区域性特色文化产业群，培育文化产业骨干企业和战略投资者，催生广西西江流域经济新增长点。

此外，广西师范大学旷爱萍认为，随着工业化与城市化进程的推进，农民的利益最容易受到损害。发展农民合作经济组织，组建农民自己的利益保护集团是保护农民利益的重要途径。

杨成钢教授主要讲了：文化在经济学研究中的地位作用；中国经济活力的文化特性。经济伦理与西方不同；经济制度竞技场与西方不同；经济活动的动力机制不同；经济管理方式与西方不同；经济成果评价标准与西方不同；中国的经济学研究应植根于中国的文化土壤。

# 西南马克思主义经济学论坛组织机构成员名单

## （2012 年 11 月 24 日会议确定）

一、荣誉顾问（14 人，以姓氏笔划为序）

　　丁　冰　　丁堡俊　　卫兴华　　王成稼　　王振中　　刘诗白
　　苏　星　　吴易风　　林　岗　　胡　均　　胡代光　　胡世祯
　　程恩富

二、顾问委员会（15 人，以姓氏笔划为序）

　　王崇举　　李光辉　　李春茹　　陈运超　　周　春　　周万钧
　　周希贤　　种明钊　　贺荣伟　　徐敬君　　曹　鹏　　鲁济典
　　廖元和　　潘治富
　　秘书长：王桂林

三、主席团成员（20 人，副主席以姓氏笔划为序）

　　主席：杨继瑞
　　副主席：
　　王代敬　　李天德　　陈　杨　　罗宏翔　　杨代玖　　施本植
　　洪华喜　　夏子贵　　黄志亮　　黄少琴　　罗　文　　张　衔
　　王朝科　　阳国亮　　薛宇峰　　吕余生　　杨成钢

秘书长：张　衔（兼）

副秘书长：赵　驹　　雷　菁（兼）

**四、学术委员会**（45人，以姓氏笔划为序）

主任：

马金书　　王国跃　　任治君　　李　萍　　张建华　　杨小勇

赵　磊　　周龙弟　　郑兴碧　　曾德高　　曾国平　　祝志勇

刘剑鸣　　朱方明　　蒋永穆

成员：

万应忠　　韦海鸣　　王明黔　　王朝明　　邓正琦　　史月兰

伍林生　　朱高建　　何光明　　张　干　　张宝均　　陈元刚

陈新力　　陈天培　　陈仲常　　陈维达　　李　树　　李传珂

杨　军　　杨作书　　郑夕春　　罗九牛　　唐路元　　徐素环

曹　敏　　曾庆均　　蒋南平　　谭志慧　　黄锡富

秘书长：张　悟

**五、联络委员会**（16人，以姓氏笔划为序）

主任：

丁巧林　　王元培　　王国发　　罗　英　　杨慧玲　　章国兴

成员：

王开良　　姚大金　　勾文俊　　龚　平　　陈建国　　蒲正达

廖松林

秘书长：雷　菁

副秘书长：朱德东　　王秀婷

# 后　记

　　西南马克思主义经济学论坛 2012 年学术研讨会，于 2012 年 11 月 24 日在温暖如春的南宁广西师范学院隆重举行。出席这次会议的代表有 65 人，特邀专家 4 人。本次研讨会的主题有两个：一是党的十八大经济理论创新与地方社会经济科学发展实践研究；二是《资本论》与中国特色社会主义经济理论创新研究。

　　此次会议分五个阶段举行：

　　第一阶段：举行研讨会的开幕式。开幕式于 2012 年 11 月 24 日上午 9 时在广西师院鸿远楼举行。在开幕式上首先由广西师范学院党委书记刘力教授代表本次研讨会的承办单位致欢迎辞，在开幕式上致辞的还有广西社科院党组书记、院长应余生研究员，西南马克思主义经济学论坛主席团主席、中国区域经济学会副理事长、中国《资本论》研究会副会长、重庆工商大学校长杨继瑞教授。在开幕式上还有中共广西壮族自治区高校工作委员会莫锦荣副书记，西南马克思主义经济学论坛荣誉顾问、中国社科院学部委员、学部主席团成员兼马克思主义研究部主任、马克思主义研究院院长程恩富教授，以及中共中央党校原教育长、中国马克思主义研究基金会副理事长郝时晋先生发表热情洋溢的讲话。

　　会议第二阶段：由程恩富教授作题为"党的十八大经济理论创新"主题报告。报告深刻解读了关于党的指导思想和行动指南、关于社会主义初级阶段的基本经济制度以及关于转变经济发展方式等重大经济理论和现实问题。

会议第三阶段：由丁堡俊教授、胡世祯教授、黄志亮教授、杨成钢教授、薛宇峰教授和黄锡富教授作专家主题报告。

会议第四阶段：由专家学者自由发言。

会议第五阶段：闭幕式。

本次会议有几个突出的特点：一是会议承办单位广西师范学院党政领导高度重视，筹备工作非常到位，从而为研讨会的顺利召开提供了积极的条件，让与会代表感到特别温馨。二是代表们为研讨会提供的论文不仅数量多，而且质量高。三是专家们的报告和发言紧扣此次研讨会的主题，充分体现了论坛的性质和特点，有鲜明的马克思主义经济学和中国特色社会主义经济理论的立场、观点和方法，有理论的深度和高度。广泛涉及当今中国经济社会发展中备受关注的热点问题，涉及党的十八大报告中若干重大理论和现实问题的解读。专家们的视野开阔，见解独到，理解深刻，眼光敏锐，发人深省，给人以启迪。充分体现了作为马克思主义经济理论工作者的良知、忧国忧民的情怀和历史责任感。四是出席本次研讨会的69人，其中教授34人，副教授19人，教授、副教授占代表人数近80%，因而是一次高规格的学术研讨会。

本次研讨会是一次在新的历史条件下坚持和发展马克思主义经济学理论的会，是一次新老马克思主义理论学者交流学术思想、促进学术繁荣的会，同时也是一次增进国内外专家学者友谊的盛会。会议开得圆满，开得成功！这种圆满和成功来自于广西师院党政领导及广西各相关单位领导的大力支持，来自几位荣誉顾问的关心和支持，来自与会代表的同心协力，来自论坛挂靠单位重庆工商大学的精心策划和精心组织。在此，让我们以热烈的掌声向他们表示衷心的感谢！

各位代表，每次会议的时间是短暂的，而我们的友谊是永恒的。让我们的友谊伴随着论坛的延续而不断增进，让论坛在友谊的支持下不断发展壮大！

西南马克思主义经济学论坛主席团副主席

重庆市《资本论》与社会主义市场经济研究会副会长

**夏子贵**

2012 年 11 月

图书在版编目(CIP)数据

西南地区经济社会科学发展研究:西南马克思主义经济学论坛2012年学术年会论文集/杨继瑞、叶德明主编.—成都:西南财经大学出版社,2013.10

ISBN 978 – 7 – 5504 – 1220 – 0

Ⅰ.①西…　Ⅱ.①杨…②叶…　Ⅲ.①区域经济发展—西南地区—学术会议—文集—2012②社会发展—西南地区—学术会议—文集—2012

Ⅳ.①F127.7 – 53

中国版本图书馆CIP数据核字(2013)第215046号

### 西南地区经济社会科学发展研究

#### ——西南马克思主义经济学论坛2012年学术年会论文集

杨继瑞　叶德明　主编

责任编辑:冯　梅

助理编辑:林　伶

封面设计:墨创文化

责任印制:封俊川

| | |
|---|---|
| 出版发行 | 西南财经大学出版社(四川省成都市光华村街55号) |
| 网　　址 | http://www.bookcj.com |
| 电子邮件 | bookcj@foxmail.com |
| 邮政编码 | 610074 |
| 电　　话 | 028 – 87353785　87352368 |
| 照　　排 | 四川胜翔数码印务设计有限公司 |
| 印　　刷 | 郫县犀浦印刷厂 |
| 成品尺寸 | 185mm×260mm |
| 印　　张 | 20 |
| 插　　页 | 4 |
| 字　　数 | 360千字 |
| 版　　次 | 2013年10月第1版 |
| 印　　次 | 2013年10月第1次印刷 |
| 书　　号 | ISBN 978 – 7 – 5504 – 1220 – 0 |
| 定　　价 | 58.00元 |